CB067864

HISTÓRIA

Título original: EVERYTHING YOU NEED TO ACE HISTORY IN ONE BIG FAT NOTEBOOK:
The Complete Middle School Study Guide

Copyright © 2016 por Workman Publishing Co., Inc.

Copyright da tradução © 2020 por GMT Editores Ltda.

Publicado mediante acordo com Workman Publishing Co., Inc., Nova York.

Todos os direitos reservados. Nenhuma parte deste livro pode ser utilizada ou reproduzida sob quaisquer meios existentes sem autorização por escrito dos editores.

tradução: Cláudio Biasi
criação de conteúdo: Matheus Vieira
preparo de originais: Victor Almeida
revisão técnica: Juliana Latini, Renato Rodrigues da Silva, Roberto Torviso e Silvana Assad
revisão: Gabriel Machado e Luis Américo Costa
adaptação de capa e miolo: Ana Paula Daudt Brandão
ilustrações: Blake Henry e Tim Hall

edição: Michael Lindblad
redatora: Ximena Vengoechea
diagramação da série: Tim Hall
designers: Gordon Whiteside e Tim Hall
diretora de arte: Colleen A. F. Venable
editores: Daniel Nayeri e Nathalie Le Du
editora de produção: Jessica Rozler
gerente de produção: Julie Primavera
concepção: Raquel Jaramillo
impressão e acabamento: Geográfica e Editora Ltda.

CIP-BRASIL. CATALOGAÇÃO NA PUBLICAÇÃO
SINDICATO NACIONAL DOS EDITORES DE LIVROS, RJ

G779

    O Grande Livro de História do Manual do Mundo: Anotações incríveis e divertidas para você aprender sobre as pessoas e os eventos que mudaram o mundo / ilustrações de Blake Henry e Tim Hall; tradução de Cláudio Biasi. Rio de Janeiro: Sextante, 2020.
    592 p.: il.; 15,6 x 21 cm.

    Tradução de: Everything you need to ace world history in one big fat notebook: the complete middle school study guide
    ISBN 978-65-5564-074-8

    1. História universal – Estudo e ensino – Ensino de primeiro grau. 2. História (Primeiro grau) – Estudo e ensino. I. Fulfaro, Mari. II. Thenório, Iberê. III. Blake, Henry. IV. Hall, Tim. V. Biasi, Cláudio. VI. Título.

20-65629
                                                            CDD: 909
                                                            CDU: 94:373.5.016

Todos os direitos reservados, no Brasil, por
GMT Editores Ltda.
Rua Voluntários da Pátria, 45 – 14.º andar - Botafogo
22270-000 – Rio de Janeiro – RJ
Tel.: (21) 2538-4100
E-mail: atendimento@sextante.com.br
www.sextante.com.br

O GUIA DE ESTUDO COMPLETO PARA O ENSINO FUNDAMENTAL

O GRANDE LIVRO DE HISTÓRIA DO Manual do Mundo

*Anotações **INCRÍVEIS** e **DIVERTIDAS** para você aprender sobre as **PESSOAS** e os **EVENTOS** que mudaram o mundo*

SEXTANTE

APRESENTAÇÃO

Nós sempre comentamos que criamos o Manual do Mundo para ensinar de forma clara, atraente e divertida. Acreditamos que a educação é uma das bases para criar futuros cidadãos. E esse caminho inclui estudar o passado para construir um futuro melhor.

Por isso, depois do sucesso de *O Grande Livro de Ciências do Manual do Mundo*, decidimos lançar *O Grande Livro de História*. Foi muito gostoso relembrar os movimentos, as pessoas e as ideias que ajudaram a moldar o mundo como é hoje. Esperamos que você sinta tanto prazer ao ler estes textos quanto nós tivemos ao trabalhar neles.

Continuamos nossa parceria com a Editora Sextante para avaliar todo o conteúdo e aprimorar ainda mais esta coleção. Neste volume, por exemplo, contamos com a ajuda de especialistas para incluir muitas e muitas páginas extras sobre a História do nosso país.

E o projeto é daquele jeitinho que você já conhece e ama: bem divertido, simulando o caderno de um aluno, todo colorido e ilustrado!

Você vai viajar pelas civilizações antigas, dar um pulo na Idade Média, pegar carona em uma caravela para explorar outros continentes, testemunhar revoluções e guerras, apertar a mão de presidentes, revolucionários e grandes homens e mulheres, até chegar aos dias mais recentes. Além disso, você descobrirá macetes engraçados para memorizar datas e poderá testar seus conhecimentos em exercícios no fim de cada capítulo.

Prepare-se para séculos de aventuras! Depois deste livro, as provas de História ficarão muito mais fáceis.

Iberê Thenório & Mari Fulfaro

O GRANDE LIVRO DE HISTÓRIA DO MANUAL DO MUNDO

OLÁ!

Estas são as anotações das minhas aulas de História. Quer saber quem sou eu? Bom, algumas pessoas diziam que eu era o aluno mais esperto da turma.

Eu escrevi tudo de que você precisa para arrasar em **HISTÓRIA**, dos PRIMEIROS HUMANOS até a ERA DA INFORMÁTICA, incluindo aquilo que costuma cair nas provas!

Tentei manter tudo bem organizado, por isso quase sempre:
- Destaco em **AMARELO** alguns termos que acho bom definir.
- Realço as definições com marcador verde.
- Uso CANETA AZUL para pessoas, lugares, datas e termos importantes.
- Faço um desenho bem legal do Cavalo de Troia e de tudo que for preciso para mostrar visualmente as grandes ideias.

É ISSO AÍ!

Se você não ama de paixão os livros da escola e fazer anotações durante as aulas não é o seu forte, este livro é para você. Ele trata de muitos assuntos importantes. (Se o professor dedicar uma aula inteira a um assunto que não aparece no livro, faça as anotações você mesmo.)

ZZZ... O QUÊ?

Agora que eu já tirei 10 em tudo, este livro é **SEU**. Como não preciso mais dele, a missão deste livro é ajudar **VOCÊ** a aprender e a se lembrar de tudo de que precisa para mandar bem nas provas.

SUMÁRIO

UNIDADE 1: Os primeiros humanos **1**
1. Os primeiros humanos e o Paleolítico **3**
2. O Neolítico **19**

UNIDADE 2: Primeiras civilizações **31**
3. Mesopotâmia **33**
4. África Antiga **43**
5. Os fenícios e os israelitas **65**
6. Índia Antiga **71**
7. China Antiga **87**
8. Grécia Antiga **101**
9. Roma Antiga **119**

UNIDADE 3: A Idade Média 137

10. O Império Bizantino **138**
11. O surgimento do islamismo na Idade Média **143**
12. As primeiras civilizações da América **151**
13. A Índia Medieval **163**
14. A Idade de Ouro da China **169**
15. O Japão Medieval **177**
16. A Idade Média na Europa **185**
17. As cruzadas europeias no mundo islâmico **195**

UNIDADE 4: O Renascimento e a Reforma 203

18. O início do Renascimento **204**
19. A Reforma **213**

UNIDADE 5: A Era das Explorações e a colonização brasileira 223

20. A Europa vai ao mar **224**
21. A Europa explora a Ásia (ou tenta fazê-lo) **237**
22. As colônias da América **243**
23. O Brasil Colonial **253**

UNIDADE 6: Revoluções e Iluminismo 275

24. A Revolução Científica e o Iluminismo **276**
25. A ascensão das monarquias na Europa **287**
26. A Revolução Americana **297**
27. A Revolução Francesa **307**
28. O nacionalismo na Europa e os movimentos de independência na América do Sul e no Haiti **317**
29. A Guerra Civil americana **331**
30. A Revolução Industrial **339**
31. O movimento feminista **349**

UNIDADE 7: A Era do Imperialismo 355

32. O imperialismo europeu **356**
33. A partilha da África **365**
34. A modernização do Japão **373**
35. A Guerra Hispano-Americana **379**
36. Reações ao imperialismo **385**
37. Brasil Império **393**

UNIDADE 8: A chegada do século XX e as Grandes Guerras 413

38. A Primeira República brasileira 414
39. A Primeira Guerra Mundial 433
40. Mudanças políticas após a Primeira Guerra 453
41. A Crise de 1929 465
42. A Era Vargas 471
43. A Segunda Guerra Mundial 483

UNIDADE 9: Após a Segunda Guerra Mundial 507

44. Mudanças na Europa e no Oriente Médio após a Segunda Guerra Mundial 508
45. A Guerra Fria 517
46. Movimentos nacionalistas e de independência após a Segunda Guerra Mundial 529
47. A experiência democrática no Brasil 537
48. A ditadura militar 547
49. A Nova República brasileira 557
50. Transformações globais no mundo moderno 565
51. A segurança global e o mundo de hoje 573

A.C.: ANTES DE CRISTO
(antes do ano 1)

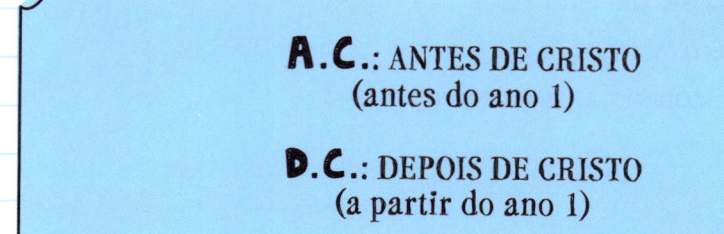

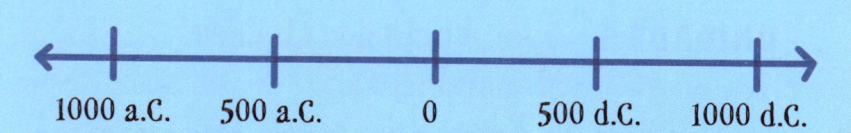

D.C.: DEPOIS DE CRISTO
(a partir do ano 1)

←——|————|————|————|————|——→
1000 a.C. 500 a.C.   0   500 d.C. 1000 d.C.

As datas antes de Cristo se comportam como números negativos. Assim, por exemplo, 1000 a.C. é uma data mais antiga que 500 a.C. As datas depois de Cristo também podem ser escritas sem "d.C.".

Unidade 1

Os primeiros humanos
Pré-História
(até cerca de 4000 a.C.)

Como era a vida há 10 mil ou há 100 mil anos? Quais foram as mudanças que as pessoas e as cidades sofreram com o tempo? Essas são algumas das perguntas que a História tenta responder. Ou, melhor dizendo, os historiadores.

Os HISTORIADORES são os profissionais que estudam o nosso passado, tentando encontrar respostas por meio de registros escritos e objetos antigos. Eles leem cartas, pesquisam leis e examinam documentos religiosos.

Mas o que acontece quando não existem esses registros de uma cultura? Como podemos estudar, por exemplo, a **PRÉ-HISTÓRIA**, a época que veio antes da invenção da escrita?

> **PRÉ-HISTÓRIA**
> a História antes dos registros escritos

O estudo da Pré-História se baseia na **ARQUEOLOGIA** e em dois tipos de profissionais:

> **ARQUEOLOGIA**
> o estudo da História e da Pré-História por meio de objetos e de fósseis

MUITAS VEZES ENCONTRADOS POR MEIO DE ESCAVAÇÕES.

EUREKA!

Os **arqueólogos** são cientistas que estudam ARTEFATOS para entender melhor as atividades humanas. Esses artefatos podem ser ferramentas, instrumentos ou qualquer outro objeto feito por humanos em civilizações antigas. Além disso, analisam esqueletos de pessoas e animais.

Os **antropólogos** são cientistas que também estudam artefatos, mas estão mais interessados nos aspectos culturais da sociedade humana:

- Como os membros de uma determinada cultura se vestiam.
- Como se alimentavam.
- Como aprenderam e criaram seus costumes.
- Como desenvolveram sua linguagem.

AQUELE SAPATO QUE VOCÊ ESQUECEU DEBAIXO DA CAMA, SE FOR ENCONTRADO DAQUI A MILHARES DE ANOS, TAMBÉM SERÁ CONSIDERADO UM ARTEFATO.

Quase tudo que acontece hoje (os governos, as questões globais, as mudanças climáticas, as mudanças culturais, o nosso estilo de vida etc.) um dia será considerado parte da História. Talvez, no futuro, alguém venha a estudar nossos "artefatos" e nossa cultura. Antes que isso aconteça, vamos voltar às origens: os primeiros seres humanos.

Capítulo 1

OS PRIMEIROS HUMANOS E O PALEOLÍTICO

Os primeiros humanos não eram nada parecidos conosco. Por sinal, os cientistas acreditam que descendemos de uma forma de símio e que as primeiras criaturas com traços humanos deviam parecer um cruzamento de macaco com homens modernos.

ONDE VIVIAM OS PRIMEIROS HUMANOS?

EUROPA ATUAL

ÁSIA ATUAL

ÁFRICA ATUAL

AUSTRÁLIA ATUAL

- HOMO HABILIS
- HOMO ERECTUS
- HOMO SAPIENS
- HOMO SAPIENS SAPIENS

Essas primeiras criaturas com traços humanos são chamadas de HOMINÍDEOS. Os hominídeos tinham algumas características em comum com os humanos, como o bipedismo e polegares OPOSITORES (capazes de tocar os outros dedos da mão).

Os primeiros hominídeos viveram na África e evoluíram com o tempo. Existiram muitos tipos diferentes de hominídeo. Alguns dos mais famosos são os seguintes:

Australopithecus

(aproximadamente 4 milhões de anos atrás):
AUSTRALOPITHECUS quer dizer "símio do sul", pois se achava que esses símios com traços humanos eram originários do sul da África, mas depois se descobriu que vinham do leste do continente. LUCY é uma famosa *Australopithecus*. Seu fóssil foi descoberto em 1974 e mudou o modo como os cientistas encaravam a evolução da humanidade. Acredita-se que Lucy seja um ancestral comum de vários tipos de hominídeo. Ela tinha um cérebro muito pequeno, mas andava em duas pernas cerca de 2 milhões de anos antes dos outros hominídeos. E sabe por que isso é tão importante? É que antigamente os arqueólogos pensavam que o bipedismo estava associado à capacidade de fabricar ferramentas. Lucy mostrou que isso não é verdade. Ela usava suas mãos para desenterrar e quebrar sementes com gravetos e pedras, mas não para fabricar ferramentas.

EXIBIDO!

OLHA, MÃE, SEM AS MÃOS!

Homo habilis

(aproximadamente 2,3 milhões de anos atrás):
HOMO HABILIS quer dizer "homem habilidoso". Esse hominídeo de baixa estatura vivia na África Oriental, possuía um cérebro maior que o gênero *Australopithecus* e foi a primeira espécie de *Homo* a usar ferramentas de pedra.

Homo erectus

(aproximadamente 2 milhões de anos atrás):
O HOMO ERECTUS ("homem ereto") foi um hominídeo mais avançado que os anteriores. Embora Lucy e outros hominídeos antigos andassem de pé, o *Homo erectus* tinha os braços e as pernas mais compridos e se parecia mais com um ser humano. Há cerca de 700 mil anos, o *Homo erectus* foi a primeira espécie a aprender a fazer fogo, provavelmente esfregando dois gravetos ou batendo duas pedras para criar uma fagulha. Isso ajudou muito nas caçadas, na proteção contra outros animais, no cozimento de alimentos e na manutenção da temperatura do corpo. O fogo também permitiu que migrassem para regiões mais frias, razão pela qual o *Homo erectus* deve ter sido a primeira espécie de hominídeo a deixar a África.

> COMO UM ESCOTEIRO!

Homo sapiens

(aproximadamente 300 mil anos atrás):
O HOMO SAPIENS ("homem sábio") foi uma espécie nova de homem que rapidamente se tornou a

dominante. Fabricava ferramentas com pedras, ossos e chifres de animais. Com essas ferramentas, desenvolveu novas técnicas para plantar e caçar.

O *Homo sapiens* possuía um cérebro grande e mandíbulas pequenas. Os membros eram ainda mais longos e retos que os do *Homo erectus* e bem mais próximos aos braços e pernas dos humanos modernos.

Existiram duas espécies da *Homo sapiens*: o HOMO SAPIENS NEANDERTHALENSIS (os NEANDERTAIS) e o HOMO SAPIENS SAPIENS. Os neandertais viveram no que hoje é a Europa, em algumas partes da Turquia e em regiões do Oriente Médio e da Ásia. Alguns estudos apontam que talvez confeccionassem as próprias roupas com peles de animais para se manterem aquecidos. Os neandertais também foram os primeiros a exercer a prática de enterrar os mortos. Embora possuíssem cérebros grandes, tinham uma compleição mais pesada e se deslocavam mais devagar que o *Homo sapiens sapiens*, o único que sobreviveu até hoje.

Homo sapiens sapiens

(aproximadamente 200 mil anos atrás):
O *Homo sapiens sapiens* é a espécie do ser humano atual. Surgiu na África e sua onda principal de migração pelo mundo ocorreu entre 70 mil a 50 mil anos atrás. No entanto, o *Homo sapiens sapiens* deixou a África muuuito devagar: arqueólogos apontam que eles podem ter se deslocado apenas 3 ou 4 quilômetros em uma geração inteira!

A VIDA NO PALEOLÍTICO

Os primeiros humanos viveram no PALEOLÍTICO, também chamada de Idade da Pedra Lascada (aproximadamente de 2500000 a.C. a 10000 a.C.). Esses humanos faziam ferramentas simples com pedras duras, como o sílex. Eles fabricavam:

- machados e pedras pontudas amarradas a varas de madeira, o que facilitava a caça de animais de grande porte

- arcos e flechas

- arpões e anzóis feitos de osso, para capturar peixes e outros animais aquáticos cestos para guardar e transportar alimentos e cordas feitas de cipós torcidos

estatuetas de pedra e marfim

flautas de osso

NÔMADE
pessoa que não possui moradia permanente e viaja em busca de alimento

Os povos do Paleolítico eram caçadores-coletores. Provavelmente dividiam o trabalho para garantir que todos caçassem, mas também coletassem frutos, sementes e plantas. Com esse rodízio, todos os membros da comunidade executavam as tarefas necessárias à sobrevivência. Eles eram **NÔMADES** e viajavam sempre em grupos pequenos. Seguiam animais de pasto selvagens e se mudavam de acordo com a estação do ano: quando as plantas paravam de crescer, partiam para outra região. Os povos do Paleolítico não tinham moradias permanentes e construíam novos abrigos assim que chegavam a um novo destino.

SERIA O MESMO QUE MUDAR DE CIDADE COM TODOS OS SEUS COLEGAS DA ESCOLA.

A GRANDE MIGRAÇÃO

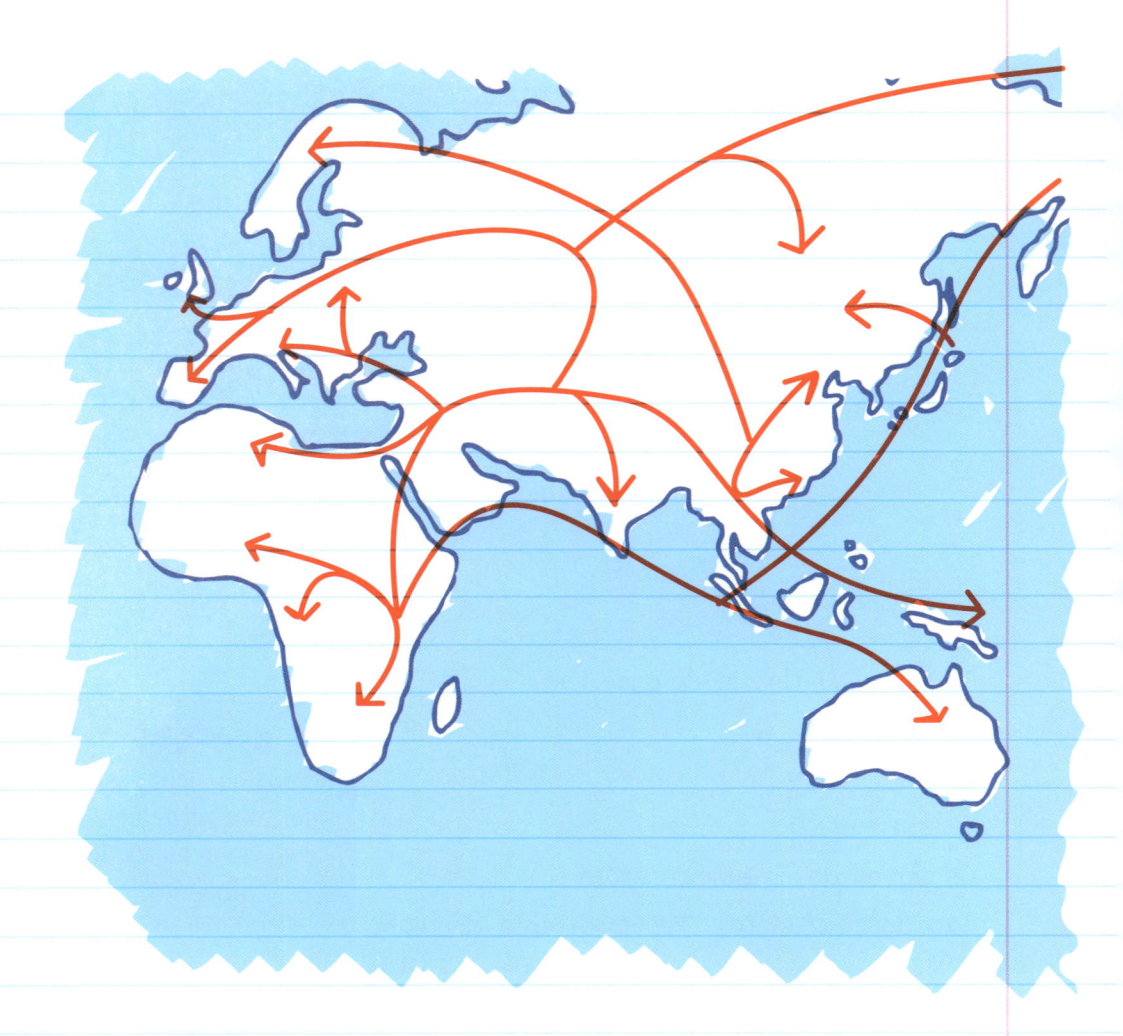

A GRANDE MIGRAÇÃO foi uma época de viagens de longa distância para os humanos, que estavam começando a explorar outros continentes. Em geral, os humanos seguiam os animais que caçavam, muitas vezes se deslocando para climas úmidos, com lagos e terras férteis. A **ERA DO GELO** obrigou os humanos a procurar regiões mais quentes. Com essa nova missão, eles atravessavam pontes terrestres que ligavam os continentes,

ROTAS DAS MIGRAÇÕES HUMANAS

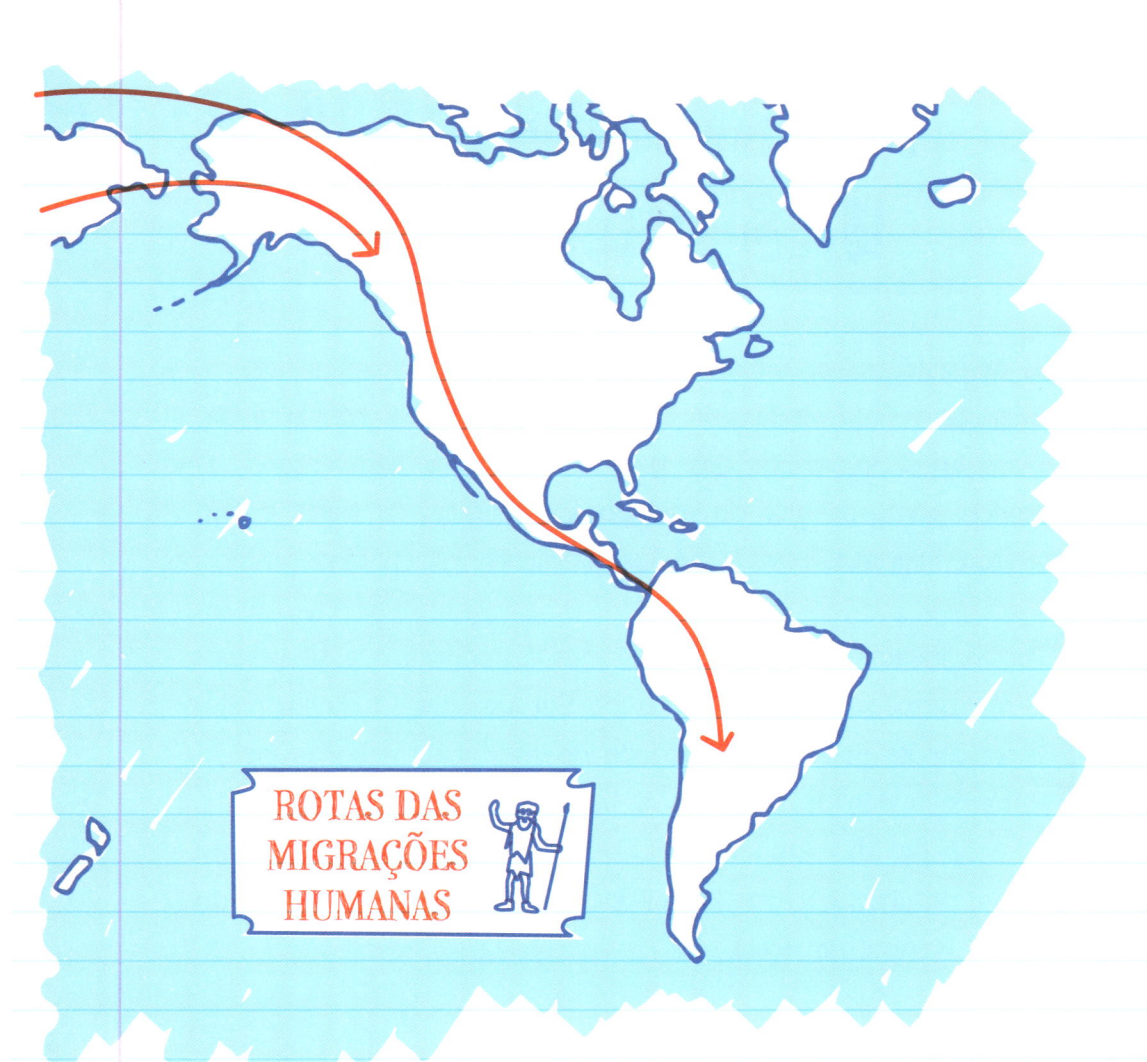

algo possível na época devido ao congelamento e ao nível mais baixo dos oceanos. Partindo da África, os humanos chegaram a todos os continentes, exceto a Antártida. Esse processo foi muito longo, durou vários milênios!

A **ERA DO GELO** foi o período glacial mais recente, no qual grande parte da Terra foi coberta de gelo e os oceanos ficaram congelados. Durou cerca de 100 mil anos e acabou por volta de 10000 a.C.

A PRÉ-HISTÓRIA NAS AMÉRICAS

Os arqueólogos acreditavam que os primeiros habitantes das Américas teriam vindo pelo ESTREITO DE BERING há cerca de 15 mil anos, no período das grandes migrações, atravessando uma grande ponte de gelo da Ásia para a América do Norte e, em seguida, migrando para o sul (como desenhei nas páginas anteriores).

Porém, muitos vestígios arqueológicos anteriores a esse período foram descobertos na América do Sul. Ou seja, já havia muitos "americanos" por aqui no período da migração! Acharam-se pinturas, restos de fogueiras e ferramentas de pedra com datação de até cerca de 18.500 anos atrás no Sítio de Monte Verde, no Chile, e entre 25 mil e 17 mil anos atrás no Sítio da Pedra Furada, no Piauí.

Como VIERAM, ENTÃO, os PRIMEIROS AMERICANOS?

Em Minas Gerais, foi encontrado um fóssil de mais de 11 mil anos. Era LUZIA, "a primeira brasileira"! As características do crânio de Luzia fizeram surgir novas teorias para a ocupação das Américas.

LUZIA

Antes, os nativos americanos eram vistos como descendentes de asiáticos, mas, quando foi feita a reconstituição facial de Luzia, observaram que ela não tinha características asiáticas.

Alguns estudiosos começaram a defender que grupos humanos vieram da Austrália ou da África cruzando o estreito de Bering antes dos asiáticos. Outros argumentaram que os fósseis encontrados na AUSTRÁLIA (Oceania) e na PATAGÔNIA (sul da América do Sul) tinham muitas características em comum. Assim, surgiu a teoria de que os humanos atravessaram o oceano Pacífico em barcos e que os primeiros habitantes da América foram descendentes de "australianos", e não de asiáticos! Para outros estudiosos, os americanos vieram de barco, sim, mas teriam vindo da África, e não da Austrália.

Afinal, qual é a teoria certa? Ainda não podemos ter certeza e, conforme os pesquisadores acham novos indícios, muitas teorias podem mudar. O fato é que já havia grupos humanos na América antes de 15 mil anos atrás.

Mesmo sem saber direito como vieram os primeiros americanos, podemos ter certeza de como eles viviam: eram caçadores-coletores! Sabemos disso porque as ferramentas de pedra, as cerâmicas e as pinturas encontradas não têm relação com a agricultura, mas principalmente com a caça.

Além disso, há muitos SAMBAQUIS na costa atlântica brasileira. Sambaquis são enormes montes constituídos de conchas e restos de peixes criados há milhares de anos. Eles foram feitos pelos primeiros habitantes do nosso litoral e são as maiores evidências de que se extraía tudo que era preciso da natureza. Os sambaquianos não domesticaram animais nem desenvolveram agricultura.

EVENTOS IMPORTANTES

7 a 6 milhões de anos atrás:
Surgem as primeiras espécies com traços humanos, com cérebros do tamanho do de um chimpanzé.

SOMOS PARENTES!

4 milhões de anos atrás:
Continuamos andando de pé, também subindo em árvores.

6 milhões de anos atrás:
Começamos a andar de pé.

2,6 milhões de anos atrás:
Olha a tecnologia! Começamos a usar pedras para cortar e esmagar alimentos.

QUE FOME!

DA EVOLUÇÃO HUMANA

2 milhões a 1,7 milhão de anos atrás:
Descobrimos o fogo, que muda nossos hábitos alimentares, nos aquece e nos protege dos predadores.

FOGO BOM.

ALGUÉM DEVIA INVENTAR O MARSHMALLOW...

70 mil a 50 mil anos atrás:
Deixamos a África na principal onda de migração pelo mundo.

800 mil a 200 mil anos atrás:
Nosso cérebro cresce rapidamente. Dessa maneira, podemos nos comunicar melhor e sobreviver em ambientes inóspitos.

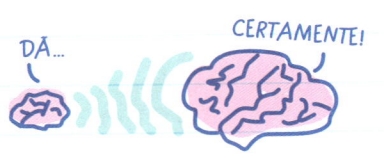

DÃ...

CERTAMENTE!

A **ARTE** era uma forma de comunicação para os povos nômades do Paleolítico, provavelmente usada para contar histórias e partilhar mitos. Às vezes, estratégias de caça eram desenhadas nas paredes das cavernas. Alimentadas com gordura animal, tochas iluminavam as cavernas enquanto os povos do Paleolítico pintavam. A gordura animal também era usada para fabricar tinta: misturada com vários minérios, os humanos dessa época a usavam para criar pigmentos vermelhos, amarelos e pretos para suas obras. Eles desenhavam com os dedos ou usavam gravetos, folhas e caniços ocos como pincéis. Às vezes deixavam a marca das mãos. A maioria das pinturas rupestres mostra animais sendo caçados. Alguns antropólogos acreditam que essas pinturas faziam parte de um tipo de ritual para garantir uma boa caçada.

Algumas figuras não eram pintadas nas rochas, mas talhadas. Eram os **PETRÓGLIFOS**.

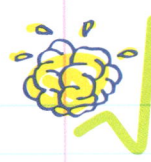

VERIFIQUE SEUS CONHECIMENTOS

1. O que foi a Grande Migração e quanto tempo durou?

2. Por que os primeiros seres humanos faziam pinturas nas cavernas?

3. De que modo os cientistas descobrem o que aconteceu na Pré-História?

4. Quando começou e terminou o Paleolítico?

5. Qual foi o efeito da Era do Gelo sobre os primeiros humanos?

6. Como ocorreu a ocupação humana das Américas?

RESPOSTAS

CONFIRA AS RESPOSTAS

1. A Grande Migração foi uma época na qual os seres humanos saíram da África e começaram a explorar todos os continentes, com exceção da Antártida. Eles procuravam lugares com lagos e terras férteis. A Grande Migração durou vários milênios.

2. Os primeiros humanos usavam pinturas para se comunicar e provavelmente contar histórias e partilhar mitos. Também desenhavam estratégias de caça e provavelmente usavam as pinturas como parte de rituais para garantir uma boa caçada.

3. Os cientistas aprendem sobre a Pré-História por meio de fósseis e de artefatos, que são ferramentas, instrumentos ou qualquer objeto fabricado pelos humanos.

4. O Paleolítico, ou a Idade da Pedra Lascada, começou por volta de 2500000 a.C. e terminou por volta de 10000 a.C.

5. O clima mais frio da Era do Gelo fez os humanos se deslocarem para regiões mais quentes. Além disso, como o nível dos mares estava mais baixo, havia pontes de terra que ligavam os continentes. Os humanos usaram essas pontes para viajar a lugares distantes.

6. Há várias teorias sobre a chegada do ser humano às Américas. Durante muito tempo, acreditou-se que os primeiros americanos chegaram pelo estreito de Bering vindos da Ásia há cerca de 15 mil anos. No entanto, diversas descobertas arqueológicas mostraram que a ocupação é muito mais antiga. Alguns pesquisadores dizem que na verdade os primeiros americanos chegaram de barco vindos da Oceania ou da África.

Capítulo 2
O NEOLÍTICO

CERCA DE 10000 a.C.–4000 a.C.

Durante a Grande Migração, os humanos se mudaram para regiões novas, mais quentes, com solos férteis, nas quais puderam cultivar alimentos e se estabelecer de forma permanente. Os primeiros humanos eram nômades e estavam em constante movimento, mas, no NEOLÍTICO (Idade da Pedra Polida), o surgimento da AGRICULTURA SISTEMÁTICA levou a uma mudança para um estilo de vida mais **SEDENTÁRIO**.

A REVOLUÇÃO NEOLÍTICA foi uma mudança fundamental na vida da maioria dos humanos. As pessoas podiam criar animais e cultivar alimentos de maneira regular, com colheitas periódicas e confiáveis.

SEDENTÁRIO
que tem moradia fixa

xIII...

AGRICULTURA

Cerca de 9 mil anos atrás, os humanos começaram a cultivar ALIMENTOS BÁSICOS, que podiam servir de sustento para a população.

Na China, plantavam arroz e outros alimentos.

Na América Central, plantavam milho, feijão e abóbora.

Na África, plantavam tubérculos, como o inhame.

Muitos alimentos eram importantes nas antigas religiões e nos mitos de criação. Ao moer grãos, os primeiros agricultores inventaram a farinha, que podia ser usada para fazer pão. Os humanos começaram a identificar os locais em que o solo era fértil, onde as plantas cresceriam mais. As regiões com primaveras e verões mais longos eram mais adequadas para a agricultura, já que esse tipo de clima produzia melhores colheitas. Os arredores de lagos, rios e mares também eram bons lugares para morar, porque, além de água, forneciam um tipo adicional de alimentação: peixes e frutos do mar.

Na hora de plantar, os agricultores sempre usavam as sementes das plantas maiores, mais bonitas e mais saborosas. Com isso, a cada colheita os alimentos ficavam melhores, mais fortes e mais gostosos. Esse processo, conhecido como **DOMESTICAÇÃO DE PLANTAS**, constituiu um grande avanço, uma verdadeira revolução.

ISSO AÍ, PLANTINHA!

DOMESTICAR
domar ou adaptar para uso próprio

A **REVOLUÇÃO AGRÍCOLA** (às vezes chamada de **REVOLUÇÃO NEOLÍTICA**) foi o período no qual o ser humano passou de caçador-coletor para agricultor. Essa mudança deu origem às comunidades sedentárias, ao progressivo estabelecimento dos grupos sociais e ao surgimento das civilizações.

O DESENVOLVIMENTO de COMUNIDADES SEDENTÁRIAS

A DOMESTICAÇÃO DE ANIMAIS começou quando os humanos domaram animais selvagens (como carneiros, cabras e porcos) para obter carne, leite e lã. É provável que o cachorro tenha sido um dos primeiros animais a serem domesticados para

ANTIGAMENTE OS CACHORROS ERAM LOBOS. NÓS OS DOMESTICAMOS, TORNANDO-OS O QUE SÃO AGORA.

ajudar os humanos durante a caça, e isso muito antes de os humanos se tornarem sedentários. Em algumas partes do mundo, a domesticação envolveu animais de grande porte. Na Índia, por exemplo, elefantes foram domados.

Técnicas agrícolas, como a IRRIGAÇÃO, também foram cruciais para as primeiras comunidades sedentárias. Os sistemas de irrigação consistiam de uma série de canais construídos para levar água até as áreas cultivadas.

Como as comunidades sedentárias cultivavam os próprios alimentos, muitas vezes acabavam com um EXCEDENTE, ou seja, produziam mais do que necessitavam para sobreviver. Com isso, muito mais pessoas podiam se alimentar e, assim, as comunidades conseguiam se expandir e não precisavam mais seguir os rebanhos.

> IGUALZINHO A QUANDO VOCÊ PEDE PARA EMBRULHAR PARA VIAGEM NO RESTAURANTE

As PRIMEIRAS ALDEIAS

Com o sedentarismo e o aumento dos alimentos excedentes, as pessoas passaram a ter tempo livre para se dedicar a outros projetos além de caçar e plantar. Isso levou à DIVISÃO DE TRABALHO, ou seja, as pessoas passaram a se especializar em tarefas diferentes dentro de uma comunidade. Alguns trabalhadores se tornaram ARTESÃOS, dedicando-se a alguma tarefa específica, como fabricar cestos, ferramentas, tecidos e objetos de cerâmica. A moradia fixa e a experiência com o fogo permitiram que algumas sociedades aprendessem a trabalhar com metais. Posteriormente, ferramentas de cobre e de BRONZE tornaram-se sofisticadas. Mais tarde, o ferro foi usado para fazer ferramentas robustas e duráveis. A RODA também foi inventada nessa época. E, assim como aconteceu com o fogo, a roda mudou tudo.

> UMA MISTURA DE COBRE E ESTANHO

UAU! MAS PARA QUE SERVE?

Já parou para pensar em todos os veículos que precisam de **RODAS**? Automóveis, bicicletas, carrinhos de bebê, carrinhos de supermercado, trens, ônibus! A vida seria muito mais difícil sem a roda!

Depois de algum tempo, com tantas coisas novas sendo criadas, tornou-se possível o **ESCAMBO**, que é a troca de mercadorias sem envolver dinheiro. O comércio ajudou a difundir novas tecnologias, possibilitando o intercâmbio de técnicas agrícolas.

> **ESCAMBO**
> a troca de um bem por outro

COMO TROCAR A MERENDA COM UM COLEGA!

PRIMEIROS GOVERNOS

Os governos surgiram para regular aspectos diversos da atividade humana nas novas aldeias. Essas aldeias, por sinal, cresceram e se tornaram cidades, em alguns casos com muralhas de proteção. Eram governadas por chefes de CLÃS ou TRIBOS (grupos de famílias que viviam juntos).

Os MONARCAS (reis ou rainhas) governavam grupos de cidades ou de tribos. Sua missão era manter a ordem no reino por meio de leis. Muitos desses monarcas afirmavam que seu poder vinha do **DIREITO DIVINO**, ou seja, o direito de governar conferido por uma **DIVINDADE** ou divindades.

> **DIREITO DIVINO**
> crença de que o direito de governar vem de um deus e não da escolha do povo

> **DIVINDADE**
> deus, deusa ou ser divino

> Algumas edificações, como os zigurates da Babilônia e as pirâmides do Egito, foram construídas com fins religiosos. As muralhas eram menos artísticas e mais práticas: tinham por objetivo proteger as cidades.

As sociedades começaram a se dividir em CAMADAS SOCIAIS (grupos de pessoas com maior ou menor poder e funções e interesses diferentes). Reis e rainhas eram as pessoas mais importantes. Em segundo lugar ficavam as autoridades religiosas. Depois vinham os militares e os funcionários do governo. Em seguida, os artesãos, mercadores e pequenos comerciantes. Os agricultores (grandes responsáveis pelo fato de a sociedade ter chegado àquela organização) estavam, ironicamente, em um nível mais baixo. Por fim, algumas sociedades tinham ESCRAVOS, pessoas que eram propriedade de outras e que estavam na base da ordem social.

- REIS/RAINHAS
- SACERDOTES
- FUNCIONÁRIOS DO GOVERNO/MILITARES
- MERCADORES/COMERCIANTES
- AGRICULTORES
- ESCRAVOS

As PRIMEIRAS CIVILIZAÇÕES

Quando surgiram as primeiras **CIVILIZAÇÕES**, o tempo livre que algumas pessoas das camadas mais altas ganharam depois de fixar residência deu a elas a oportunidade de... pensar ainda mais! Assim, elas começaram a elaborar novas ideias nos campos da matemática, astronomia, escrita e direito.

> **CIVILIZAÇÃO**
> sociedade organizada em torno de cidades com um governo central, um meio de produção de alimentos, um sistema de escrita, arte, arquitetura e especialização de tarefas

$$E\Psi(r) = \left[\frac{-\hbar^2}{2\mu}\nabla^2 + V(r)\right]\Psi(r)$$

MATEMÁTICA

ASTRONOMIA

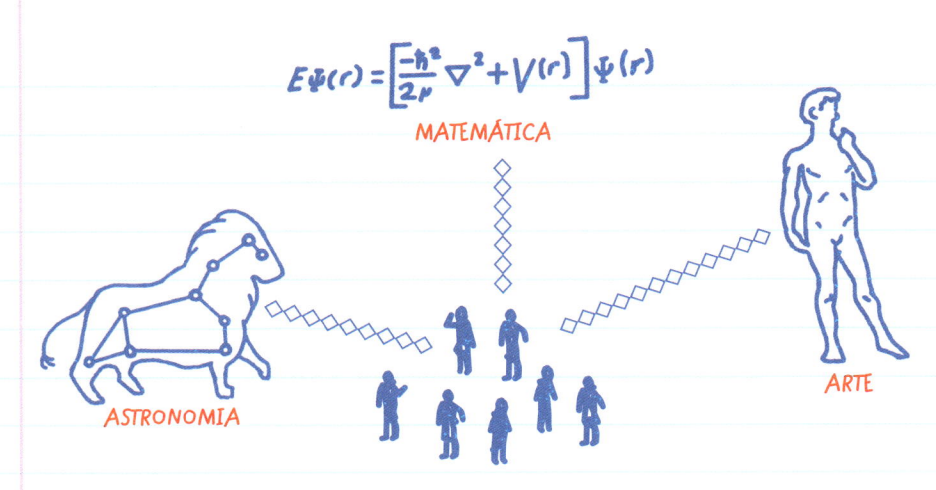

ARTE

A escrita foi particularmente importante para catalogar os alimentos colhidos e as mercadorias vendidas. Governantes, sacerdotes, mercadores e artesãos contavam com a ajuda de escribas para documentar leis, orações e árvores genealógicas, pois poucos sabiam ler e escrever. A escrita também foi usada para registrar poemas, histórias e informações que antes dependiam da **TRADIÇÃO ORAL** ou para criar novas histórias. Pintores e escultores colaboravam para isso, ilustrando relatos, na maioria das vezes mitológicos, e decorando templos e outras construções.

> **TRADIÇÃO ORAL**
> informações passadas de uma geração para outra por meio da palavra falada em vez da escrita

EXEMPLOS DE ESCRITA PRIMITIVA

25

OS ÚLTIMOS 100 MIL ANOS

100 mil anos atrás:
Começamos a enterrar os mortos e inventamos armas para matar animais.

XIIII!

70 mil a 50 mil anos atrás:
Os humanos saem da África para viver na Europa e na Austrália, na principal onda migratória.

EI! EU GOSTEI DAQUI!

73 mil anos atrás:
Surgem os primeiros indícios de que nossos antepassados faziam marcas em objetos para contar ou registrar informações.

45 mil anos atrás:
Começamos a usar agulhas feitas de osso para fazer roupas que se ajustam melhor ao corpo.

DA EVOLUÇÃO HUMANA

35 mil anos atrás:
Música para os nossos ouvidos! Flautas simples de três furos proporcionam diversão e cultura. Continuamos a fazer desenhos.

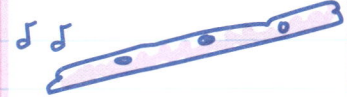

8 mil anos atrás:
Criamos os primeiros documentos escritos, compostos de símbolos. Em alguns milhares de anos, esses símbolos são substituídos por palavras.

AQUI DIZ: "VIRE À ESQUERDA NA PEDRA GRANDE"!

NÃO, AQUI DIZ "CUIDADO COM OS URSOS"!

9 mil anos atrás:
Começamos a domesticar plantas e animais, o que vai culminar na criação de comunidades sedentárias.

60 a 20 anos atrás:
A população humana dobra em apenas 40 anos, passando de 3 bilhões para 6 bilhões de pessoas.

EITA!

As primeiras civilizações se formaram principalmente na Mesopotâmia, no Egito, no vale do rio Indo, na China e nas Américas.

RECEITA PARA CIVILIZAÇÃO

INGREDIENTES:

- Trabalhadores
- Escrita
- Arte
- Governo

Misture tudo e deixe cozinhar por alguns milhares de anos.

VERIFIQUE SEUS CONHECIMENTOS

1. Por que as pessoas abandonaram o estilo de vida nômade durante o Neolítico?

2. Quais foram as inovações agrícolas adotadas no Neolítico?

3. O que significa "divisão de trabalho"?

4. Dê um exemplo de escambo.

5. Qual era o papel dos monarcas nessas sociedades novas?

6. Por que o tempo livre favoreceu o progresso das civilizações?

7. Onde se formaram as primeiras civilizações?

RESPOSTAS

CONFIRA AS RESPOSTAS

1. As pessoas deixaram de ser nômades quando desenvolveram a agricultura. Durante o Neolítico, elas passaram a plantar e criar animais e podiam se fixar em um local.

2. As pessoas começaram a selecionar as sementes das maiores, mais bonitas e mais saborosas plantas, obtendo assim colheitas cada vez melhores (isso se chama domesticação das plantas). Os agricultores também usavam sistemas de irrigação para levar a água até as plantações por meio de canais.

3. Divisão de trabalho é a separação da sociedade em grupos que desempenham diferentes tarefas.

4. Um exemplo de escambo é a troca de um cesto de palha por um caldeirão de ferro.

5. Os monarcas foram os primeiros líderes das cidades. Faziam uso de leis para manter a ordem e baseavam seu poder no direito divino.

6. O tempo livre favoreceu o progresso das civilizações porque possibilitou que as pessoas se dedicassem a projetos além da caça e do plantio.

7. As primeiras civilizações se formaram principalmente na Mesopotâmia, no Egito, no vale do rio Indo, na China e nas Américas.

A questão 4 tem mais de uma resposta.

Unidade 2

Primeiras civilizações
aproximadamente a partir de 5500 a.C.

Os sistemas de escrita, comércio e governo foram criados pelas primeiras civilizações.

Essas primeiras civilizações surgiram em uma área em forma de lua crescente que se estendia do mar Mediterrâneo ao golfo Pérsico, conhecida como CRESCENTE FÉRTIL, na qual o solo era rico e as colheitas, abundantes. Dentro do Crescente Fértil, dois rios (TIGRE e EUFRATES) delimitavam um vale que ficou conhecido como MESOPOTÂMIA. A Mesopotâmia podia sustentar grandes populações porque sua localização era ideal para o comércio e a agricultura. ← PROVAVELMENTE FOI POR ISSO QUE AS PRIMEIRAS SOCIEDADES ALTAMENTE ORGANIZADAS SURGIRAM ALI

**CRESCENTE FÉRTIL
(AS PRIMEIRAS CIVILIZAÇÕES SURGIRAM AQUI)**

MAR NEGRO

MAR CÁSPIO

IRÃ ATUAL

MAR MEDITERRÂNEO

EUFRATES

TIGRE

GOLFO PÉRSICO

IRAQUE ATUAL

ARÁBIA SAUDITA ATUAL

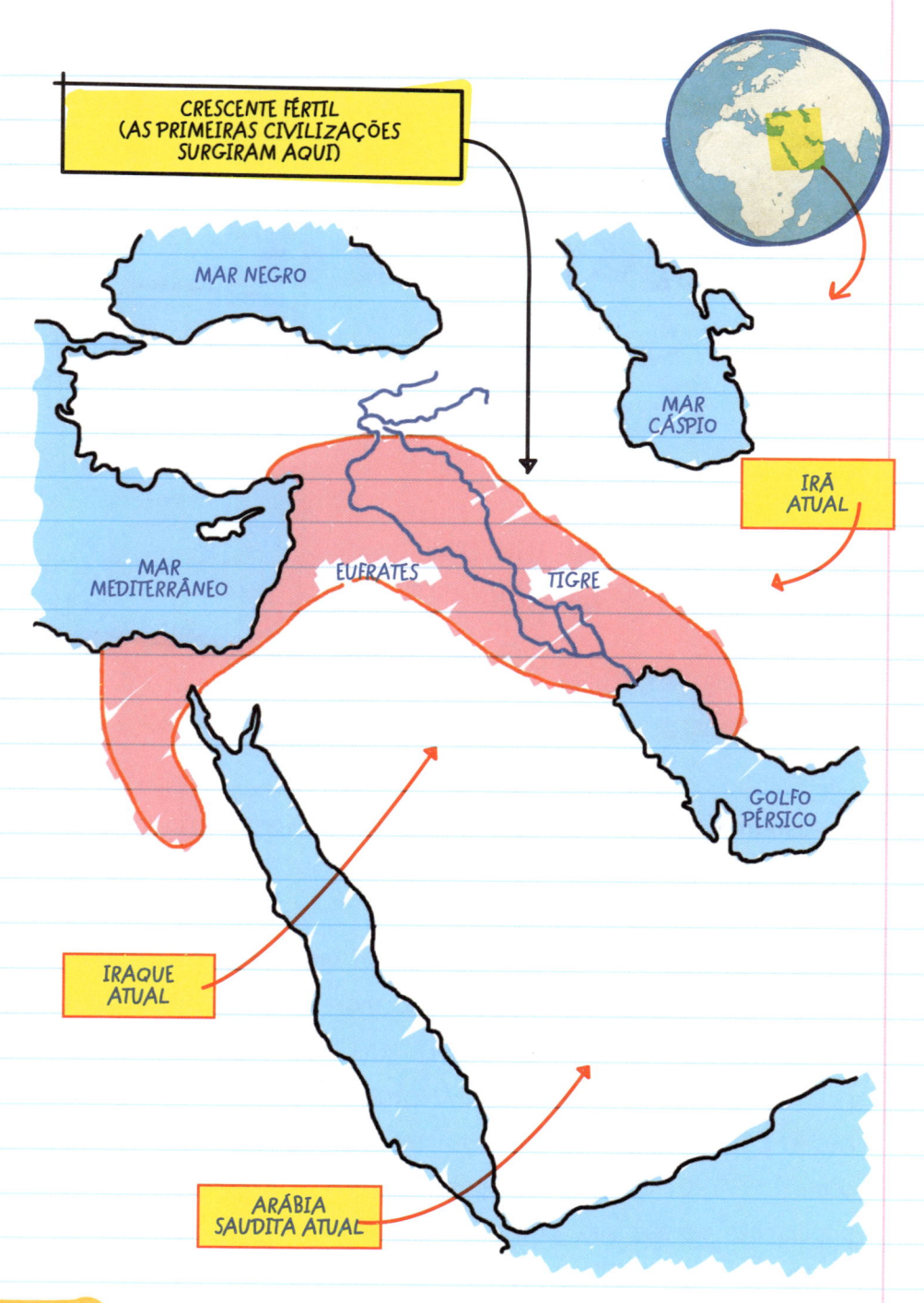

32

Capítulo 3

MESOPOTÂMIA

DESDE CERCA DE 5500 a.C.

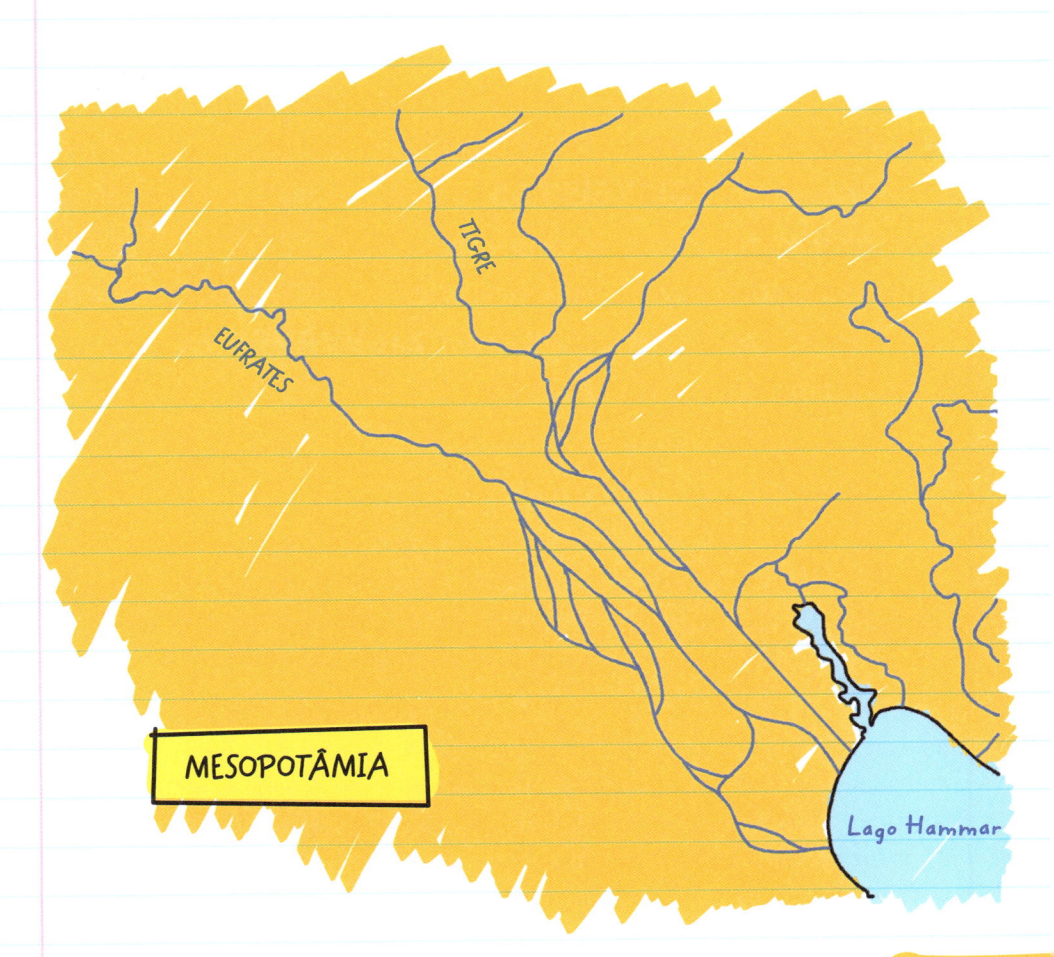

TIGRE

EUFRATES

MESOPOTÂMIA

Lago Hammar

SUMÉRIA

A SUMÉRIA foi a primeira civilização da Mesopotâmia e surgiu entre 5500 a.C. e 4000 a.C. Os SUMÉRIOS dependiam de enchentes anuais que, na primavera, tornavam mais rico o solo nas margens dos rios. Eles usavam canais de irrigação e valas de drenagem para controlar o movimento da água, mas, às vezes, enchentes imprevistas inundavam regiões inteiras. Isso levou os sumérios a acreditar que existiam outras forças em ação. Por isso, a população explicava as enchentes destrutivas por meio da religião.

Religião e a classe dominante

Os sumérios eram **POLITEÍSTAS**. Eles acreditavam que teriam uma boa colheita se obedecessem e servissem aos deuses. Assim, construíam e dedicavam **ZIGURATES** ao deus ou deusa principal da cidade.

> **POLITEÍSMO**
> a crença em vários deuses; vem de **POLI** (mais de um) e **TEÍSMO** (crença em um deus ou em deuses)

ZIGURATES eram templos parecidos com pirâmides. Os zigurates dos sumérios eram imensas torres de tijolo, com degraus que levavam até o topo. Infelizmente, eles não resistiram ao tempo como as pirâmides de pedra do Egito.

Mas espere! Se os zigurates dos sumérios não resistiram ao tempo, como sabemos de sua existência? Na verdade, eles não foram totalmente destruídos. Após sofrerem os efeitos da erosão e de novas construções, muitos foram soterrados. Com o tempo, os arqueólogos escavaram as ruínas e encontraram indícios da existência deles.

A Suméria era uma **TEOCRACIA** na qual sacerdotes tinham um papel importante, já que os sumérios acreditavam que os deuses eram os verdadeiros governantes. Os reis governavam por direito divino, viviam em grandes palácios e às vezes também eram sacerdotes.

> **TEOCRACIA**
> uma forma de governo na qual **DEUS** ou uma divindade é o governante supremo

> Os mesopotâmios adoravam cerca de 3 mil deuses e deusas!

A escrita e a educação

Por volta de 3000 a.C. os sumérios criaram a escrita CUNEIFORME, entalhes em forma de cunha feitos com caniços em tábuas de argila fresca. Uma vez feitos os entalhes, as tábuas eram postas ao sol para secar e não sofriam novas alterações! A escrita cuneiforme era usada para fazer registros e escrever histórias e poemas. Como levava muito tempo para gravar uma tábua, era importante dispor de profissionais desse ofício, chamados ESCRIBAS. Os escribas estudavam em escolas e depois trabalhavam como copistas, professores, legisladores e líderes. Eram membros importantes da sociedade e foi graças a eles que a História dos sumérios foi registrada por escrito.

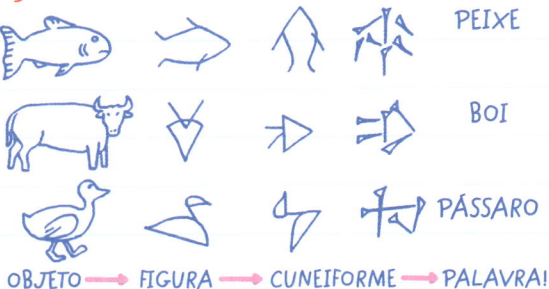

PEIXE
BOI
PÁSSARO

OBJETO → FIGURA → CUNEIFORME → PALAVRA!

> NÃO EXISTIA A OPÇÃO "DESFAZER"

> A escrita não era usada apenas para fazer registros. Os sumérios inventaram algumas das obras literárias mais antigas, como a "Epopeia de Gilgamesh", um poema **ÉPICO** que conta as aventuras de um rei lendário e seu melhor amigo, Enkidu.

> **ÉPICO**
> poema longo, que costuma ter um herói como protagonista

> Os sumérios criaram as primeiras escolas, que ensinavam a recém-inventada escrita cuneiforme.

MUITO OBRIGADO, SUMÉRIOS.

Cidades-estados

A civilização suméria era composta por CIDADES-ESTADOS, ou seja, cidades que também atuavam como Estados politicamente independentes. Cada uma dessas cidades tinha governo, exército e rei próprios. O escambo entre as cidades-estados era executado em templos religiosos, que também funcionavam como depósitos para os bens excedentes. Produtos como lã e trigo eram trocados por madeira e cobre. Os sacerdotes muitas vezes cobravam aluguel dos agricultores e atuavam como coletores de impostos nas cidades-estados.

Entretanto, as cidades-estados também lutavam entre si pelas terras e pela água da região, o que acabou levando a primeira civilização da Mesopotâmia ao colapso.

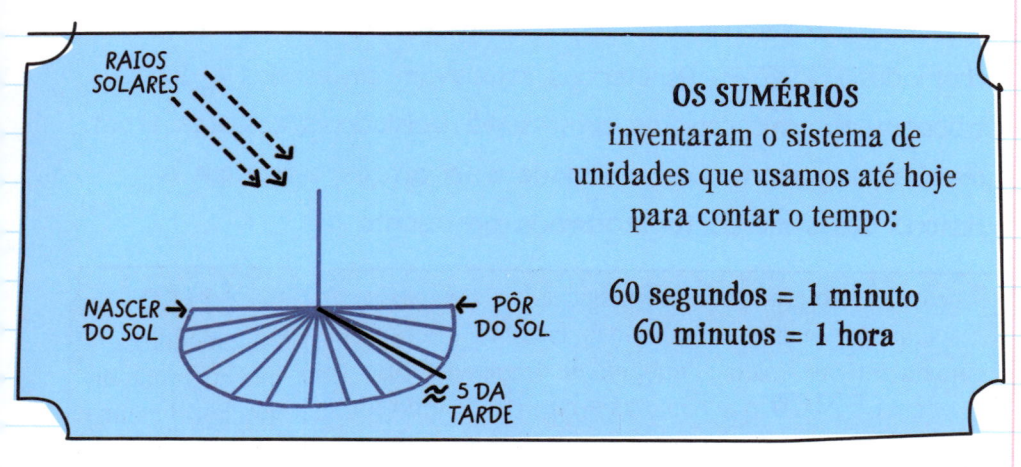

RAIOS SOLARES

NASCER DO SOL ← → PÔR DO SOL

≈ 5 DA TARDE

OS SUMÉRIOS inventaram o sistema de unidades que usamos até hoje para contar o tempo:

60 segundos = 1 minuto
60 minutos = 1 hora

ACÁDIA

A ACÁDIA foi governada por mais de 50 anos (cerca de 2334 a.C. a 2279 a.C.) pelo REI SARGÃO I, considerado um dos reis mais importantes da História e responsável por unificar as cidades-estados da Suméria. No entanto, por volta de 2100 a.C. a 1900 a.C., o império foi tomado por outros povos, e sua parte sul foi conquistada por uma nação rival, a BABILÔNIA.

> Os acádios falavam a **LÍNGUA SEMITA**, um dos grupos linguísticos que surgiram e se difundiram no norte da África e no sudoeste da Ásia. Os dialetos acádios eram a principal língua da Mesopotâmia no período em que a Acádia controlou a Suméria, mas havia outras, como o sumério, o eblaíta e o babilônio, que vieram da Mesopotâmia. O árabe é uma língua semita falada atualmente por milhões de pessoas.

BABILÔNIA

Os babilônios viveram na parte ocidental do Crescente Fértil. O líder babilônio mais conhecido foi HAMURÁBI, que conquistou as cidades do sul da Suméria e da Acádia para criar o **IMPÉRIO** BABILÔNICO por volta de 1800 a.C. Os babilônios construíram estradas para facilitar as viagens e incentivar o comércio. Dessa maneira, produtos como roupas e especiarias podiam chegar de lugares distantes, como a Índia e o Egito. Os mercadores e comerciantes gerenciavam seus próprios negócios.

> **IMPÉRIO**
> uma extensa área, com muitos territórios e povos diferentes controlados por um governo só

Hamurábi ficou famoso por ser o autor de uma lista de 282 leis que compõem o CÓDIGO DE HAMURÁBI. Foi uma das primeiras vezes em que leis foram escritas para que as pessoas soubessem como seriam punidas caso cometessem crimes. As leis se baseavam na ideia de "olho por olho", o que significa que a pena deveria ser tão severa quanto o crime. A pena, porém, variava de acordo com o grupo social da vítima e do infrator. O código cobria todos os aspectos da vida cotidiana: havia punições para tudo, desde o julgamento equivocado de um juiz até o desabamento de uma casa mal construída por um mestre de obras.

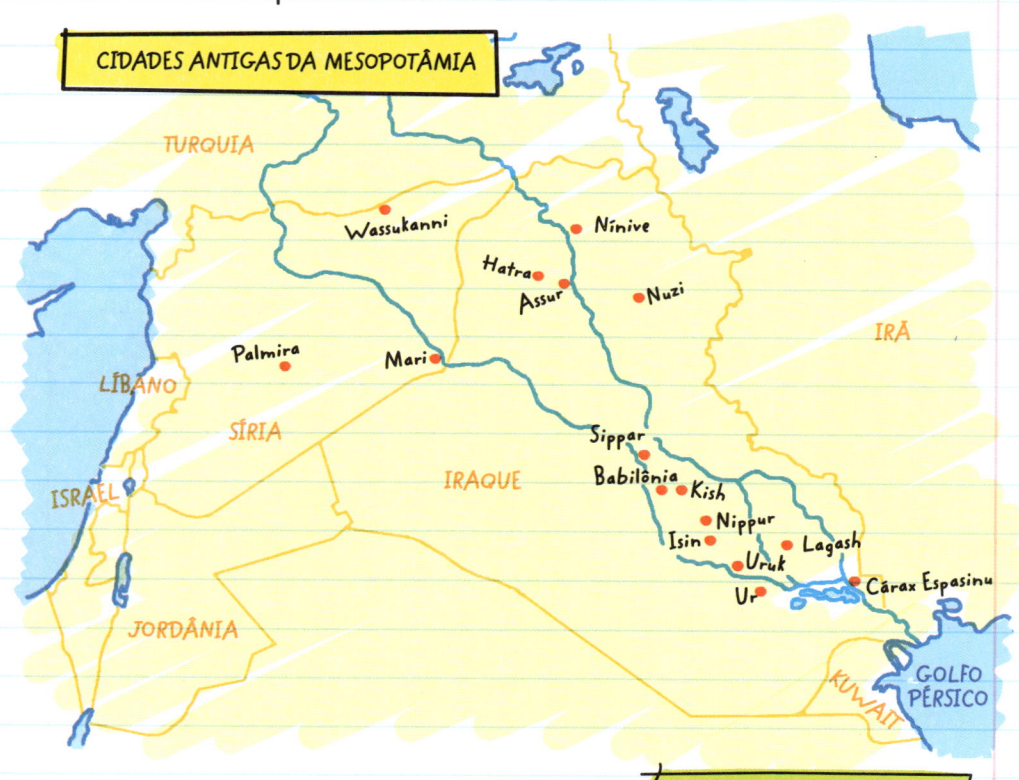

CIDADES ANTIGAS DA MESOPOTÂMIA

Os homens detinham o poder na sociedade **PATRIARCAL** da Mesopotâmia, podendo punir mulheres e crianças. O império de Hamurábi foi conquistado e destruído por volta de 1600 a.C.

PATRIARCADO
forma de organização social na qual o pai é a autoridade suprema

ASSÍRIA

O reino da ASSÍRIA surgiu por volta de 2025 a.C. e foi um dos primeiros novos impérios da Mesopotâmia. O Império Assírio ocupou a parte setentrional da Mesopotâmia no que hoje é o norte do Iraque. Como era fácil para os estrangeiros chegar à terra onde ficava a Assíria e invadi-la, os assírios tiveram de se tornar grandes guerreiros e decidiram atacar em vez de esperar. Com essa estratégia em mente, conquistaram terras do rio Nilo (no atual Egito) ao golfo Pérsico.

O REI SARGÃO II, o líder mais importante da Assíria, reinou de 722 a.C. a 705 a.C.

Os reis controlavam esse enorme império com PODER ABSOLUTO, ou seja, o que o rei decidisse se tornava lei. Os assírios desenvolveram um sistema de comunicação com cavaleiros que levavam mensagens a qualquer lugar do império em menos de uma semana. Isso mantinha o rei e seus governadores em contato. Eles também criaram redes comerciais que chegavam até o Mediterrâneo. NÍNIVE, a capital da Assíria, tornou-se um centro de conhecimento, dispondo de uma das primeiras bibliotecas do mundo, que contava com uma coleção de tábuas de argila. Os assírios foram derrotados pelos medos, os persas e os citas entre 615 a.C. e 609 a.C.

A BABILÔNIA e os CALDEUS

POVOS ORIGINÁRIOS DA CALDEIA

Por volta de 612 a.C., a Babilônia se reergueu sob o comando dos CALDEUS, que dominavam a matemática e a astronomia. Os babilônios foram os primeiros a identificar cinco planetas além da Terra: Mercúrio, Vênus, Marte, Júpiter e Saturno. Eles aprenderam sobre os planetas e as estrelas porque alguns babilônios tinham a tarefa de mapeá-los todas as noites.

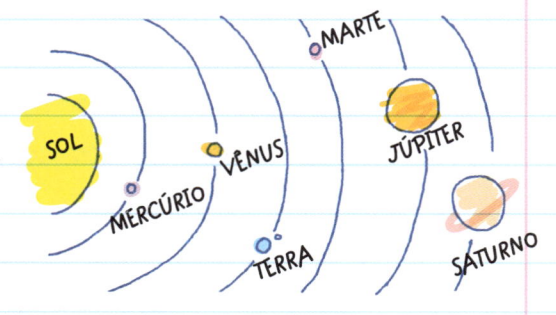

Lembre-se das primeiras civilizações da Mesopotâmia com este jogo de palavras:

Símios (Sumérios)

Amarelos (Acádios)

Adoram (Assírios)

Bananas (Babilônios)

VERIFIQUE SEUS CONHECIMENTOS

1. Como se chamava a primeira civilização da Mesopotâmia?

2. De que modo a geografia ajudou no desenvolvimento das civilizações na região?

3. O que era a escrita cuneiforme e por que foi importante para os sumérios?

4. O que é cidade-estado?

5. Quem foi o rei Sargão I da Acádia e por que ele foi importante?

6. Quais foram as principais realizações dos babilônios?

7. Quem foi Hamurábi e qual foi sua contribuição para o Império Babilônico?

RESPOSTAS

CONFIRA AS RESPOSTAS

1. A primeira civilização da Mesopotâmia foi a Suméria.
2. As primeiras civilizações surgiram no Crescente Fértil, cujo solo era rico e permitia colheitas abundantes.
3. A escrita cuneiforme foi criada pelos sumérios usando caniços para produzir entalhes em tábuas de argila fresca. Os sumérios a usavam para fazer registros e escrever histórias e poemas.
4. Cidade-estado é uma cidade politicamente independente, com governo, exército e rei próprios.
5. O rei Sargão I foi o líder da Acádia por mais de 50 anos e unificou as cidades-estados sumérias.
6. Os babilônios construíram estradas para incentivar as viagens e iniciaram o comércio de produtos com a Índia e o Egito. Os mercadores e comerciantes controlavam seus próprios negócios.
7. Hamurábi foi o líder da Babilônia que criou o Império Babilônico. É famoso principalmente por ter escrito uma lista de 282 leis, conhecida como Código de Hamurábi.

Capítulo 4
ÁFRICA ANTIGA

3100 a.C.–30 a.C.

EGITO

O Egito Antigo, uma das primeiras civilizações ribeirinhas, ficava nas margens do rio Nilo. O Nilo, que é o rio mais longo do mundo, corre do sul para o norte, percorrendo a África por mais de 6 mil quilômetros.

> MAIS OU MENOS A DISTÂNCIA DO RIO DE JANEIRO A HAVANA

Pouco antes de desaguar no mar Mediterrâneo, o Nilo se divide em vários canais, formando um **DELTA**. O delta do Nilo é chamado de **BAIXO EGITO**. A terra ao sul do delta do Nilo é chamada de **ALTO EGITO**.

> **DELTA**
> a planície na foz de um rio

A inundação anual do Nilo depositava nutrientes no solo às margens do rio, transformando-o em terreno fértil para a agricultura. Essa terra era chamada de KEMET ("terra negra"). A terra seca do deserto era chamada de DESHERET ("terra vermelha").

MAR MEDITERRÂNEO
Jerusalém
MAR MORTO
Roseta
Damieta
Gaza
Rafah
Alexandria
Buto
Sais
Tonis
Pelúsio
Naukratis
Busiris
Avaris
Bubastis
Merimde
Heliópolis
Gizé
Cairo
Saqqara
Mênfis
Dachur
Heluã
Sinai
Timna
Meidum
Lahun
Herculópolis
Serabit al-Khadim
BAIXO EGITO
Beni Hasan
Hermópolis
Amarna
Assiut
Badari
DESERTO ORIENTAL
Qau
DESERTO OCIDENTAL
Akhmin
MAR VERMELHO
Tinis
Abidos
Dendera
Copto
Naqada
Tebas
Tod
ALTO EGITO
Hieracômpolis
Edfu
Kom Ombo
Assuã
Nabta Playa
Abu Simbel
Buhen
KUSH
DESERTO DA NÚBIA
Kerma
Kawa
Napata
Gebel Barkal
Meroé

O **ALTO EGITO** fica no sul e o **BAIXO EGITO** fica no norte. Por quê? Porque esse é o sentido em que corre o rio Nilo: começa no sul e termina no norte. O rio Nilo corre para o norte porque a região do Alto Egito é mais elevada.

O Kemet era perfeito para a agricultura, produzindo excedentes de alimentos e um povo bem alimentado. E as inundações regulares levaram a um registro preciso do calendário. O Nilo também era perfeito para o transporte e as comunicações.

> Os egípcios (e a observação das cheias do rio) são responsáveis por nosso calendário de 365 dias por ano.

HAPI, a divindade egípcia do Nilo, era muito louvada pelo povo, junto com AMON-RÁ (o rei dos deuses), OSÍRIS (o deus do além-mundo) e ÍSIS (mãe-deusa do faraó). Os egípcios tinham centenas de deuses e foram os primeiros a ter muitas deusas.

O governo dos egípcios

O Egito foi governado por 31 **DINASTIAS** diferentes, durante cerca de 3 mil anos, divididas em três períodos:

> **DINASTIA**
> a sucessão de governantes da mesma família

ANTIGO IMPÉRIO

MÉDIO IMPÉRIO

NOVO IMPÉRIO

O **FARAÓ** governava o Egito com poder absoluto. O que quer que o faraó decidisse era considerado lei. Os faraós também eram considerados deuses.

> **FARAÓ**
> o título dado aos reis do Egito Antigo

ÁRVORE GENEALÓGICA DOS DEUSES EGÍPCIOS

ATUM

TEFNUT

GEB

SHU

NUT

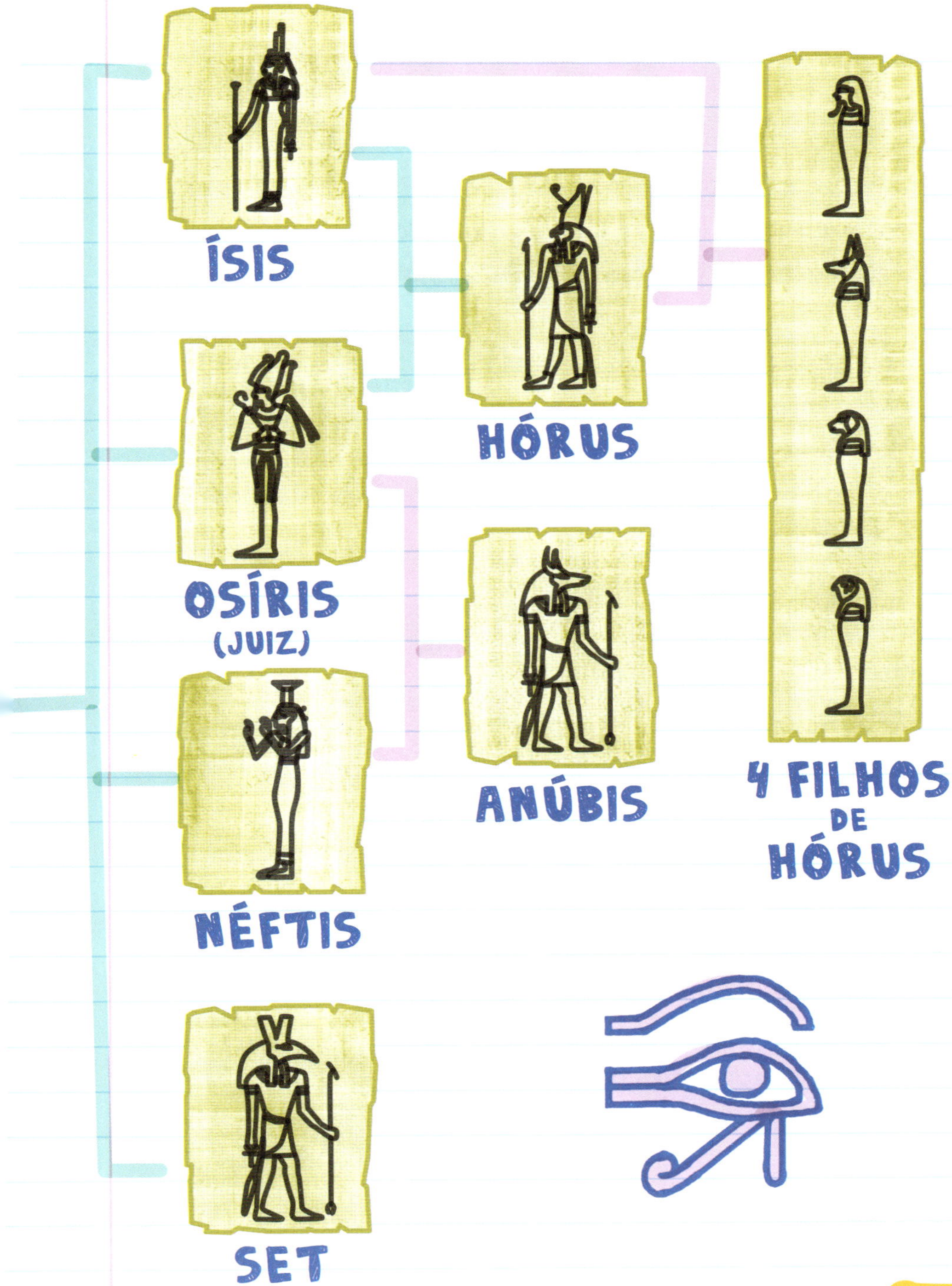

ÍSIS

OSÍRIS
(JUIZ)

NÉFTIS

SET

HÓRUS

ANÚBIS

4 FILHOS
DE
HÓRUS

47

O Antigo Império (cerca de 2600 a.C.-2100 a.C.) e o Médio Império (cerca de 2100 a.C.-1650 a.C.)

O REI MENÉS criou a primeira dinastia unificada do Egito quando uniu o Alto e o Baixo Egito por volta de 3100 a.C. Posteriormente, ele construiu sua capital em MÊNFIS, perto da atual cidade do Cairo. Após o fim da segunda dinastia, iniciou-se o Antigo Império.

Durante esse período, foram construídas as grandes pirâmides do Egito, com o intuito de servir de túmulo para os faraós e seus familiares. Para construir a GRANDE PIRÂMIDE DE GIZÉ, a maior das mais de 30 pirâmides do Egito, os historiadores estimam que foram necessários 20 anos, 100 mil trabalhadores e mais de 2 milhões de blocos de pedra.

SÓ FALTAM 100 ANDARES!

A GRANDE ESFINGE, uma estátua gigante que é metade homem, metade leão, foi construída para proteger a GRANDE PIRÂMIDE. Durante a inundação anual do Nilo, como os lavradores não podiam trabalhar nas plantações, eram colocados para trabalhar na construção das pirâmides. Os egípcios usaram seus grandes conhecimentos de matemática, especialmente de geometria, para construir as enormes pirâmides.

EXISTEM INDÍCIOS DE QUE OS LAVRADORES E OUTROS TRABALHADORES ERAM EM SUA MAIORIA SERVOS, MAS TAMBÉM HAVIA ESCRAVOS.

Os egípcios precisaram de muito tempo e muito trabalho para construir as pirâmides. A maioria dos historiadores acredita que os trabalhadores empurravam as pedras em cima de trenós ou de toras de madeira até o lugar da construção. Rampas feitas de terra e areia compactada eram construídas na base da pirâmide para permitir que os trabalhadores continuassem a obra, mesmo quando a pirâmide ganhava altura.

A GRANDE PIRÂMIDE DE GIZÉ

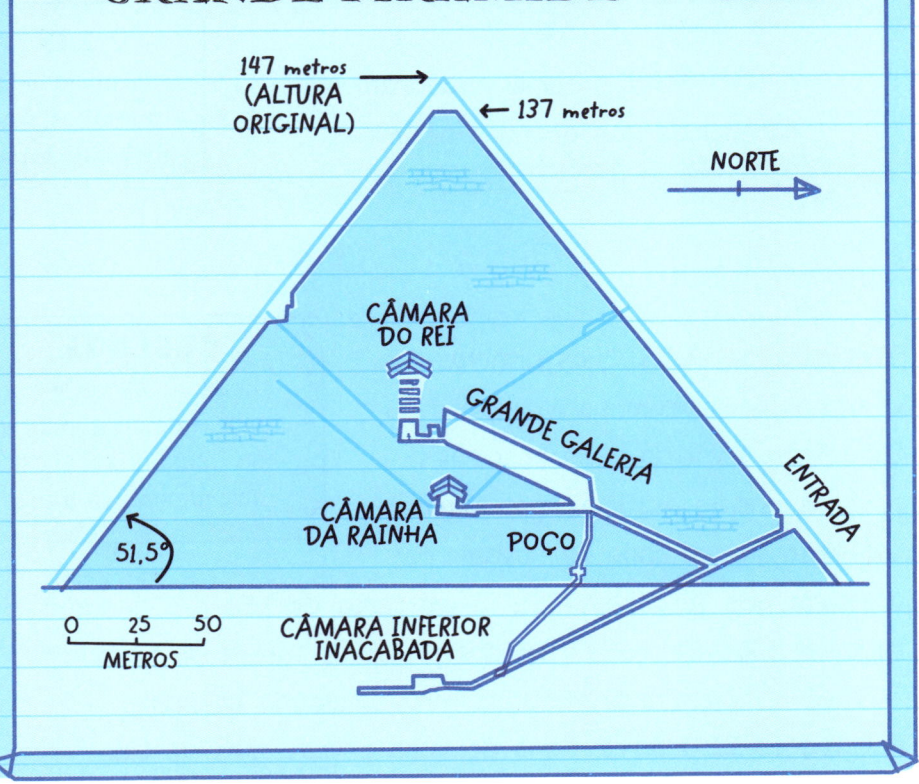

147 metros (ALTURA ORIGINAL)

← 137 metros

NORTE →

CÂMARA DO REI

GRANDE GALERIA

CÂMARA DA RAINHA

POÇO

ENTRADA

51,5°

0 25 50
METROS

CÂMARA INFERIOR INACABADA

O Médio Império foi um período estável de expansão. KUSH (ou Núbia), uma área ao sul do Egito, foi conquistada. Os faraós executaram vários projetos de utilidade pública, como a drenagem de pântanos e a construção de canais de irrigação.

Os faraós mais importantes do Antigo Império foram:

> **DJOSER**: a primeira pirâmide foi construída para ele por seu **VIZIR**/arquiteto/médico **IMHOTEP**

> **QUÉOPS, QUÉFREN** e **MIQUERINOS**: supervisionaram a construção das grandes pirâmides

> **VIZIR**
> um funcionário que só estava abaixo do faraó

O Novo Império (cerca de 1550 a.C.-1070 a.C.) e o rei Tut

Por volta de 1600 a.C., as disputas internas contribuíram para que o Egito fosse invadido pelos hicsos, um povo de origem asiática. Após extenso conflito militar, o Egito foi novamente unificado pelo faraó AMÓSIS I, em cerca de 1550 a.C., dando início ao NOVO IMPÉRIO. Um dos principais faraós do período, TUTMÉS III era o primeiro da linha sucessória quando o pai, Tutmés II, morreu. Como ele tinha poucos anos de vida, a madrasta HATSHEPSUT reinou em seu lugar, atuando como

> **REGENTE**
> um adulto que governa no lugar de um soberano que é uma criança, está ausente ou é inválido

REGENTE nas primeiras duas décadas de seu reinado. Hatshepsut era uma líder pacífica que incentivava o comércio com cidades situadas em outras partes da África. Esse intercâmbio introduziu o marfim e o incenso no Egito. Quando Tutmés III assumiu o trono, ele liderou um exército de 20 mil homens para estender o domínio do Egito à Síria e à Palestina.

EU TINHA APENAS 19 ANOS!

Um dos faraós egípcios mais conhecidos, o REI TUTANCÂMON, ou REI TUT, foi coroado aos 9 anos de idade e reinou de 1334 a.C. a 1324 a.C. Ele morreu com apenas 19 anos. Foi enterrado em uma tumba com mais de 5 mil objetos preciosos, destinados a acompanhá-lo na vida após a morte. O corpo do rei Tut foi MUMIFICADO, ou seja, preservado. Os egípcios acreditavam que a alma continuava viva após a morte e que precisava do corpo como uma espécie de morada. Dessa forma, eles enterravam as múmias no meio do deserto, onde a baixa umidade ajudava a preservá-las. O processo de mumificação ajudou os egípcios a aprender muita coisa a respeito da anatomia humana e da cirurgia. O Novo Império terminou em cerca de 1070 a.C., quando o Egito foi invadido por vários povos, como os persas. Alexandre, o Grande, da Macedônia conquistou o país por volta de 331 a.C.

A RAINHA CLEÓPATRA VII foi a última governante do Egito de origem macedônia, tendo iniciado seu reinado em 51 a.C. Ela entrou em guerra com uma facção da

República Romana, que conquistou o Egito em 30 a.C. O Egito só voltou a ser independente cerca de 2 mil anos depois.

Os seguintes faraós do Novo Império também foram importantes:

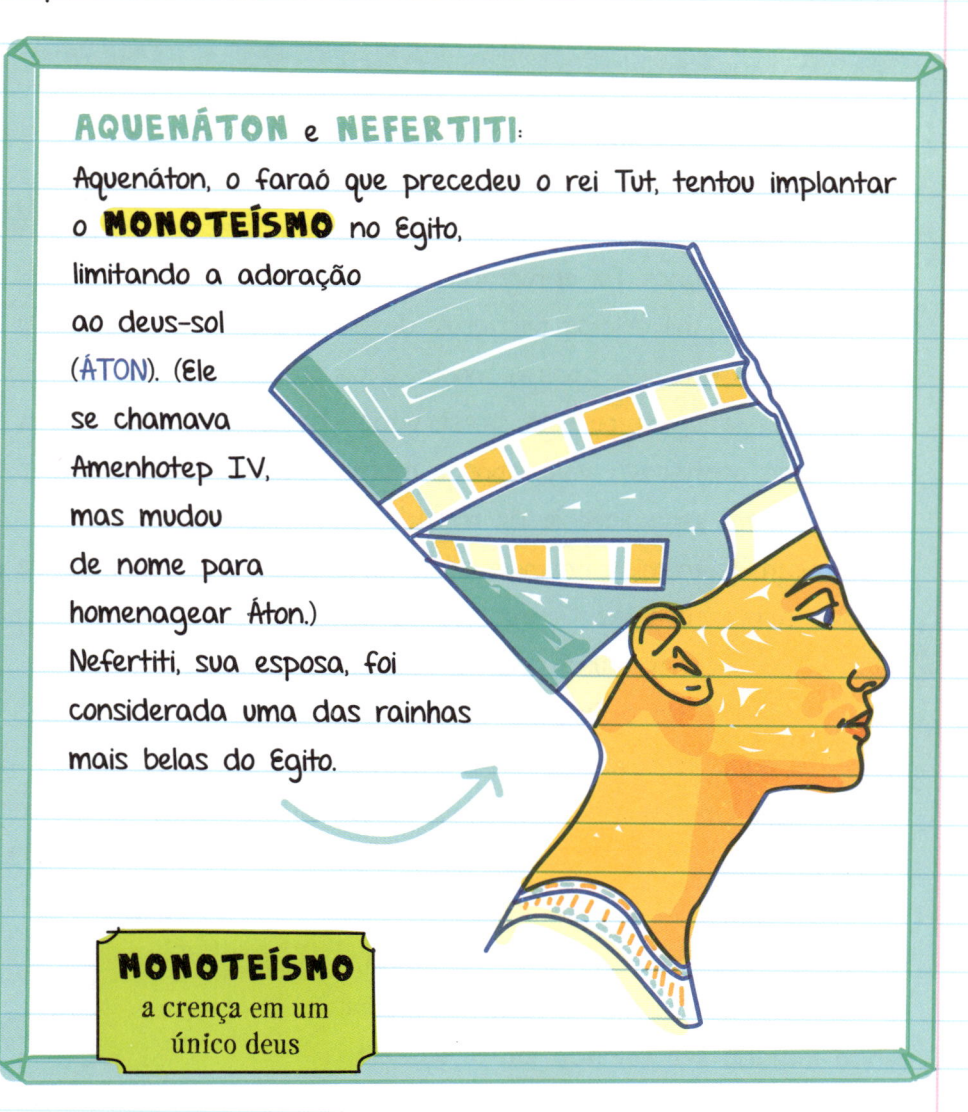

AQUENÁTON e NEFERTITI:

Aquenáton, o faraó que precedeu o rei Tut, tentou implantar o **MONOTEÍSMO** no Egito, limitando a adoração ao deus-sol (ÁTON). (Ele se chamava Amenhotep IV, mas mudou de nome para homenagear Áton.) Nefertiti, sua esposa, foi considerada uma das rainhas mais belas do Egito.

MONOTEÍSMO
a crença em um único deus

> **RAMSÉS II, O GRANDE:**
> reinou por 66 anos (1279 a.C.–1213 a.C.). Era um grande guerreiro e assinou o primeiro tratado de paz do mundo (com os hititas). Também mandou construir muitos monumentos que existem até hoje.

Os egípcios criaram belas ilustrações, mas elas eram todas muito parecidas. Eles esperavam que artistas e escultores se mantivessem fiéis a um modelo em vez de propor ideias originais. Assim, por exemplo, as figuras humanas são frequentemente representadas em uma pose parcialmente de perfil, com os olhos como se olhassem de frente. Por isso, embora a arte egípcia fosse bela e tivesse um padrão definido, e embora os artistas às vezes fizessem desenhos divertidos, milhares de anos se passaram sem que lançassem um novo estilo.

EI, TAMBÉM QUERO UMA CABEÇA LEGAL!

HIERÓGLIFOS

Os egípcios inventaram os **HIERÓGLIFOS**, desenhos que podiam representar palavras ou letras.

LEIA COMO UM EGÍPCIO!

Os hieróglifos eram complicados! Para escrever uma palavra às vezes era necessário soletrá-la e acrescentar um desenho para explicar o significado. Apenas os membros das classes média e alta aprendiam a escrever. Uma versão simplificada dos hieróglifos, a **ESCRITA HIERÁTICA**, era usada entre os sacerdotes e para assuntos de literatura e religião.

PAPIRO

Embora tenham começado a escrever em tábuas de argila, os egípcios inventaram mais tarde o **PAPIRO**, um tipo de papel feito da planta papiro. A planta provavelmente está extinta no Egito atual, mas os historiadores acreditam que era comum nas margens do rio Nilo. Como o papiro necessita de muita água para sobreviver, o Nilo seria o ambiente ideal.

Os egípcios escreviam em hieróglifos para se comunicar em todo o império e manter registros de sua História e suas conquistas. O documento de papiro mais antigo é do terceiro milênio antes de Cristo.

MAS NÃO SE ENGANE! O PAPEL QUE USAMOS HOJE FOI INVENTADO PELOS CHINESES E INTRODUZIDO NO ORIENTE MÉDIO NO SECULO Ix.

O papiro também era popular na Grécia, em Roma e na Península Arábica.

Os historiadores estudam documentos de papiro que sobreviveram por milhares de anos. Mas como eram formadas as folhas de papiro? As tiras de caules de papiro eram molhadas e dispostas primeiro na vertical e depois na horizontal. Em seguida, essas camadas eram pressionadas e deixadas para secar.

O papiro costumava ser guardado em rolos e emendado com uma cola. Os egípcios escreviam hieróglifos geralmente com tinta preta ou vermelha, mas um pintor experiente também usava tinta branca, azul, verde, amarela e laranja.

LINHA DO TEMPO DO

3300 a.C.–3200 a.C.:
Os egípcios inventam os hieróglifos para se comunicar por meio da escrita.

Por volta de 2580 a.C.–2500 a.C.:
Os egípcios constroem as grandes pirâmides e a Esfinge.

Por volta de 3100 a.C.:
O rei Menés unifica os reinos do Alto Egito e do Baixo Egito.

EGITO ANTIGO

SARCÓFAGO DE UM GATO EGÍPCIO!

331 a.C.:
Alexandre, o Grande, conquista o Egito e estabelece uma dinastia que dura 300 anos.

CONQUISTAR É A MINHA ESPECIALIDADE.

30 a.C.
O Egito é conquistado pela República Romana após a morte da rainha Cleópatra.

CIVILIZAÇÕES AFRICANAS ANTIGAS

→ Migrações dos bantos

Os BANTOS

Por volta de 2000 a.C. começou a MIGRAÇÃO DOS BANTOS. E o que foi isso? Durante mil anos, muitos indivíduos que falavam a língua banta partiram da África Ocidental e se deslocaram lentamente para o sul e para o leste do continente.

Como muitas outras civilizações primitivas, os bantos eram pescadores e agricultores. E, a cada nova geração, eles iam mais longe em busca de terras férteis e pasto para seus animais. As aldeias eram compostas de clãs, que, em algumas ocasiões, se mudaram para regiões já habitadas para compartilhar costumes e aprender novos plantios (o do inhame, por exemplo). A lógica era simples: os bantos levavam com eles técnicas de metalurgia, além de ferramentas e armas de ferro. Se os novos vizinhos não recebessem bem suas técnicas e ferramentas, eles faziam uso das armas.

O REINO de KUSH

O apogeu do REINO DE KUSH aconteceu entre 2.000 a.C. e 1.500 a.C. Também chamado de Núbia, foi uma civilização africana localizada nas margens do rio Nilo, ao sul do Egito. No começo, Kush estava sob o domínio do Egito. Sua cidade mais importante era Meroé, onde moravam os governantes. Os kushitas eram agricultores que se tornaram comerciantes. Eles fabricavam armas e ferramentas de ferro e comerciavam marfim, ouro, ébano e escravos com o mundo indiano, a região da Arábia e o mundo romano.

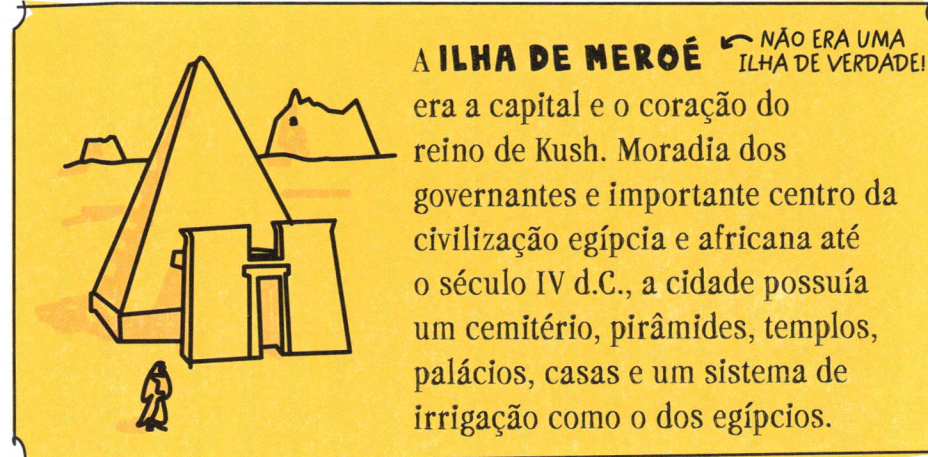

A **ILHA DE MEROÉ** — NÃO ERA UMA ILHA DE VERDADE! era a capital e o coração do reino de Kush. Moradia dos governantes e importante centro da civilização egípcia e africana até o século IV d.C., a cidade possuía um cemitério, pirâmides, templos, palácios, casas e um sistema de irrigação como o dos egípcios.

ARTE RUPESTRE

A arte rupestre é a mais antiga e duradoura expressão de arte africana. As pinturas mostram graciosas figuras humanas, animais vistosos e **TERIANTROPOS**, figuras míticas com características humanas e animais.

À primeira vista, as pinturas rupestres africanas são muito parecidas, mas um olho treinado pode notar diferenças regionais sutis, porém marcantes. Os historiadores definiram três estilos geográficos: meridional, central e setentrional.

Dessas três regiões, as pinturas rupestres da África Central são as mais originais. No Norte e no Sul, imagens de animais e seres humanos são comuns, mas as pinturas rupestres da África Central são geralmente pintadas com os dedos, formadas principalmente por figuras geométricas.

AFRICANA

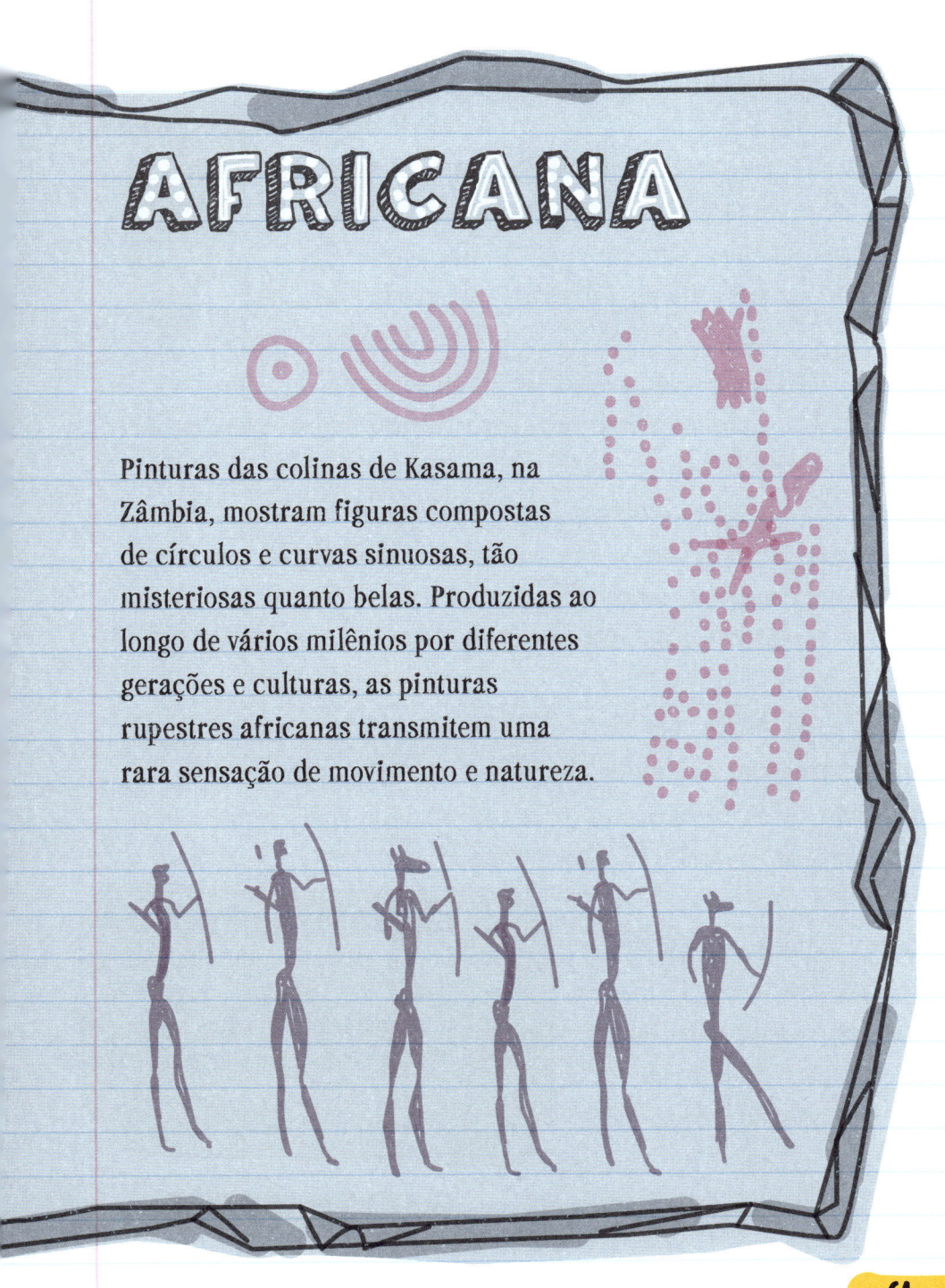

Pinturas das colinas de Kasama, na Zâmbia, mostram figuras compostas de círculos e curvas sinuosas, tão misteriosas quanto belas. Produzidas ao longo de vários milênios por diferentes gerações e culturas, as pinturas rupestres africanas transmitem uma rara sensação de movimento e natureza.

O povo NOK viveu no norte da Nigéria por volta de 1500 a.C. até cerca de 500 d.C. Cada cidade tinha seu próprio rei, que governava comunidades de grandes famílias. Especialistas na produção de estatuetas de argila, os noks também trabalhavam como agricultores, mercadores, ferreiros e artesãos.

CARTAGO foi uma cidade fundada pelos fenícios por volta de 800 a.C. na costa do norte da África. Tornou-se um grande império comercial com colônias espalhadas pelo mundo, como na Espanha e na Sicília. Cartago foi extremamente poderosa por cerca de 600 anos, até entrar em conflito com Roma, com a qual travou três guerras, conhecidas como Guerras Púnicas. Cartago perdeu por 3 a 0 e foi destruída pelos romanos em 146 a.C.

No leste da África, por volta de 1000 a.C., surgiu um importante centro comercial na cidade costeira de AXUM. O centro comercial de Axum durou centenas de anos, controlando rotas entre o mar Mediterrâneo, a Ásia e a África.

Muitas culturas africanas antigas usavam a TRADIÇÃO ORAL para transmitir as informações de geração em geração, não deixando registros escritos. Por isso, os historiadores também se baseiam em **NARRATIVAS ORAIS** para levantar a História da África Antiga.

NARRATIVA ORAL
um relato do passado transmitido de geração em geração por meio da palavra falada, normalmente por pessoas da comunidade consideradas detentoras da tradição de uma cultura ou sociedade (anciãos, sacerdotes etc.)

VERIFIQUE SEUS CONHECIMENTOS

1. De que modo o rio Nilo contribuiu para o desenvolvimento da civilização egípcia?

2. Descreva a forma de governo do Egito Antigo.

3. Qual foi o grande legado do Antigo Império?

4. Qual foi a importância do Médio Império?

5. Os egípcios começaram escrevendo na argila, mas, ao longo do tempo, a substituíram por outro material. Que material foi esse?

6. Havia mulheres poderosas no Egito Antigo? Dê um exemplo.

7. Narrativas orais são relatos do passado transmitidos por meio da palavra falada. Por que elas são mais importantes para conhecer a História da África Antiga do que para conhecer a História de outras civilizações?

8. Que civilização fundou Cartago?

9. Onde ficava a cidade de Cartago e durante quanto tempo ela foi importante?

RESPOSTAS

CONFIRA AS RESPOSTAS

1. O Nilo transbordava uma vez por ano e depositava nutrientes no solo às suas margens, o que ajudava na agricultura e gerava um excedente de alimentos. As inundações anuais também ajudaram os egípcios a criar um calendário, a viajar e a se comunicar.
2. O Egito era governado por um faraó com poder absoluto. O que o faraó decidia se tornava lei.
3. As grandes pirâmides e a Grande Esfinge foram construídas no Antigo Império.
4. O Médio Império foi um período estável de expansão. Os faraós executaram vários projetos de utilidade pública, como a drenagem de pântanos e a construção de canais de irrigação.
5. Esse material foi o papiro, um tipo de papel feito de uma planta de mesmo nome.
6. Sim. Hatshepsut e Cleópatra governaram o Egito e muitas divindades egípcias eram mulheres.
7. As narrativas orais são importantes para conhecer a História da África Antiga porque muitas culturas africanas antigas não deixaram registros escritos.
8. Cartago foi fundada pelos fenícios.
9. Cartago ficava na costa do norte da África. Foi uma cidade importante durante cerca de 600 anos, até ser destruída pelos romanos.

A questão 6 tem mais de uma resposta.

Capítulo 5

OS FENÍCIOS E OS ISRAELITAS

FENÍCIA

Os FENÍCIOS eram um povo navegador e politeísta que habitou a costa leste do mar Mediterrâneo entre 1550 a.C. e 63 a.C. Eles eram conhecidos principalmente por duas coisas: o comércio e o alfabeto.

Os fenícios contavam histórias de monstros marinhos que acabavam convencendo outros povos a não competir comercialmente com eles.

Os fenícios viajavam e comerciavam em lugares distantes, tão longínquos quanto o oceano Atlântico, e fundaram uma colônia em CARTAGO, no norte da África.

Da cidade costeira de Tiro, eles partiam em grandes embarcações com o intuito de trocar corante púrpura extraído de caramujos marinhos e madeira de cedro por figos, azeitonas e especiarias. O pigmento de cor púrpura era usado pelos fenícios para tingir roupas. Era uma cor muito apreciada na época, tanto que acabou sendo adotada pela realeza.

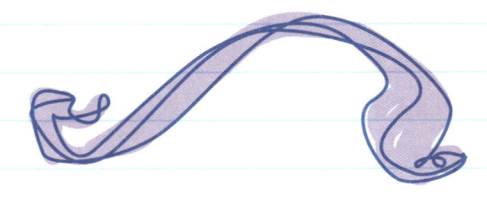

= FENÍCIA

MAR MEDITERRÂNEO
Arwad
Trípoli
LÍBANO
Biblos
Beirute
Baalbek
Sidon
Sarepta
Tiro
SÍRIA ATUAL
Akko
Atlit
Dor
ISRAEL ATUAL
Jaffa
JORDÂNIA ATUAL
Ashkelon
Jerusalém
FAIXA DE GAZA
MAR MORTO
EGITO

O sistema de escrita dos fenícios consistia em um alfabeto de 22 caracteres para representar os sons das consoantes da sua língua (as vogais eram implícitas). Para eles, era mais fácil traduzir sons em palavras do que usar figuras para representar objetos. O novo alfabeto não era só para escribas; foi criado para ajudar os fenícios a comercializar produtos com pessoas que falavam outras línguas. Difundindo-se dessa maneira, o alfabeto fenício acabou sendo transmitido aos gregos e, mais tarde, aos romanos, que criaram o que usamos atualmente.

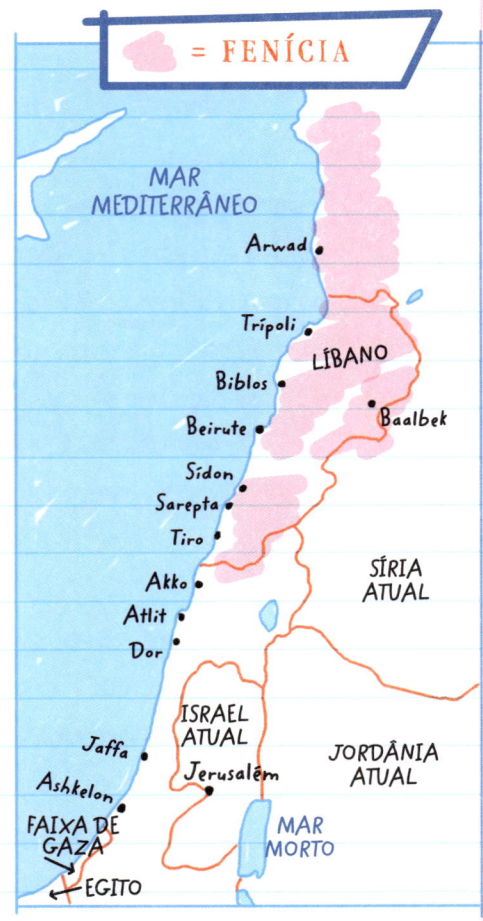

ISRAEL

Os ISRAELITAS viveram ao sul da Fenícia, na terra de Israel, de 1050 a.C. a 722 a.C. A TORÁ, o livro sagrado dos israelitas, é usada pelos pesquisadores para reconstituir a História do povo israelita. Seu primeiro líder foi ABRAÃO, que ensinou o monoteísmo aos israelitas. De acordo com a Torá, por volta de 2000 a.C., Abraão recebeu um comando divino para deixar a Mesopotâmia e conduzir seu povo para Canaã (região hoje ocupada por Israel, Líbano e territórios palestinos). Por causa da seca e da fome, os israelitas se mudaram para o Egito, onde acabaram sendo escravizados. Só foram libertados quando MOISÉS os conduziu para fora do Egito no **GRANDE ÊXODO**, que ocorreu entre 1400 a.C. e 1200 a.C. Depois de uma longa viagem, os israelitas voltaram para Canaã.

ÊXODO
emigração em massa, especialmente de um povo.

JERUSALÉM

Em 1000 a.C., depois de derrotar os filisteus em Canaã, o rei Davi transformou Israel em um reino unificado, fazendo de JERUSALÉM sua capital. O rei Salomão, filho de Davi, construiu o Templo de Jerusalém. Quando Salomão morreu, em 931 a.C., o reino se dividiu em dois: o reino de Israel ao norte e o reino de Judá ao sul.

O MESMO DE DAVI E GOLIAS!

Os assírios se aproveitaram da divisão para assumir o controle. Na sequência, os caldeus os conquistaram, destruíram Jerusalém e **EXILARAM** os israelitas para a Babilônia. Os próximos da fila a conquistar a região foram os PERSAS, que permitiram aos israelitas voltar e reconstruir Jerusalém e seu templo. Os israelitas também se tornaram conhecidos como povo judeu e sua religião se chama judaísmo.

> **EXILAR**
> expulsar um povo do seu país ou terra natal

JUDAÍSMO

O JUDAÍSMO é baseado em uma **ALIANÇA** entre os israelitas e seu único Deus. O acordo, segundo o livro sagrado (a Torá), prometia a Abraão que seu povo daria origem a reis e construiria nações se seguisse as leis de Deus. Mais tarde, Moisés prometeu que conduziria os israelitas de volta a Canaã, a "terra prometida".

> **ALIANÇA**
> um contrato ou acordo

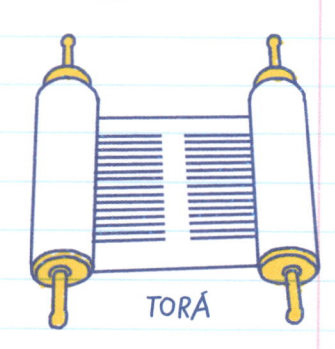

TORÁ

Os DEZ MANDAMENTOS são as leis divinas do judaísmo, que prescrevem o comportamento adequado dos israelitas em relação a Deus e a outros seres humanos.

Segundo a tradição, os mandamentos foram entregues aos israelitas por Moisés, que os recebeu diretamente de Deus. Em tempos antigos, o judaísmo tinha PROFETAS, mestres religiosos que falavam em nome de Deus. Esses profetas informavam as pessoas a respeito do modo como Deus queria que vivessem.

VERIFIQUE SEUS CONHECIMENTOS

1. Que povo praticava o monoteísmo: os fenícios ou os israelitas?

2. Os fenícios eram famosos pelo quê?

3. Por que o alfabeto dos fenícios era tão útil?

4. Qual é o livro sagrado dos israelitas e o que ele diz a respeito de Abraão e Moisés?

5. O que os persas fizeram quando conquistaram a região de Jerusalém?

6. Quais são as principais características do judaísmo?

7. O que os israelitas pensavam a respeito dos profetas?

RESPOSTAS

CONFIRA AS RESPOSTAS

1. Os israelitas.
2. Os fenícios eram famosos pelo comércio e pelo alfabeto.
3. Como ele podia ser aplicado a qualquer língua, ajudou os fenícios a comercializar produtos com povos que falavam outras línguas.
4. O livro sagrado dos israelitas é a Torá. De acordo com a Torá, Abraão ensinou aos israelitas o monoteísmo e foi ordenado por Deus a deixar a Mesopotâmia e conduzi-los a Canaã. A Torá diz que, quando os israelitas viviam escravizados no Egito, Moisés os conduziu para fora do Egito no Grande Êxodo e lhes entregou os Dez Mandamentos, que eram leis divinas.
5. Eles permitiram que os israelitas voltassem a Israel e reconstruíssem Jerusalém e seu templo.
6. O judaísmo é caracterizado pelo monoteísmo (uma aliança entre os israelitas e Deus), os Dez Mandamentos e a presença de profetas.
7. Os israelitas acreditavam que os profetas eram mestres que podiam falar em nome de Deus e informar as pessoas a respeito do modo como Deus queria que vivessem.

Capítulo 6
ÍNDIA ANTIGA

2600 a.C.–543 d.C.

A Índia é separada dos outros países da Ásia pelo HIMALAIA, a cadeia de montanhas mais alta do mundo. Pequenas aberturas nessa muralha de montanhas permitiram que as pessoas passassem e se fixassem em lugares como o VALE DO INDO.

O VALE do INDO

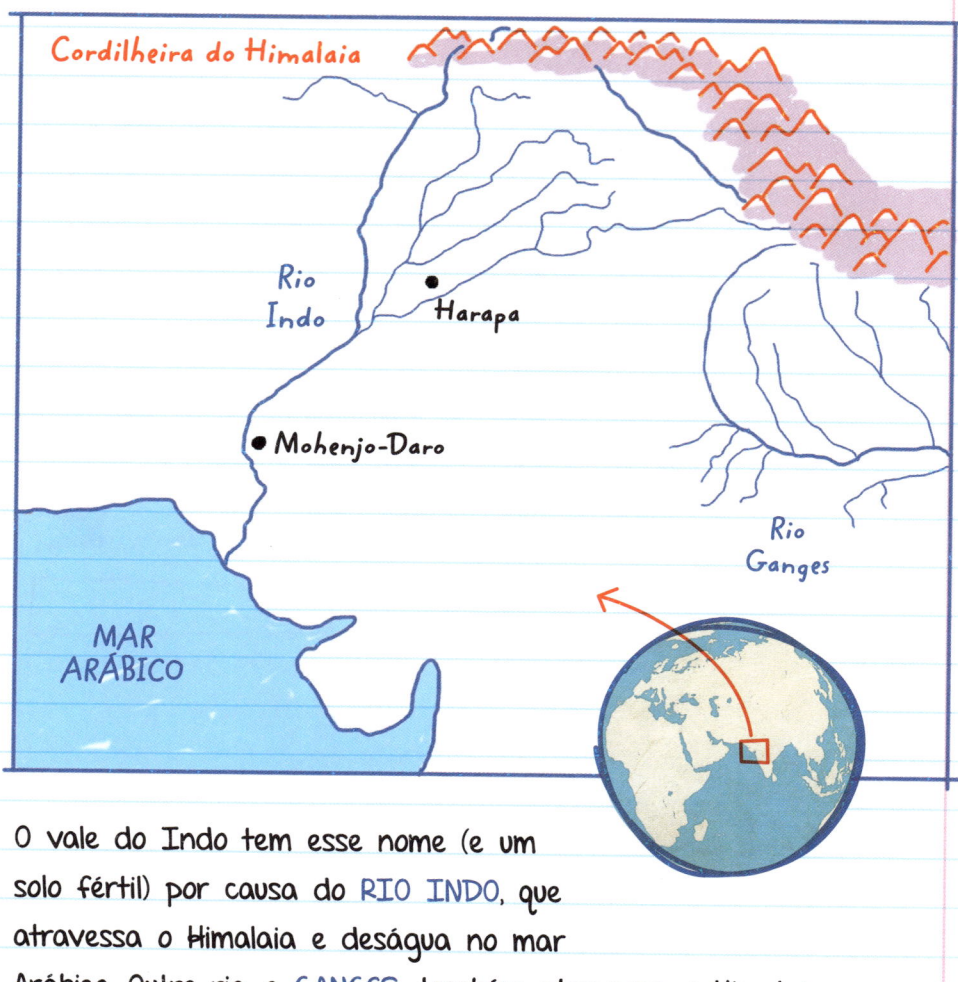

Mapa: Cordilheira do Himalaia, Rio Indo, Harapa, Mohenjo-Daro, Mar Arábico, Rio Ganges.

O vale do Indo tem esse nome (e um solo fértil) por causa do RIO INDO, que atravessa o Himalaia e deságua no mar Arábico. Outro rio, o GANGES, também atravessa o Himalaia, mas deságua na baía de Bengala. A cheia dos dois rios é responsável pela presença de terra fértil para a agricultura e, nas suas margens, cidades importantes surgiram. Por volta de 2600 a.C., no vale do rio Indo, foram fundadas as cidades de HARAPA e MOHENJO-DARO. Divididas em quarteirões, elas chegaram a abrigar quase 40 mil habitantes.

HARAPA/MOHENJO-DARO → COMO SÃO PAULO

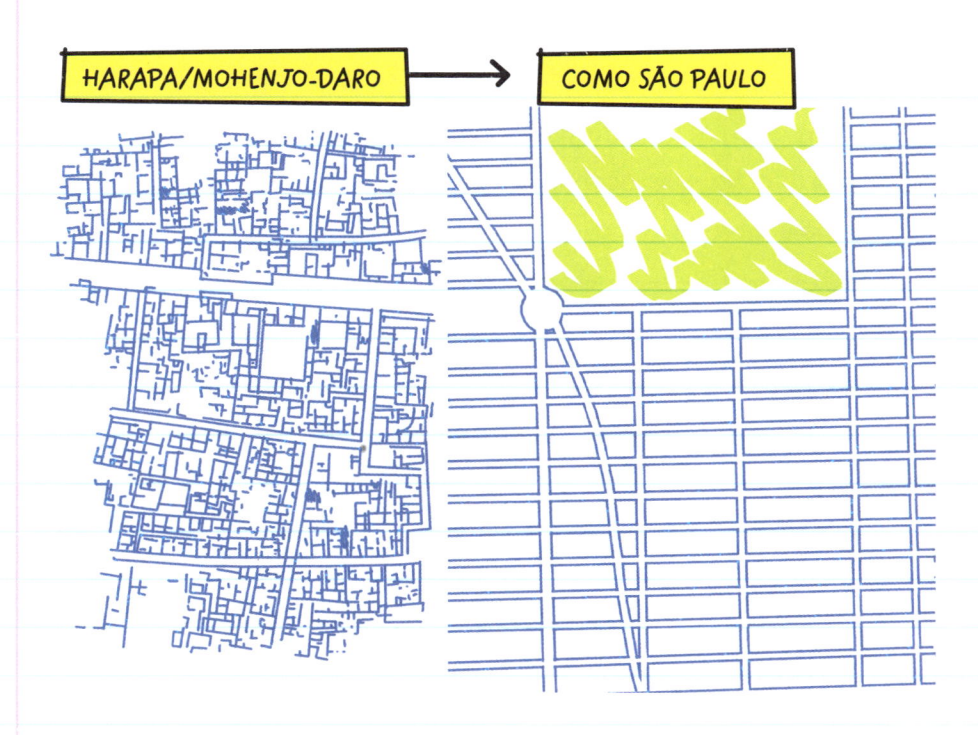

Uma **CIDADELA** no ponto mais elevado de cada cidade protegia as construções mais importantes. Além disso, as cidades tinham sistemas de drenagem avançados. Havia poços públicos e muitas casas tinham banheiro (o que, para a época, era uma grande novidade). O comércio era próspero. Cobre e madeira eram as principais exportações. Os habitantes comerciavam com a Suméria e as semelhanças nas obras de arte sugerem que as duas culturas se influenciavam muito.

> **CIDADELA**
> uma fortaleza que é parte da cidade, com a função de controlá-la e protegê-la

Por volta de 2000 a.C. os agricultores do vale do Indo começaram a abandonar a região, talvez por causa de desastres naturais ou devido a invasões de nômades. Por volta de 1500 a.C., os ARIANOS vieram da Ásia Central e se misturaram com os habitantes originais do vale do Indo, criando uma cultura nova que acabou se difundindo até o GANGES, situado mais a leste.

> Por volta de 1550 a.C., um sistema de escrita chamado **SÂNSCRITO** foi criado na Índia. O texto mais antigo de sânscrito são os **VEDAS**, livros religiosos escritos no norte da Índia. Embora o sânscrito não seja mais falado por muitas pessoas, o dravidiano, um descendente moderno do sânscrito, é falado até hoje no sul da Índia.

ESTRUTURA SOCIAL

Essa nova cultura era organizada por um **SISTEMA DE CASTAS** chamadas VARNAS:

SISTEMA DE CASTAS
estrutura em que os grupo sociais são determinados por direito inato

BRÂMANES
A casta mais alta. Realizavam serviços religiosos.

Guerreiros e **NOBRES**

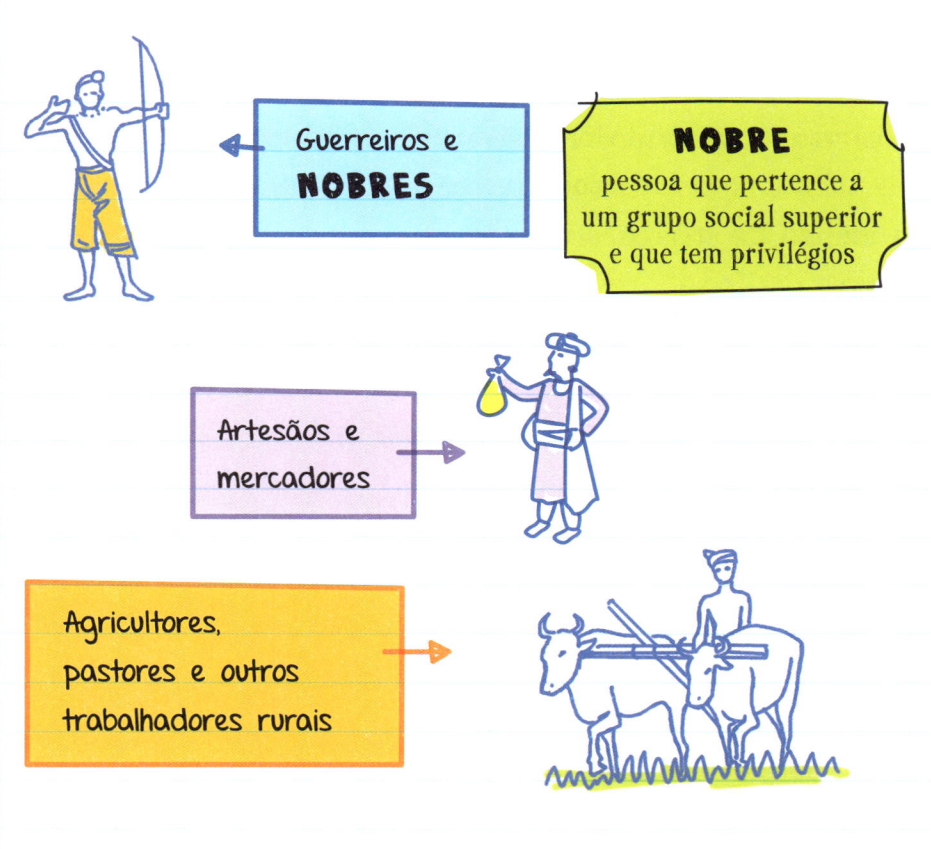

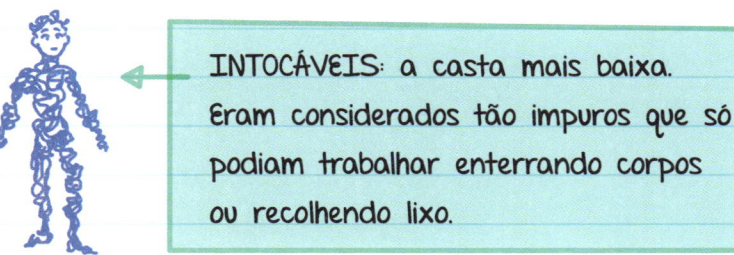

NOBRE
pessoa que pertence a um grupo social superior e que tem privilégios

Artesãos e mercadores

Agricultores, pastores e outros trabalhadores rurais

INTOCÁVEIS: a casta mais baixa. Eram considerados tão impuros que só podiam trabalhar enterrando corpos ou recolhendo lixo.

Não existia mobilidade social no sistema de castas. Ou seja: um filho de servos seria servo. Um agricultor não podia se tornar um guerreiro e um guerreiro não podia se tornar um brâmane. Ninguém perguntava: "O que você quer ser quando crescer?" Isso era determinado pela casta a que a pessoa pertencia.

HINDUÍSMO

Duas religiões importantes surgiram na Índia: o HINDUÍSMO e o BUDISMO. O hinduísmo surgiu por volta de 1500 a.C., a partir da mistura de crenças arianas com as culturas dos habitantes originais da Índia.

De acordo com as crenças hindus, existe uma energia espiritual que está presente em tudo. Os hindus também acreditam em muitos deuses e deusas. Os três deuses mais importantes são BRAHMA (o Criador), VISHNU (o Preservador) e SHIVA (o Destruidor).

VISHNU

BRAHMA

SHIVA

As crenças dos hindus são encontradas nas UPANISHADS, uma coleção de livros sagrados que descreve a filosofia hindu. Entre essas crenças está a **REENCARNAÇÃO**.

REENCARNAÇÃO
a crença de que, após a morte, a alma volta à **TERRA** em outro corpo ou em outra forma

76

O **CARMA** determina de que modo a alma renascerá (um bom comportamento pode levá-lo a uma casta mais elevada na próxima vida; um mau comportamento vai levá-lo a uma punição). Se você

> **CARMA**
> comportamento ou intenção que tem consequências boas ou más para a vida atual ou futura de uma pessoa

alcançar a iluminação, será libertado do ciclo de morte e renascimento e incorporado a BRAHMAN, o Absoluto. Os hindus devem obedecer ao DARMA, uma lei divina de deveres religiosos morais que é diferente para cada indivíduo. Outros meios de se unir a Brahman é por meio de ioga, que é muito popular hoje como exercício físico, mas, segundo as crenças hindus, é uma forma de exercício espiritual que liberta a alma.

> **NÃO CONFUNDA:**
> BRÂMANES: a casta mais alta
> BRAHMA: uma das divindades principais
> BRAHMAN: o Absoluto

BUDISMO

O budismo surgiu como uma religião alternativa no século VI a.C. SIDARTA GAUTAMA, um jovem príncipe hindu que levava uma vida de luxo, deixou o palácio um dia para conhecer melhor o mundo. Nos contrafortes do Himalaia, Sidarta se deparou com doença, pobreza, angústia, avareza, amor e morte. Como reação, ele decidiu abandonar os bens materiais para buscar o sentido da vida e a cura dos sofrimentos humanos.

Ele fundou o budismo e se tornou conhecido como BUDA ("O Desperto").

Sidarta adotou a prática hindu da **MEDITAÇÃO**, usando a mente para alcançar um nível mais elevado de consciência. Os budistas acreditam que ele alcançou a iluminação e conseguiu entender o sentido da vida. Sidarta passou o resto da vida disseminando QUATRO NOBRES VERDADES: a natureza do sofrimento, a origem do sofrimento, o fim do sofrimento e o caminho para o fim do sofrimento. Sidarta criou o NOBRE CAMINHO ÓCTUPLO para apresentar o caminho para a libertação do ciclo do sofrimento.

> **MEDITAÇÃO**
> pensar profundamente por meio do silêncio ou de cânticos

O Nobre Caminho Óctuplo ensina que precisamos superar desejos egoístas de poder e riqueza para nos tornarmos mais sábios. Só assim poderemos chegar ao NIRVANA, um estágio de paz eterna, liberdade e maior grau de felicidade, sem identidade pessoal.

Após a morte de Sidarta, que aconteceu entre 483 a.C. e 400 a.C., seus seguidores continuaram a difundir a mensagem, construindo mosteiros para promover os ensinamentos do mestre.

> O NIRVANA PODE SER ALCANÇADO POR VOCÊ, POR PRESIDENTES E POR PESSOAS DE QUALQUER CLASSE SOCIAL.

Os princípios do Nobre Caminho Óctuplo são:

COMPREENSÃO CORRETA:
compreender os ensinamentos de Buda

INTENÇÃO CORRETA:
melhorar a si próprio, mental e eticamente

DISCURSO CORRETO: não dizer coisas ofensivas ou negativas; não mentir

AÇÃO CORRETA: não matar, roubar ou ferir os outros

VIDA CORRETA: viver e trabalhar pacificamente

ESFORÇO CORRETO: ter pensamentos positivos

ATENÇÃO CORRETA: ter consciência do corpo, dos sentimentos e dos pensamentos de você mesmo e das outras pessoas

CONCENTRAÇÃO CORRETA: ter concentração tão focada a ponto de não se distrair com nada

Lembre-se dos princípios do Nobre Caminho Óctuplo do budismo usando o seguinte mnemônico:

Cavalos (Compreensão)
Indianos (Intenção)
Decorados (Discurso)
Almoçam (Ação)
Verduras (Vida)
Enquanto (Esforço)
Adquirem (Atenção)
Chifres (Concentração)

VERDURAS? PARA MIM?! ADORO VERDURAS!

LINHA DO TEMPO

2500 a.C.:
Surge no vale do Indo uma civilização que cultiva as terras férteis nas margens do rio. Em seu apogeu, o império que se formou ali pode ser considerado um dos maiores em extensão da Antiguidade.

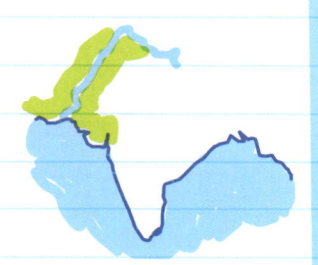

2000 a.C.:
O império do vale do rio Indo entra em decadência por causa de inundações, de invasores ou porque o rio mudou de curso.

1500 a.C.:
Os arianos indo-europeus, vindos do norte, invadem a região e chegam até o vale do Ganges.

DA ÍNDIA ANTIGA

326 a.C.:
Alexandre, o Grande, da Macedônia atravessa o rio Indo e invade a Índia.

LEMBRA DE MIM? TAMBÉM INVADI O EGITO EM 331 A.C. É ISSO QUE FAÇO!

50 d.C.:
Os romanos importam pérolas, marfim, seda, especiarias, roupas e pedras preciosas da Índia.

320 d.C.–543 d.C.:
A Índia entra em uma era de ouro na época do Império Gupta. O hinduísmo se torna a religião principal e a população dá grandes saltos na literatura, arte, arquitetura e ciência.

O IMPÉRIO MÁURIA e a DINASTIA GUPTA

Em 322 a.C. CHANDRAGUPTA MÁURIA fundou o IMPÉRIO MÁURIA, derrubando reinos ao longo do rio Ganges e estendendo seu poder à maior parte da Índia setentrional e central. Seus exércitos eram poderosos e ele tinha uma manada de 9 mil elefantes de guerra.

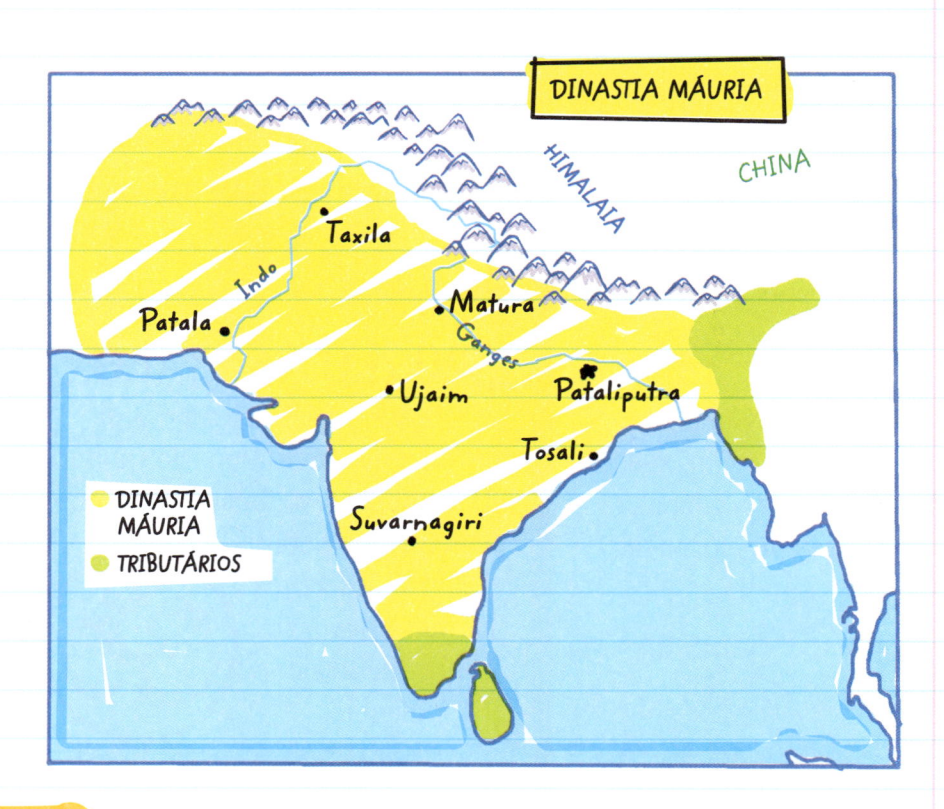

DINASTIA MÁURIA

- Taxila
- Patala
- Matura
- Ujaim
- Pataliputra
- Tosali
- Suvarnagiri

HIMALAIA — CHINA — Indo — Ganges

- DINASTIA MÁURIA
- TRIBUTÁRIOS

Chandragupta reinou com PODER ABSOLUTO e tinha muito medo de morrer. Obrigava os servos a provar a comida para ver se estava envenenada e não dormia duas noites seguidas na mesma cama.

AINDA BEM QUE VOCÊ PROVOU ANTES.

ASOKA, neto de Chandragupta, foi outro líder poderoso. Converteu-se ao budismo depois de se dar conta da devastação que havia causado ao conquistar a República de Calinga. Difundiu o budismo por todo o império, construiu instituições para tratar doenças, muito parecidas com os atuais hospitais, e praticou a tolerância religiosa.

Após a morte de Asoka, o Império Máuria se enfraqueceu e sofreu várias invasões até 320 d.C., quando a dinastia GUPTA assumiu o poder. Durante a época do Império Gupta, considerada por muitos uma era de ouro, houve muitas inovações na cultura indiana:

Foram inventadas técnicas de impressão em tecido.

Surgiram escolas de filosofia.

CALIDASA, um dos grandes poetas indianos, escreveu em sânscrito o poema popular "O mensageiro das nuvens".

> Foram construídos templos e santuários hindus e budistas.

> Foram inventados o **SISTEMA DECIMAL** e o conceito de **ZERO**.

Esse período áureo de cultura e comércio durou até que a invasão dos HUNOS, no final do século V, dividiu a Índia em pedaços. O império entrou em declínio, acabando em 543. A Índia continuou fragmentada por centenas de anos.

VERIFIQUE SEUS CONHECIMENTOS

1. Por que as primeiras civilizações da Índia se formaram ao longo de rios? Como era o traçado das cidades?

2. Que cadeia de montanhas separa a Índia dos outros países?

3. O que é o sistema de castas? Qual é o nível mais alto do sistema e qual é o nível mais baixo?

4. Quais são as duas religiões importantes que surgiram na Índia?

5. Descreva brevemente de que forma cada uma dessas duas religiões se formou. Quais são os textos e princípios mais importantes que servem de base para cada uma?

6. Quanto tempo durou a época áurea da cultura indiana e o que foi inventado nesse período?

CONFIRA AS RESPOSTAS

1. As primeiras civilizações da Índia se formaram ao longo dos rios com o intuito de usar o solo fértil para a agricultura. As cidades de Harapa e Mohenjo-Daro eram divididas em quarteirões.

2. A cordilheira do Himalaia, a cadeia de montanhas mais alta do mundo.

3. O sistema de castas é um sistema social que separa as pessoas em grupos diferentes de acordo com a família em que nasceram. Uma pessoa que é filha de servos será serva e as pessoas não podem mudar o grupo em que nasceram. O nível mais alto do sistema é o dos brâmanes e o nível mais baixo é o dos intocáveis.

4. O hinduísmo e o budismo.

5. O hinduísmo se formou pela mistura de crenças arianas com a cultura dos habitantes originais da Índia. Os hindus acreditam em uma energia espiritual que vive em tudo e em vários deuses e deusas, na reencarnação e no carma. Seus livros sagrados são as Upanishads. O budismo foi fundado por Sidarta Gautama. O Nobre Caminho Óctuplo do budismo afirma que as pessoas precisam superar os desejos egoístas para se tornarem sábias e alcançarem o nirvana.

6. A época áurea começou quando a dinastia Gupta assumiu o poder e durou até a invasão dos hunos. Durante esse tempo, os indianos inventaram técnicas de impressão em tecido, o sistema decimal e o conceito de zero.

Capítulo 7
CHINA ANTIGA

1600 a.C.–220 d.C.

Assim como os povos de outras grandes civilizações, os habitantes da China Antiga eram agricultores. Eles se estabeleceram perto dos grandes rios, em lugares que mais tarde deram origem a cidades importantes. Há mais de 5 mil anos, a agricultura na China era praticada principalmente no vale do rio Huang ("rio Amarelo"). O cultivo de arroz era muito importante para a região. A terra era fértil, embora grandes MONÇÕES (ventos sazonais) causassem chuvas torrenciais e inundações.

A DINASTIA SHANG

As primeiras cidades foram construídas na China pela DINASTIA SHANG, por volta de 1600 a.C. As DINASTIAS possibilitavam que o poder de governar fosse transmitido de geração para geração.

CHINA ANTIGA

Mapa com localização de: HUANG (RIO AMARELO), HIMALAIA, ÍNDIA ATUAL, BAÍA DE BENGALA, CHINA ATUAL, MAR DO LESTE DA CHINA, MAR DO SUL DA CHINA.

Durante a dinastia Shang, prosperaram o trabalho em bronze e a confecção de ferramentas. Também nessa época foi inventado o primeiro sistema de escrita dos chineses. A agricultura era uma atividade importante, mas estava sob o controle da **ARISTOCRACIA**: os agricultores forneciam alimento aos nobres locais em troca de proteção. Os aristocratas eram os donos das terras e passavam sua propriedade para os descendentes.

ARISTOCRACIA
grupo de pessoas de status social elevado, uma elite, que também controla o governo

Na época da dinastia Shang foi criado o primeiro sistema de escrita dos chineses, com caracteres que representavam palavras. (Os historiadores não sabem exatamente por quanto tempo esse sistema vigorou, mas exemplares antigos mostram que a escrita era muito elaborada.)

Os reis da dinastia Shang acreditavam que seus ancestrais podiam aconselhá-los após a morte. Eles talhavam mensagens em ossos de boi e cascos de tartaruga para fazer perguntas como: "Qual é a melhor época para plantar?"

EI, QUE TAL USAR O PAPIRO?

A DINASTIA ZHOU

A DINASTIA ZHOU assumiu o controle por volta de 1046 a.C. e reinou por mais de 800 anos. Os reis construíram fortalezas e muralhas para defender suas terras. Como na dinastia Shang, o reino Zhou era dividido em territórios controlados por funcionários do governo. Os proprietários das terras cultivadas pelos camponeses ficavam com a maior parte das colheitas e lutaram pelo poder no período chamado de ESTADOS COMBATENTES (cerca de 476 a.C.–221 a.C.).

Em 221 a.C., o primeiro imperador da China assumiu o poder. Era Shih Huang-di, o rei do estado de QIN. Huang-di iniciou a construção da GRANDE MURALHA DA CHINA, uma das maiores defesas de fronteira do mundo, com uma extensão maior que a distância do Rio de Janeiro a Tóquio, unindo algumas fortificações antigas. A muralha foi construída por milhões de soldados, camponeses e escravos e houve insurreições tanto por parte do exército quanto dos camponeses após a morte de Shih Huang-di.

A GRANDE MURALHA DA CHINA

A GRANDE MURALHA

- CONSTRUÍDA EM 445 a.C.–222 a.C.
- CONSTRUÍDA EM 221 a.C.–206 a.C.
- CONSTRUÍDA EM 206 a.C.–220 d.C.
- CONSTRUÍDA EM 386 d.C.–584 d.C.
- CONSTRUÍDA EM 550 d.C.–560 d.C.
- CONSTRUÍDA EM 1066 d.C.–1234 d.C.
- CONSTRUÍDA EM 1368 d.C.–1644 d.C.

800 QUILÔMETROS

MONGÓLIA

GOLFO DE BOHAI

CHINA

MONGÓLIA

A GRANDE MURALHA
- PARTES PRESERVADAS

GOLFO DE BOHAI

CHINA

A DINASTIA HAN

A DINASTIA HAN se seguiu a essa rebelião, tendo início por volta de 206 a.C. O primeiro imperador Han, LIU BANG, começou como um funcionário do baixo escalão cujos pais haviam sido camponeses. Durante o governo de seu neto, o imperador WUDI, o exército e a Grande Muralha foram reforçados.

A dinastia Han foi marcada pelo início do comércio com o mundo ocidental, por meio da ROTA DA SEDA, uma rota comercial que ia da China até o mar Mediterrâneo. O principal produto de exportação da China era a seda, feita

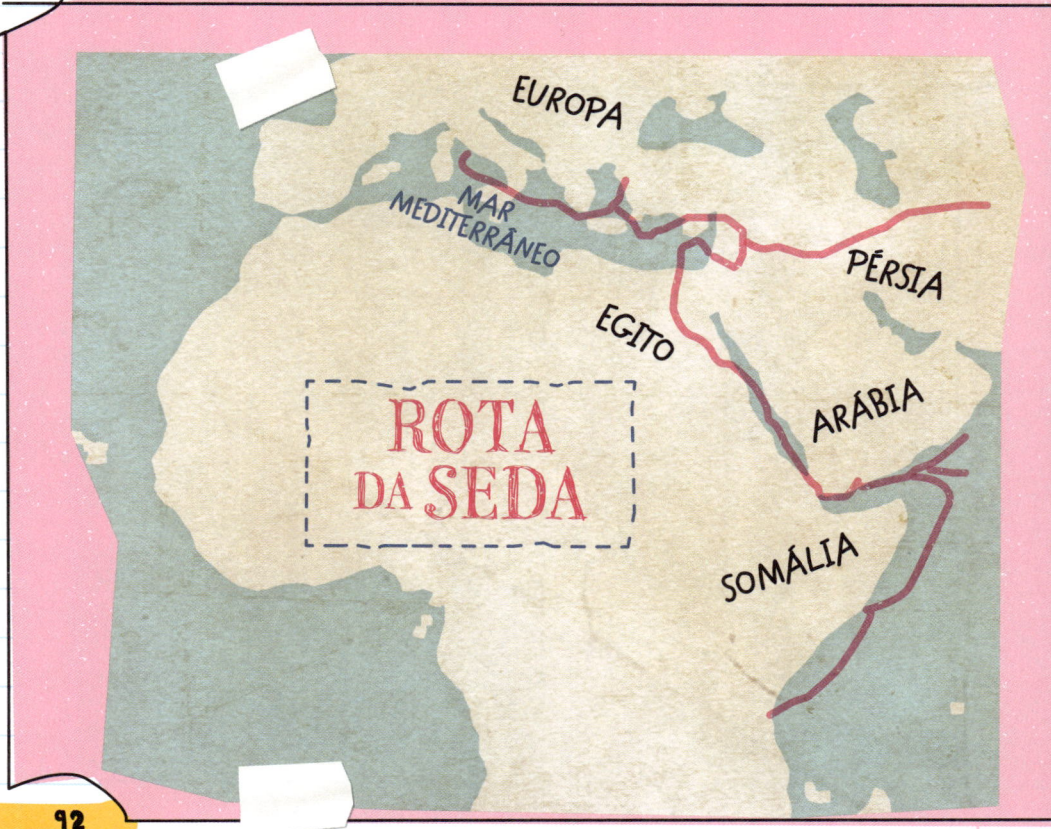

TÃO MACIO!

ROTA DA SEDA

EUROPA
MAR MEDITERRÂNEO
EGITO
PÉRSIA
ARÁBIA
SOMÁLIA

pelo bicho-da-seda. Os europeus não estavam acostumados a um material tão liso e macio (ótimo para roupas de baixo).

No entanto, a **ROTA DA SEDA** não era uma única rota. Era, na verdade, um sistema de rotas comerciais de 6 mil quilômetros de comprimento que ligava a China à Europa, ao Oriente Médio e ao norte da África.

Viajar pela Rota da Seda não era seguro, pois ela costumava ser frequentada por bandidos, assassinos e exércitos das estepes.

A seda chinesa era especialmente valorizada em Roma, onde os romanos mais abastados tinham orgulho de ostentar o tecido fino e macio.

Além da seda, os mercadores chineses vendiam especiarias, chá e jade em troca de ouro, prata, vidro, pedras preciosas, marfim, cavalos, elefantes e lã. A Rota da Seda também era um meio para a propagação de ideias. O budismo, por exemplo, foi introduzido na China durante a dinastia Han por mercadores indianos que usavam a rota.

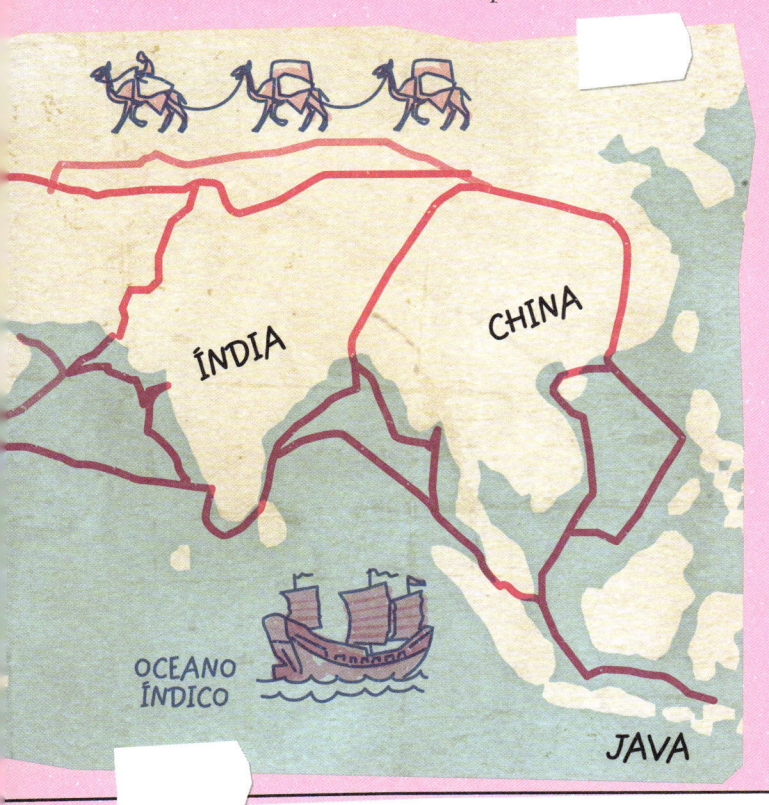

ÍNDIA   CHINA

OCEANO ÍNDICO

JAVA

Os chineses descobriram o aço, criaram o leme dos veleiros e fabricaram papel a partir da polpa de madeira. Introduziram avanços na área da medicina, como o que mais tarde veio a ser conhecido como ACUPUNTURA (espetar agulhas em vários pontos do corpo para prevenir ou tratar doenças — mas não se preocupe: o processo é indolor!). Eles também usavam ervas medicinais e produziam objetos de porcelana.

> A pólvora provavelmente também foi inventada na China, mas apenas no século IX, durante a dinastia Tang.

O MANDATO DO CÉU: os soberanos da China Antiga acreditavam que estavam predestinados a reinar devido a um MANDATO (comando) do céu. Aliás, o imperador era considerado o elo entre o céu e a Terra. Esperava-se que fosse virtuoso e governasse para agradar os deuses. Os MANDARINS eram sábios CONFUCIANOS, seguidores do filósofo Confúcio, que aconselhavam os imperadores chineses a honrar o mandato tomando conta do povo.

A família vinha em primeiro lugar na sociedade chinesa. As pessoas tinham o dever de respeitar os pais, os mais velhos e os ancestrais, uma ideia chamada de **PIEDADE FILIAL**. FAMÍLIAS ESTENDIDAS viviam unidas: mãe, pai, filhos, primos, tios, tias, tios-avós, avós, bisavós, trisavós, etc.

PIEDADE
respeito

FILIAL
relativo aos filhos em relação aos pais

Podia haver até cinco gerações debaixo do mesmo teto e talvez pessoas com idades que variavam de um a cem anos! Os chineses antigos praticavam o culto aos ancestrais em **HOMENAGEM** aos membros falecidos da família.

HOMENAGEM
expressão de consideração elevada; respeito

CONFUCIONISMO

Confúcio foi um famoso mestre e filósofo chinês. Nasceu em 551 a.C. de uma família de linhagem nobre, mas, após a morte de seu pai, foi criado na pobreza com a mãe. Mais velho, esforçou-se para passar adiante os ensinamentos de pensadores esquecidos, que visavam levar paz e estabilidade ao povo chinês, a começar pela família e os amigos.

O CONFUCIONISMO ensina que existem cinco relações humanas:

1. SOBERANO E SÚDITO

2. AMIGO E AMIGO

3. MARIDO E MULHER

4. IRMÃO MAIS VELHO E IRMÃO MAIS NOVO

CONFÚCIO NÃO CLASSIFICOU RELAÇÕES COMO MÃE E FILHO, PAI E FILHA, ETC.

5. PAI E FILHO

Confúcio ensinava que devemos tratar uns aos outros de forma justa em todas as relações e que temos o dever de ser solidários. Seus ensinamentos foram responsáveis por uma mudança no modo como as posições do governo eram concedidas nas dinastias Han e Qin. Antes, os postos eram passados para os filhos de homens poderosos; depois, os candidatos (apenas homens) eram avaliados com base no **MÉRITO**.

MÉRITO
qualidades e realizações

TAOISMO

O TAOISMO é outra filosofia surgida na época do confucionismo, entre os séculos VI a.C. e IV a.C., com base nos escritos de LAO-TSÉ.

Os seguidores do taoismo acreditam que a felicidade vem de uma existência equilibrada e em harmonia com a natureza, por meio de uma vida simples e altruísta. O taoismo e o confucionismo são considerados filosofias, e não religiões, porque se preocupam mais com o comportamento das pessoas do que com a busca por um sentido divino para o universo.

Com o tempo, o taoismo se tornou uma religião organizada. Outros escritos foram criados, assim como surgiram novos deuses e novas escolas com ideias diferentes. Na China atual, o budismo e o taoismo são as duas crenças mais populares.

O **YIN** e o **YANG** formam o símbolo taoista mais conhecido do mundo moderno. Yin, o lado escuro, representa a sombra, a água, o ocidente e o tigre. Yang, o lado claro, representa a luz, o fogo, o oriente e o dragão.

Separadamente, são ideias opostas. Juntos, seu equilíbrio traz harmonia ao universo.

A CHINA DIVIDIDA

Em 220 d.C., senhores da guerra se rebelaram contra a dinastia Han. A guerra civil dividiu a China em pequenos reinos e quase 400 anos se passaram até que surgisse outra dinastia importante.

CHINA DIVIDIDA

BEI
(WEI SETENTRIONAL)

HIMALAIA

• CHENGDU

NAN
(QI MERIDIONAL)

HANÓI
•

MAR DO LESTE DA CHINA

MAR DO SUL DA CHINA

VERIFIQUE SEUS CONHECIMENTOS

1. O que são as monções, que acontecem periodicamente na China e em parte da Índia?

2. Qual foi a primeira dinastia da China e o que foi inventado durante esse período?

3. Por que as primeiras civilizações chinesas se formaram ao longo de rios? E de que forma isso está associado com outras civilizações antigas, como a Mesopotâmia, o Egito e a Índia?

4. Um produto de exportação muito importante surgiu durante a dinastia Han. Como isso aconteceu e qual foi o produto?

5. Por que o confucionismo e o taoismo são considerados filosofias, e não religiões?

6. Descreva a relação dos soberanos chineses antigos com o poder. O poder era algo ganho ao longo de uma vida ou era algo inato?

7. Quais eram os deveres do imperador na China Antiga?

RESPOSTAS

CONFIRA AS RESPOSTAS

1. Monções são ventos sazonais que causam chuvas torrenciais e inundações.

2. A primeira foi a dinastia Shang e o primeiro sistema de escrita da China foi inventado nessa época.

3. Como aconteceu com outras civilizações antigas, os povos da China Antiga praticavam a agricultura e se assentaram perto dos grandes rios porque a terra era fértil. A facilidade de plantio e o suprimento garantido de alimento permitiam que as pessoas morassem nas cidades e tivessem tempo livre, já que não precisavam caçar para sobreviver.

4. A dinastia Han iniciou o comércio de seda com o mundo ocidental por meio da Rota da Seda.

5. O taoismo e o confucionismo são considerados filosofias porque se preocupam mais com o comportamento das pessoas do que com a busca por um sentido divino para o universo.

6. Os soberanos da China Antiga acreditavam no Mandato do Céu, ou seja, que um comando do céu os destinava a reinar. Sendo assim, achavam que tinham nascido com o poder e que eram o elo entre o céu e a Terra.

7. Esperava-se que o imperador fosse virtuoso e governasse para agradar os deuses.

Capítulo 8
GRÉCIA ANTIGA

3000 a.C.–31 a.C.

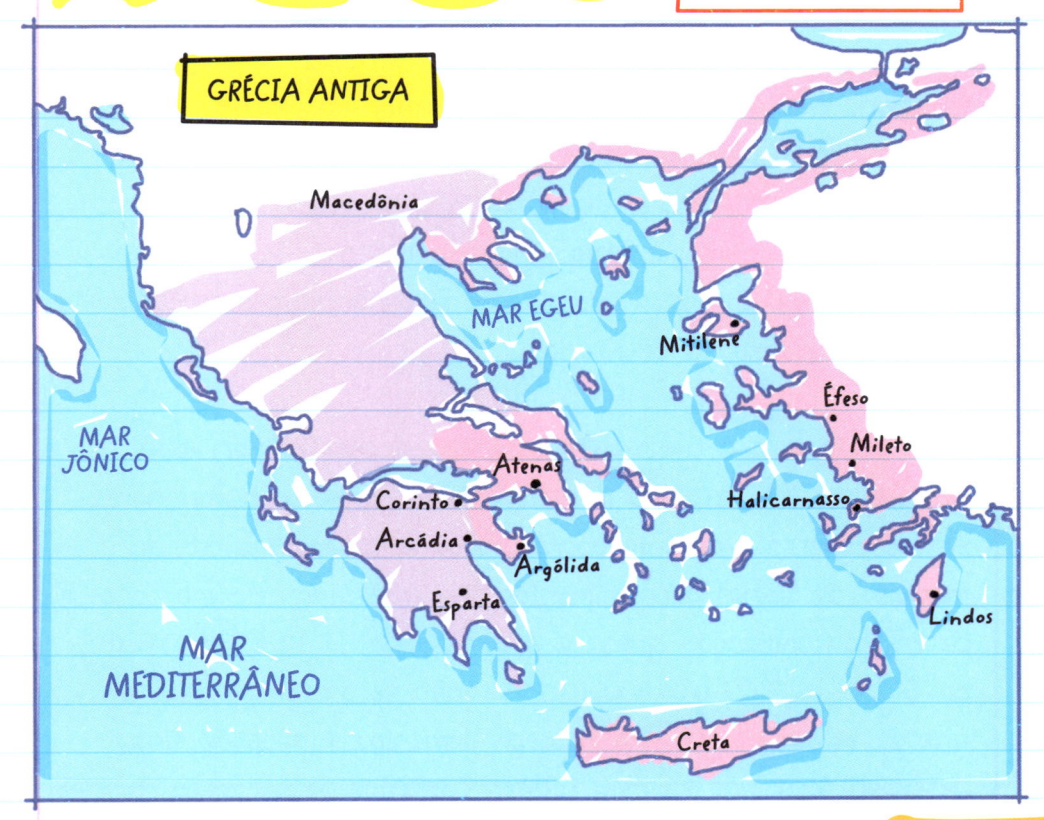

GRÉCIA ANTIGA

Macedônia
MAR EGEU
Mitilene
Éfeso
MAR JÔNICO
Mileto
Atenas
Corinto
Halicarnasso
Arcádia
Argólida
Esparta
Lindos
MAR MEDITERRÂNEO
Creta

A Grécia era (e ainda é) composta de uma grande quantidade de pequenas ilhas e estreitas **PENÍNSULAS**. Isso dificultava o contato (geográfico e cultural) entre pessoas de ilhas diferentes.

> **PENÍNSULA**
> terra que se projeta para o mar

A ORIGEM dos GREGOS

Os MINOICOS foram comerciantes bem-sucedidos que viveram na ilha de CRETA de 3000 a.C. a 1100 a.C., possuindo um palácio elegante na cidade antiga de Cnossos. A civilização minoica entrou em decadência quando invasores da Grécia continental, provavelmente MICÊNICOS, conquistaram a ilha por volta de 1450 a.C.

A maioria dos micênicos vivia no continente, na cidade de Micenas. Assim como os minoicos, eles tinham um sistema de escrita, que era chamado de Linear B e é considerado a forma mais antiga do grego escrito. A escrita micênica foi decifrada pelos arqueólogos, mas a minoica até hoje não teve suas centenas de símbolos decifrados.

Em seguida veio a Guerra de Troia, que aconteceu por volta de 1260 a.C.–1180 a.C. Não há um consenso entre os historiadores se essa guerra realmente aconteceu ou se é uma mistura da memória de vários acontecimentos diferentes, mas ela marca o declínio da civilização grega e o começo da IDADE DAS TREVAS na Grécia (c. 1200 a.C.–800 a.C.). Acredita-se que o comércio em grande escala acabou e a pobreza aumentou. A situação ficou desesperadora. Não existem registros escritos dessa época.

O CAVALO DE TROIA

Segundo a lenda grega, soldados gregos se esconderam em um grande cavalo de madeira para entrar sorrateiramente na cidade de Troia e conquistá-la! A história é contada em dois poemas épicos, a *Eneida* e a *Odisseia*.

Por volta de 800 a.C., foram fundadas as CIDADES-ESTADOS e reapareceram os registros escritos. Geralmente governadas por aristocratas e militares, as cidades-estados (também chamadas de PÓLIS) eram o centro da vida dos gregos. Em dado momento, alguns cidadãos tiveram a ideia de formar um tipo de governo chamado DEMOCRACIA, no qual o povo exerce a soberania (voltaremos ao assunto mais adiante).

Por volta de 750 a.C., Homero, um poeta grego, contou a história da Guerra de Troia em dois poemas épicos, a **ILÍADA** e a **ODISSEIA**. De acordo com esses poemas, a guerra entre a cidade de Troia e os gregos antigos durou 10 anos. A guerra começou porque Páris, príncipe de Troia, sequestrou Helena, a esposa de Menelau, rei de Esparta.

No século I a.C., Virgílio, um importante poeta romano, também escreveu um poema épico sobre a Guerra de Troia, a **ENEIDA**. No poema de Virgílio, os deuses gregos escolhem que lado vão defender. A *Eneida* termina com o príncipe mítico troiano chamado Eneias fugindo da cidade de Troia em chamas. Segundo o poema, Eneias foi o fundador de Roma.

HOMERO

A IDADE de OURO

Em 700 a.C., Atenas era uma das cidades-estados mais importantes. No começo, era governada por um rei, mas o líder ateniense SÓLON reformou a economia e o governo em 594 a.C. Entre outras mudanças, ele libertou as pessoas que haviam se tornado escravas por causa de dívidas. Ainda assim, apenas um em cada cinco atenienses era considerado cidadão.

Pouco depois, a Grécia passou pela Idade de Ouro, ou Período Clássico, no qual Atenas enriqueceu graças ao comércio marítimo e se tornou o principal centro cultural e intelectual do Ocidente. De 479 a.C. a 431 a.C., a população da Grécia foi responsável por importantes realizações nos campos da filosofia, religião, arte e arquitetura.

A RELIGIÃO GREGA

Os gregos adoravam vários deuses e deusas, que eram governados por ZEUS e HERA. Os deuses atuavam em diferentes áreas, como a guerra (ARES), o amor (AFRODITE) e o mar (POSEIDON), por exemplo. Os gregos acreditavam que os deuses mais poderosos, os olímpicos, formavam uma família.

NÃO ERA UMA FAMÍLIA NORMAL, MAS QUE FAMÍLIA PODE SER CHAMADA DE NORMAL?

EI, EU POSSO CARREGAR MEU CELULAR COM ISTO!

ZEUS

HERA

POSEIDON

ARES

AFRODITE

Os gregos adoravam os deuses em templos e em lugares sagrados chamados **ORÁCULOS**. Eles construíram templos em muitas cidades e celebravam os deuses em muitas festas.

> **ORÁCULO**
> Um santuário onde profecias (previsões) eram reveladas por sacerdotes ou sacerdotisas. A palavra "oráculo" também é usada para designar uma sacerdotisa ou um sacerdote que pode falar com os deuses.

ÁRVORE GENEALÓGICA DOS DEUSES GREGOS

os TITÃS

- OCEANO
- TÉTIS
- JÁPETO
- TÊMIS
- CRIO
- CRONOS
- REIA
- CÉOS
- FEBE
- MNEMOSINE
- HIPERIÃO
- TEIA

GAIA — URANO

CLÍMENE

OS CICLOPES

OS DEUSES OLÍMPICOS

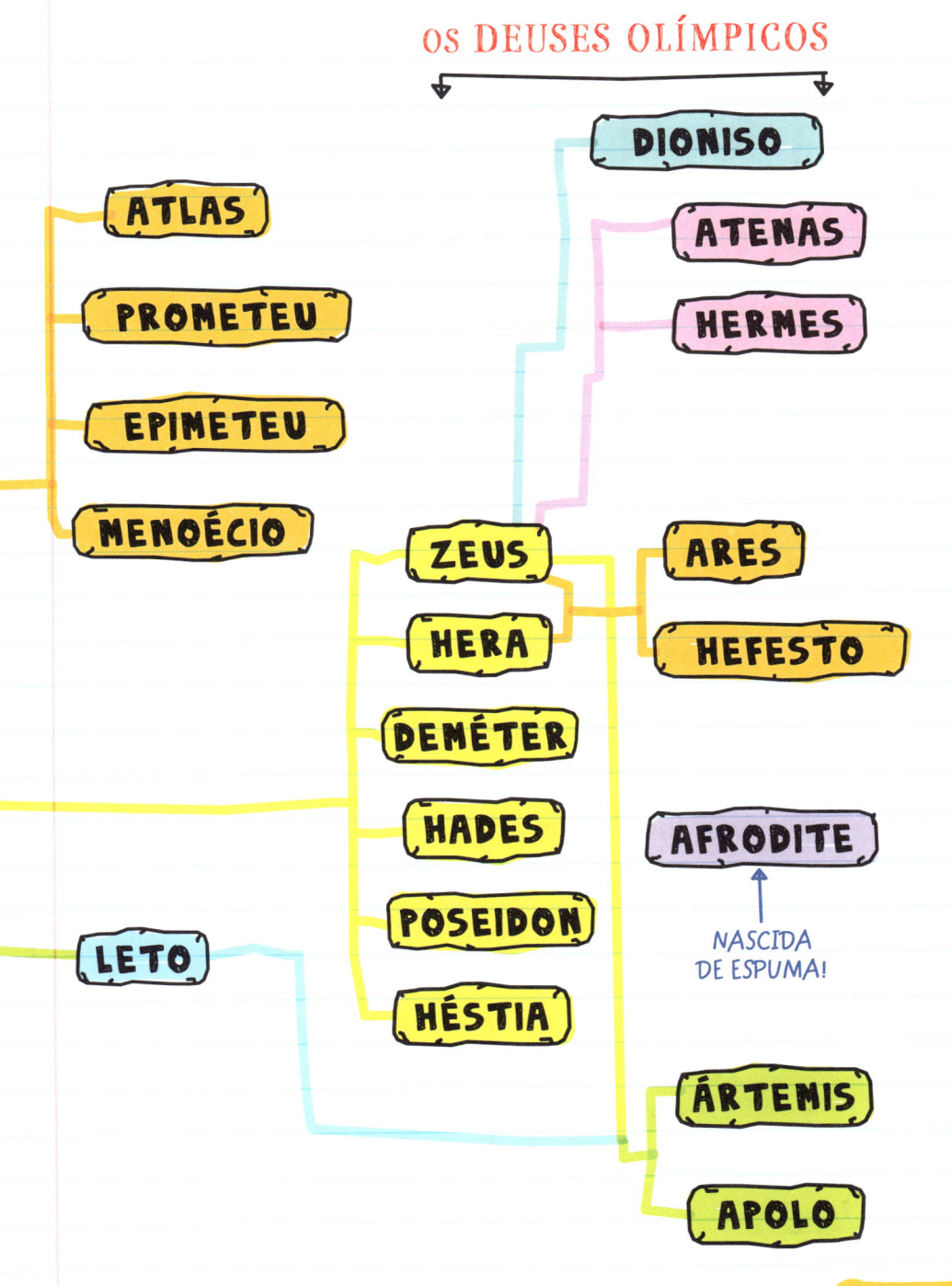

- ATLAS
- PROMETEU
- EPIMETEU
- MENOÉCIO

- DIONISO
- ATENAS
- HERMES

- ZEUS
- HERA
- DEMÉTER
- HADES
- POSEIDON
- HÉSTIA

- ARES
- HEFESTO

- AFRODITE ← NASCIDA DE ESPUMA!

- LETO

- ÁRTEMIS
- APOLO

OS JOGOS OLÍMPICOS

Estima-se que os Jogos Olímpicos começaram em 776 a.C. como uma festa para os deuses; as competições esportivas eram um meio de homenageá-los. De acordo com alguns mitos, Zeus derrotou Cronos em uma luta pelo trono dos deuses. Mais tarde, o semideus Hércules (também conhecido como Héracles) realizou os jogos em homenagem a Zeus. Os primeiros jogos entre humanos foram realizados na planície de Olímpia. Eles ocorreram durante quase 12 séculos, até que o imperador romano Teodósio os aboliu em 393 d.C., por considerá-los um ritual pagão.

Os Jogos Olímpicos antigos eram compostos de:

CORRIDA: diversas modalidades, desde 192 metros até 9 quilômetros.

SALTO: halteres (pesos de pedra ou chumbo) eram usados para aumentar a distância dos saltos. Os atletas seguravam os pesos até quase o final do salto e depois os jogavam para trás.

ARREMESSO DE DISCO: as técnicas usadas nos jogos antigos eram muito parecidas com as atuais.

LUTA: os embates terminavam apenas quando um competidor jogava o outro no chão três vezes.

BOXE: os lutadores às vezes enrolavam as mãos em couro duro para protegê-las ao socar.

PANCRÁCIO: uma forma primitiva de arte marcial, mistura de boxe e luta. Os gregos antigos acreditavam que tinha sido inventada quando Teseu derrotou o Minotauro.

CORRIDAS DE CAVALO E DE BIGAS: as corridas eram realizadas no hipódromo, que era um estádio construído para a corrida de cavalos.

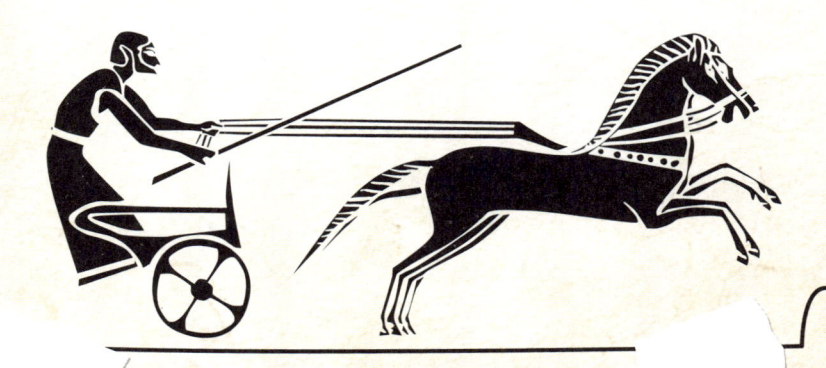

FILOSOFIA GREGA

Os primeiros filósofos gregos davam ênfase ao pensamento racional. Eles tentaram criar um sistema de pensamento para explicar o universo, mas isso não significa que eles deixaram de acreditar nos deuses.

Alguns filósofos importantes eram atenienses:

SÓCRATES ensinava as pessoas a raciocinar por meio de perguntas (o chamado MÉTODO SOCRÁTICO). Por discordar dos governantes e não reconhecer os deuses que o governo reconhecia, Sócrates acabou sendo condenado à morte. Ele foi obrigado a beber cicuta, um veneno.

SÓCRATES

PLATÃO foi discípulo de Sócrates. Escreveu um livro chamado A REPÚBLICA e acreditava que a sociedade devia ser dividida em três grupos: trabalhadores, soldados e filósofos-governantes. Ensinou aos alunos um código de ética que lhes proporcionaria uma vida moral e feliz. Diferentemente de Sócrates, que jamais escreveu, Platão escreveu a respeito de TUDO: a realidade, os objetos, a guerra, o governo, a justiça e a sociedade. Fundou e ensinou na ACADEMIA, uma escola ateniense que formava futuros governantes.

PLATÃO

ARISTÓTELES foi discípulo de Platão. Como Platão, Aristóteles acreditava que a felicidade das pessoas estava ligada a seu comportamento. Trabalhou para definir conceitos de lógica, biologia e física. Fascinado pela natureza, classificou plantas e animais em um método científico que foi a base para o que usamos até hoje. Também escreveu sobre política. Ao contrário de Platão, Aristóteles afirmava que havia três formas boas de governo: monarquia, aristocracia e uma espécie de democracia. Aristóteles fundou sua própria escola, o LICEU. Aristóteles foi tutor de Alexandre, o Grande, o famoso conquistador.

ARISTÓTELES

ARTE, ARQUITETURA e ESCULTURA na GRÉCIA ANTIGA

Os dramaturgos gregos escreveram tragédias e comédias. As peças geralmente consistiam em diálogos misturados com um coro que cantava e recitava. O coro era um meio usado pelo autor para fornecer informações contextuais e comentar a trama.

Os três dramaturgos gregos mais importantes foram **ÉSQUILO**, **SÓFOCLES** e **EURÍPIDES**.

ÉSQUILO escreveu uma trilogia chamada ORESTEIA, um conjunto de três peças sobre a família de Agamenon, rei das cidades-estados de Micenas e Argos durante a Guerra de Troia.

SÓFOCLES é famoso pela peça ÉDIPO REI, uma tragédia familiar na qual um oráculo prevê que Édipo irá matar o pai e casar com a própria mãe (!!!).

EURÍPIDES criou personagens mais realistas e abordou temas polêmicos como a guerra e o sofrimento humano. Sua peça mais conhecida é MEDEIA.

Os três ficaram famosos em sua época e suas peças são lidas e encenadas até hoje.

Alguns famosos poemas épicos também foram escritos nessa época. No final da Idade das Trevas, os escritos de Homero foram redescobertos, entre eles os poemas épicos ILÍADA e ODISSEIA. Ambos têm centenas de páginas e falam da coragem, da honra e dos deuses. Os oradores memorizavam os épicos e os encenavam como parte das competições olímpicas! O conceito que temos de herói grego se deve muito a Homero.

Na arquitetura, o PARTENON, o grande templo da deusa Atena, foi construído entre 447 a.C. e 432 a.C., durante o governo de PÉRICLES. Seriamente danificado por uma

O PARTENON
AS RUÍNAS ESTÃO DE PÉ NA GRÉCIA ATÉ HOJE!

explosão em 1687 d.C., suas ruínas permanecem até hoje no alto de uma colina de Atenas.

> **HIPÓCRATES** foi um médico grego antigo que acreditava que as doenças tinham causas naturais, não estando relacionadas com deuses ou superstições. Os médicos até hoje fazem o **JURAMENTO DE HIPÓCRATES**, em que assumem o compromisso de ajudar os pacientes e não lhes fazer mal.

A ÉPOCA de PÉRICLES

Péricles foi um dos líderes mais influentes da Grécia Antiga. Por volta de 460 a.C., introduziu reformas como o pagamento de salário a funcionários públicos. Isso pode parecer óbvio (quem trabalha merece ser pago), mas, antes de Péricles, os funcionários públicos trabalhavam de graça e, portanto, só as pessoas ricas podiam se dar ao luxo de trabalhar para o governo.

Péricles também incentivou os cidadãos a participar do governo por meio de assembleias, além de estimular que votassem a respeito de questões importantes, um conceito chamado de DEMOCRACIA DIRETA. Com isso, os cidadãos podiam opinar sobre leis, guerras e política externa, além de eleger os funcionários públicos. Entretanto, somente os homens atenienses filhos de pai e mãe atenienses eram considerados cidadãos livres, com direito a voto.

ATENAS e ESPARTA

ATENAS e ESPARTA, as duas principais cidades-estados da Grécia Antiga, eram muito diferentes. Os atenienses viviam da agricultura,

ATENAS E ESPARTA

- ATENAS
- ESPARTA
- MACEDÔNIA (CONTÉM ENCLAVES ATENIENSES E ESPARTANOS)

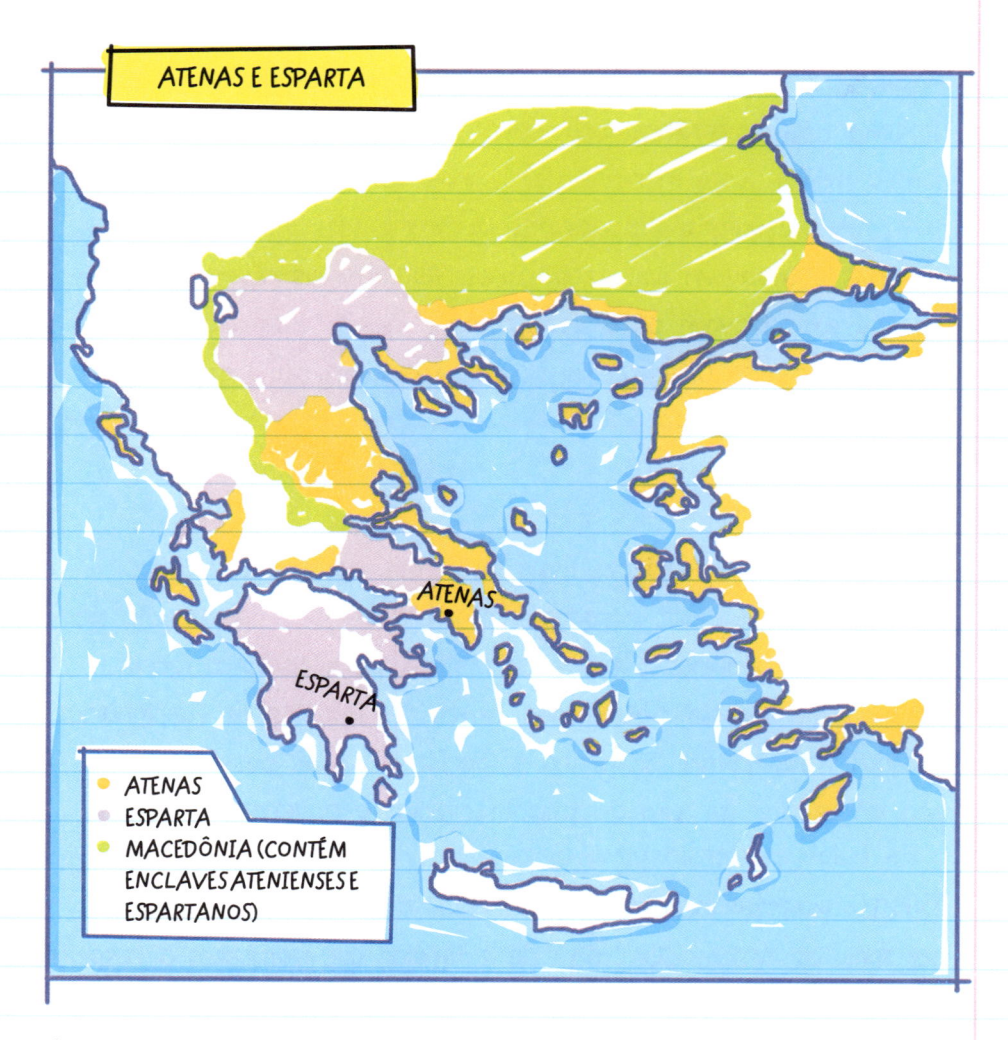

da produção de cerâmica e do comércio e tinham uma vida cultural e política intensa. Estima-se que possuíam em torno de 80 mil escravos. Atenas era PRÓSPERA à custa dos outros.

Esparta, uma cidade-estado no sul da Grécia, se dedicava a outro tipo de atividade: a guerra. Os espartanos acreditavam que a cidade-estado estava acima do indivíduo e faziam parte de uma poderosa máquina de guerra.

Possuíam escravos (chamados HILOTAS), que cultivavam a terra enquanto os espartanos guerreavam. A cidade-estado era um campo militar, com meninos de 7 anos deixando a família para viver em um quartel. Os garotos se tornavam soldados aos 20 anos e atuavam até os 60 anos. As meninas não lutavam, mas se exercitavam para ser fortes e ágeis (e para ter filhos saudáveis). Os espartanos não viajavam para comerciar. Em 431 a.C. teve início a GUERRA DO PELOPONESO contra os atenienses. Ela durou 27 anos. Os atenienses foram derrotados pelos espartanos em 404 a.C.

A ASCENSÃO de ALEXANDRE

O reino da Macedônia ficava ao norte da Grécia. Um dia, o REI FELIPE convidou Aristóteles, o filósofo grego, para ensinar literatura e filosofia grega ao filho, ALEXANDRE.

O rei Felipe se considerava grego. Ele uniu a Macedônia em 359 a.C. e conquistou as cidades-estados gregas por meio de guerras, subornos e traições. Felipe conquistou a Grécia, mas foi assassinado antes que pudesse governar seu império. Assim, Alexandre assumiu o poder aos 20 anos, em 336 a.C.

Alexandre invadiu o Império Persa e continuou a avançar até chegar à Índia. Depois de 11 anos, Alexandre havia conquistado a Pérsia, o Egito e terras além do rio Indo. Em 323 a.C., porém, ele morreu de uma suposta infecção (provavelmente não da maneira que esperava). Também há versões de que ele teria sido envenenado.

A CULTURA GREGA se PROPAGA como um INCÊNDIO!

As conquistas de Alexandre difundiram a cultura grega em uma extensa região. Ele ficou conhecido como ALEXANDRE, O GRANDE. Depois que morreu, seu império foi dividido em três reinos menores: GRÉCIA E MACEDÔNIA, EGITO e PÉRSIA. Esses reinos foram chamados de reinos **HELENÍSTICOS**.

> **HELENÍSTICO**
> período de expansão da cultura e da História grega após a morte de Alexandre até a ascensão de Roma, por volta de 31 a.C.

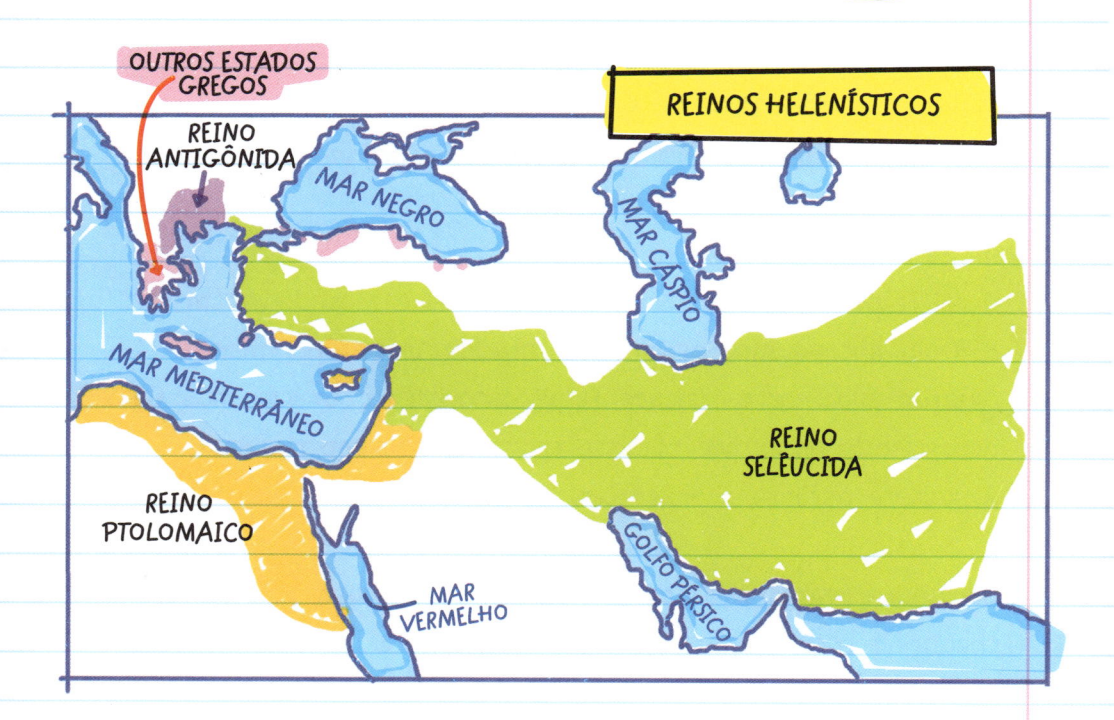

REINOS HELENÍSTICOS

- OUTROS ESTADOS GREGOS
- REINO ANTIGÔNIDA
- REINO PTOLOMAICO
- REINO SELÊUCIDA

MAR NEGRO · MAR CÁSPIO · MAR MEDITERRÂNEO · MAR VERMELHO · GOLFO PÉRSICO

VERIFIQUE SEUS CONHECIMENTOS

1. Como é a geografia da Grécia? De que modo a geografia afetou a maneira como as pessoas viviam na Grécia Antiga?

2. Dê um exemplo de reforma democrática implementada na Grécia Antiga.

3. Quando aconteceu a Idade das Trevas na Grécia e o que aconteceu nessa época?

4. O que foi a "Idade de Ouro da Grécia"? Quando aconteceu e quais foram as inovações desse período?

5. Por que Alexandre da Macedônia, filho do rei Felipe, foi chamado de Alexandre, o Grande?

6. O que era uma pólis?

7. Sófocles, Eurípides e Ésquilo foram três _____ importantes.

RESPOSTAS

CONFIRA AS RESPOSTAS

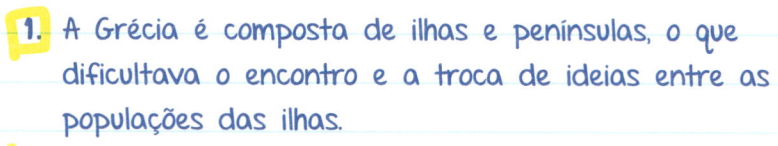

1. A Grécia é composta de ilhas e penínsulas, o que dificultava o encontro e a troca de ideias entre as populações das ilhas.

2. O modo como Péricles, um líder grego, incentivou a democracia direta. A democracia direta era uma política que permitia aos cidadãos participar do governo dando opiniões em assembleias, elegendo funcionários públicos e ajudando os dirigentes a tomar decisões sobre leis, guerras e política externa.

3. A Idade das Trevas começou por volta de 1200 a.C. e se estendeu até cerca de 800 a.C. Acredita-se que, durante essa época, houve um declínio do comércio, a pobreza se espalhou e as pessoas deixaram de escrever.

4. A Idade de Ouro da Grécia foi o período de 479 a.C. a 431 a.C., no qual Atenas enriqueceu graças ao comércio marítimo e foi responsável por importantes realizações nos campos da filosofia, religião, arte e arquitetura.

5. Porque suas conquistas difundiram a cultura grega em uma extensa região.

6. Era uma cidade-estado grega, geralmente governada por aristocratas e militares.

7. dramaturgos

Capítulo 9
ROMA ANTIGA

"ROMA NÃO FOI CONSTRUÍDA EM UM DIA."
Esse velho ditado (que expressa que coisas importantes levam tempo para acontecer) foi inspirado na História de Roma, um dos impérios mais famosos do mundo, que levou séculos para ser construído.

ROMA ANTIGA

O período antigo de Roma começou em cerca de 600 a.C., quando os ETRUSCOS chegaram ao poder e governaram como reis. Rebelando-se contra esses reis **TIRANOS**, os romanos derrotaram os etruscos no fim do século VI a.C. e formaram a REPÚBLICA ROMANA. Em uma REPÚBLICA, o líder não governa sozinho. O poder é dividido e todos os responsáveis pelo governo devem legislar e agir em nome do bem comum. Por isso, a República Romana também tinha um Senado para propor e votar novas leis.

> **TIRANO**
> um soberano todo-poderoso e cruel

Nos primórdios da República Romana, apenas os PATRÍCIOS, grandes proprietários de terras, podiam ser senadores. Isso não era permitido aos PLEBEUS (pessoas comuns).

As leis eram aplicadas por dois funcionários públicos, os CÔNSULES, que eram eleitos pelos cidadãos e ocupavam o cargo máximo da República. Havia também os PRETORES, que atuavam como generais, juízes e prefeitos, resolvendo disputas e discussões sobre dinheiro e contratos.

> **COROA DE LOUROS**
>
> Uma coroa de louros era usada para fins religiosos, políticos e militares na sociedade da Roma Antiga. Os generais romanos as usavam quando marchavam vitoriosos pelas ruas de Roma. Imperadores e deuses também eram mostrados nas estátuas usando coroas de louros. Os romanos usavam tipos diferentes de coroa para assinalar realizações importantes ou mudanças de nível social, mas a coroa de louros era reservada aos deuses e aos membros mais importantes da sociedade.

Os romanos conquistaram territórios como Cartago, no norte da África, a Grécia, a Espanha e a Gália (a França atual). As guerras civis, porém, ameaçavam constantemente dilacerar a República até o surgimento de um líder militar chamado JÚLIO CÉSAR.

JÚLIO CÉSAR

Júlio César foi comandante militar na conquista da Gália e conseguiu acabar com várias guerras civis. Junto com outros dois homens (Crasso e Pompeu), governou Roma no que ficou conhecido como PRIMEIRO **TRIUNVIRATO**.

> **TRIUNVIRATO**
> Um governo de três pessoas com poderes iguais. O nome é uma combinação de dois radicais do latim **TRI** (três) e **VIR** (homem).

CÉSAR — CRASSO — POMPEU

Muitos senadores romanos ficaram insatisfeitos com esse novo sistema de governo. O Senado decidiu que Pompeu deveria governar sozinho, mas César se recusou (Crasso havia sido morto enquanto tentava igualar as conquistas militares dos outros membros do triunvirato). Em 48 a.C., César derrotou Pompeu e assumiu o governo romano, tornando-se depois um ditador. César nomeou vários amigos para o Senado, decisão que enfureceu os outros senadores. Em 15 de março de 44 a.C. (data conhecida como IDOS DE MARÇO), César compareceu a uma reunião do Senado. Os senadores sacaram facas das togas e o mataram. Seguiu-se uma guerra civil que durou 13 anos.

Um SEGUNDO TRIUNVIRATO foi formado para tentar restaurar a ordem: MARCO ANTÔNIO (o braço direito de César), OTÁVIO (sobrinho e filho adotivo de César) e LÉPIDO, um romano rico, que tentou passar despercebido enquanto Marco Antônio e Otávio brigavam.

MARCO ANTÔNIO
LÉPIDO
OTÁVIO

O IMPERADOR AUGUSTO

Depois de muitas batalhas (e muito derramamento de sangue), Otávio, filho adotivo de César, conquistou o poder e recebeu do Senado o título de AUGUSTO (que significa "majestoso") em 27 a.C. A república estava extinta depois de quase 500 anos e Roma havia se tornado um império. Portanto, Augusto era o primeiro imperador. Nessa época, o Império Romano se estendia de parte da Europa até o Egito. A maioria dos povos conquistados permanecia livre. Províncias eram formadas em áreas do império, cada uma com seu próprio governador e exército. Os habitantes das províncias podiam se tornar cidadãos, mas para isso tinham que pagar impostos. Augusto teve o cuidado

[Mapa: IMPÉRIO DE CÉSAR / IMPÉRIO DE AUGUSTO — MAR DO NORTE, OCEANO ATLÂNTICO, MAR NEGRO, MAR MEDITERRÂNEO]

de respeitar o Senado para não ter o mesmo destino do pai. Governou até a morte, que aconteceu no ano 14 d.C.

A CONSTRUÇÃO de ROMA

NA VERDADE, FORAM SÉCULOS!

Os romanos eram exímios construtores (embora Roma não tenha sido construída em um dia). Uma das construções romanas mais famosas é o COLISEU, um anfiteatro (estádio) no qual eram apresentados espetáculos de gladiadores, em alguns casos com pessoas combatendo animais.

O **COLISEU** tinha o tamanho de um estádio de futebol. Era usado para competições entre gladiadores (homens armados com espadas), para punir criminosos e até para simular batalhas navais.

O FÓRUM

FORUM

As cidades romanas em todo o império dispunham de praças, chamadas de **FÓRUNS**, que os cidadãos romanos frequentavam para comerciar mercadorias, votar em líderes políticos, celebrar conquistas militares e se reunir com os amigos. O maior fórum de Roma era chamado de **FORUM ROMANUM** ou **FORUM MAGNUM**.

ROMANO
ROMANUM

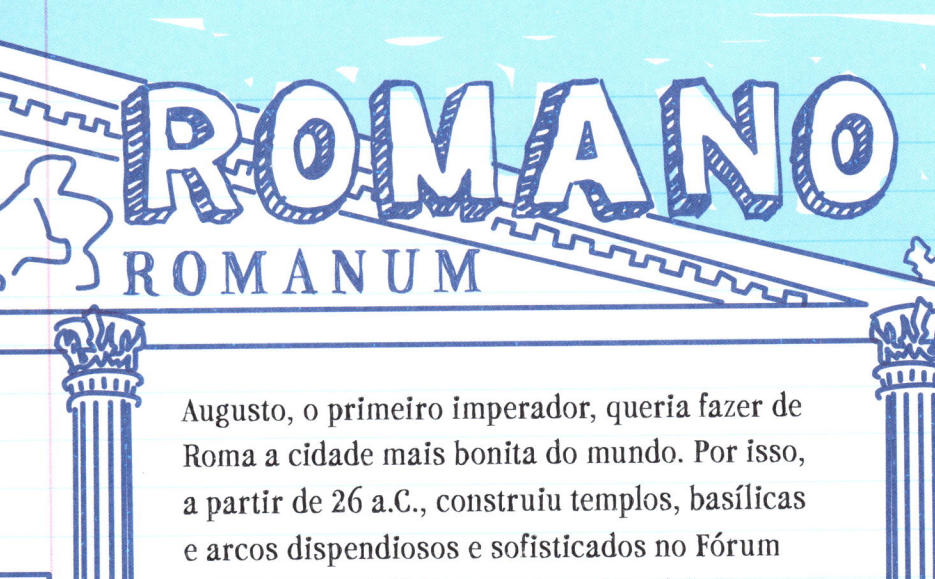

Augusto, o primeiro imperador, queria fazer de Roma a cidade mais bonita do mundo. Por isso, a partir de 26 a.C., construiu templos, basílicas e arcos dispendiosos e sofisticados no Fórum Romano. Em 476 d.C., porém, o Império Romano entrou em colapso. Tanto romanos quanto invasores roubaram as pedras preciosas e os metais das construções para criar novas moradias.

Durante a Idade Média, os romanos se esqueceram do propósito original do Fórum Romano e passaram a usá-lo como curral! Ele passou a ser chamado de **CAMPO VACCINO** ("campo de gado"). No século XIX, arqueólogos escavaram o Fórum Romano e restauraram as ruínas para que voltassem a refletir a glória passada.

Os romanos também erigiram estátuas e edificações com arcos, que permitiam criar grandes espaços internos nas novas construções. Eles usaram uma invenção revolucionária chamada concreto. Os romanos também construíram estradas, a fim de facilitar o comércio e o deslocamento dos exércitos. Eles também são conhecidos pelos AQUEDUTOS, canais que transportavam água do campo para a cidade. Nas cidades romanas havia banheiros públicos e muitas termas.

A ÁGUA PASSAVA NESSES CANAIS!

O DIREITO ROMANO

Muitas leis romanas parecem familiares porque são adotadas até hoje, como o princípio da presunção de inocência (o suspeito de um crime é inocente até que se prove o contrário).

Tudo que diz respeito a Roma foi construído em torno de famílias. O governo foi estruturado para dar suporte a elas. Mulheres ganhavam benefícios especiais se tivessem três ou mais filhos. Homens solteiros e casais sem filhos não tinham ajuda do governo. Muitos acreditam que esse era o meio que o governo usava para fomentar o aumento da população. Alguns também acreditam que era uma forma de manter a propriedade nas mãos de famílias controladas por homens.

MARCO ANTÔNIO E CLEÓPATRA

Cleópatra VII foi a última governante independente do Egito. Júlio César se associou à rainha do Egito. Quando ele foi assassinado, Marco Antônio se casou com Cleópatra depois de deixar a esposa, que era irmã de Otávio. Os romanos viam Cleópatra como uma estrangeira perigosa, ardilosa demais para ser confiável. Existem muitos filmes e peças de teatro a respeito do romance entre Marco Antônio e Cleópatra, entre as quais **ANTÔNIO E CLEÓPATRA**, de William Shakespeare.

O SURGIMENTO do CRISTIANISMO

Existiam muitas religiões no Império Romano. No início, a maioria dos romanos era politeísta (adorava vários deuses) e acreditava em uma mistura de mitos locais e mitologia grega. No entanto, mudavam o nome dos deuses. Assim, por exemplo, "Zeus" se tornou "Júpiter" (do latim, "deus pater", ou seja, deus pai).

> ZEUS ⟶ JÚPITER
> HADES ⟶ PLUTÃO
> POSEIDON ⟶ NETUNO

Em geral, os romanos permitiam que as pessoas tivessem qualquer religião, mas o cristianismo começou a incomodar os imperadores de Roma, que o consideravam um culto perigoso derivado do judaísmo.

Os cristãos acreditavam nos ensinamentos de um judeu chamado JESUS, também chamado de CRISTO (por isso seus seguidores eram denominados "cristãos"). Jesus ensinou que havia um único Deus (isso se chama monoteísmo) bom e misericordioso. As pessoas deviam amar a Deus e se amar mutuamente, saber perdoar e levar vidas responsáveis para merecerem a vida eterna.

Alguns romanos viam o título de Jesus de "rei dos judeus" como uma afronta à autoridade romana. Resultado: com medo de que ele liderasse uma revolução, um governador romano o condenou à morte. Segundo os EVANGELHOS, os livros sagrados mais importantes do cristianismo, Jesus ressuscitou e pediu aos discípulos que disseminassem seus ensinamentos.

Grupos de cristãos se reuniam em todo o império. Um dos apóstolos, Paulo, escreveu cartas a habitantes de cidades longínquas e viajou para divulgar os ensinamentos de Jesus.

A expansão do cristianismo fez com que às vezes as autoridades romanas perseguissem os cristãos. Muitos deles morreram em nome da religião e se tornaram **MÁRTIRES**.

O cristianismo, porém, continuou a se espalhar. Por volta do ano 300 d.C., quase dez por cento dos romanos eram cristãos. Até hoje, o cristianismo é uma das religiões mais populares do mundo.

> **MÁRTIR**
> pessoa que está disposta a se submeter a um grande sofrimento ou morrer em nome de uma causa ou de um princípio

O IMPERADOR CONSTANTINO

O imperador CONSTANTINO também ajudou a disseminar o cristianismo. O Império Romano estava se enfraquecendo, mas o movimento cristão ganhava cada vez mais adeptos.

Constantino, que governou de 306 d.C. a 337 d.C., converteu-se e se tornou o primeiro imperador cristão. Por meio do ÉDITO DE MILÃO, ele declarou liberdade religiosa para os cristãos em todo o império e pôs fim às perseguições.

Além disso, Constantino mandou construir igrejas cristãs e mudou a capital do Império Romano para Bizâncio (na atual Turquia), chamando-a de Nova Roma (mais tarde Bizâncio passou a se chamar Constantinopla. Tempos depois, tornou-se Istambul, seu nome atual). A cidade ficava em uma posição estratégica que fornecia proteção para a fronteira oriental do império.

O DECLÍNIO do IMPÉRIO ROMANO

O imperador Cômodo tinha 16 anos quando começou a governar, no ano 177 d.C., ao lado do pai, Marco Aurélio Antonino. Após a morte do pai, em 180 d.C., ele passou a governar sozinho.

Suas decisões equivocadas levaram ao início do fim do Império Romano. Cômodo desprezou o Senado e subornou o exército para não ser incomodado. Seus sucessores se comportaram da mesma maneira.

Roma também enfrentou outros problemas, como o uso de exércitos de **MERCENÁRIOS** que não eram leais ao império, a **INFLAÇÃO** (devido à cunhagem exagerada de moedas), a **PESTE** e a luta para manter as terras conquistadas. Por fim, invasores germânicos conquistaram a parte ocidental do império. Constantinopla sobreviveu como capital do Império Bizantino.

MERCENÁRIO
soldado profissional contratado para servir em um exército estrangeiro

INFLAÇÃO
aumento dos preços dos produtos e redução do valor do dinheiro

PESTE
doença contagiosa

VERIFIQUE SEUS CONHECIMENTOS

1. Quem foram os primeiros governantes da Roma Antiga?

2. Os romanos fundaram a primeira república. O que é uma república?

3. O que aconteceu nos Idos de Março?

4. Quem assumiu o poder depois que César morreu? E de que modo seu destino foi diferente do de César?

5. Na época do Império Romano, a arquitetura e a engenharia evoluíram. Cite algumas das obras importantes dos romanos.

6. Inicialmente, os romanos eram politeístas ou monoteístas? Qual a diferença entre o monoteísmo e o politeísmo?

7. De que modo o cristianismo se disseminou pelo Império Romano?

RESPOSTAS

CONFIRA AS RESPOSTAS

1. Os etruscos, que chegaram ao poder em cerca de 600 a.C.

2. República é uma forma de governo na qual o líder não governa sozinho. O poder é dividido e todos os responsáveis pelo governo devem legislar e agir em nome do bem comum.

3. Na data conhecida como Idos de Março, Júlio César foi morto por um grupo de senadores descontentes.

4. Quem assumiu o poder foi Otávio, filho adotivo de César. Ele respeitou o Senado e governou até morrer.

5. Uma das construções mais famosas de Roma foi o Coliseu, um anfiteatro para espetáculos de gladiadores. Os romanos também erigiram estátuas e construções com arcos, além de estradas para facilitar o comércio e aquedutos para levar água do campo para a cidade.

6. No início, a maioria dos romanos era politeísta, o que significa que adoravam vários deuses. Monoteísmo significa acreditar em um único deus.

7. Grupos de cristãos se reuniam espontaneamente. Além disso, o apóstolo Paulo escreveu cartas sobre o cristianismo para pessoas em lugares muito distantes e viajou para disseminar os ensinamentos de Jesus.

RELIGIÕES DO MUNDO EM PORCENTAGEM

(estimativa de 2007)

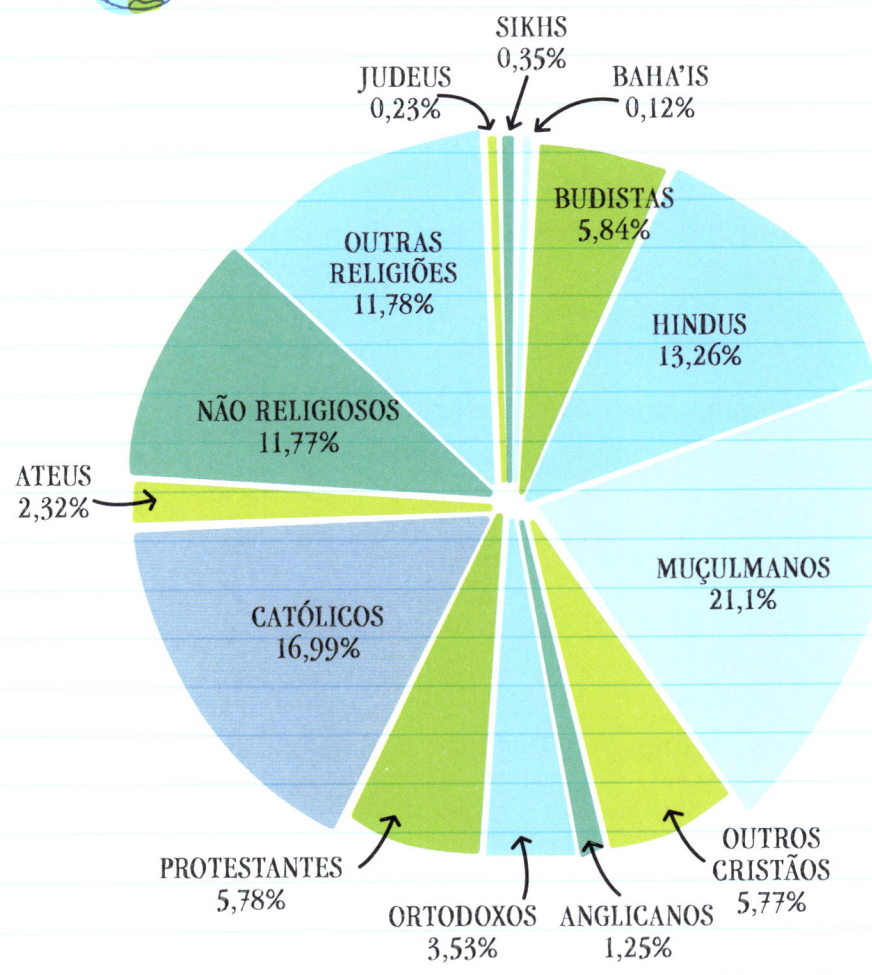

- SIKHS 0,35%
- JUDEUS 0,23%
- BAHA'IS 0,12%
- BUDISTAS 5,84%
- OUTRAS RELIGIÕES 11,78%
- HINDUS 13,26%
- NÃO RELIGIOSOS 11,77%
- ATEUS 2,32%
- MUÇULMANOS 21,1%
- CATÓLICOS 16,99%
- PROTESTANTES 5,78%
- ORTODOXOS 3,53%
- ANGLICANOS 1,25%
- OUTROS CRISTÃOS 5,77%

BREVE RETRATO de RELIGIÕES

SISTEMA DE CRENÇAS	FUNDADOR	ORIGEM GEOGRÁFICA	LIVRO SAGRADO
Cristianismo	Jesus	Israel	Bíblia
Islamismo	Profeta Maomé	Meca	Alcorão
Judaísmo	Profeta Abraão	Israel	Torá
* Taoismo	Lao-Tsé	China	Nenhum
* Confucionismo	Confúcio	China	Nenhum
Hinduísmo	(Não tem um fundador conhecido)	Índia	Upanishads
Budismo	Sidarta Gautama	Índia	Nenhum

e FILOSOFIAS ANTIGAS

LUGAR DE ADORAÇÃO	IDEIAS PRINCIPAIS
Igreja	• Amar a Deus e viver de modo responsável para ganhar a vida eterna por meio da graça. • Monoteísta.
Mesquita	• Os Cinco Pilares do Islamismo: fazer uma declaração de fé, orar cinco vezes ao dia, dar esmolas, jejuar durante o Ramadã e, se tiver recursos, fazer uma peregrinação a Meca ao menos uma vez na vida. • Monoteísta.
Sinagoga	• Profetas. • Monoteísta.
Nenhum	• O taoismo é uma *filosofia*, não uma religião. • Viver uma vida desinteressada e equilibrada, em harmonia com a natureza, conduz à felicidade.
Nenhum	• O confucionismo é uma *filosofia*, não uma religião. • Paz e ordem na sociedade começam com paz e ordem no indivíduo. • Os ensinamentos mais tarde se tornam parte do sistema de treinamento do governo chinês.
Templo	• Reencarnação com base no carma. • Politeísta.
Mosteiro	• Alcançamos a iluminação a respeito do sentido da vida por meio da meditação e se rompe o ciclo do sofrimento com uma vida virtuosa.

Unidade 3

A Idade Média
Séculos V–XV

Dependendo do modo como observamos a linha do tempo da História, a Idade Média pode ficar no **MEIO**: tarde demais para ser cedo, cedo demais para ser tarde. Em geral se considera como o período que vai de 476 (a queda do Império Romano) até 1453 (a tomada de Constantinopla). O adjetivo correspondente é MEDIEVAL.

> MEDIEVAL: RELATIVO À IDADE MÉDIA

Capítulo 10
O IMPÉRIO BIZANTINO

330–SÉCULO XV

O IMPÉRIO BIZANTINO (antes chamado de IMPÉRIO ROMANO DO ORIENTE) começou por volta do ano 330. A capital, Constantinopla, foi um importante centro de comércio até ser tomada pelos turcos no século XV.

> Mais tarde mudou NOVAMENTE de nome. Hoje se chama Istambul.

MAR NEGRO
Bizâncio / Nova Roma / Constantinopla
ARMÊNIA
MAR EGEU
MESOPOTÂMIA
MAR MEDITERRÂNEO

JUSTINIANO

Um dos grandes imperadores bizantinos foi JUSTINIANO, cujo reinado começou em 527. As leis romanas eram confusas. Eram escritas e documentadas, mas difíceis de acompanhar.

Justiniano reuniu um grupo de estudos para peneirar as leis antigas e interpretá-las. O grupo redigiu o CÓDIGO JUSTINIANO, uma coleção organizada de leis romanas, com explicações adicionais. Era basicamente um guia prático de legislação. A maioria dos países europeus modernos usou esse código como base do seu sistema jurídico!

Os bizantinos preservaram outras tradições da cultura greco-romana. Decoraram igrejas com **AFRESCOS**, pinturas e mosaicos e preservaram textos antigos nas bibliotecas.

> **AFRESCO**
> pintura feita em argamassa, geralmente usando aquarela

As contribuições de Justiniano foram grandes, mas suas conquistas na Itália, no norte da África, na Palestina e na Síria (e em outros lugares) também causaram problemas. O Império Bizantino ficou grande demais para ser defendido e havia ameaças em todas as fronteiras. Com o surgimento do islamismo, no século VII, grupos árabes unificados se multiplicaram em todo o império e conquistaram a Síria e a Palestina.

MUDANÇAS no IMPÉRIO BIZANTINO

No século VIII, o já reduzido Império Bizantino, que incluía apenas os Bálcãs Orientais e a Ásia Menor, era um Estado grego e cristão. Durante esse período, a Igreja Cristã usava o grego como língua oficial (em vez do latim) e ficou conhecida posteriormente como Igreja Ortodoxa do Oriente.

Entre 726 e 730, o imperador Leão III proibiu o culto aos ícones (representações artísticas, como pinturas, de santos e eventos sagrados) porque acreditava que era uma violação dos mandamentos divinos. Quando o papa declarou ilegal a religião do Império Bizantino, surgiram dois tipos de cristianismo: a Igreja Católica Romana, no Ocidente, e a Igreja Ortodoxa Grega, no Império Bizantino.

No século XII, o Império Bizantino se expandiu mais uma vez, tornando-se um dos centros comerciais mais importantes da Europa. Como os bizantinos cobravam impostos sobre as mercadorias que passavam por Constantinopla, enriqueceram rapidamente. No entanto, as **CRUZADAS** e a crescente ameaça do Império Turco-Otomano acabaram levando a melhor. Em 1453, o Império Bizantino foi tomado pelos turcos.

> As **CRUZADAS** foram expedições militares que duraram quase 200 anos, nas quais cristãos europeus tentaram tomar dos muçulmanos a Terra Santa de Jerusalém. Essas expedições começaram no século XI, quando o imperador bizantino Aleixo I Comneno pediu ajuda ao papa Urbano II na luta contra os turcos muçulmanos.

VERIFIQUE SEUS CONHECIMENTOS

1. _____ era a capital do Império Bizantino. Como essa cidade é chamada atualmente?

2. Quando começou e quando terminou a Idade Média?

3. De que modo Constantinopla se tornou uma capital rica?

4. Quem foi Justiniano e qual foi sua grande contribuição para o Império Bizantino?

5. A queda do Império Bizantino, em 1453, pode ser atribuída a:
   A. Ataques dos cruzados cristãos.
   B. Ataques dos turcos.
   C. Ambos.
   D. Nenhum dos dois.

6. Descreva alguns elementos da cultura greco-romana, além das leis, que o Império Bizantino conservou.

7. Quais foram os dois tipos de cristianismo que surgiram nessa época?

RESPOSTAS 141

CONFIRA AS RESPOSTAS

1. Constantinopla. Atualmente se chama Istambul.
2. A Idade Média vai do ano 476 ao ano 1453.
3. Constantinopla se tornou rica por causa do comércio. Os bizantinos enriqueceram cobrando impostos sobre todas as mercadorias que passavam pela cidade.
4. Foi um dos imperadores bizantinos mais importantes, pois reuniu um grupo de estudos para redigir o Código Justiniano, que era uma coleção organizada de leis com explicações adicionais. As leis se baseavam em antigas leis romanas.
5. C. Ambos.
6. Os bizantinos seguiram a tradição cultural greco-romana ao decorar igrejas com afrescos, pinturas e mosaicos. Também preservaram textos antigos em bibliotecas.
7. Os dois tipos de cristianismo que surgiram foram a Igreja Católica Romana (a Igreja Cristã do Ocidente) e a Igreja Ortodoxa Grega (a Igreja Cristã do Oriente).

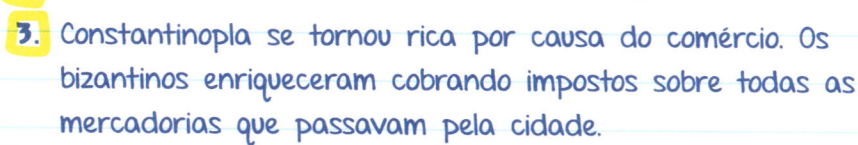

Capítulo 11
O SURGIMENTO DO ISLAMISMO NA IDADE MÉDIA

Por volta do ano 610, uma nova religião, o islamismo, surgiu na Península Arábica. De acordo com a crença islâmica, o profeta Maomé ouviu uma mensagem de Deus e foi nomeado seu mensageiro, disseminando os ensinamentos do islamismo pelos povos da Península Arábica.

O ALCORÃO, o livro sagrado do islamismo, contém as regras da religião. Com o tempo, muito muçulmanos (pessoas que aceitam os ensinamentos de Maomé) vieram a acreditar nos CINCO PILARES DO ISLAMISMO, que constituem o fundamento da religião. Os muçulmanos têm a obrigação de:

1. FAZER UM TESTEMUNHO DE FÉ.
2. ORAR 5 VEZES POR DIA.
3. AJUDAR OS NECESSITADOS.
4. JEJUAR NO RAMADÃ.
5. FAZER UMA PEREGRINAÇÃO A MECA.

Os ENSINAMENTOS do ISLAMISMO

De acordo com os cinco pilares, os muçulmanos devem: declarar que existe apenas um Deus (Alá) e que Maomé é seu profeta; orar 5 vezes ao dia; ajudar os necessitados; jejuar no mês do **RAMADÃ**; fazer uma **HAJJ** a MECA (a cidade sagrada dos muçulmanos, situada na atual Arábia Saudita).

RAMADÃ
o nono mês do ano islâmico, durante o qual os muçulmanos jejuam do nascer ao pôr do sol

HAJJ
nome da peregrinação que os muçulmanos fazem a Meca

Use este mnemônico para se lembrar dos cinco pilares do islamismo:

Fernando **O**deia **C**omer **J**aca **P**odre =

Fé **O**ração **C**aridade **J**ejum **P**eregrinação

"JACA PODRE?" "ECA!"

Em 656, OTOMÃO IBNE AFANE, o terceiro líder da comunidade muçulmana depois de Maomé, foi assassinado por uma multidão. Sua morte dividiu a comunidade muçulmana e levou a uma **CISÃO** no islamismo. Um grupo de muçulmanos, os XIITAS, achava que o próximo governante devia ser um descendente de Maomé. A maioria dos muçulmanos, os SUNITAS, achava que qualquer muçulmano podia liderar a comunidade e que muçulmanos eruditos, mesmo que não fossem descendentes de Maomé, podiam interpretar corretamente os ensinamentos do Alcorão.

CISÃO
separação formal em dois grupos com ideias diferentes

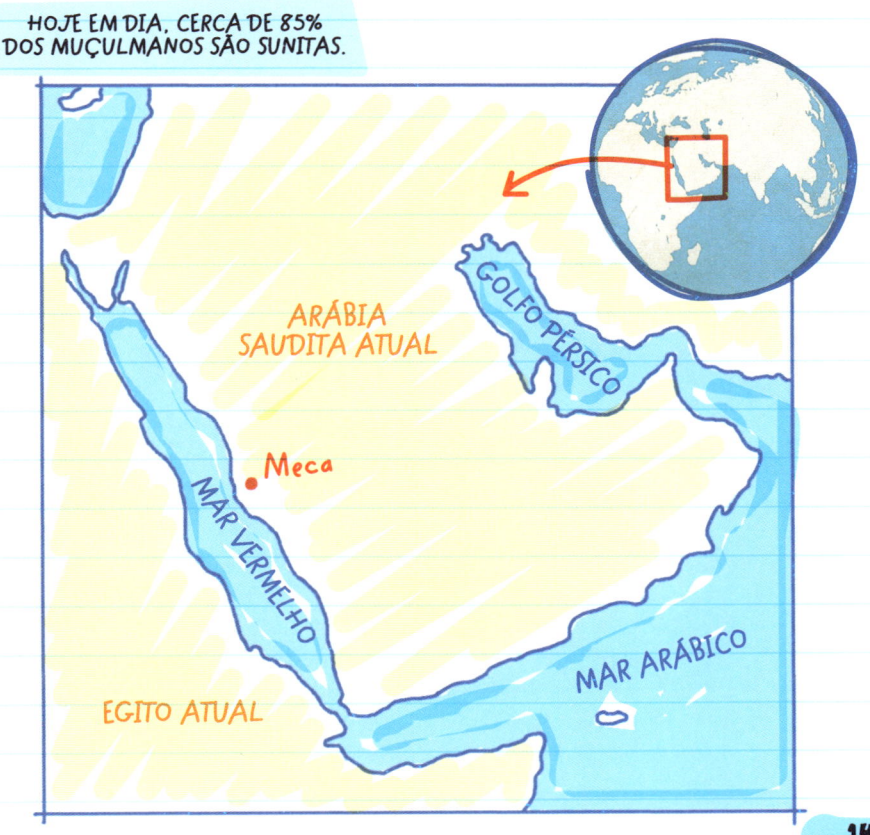

HOJE EM DIA, CERCA DE 85% DOS MUÇULMANOS SÃO SUNITAS.

ARÁBIA SAUDITA ATUAL

GOLFO PÉRSICO

Meca

MAR VERMELHO

MAR ARÁBICO

EGITO ATUAL

Os REINOS ISLÂMICOS da ÁFRICA OCIDENTAL

O sal e o ouro eram dois produtos importantes na África Ocidental. O sal era produzido no Saara Central e negociado aos habitantes da floresta úmida da África Ocidental. Estes, por sua vez, ofereciam ouro em troca do sal, que era usado como tempero e conservante.

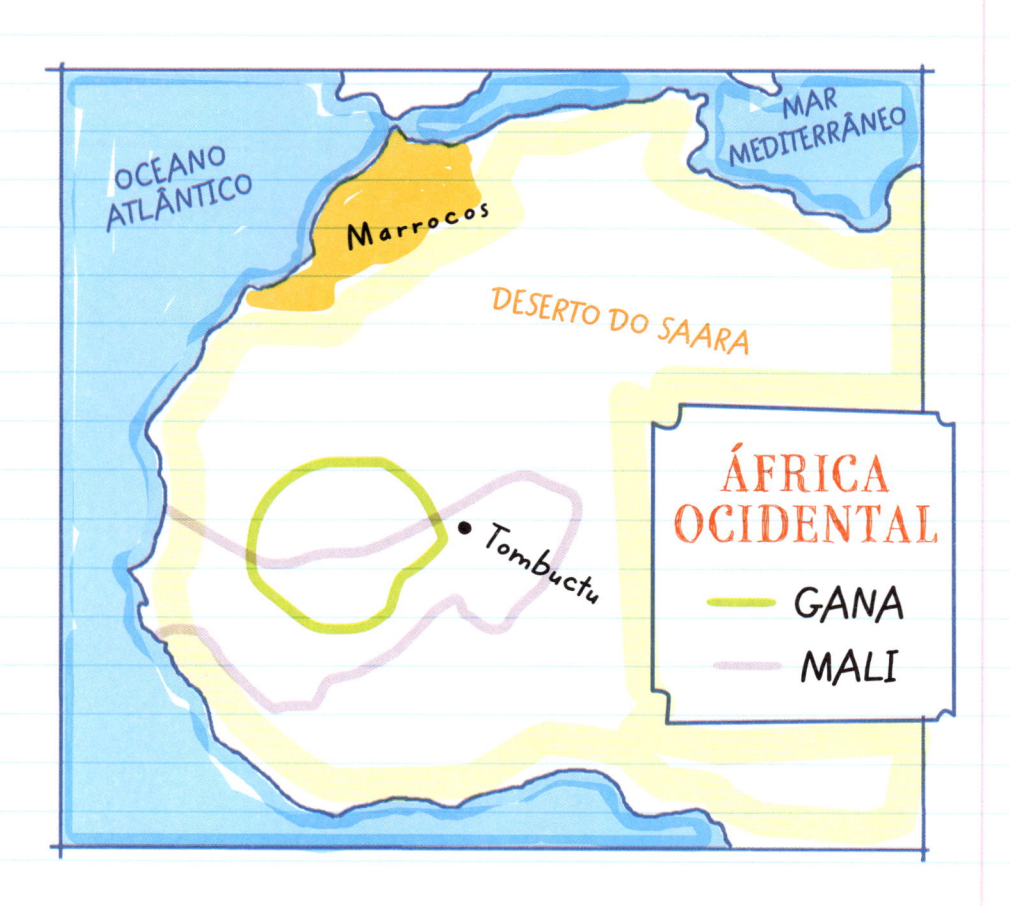

ÁFRICA OCIDENTAL
— GANA
— MALI

GANA, um reino da África Ocidental, enriqueceu com esse comércio de ouro e sal. Isso aconteceu porque os ganeses controlaram as rotas comerciais do Saara a partir do século III. Essa supremacia durou até o século XIII, quando Gana foi suplantada pelo MALI, um novo reino.

O Mali assumiu o controle do comércio de sal e ouro com a ajuda do líder **SUNDIATA**, que conquistou as terras vizinhas e ajudou a região a enriquecer. MANSA MUSA, seu sobrinho-neto, continuou a ampliar o reino.

> TAMBÉM CHAMADO DE REI LEÃO. É SÉRIO!

Mansa Musa governou de 1312 a 1337. Ele criou um governo central forte, dividindo o reino em províncias controladas por governadores. A cobrança de impostos nas rotas comerciais tornou o Mali ainda mais rico. Musa então convidou eruditos para ensinar religião, direito, matemática e medicina, fazendo do reino um grande centro de conhecimento e cultura.

Ele construiu mesquitas e bibliotecas para fazer de TOMBUCTU não só uma cidade comercial, mas também um centro de cultura e aprendizado. Musa tornou o islamismo a religião oficial do Mali e fez uma peregrinação a Meca, gastando quantidades tão absurdas em presentes para os anfitriões que o ouro da região se desvalorizou. Pouco depois de sua morte, as províncias do reino se separaram e o poder do Mali acabou.

> HUM... NÃO, OBRIGADO.
>
> ???

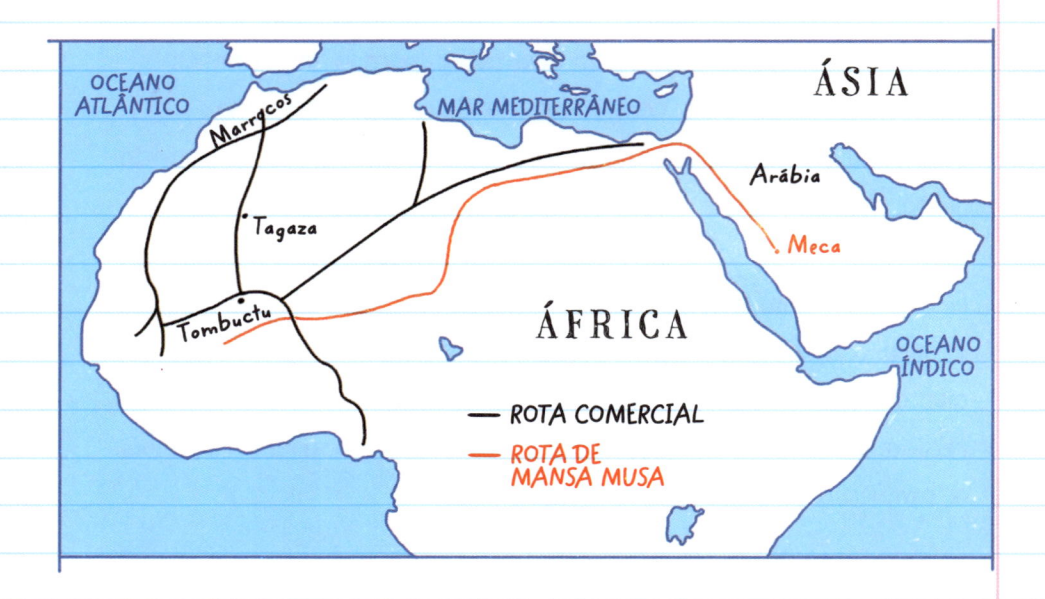

Mapa da África e Ásia com rotas comerciais e rota de Mansa Musa, mostrando Oceano Atlântico, Marrocos, Tagaza, Tombuctu, Mar Mediterrâneo, Arábia, Meca, Oceano Índico.

- ROTA COMERCIAL
- ROTA DE MANSA MUSA

SONGAI foi uma das províncias que se separaram do Mali e se tornou um reino importante. A ex-província conquistou Tombuctu em 1468 e assumiu o controle do comércio de ouro e sal. Em menos de 100 anos, o Império Songai começou a desmoronar. A população se envolveu em guerras civis e foi derrotada por um exército do Marrocos, uma nação do norte da África.

VERIFIQUE SEUS CONHECIMENTOS

1. Quem foi Maomé e o que o tornou famoso?

2. A Bíblia é o livro sagrado do cristianismo e a Torá é o livro sagrado do judaísmo. Qual é o livro sagrado do islamismo?

3. A casa de oração dos muçulmanos é chamada de _____.

4. O que levou à cisão do islamismo? O que aconteceu depois disso?

5. Qual é a principal diferença entre os sunitas e os xiitas?

6. Quem foi Mansa Musa? Cite algumas de suas realizações.

7. Quais foram os três reinos mais importantes da África Ocidental?

RESPOSTAS

CONFIRA AS RESPOSTAS

1. De acordo com os muçulmanos, Maomé foi um profeta que ouviu uma mensagem de Deus. Deus lhe disse para disseminar os ensinamentos de uma nova religião, o islamismo.

2. O livro sagrado do islamismo é o Alcorão.

3. mesquita

4. A morte do líder Otomão dividiu a comunidade muçulmana, levando a uma cisão no islamismo que deu origem a dois grupos: os xiitas e os sunitas.

5. A principal diferença entre os sunitas e os xiitas é que os sunitas achavam que qualquer muçulmano que tivesse fé poderia liderar a comunidade. Os xiitas, porém, achavam que o próximo governante deveria ser um descendente de Maomé.

6. Mansa Musa foi um governante do Mali. Ele convidou eruditos ao reino para ensinar religião, direito, matemática e medicina. Musa também tornou o islamismo a religião oficial do Mali e construiu mesquitas e bibliotecas na cidade de Tombuctu. Fez uma peregrinação a Meca e gastou tanto ouro em presentes para os anfitriões que o ouro perdeu o valor.

7. Gana, Mali e Songai.

> A questão 6 tem mais de uma resposta.

Capítulo 12
AS PRIMEIRAS CIVILIZAÇÕES DA AMÉRICA

- GOLFO DO MÉXICO
- TENOCHTITLÁN
- CHICHÉN ITZÁ
- TIKAL
- MAR DO CARIBE
- PENÍNSULA DE IUCATÃ
- OCEANO PACÍFICO
- OCEANO ATLÂNTICO
- CUSCO
- CORDILHEIRA DOS ANDES

- IMPÉRIO ASTECA
- MAIAS
- IMPÉRIO INCA
- CARAÍBAS
- ARUAQUES
- TUPIS
- JÊS

Muito antes que espanhóis e portugueses sonhassem em navegar pelo oceano Atlântico, algumas civilizações antigas viviam aqui na América. Elas já eram bem desenvolvidas quando os europeus chegaram!

Os MAIAS: A PRIMEIRA GRANDE CIVILIZAÇÃO da AMÉRICA

Os MAIAS habitavam a parte sul da península de Iucatã (que fica na extremidade sudeste do México). A civilização maia alcançou o apogeu entre 250 e 900. Eles usavam a agricultura de CORTE E QUEIMA, que consiste em derrubar árvores (corte) e atear fogo nos tocos (queima). As cinzas eram usadas como fertilizante para novas colheitas na área desmatada.

Os maias cultivavam muitos alimentos, como o feijão, o mamão e o abacate, mas o mais comum era o MILHO. A técnica agrícola do corte e queima, porém, exauria o solo, de modo que, de tempos em tempos, os agricultores tinham que começar de novo em outro lugar. Alguns historiadores acreditam que essa talvez tenha sido uma das causas do declínio da civilização maia, por volta de 900. No entanto, guerras, secas e doenças, entre outros fatores, também contribuíram para isso.

NHAM!

Os maias construíram grandes templos em forma de pirâmide em territórios que hoje pertencem a Guatemala, El Salvador, Honduras, Belize e México. Eles erguiam santuários no alto dessas pirâmides e construíam outros templos e palácios em volta.

Os maias acreditavam que a vida vinha das mãos de forças divinas. Por isso, realizavam festas em honra dos deuses, nas quais ofereciam sacrifícios humanos. O planejamento dessas festas religiosas era facilitado pelo uso de um calendário baseado nas estações do ano. Os maias também criaram um sistema de hieróglifos; seus livros eram feitos de casca de árvore.

Os **MAIAS**, **ASTECAS** e **INCAS** eram politeístas.

Outra contribuição formidável dos maias: o cultivo do **CHOCOLATE**! Eles plantavam cacaueiros e faziam bebidas à base de chocolate. Os maias chegaram a usar sementes de cacau como dinheiro nos mercados!

Os ASTECAS

Em 1325, os ASTECAS construíram sua capital, TENOCHTITLÁN, em uma ilha pantanosa no meio do lago Texcoco, onde fica atualmente a Cidade do México. Eles escolheram a ilha com base em uma profecia antiga que dizia que os astecas fundariam uma grande cidade no lugar em que encontrassem uma águia pousada em um cacto que brotasse de uma pedra. Os astecas acreditavam que estavam seguindo ordens divinas quando viram a cena naquele lugar.

TENOCHTITLÁN SIGNIFICA "LUGAR DO CACTO OPÚNCIA".

Os astecas conquistaram as terras em volta e criaram um império que se estendia do golfo do México ao oceano Pacífico. Tenochtitlán era uma das maiores cidades da época. A ilha era ligada a terra por **PASSADIÇOS** e a água doce chegava à cidade por meio de aquedutos. Canais eram usados para transportar os produtos para os mercados. Os astecas construíram escolas, universidades e templos, e criaram um calendário anual. Hieróglifos eram usados para manter registros.

PASSADIÇO
caminho elevado de terra compactada

Os astecas adoravam um deus-sol e tinham fé em que ele trazia boas colheitas. Eles também acreditavam que o deus-sol nasceria apenas se fosse alimentado com sangue humano. Por causa disso, faziam regularmente sacrifícios humanos para proteger toda a população. Afinal, sem sol não haveria comida e o povo passaria fome.

Os astecas tornavam a tarefa mais tolerável sacrificando membros de outras tribos. Prisioneiros de guerra eram as oferendas mais comuns. A necessidade constante de capturar prisioneiros, no entanto, enfraqueceu o império e fez com que outras tribos odiassem os astecas.

> Em 1978, centenas de anos depois que a Cidade do México foi construída, **ESCAVAÇÕES** foram realizadas na área onde ficava Tenochtitlán, revelando ruínas da capital asteca, como o Templo Maior, principal complexo de templos do local. Muitos artefatos também foram encontrados.

ESCAVAR
desenterrar; cavar

Em 1519, o conquistador espanhol HERNÁN CORTÉS chegou à América. Suas tropas combateram os astecas com a ajuda de tribos inimigas deles e de astecas descontentes com o poder central.

Em 1521, as batalhas e as doenças que os espanhóis haviam trazido da Europa tornaram a situação insustentável para os astecas. MONTEZUMA, o imperador asteca, rendeu-se e os espanhóis construíram a Cidade do México por cima de Tenochtitlán.

Os INCAS

No século XIII, os INCAS incorporaram o assentamento de Saksaywaman aos próprios assentamentos. Dessa incorporação, surgiu CUSCO, que significa "umbigo" (do mundo), situada no atual Peru. Duzentos anos de conquistas de outros povos e de suas terras levaram à criação de um império que abrigava entre 6 e 14 milhões de habitantes e se estendia por 4 mil quilômetros de uma extremidade a outra da América do Sul, atravessando a cordilheira dos Andes. Cusco viria a se tornar a capital desse império.

Como era difícil manter em ordem um império tão populoso e extenso, os incas criaram um CENSO para registrar quem trabalhava em que projeto (por exemplo, quem trabalhava na mineração ou na construção de estradas) e garantir que todos pagassem impostos.

> **CENSO**
> contagem oficial de uma população

Os incas mantinham esses registros usando QUIPOS, cordões de lã com nós nos quais cada nó representava algo, como morte, colheita, nascimento etc. As cores representavam eventos distintos e havia nós de vários tamanhos para mostrar quantidades. Como os incas não tinham uma linguagem escrita, mensageiros percorriam o império a pé levando quipos para manter o governo atualizado. Os mensageiros chegavam a correr 30 quilômetros por dia.

> O Brasil também possui um censo: de 10 em 10 anos, o governo colhe informações a respeito de todos os habitantes (inclusive **VOCÊ**) para observar mudanças na população e planejar investimentos futuros.

Os incas também eram conhecidos por suas cidades no alto de montanhas, suas grandes muralhas e seus milhares de quilômetros de estradas pavimentadas. Muitas construções, feitas apenas com martelos de pedra e cinzéis de bronze, estão de pé até hoje. Por exemplo, MACHU PICCHU é uma cidade inca do século XV que você pode visitar até hoje. Os incas construíram **TERRAÇOS** para plantar e aquedutos para transportar água até as plantações.

TERRAÇOS
saliências criadas na encosta das montanhas para evitar a erosão e facilitar o cultivo

FICA 2.430 METROS ACIMA DO NÍVEL DO MAR!

MACHU PICCHU

Na década de 1530, o poderoso Império Inca foi extinto com a chegada do conquistador espanhol FRANCISCO PIZARRO. Os incas tinham acabado de sair de uma guerra civil quando Pizarro chegou. Os espanhóis tinham cavalos e armas de fogo, além de doenças para as quais os incas não tinham imunidade, como varíola e sarampo. Esses fatores ajudaram os espanhóis a vencer os incas.

O PERÍODO PRÉ-CABRALINO

Os portugueses só chegaram ao Brasil em 1500 (veremos isso no Capítulo 20). Mas um aluno esperto, como eu, vai se perguntar: como era antes de eles chegarem?

A "História Pré-Cabralina", ou seja, a História das populações que habitavam o Brasil antes da chegada do navegador Pedro Álvares Cabral, pode ser estudada pela análise de **GRUPOS LINGUÍSTICOS**.

> **GRUPO LINGUÍSTICO**
> Um grupo de línguas que têm estrutura e origem parecidas. O português, o espanhol e o italiano, por exemplo, são línguas latinas.

Antes de 1500, havia quatro grupos linguísticos principais: os tupis, os jês, os aruaques e os caraíbas.

> Os TUPIS predominavam no litoral e, por isso, foram os primeiros a ter contato com os europeus e a sofrer com as doenças trazidas da Europa.

> Os JÊS ocupavam o Planalto Central. Acredita-se que eles descendiam de Luzia, a primeira brasileira, e que se concentraram no centro após serem expulsos do litoral pelos tupis.

> Os ARUAQUES e os CARAÍBAS habitavam a bacia amazônica. Suas culturas se destacavam por diversos motivos, entre eles suas lindas cerâmicas.

Dentro de cada um desses grupos linguísticos havia muitos povos e línguas diferentes. Os tupis, por exemplo, se dividiam em tupinambás, guaranis, tupiniquins, temiminós e outros. Esses povos eram seminômades, ou seja, viviam em aldeias por pouco tempo e depois migravam. Por isso, o mapinha do início do capítulo não é tão exato. Havia, por exemplo, na Amazônia muitos povos tupis, que se moviam pelo território, guerreavam, faziam alianças, trocavam produtos e influenciavam uns aos outros.

VERIFIQUE SEUS CONHECIMENTOS

1. De que modo os incas mantinham registros a respeito da população do seu gigantesco império?

2. De que modo Francisco Pizarro foi capaz de conquistar o Império Inca?

3. Em que aspectos os astecas eram parecidos com os maias?

4. Que característica maias, astecas e incas têm em comum?
   A. Falavam a mesma língua.
   B. Eram politeístas.
   C. Construíram pirâmides.
   D. Todas as anteriores.

5. Que civilização durou mais tempo: a dos maias, a dos astecas ou a dos incas?

6. Quais eram os principais grupos linguísticos indígenas no Brasil antes da chegada dos portugueses e onde viviam principalmente?

RESPOSTAS

CONFIRA AS RESPOSTAS

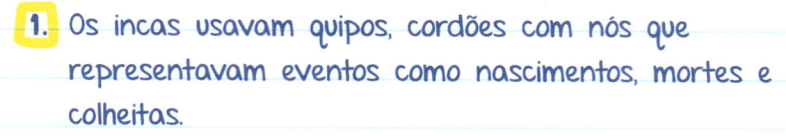

1. Os incas usavam quipos, cordões com nós que representavam eventos como nascimentos, mortes e colheitas.

2. Francisco Pizarro conquistou o Império Inca na década de 1530 com cavalos e armas de fogo. Além disso, espalharam-se doenças para as quais os incas não tinham imunidade.

3. Como os maias, os astecas construíram grandes templos, ofereciam aos deuses sacrifícios humanos, criaram um calendário e tinham um sistema de hieróglifos.

4. B. Eram politeístas.

5. A civilização maia.

6. Os principais grupos linguísticos indígenas eram: tupis, que dominavam o litoral; jês, que dominavam o Planalto Central; e aruaques e caraíbas, que dominavam a bacia amazônica.

Capítulo 13
A ÍNDIA MEDIEVAL

Em 1398, um conquistador turco chamado TAMERLÃO (também conhecido como TIMUR, O COXO) invadiu o norte da Índia, que estava sob o jugo do **SULTANATO** de Délhi. Tamerlão, que havia conquistado terras na Rússia e no Mediterrâneo, dizia-se MONGOL por parte de pai. Os mongóis, um grupo de guerreiros nômades do norte da China, capturaram DÉLHI, a capital da Índia, e roubaram pérolas, rubis e diamantes. Fizeram escravos e mataram entre 100 mil e 200 mil prisioneiros indianos. Délhi foi enfraquecida pelo ataque dos mongóis e o poder do **SULTÃO** se esfacelou. Ainda assim, os sultões mantiveram o controle de partes do país por centenas de anos.

> **SULTANATO**
> um Estado ou país governado por um sultão

> **SULTÕES**
> governantes muçulmanos que dominaram parte da Índia a partir do século XI

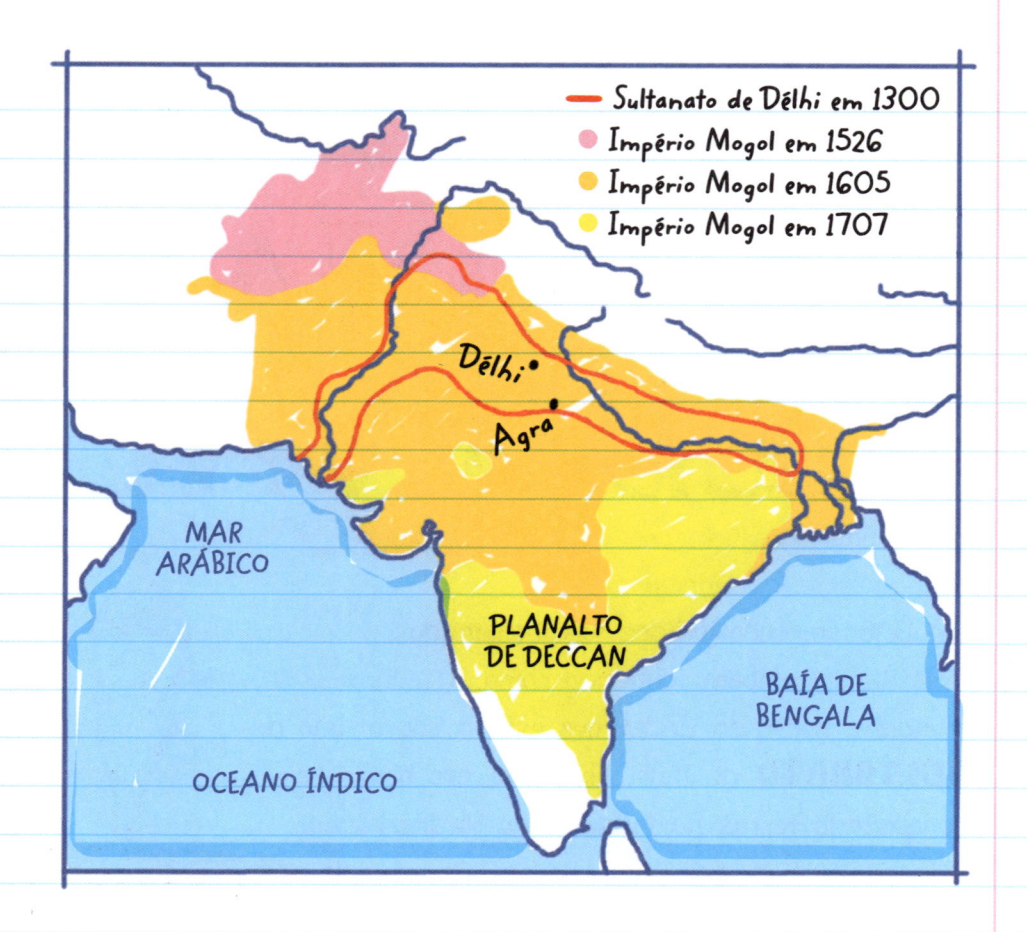

— Sultanato de Délhi em 1300
Império Mogol em 1526
Império Mogol em 1605
Império Mogol em 1707

Délhi
Agra

MAR ARÁBICO

PLANALTO DE DECCAN

BAÍA DE BENGALA

OCEANO ÍNDICO

BABUR

O sultanato de Délhi terminou quando o príncipe mongol BABUR chegou com um pequeno exército para enfrentar 100 elefantes que faziam parte das tropas do sultão. Os elefantes podem parecer uma grande vantagem, mas os mongóis tinham uma arma muito melhor: canhões. Babur rapidamente ganhou o controle de Délhi. Seu reinado, que começou em 1526, marcou o início do GRANDE IMPÉRIO MOGOL DA ÍNDIA (não confundir com "mongol"). Os mogóis mantiveram o controle da maior parte da Índia até 1857.

AKBAR

AKBAR, "o Grande", neto de Babur, chegou ao poder em 1556. Aos 14 anos, já era considerado o mais importante líder mogol da Índia. Akbar montou estúdios na corte para pintores e também gostava

> Lembre-se de Akbar e do Império Mogol com estes versos:
>
> *Mogol foi um grande império e Estado exemplar, liderado por um homem sério, o honrado Akbar!*

de poetas, embora fosse analfabeto. Ele convidou acadêmicos para discutir religião. Akbar era muçulmano, mas permitiu que os hindus praticassem livremente sua religião, o que fez dele um imperador popular. Além disso, era justo: contratava funcionários do governo com base no mérito, e não na religião ou casta. Akbar reinou pacificamente por 49 anos.

SHAH JAHAN e AURANGZEB

Depois que Akbar morreu, o império começou a apresentar alguns problemas. SHAH JAHAN, neto de Akbar, reinou de 1628 a 1658 e manteve o sistema político construído pelos governantes mogóis anteriores. Também expandiu o império, indo além do planalto de Deccan.

Entretanto, Shah Jahan teve que enfrentar sérios problemas financeiros. Quando ele começou a reinar, o tesouro estava quase vazio. A construção de monumentos caros e suntuosos, como o

TAJ MAHAL, também não ajudou muito a situação. Muitos súditos de Jahan viveram na pobreza por causa de suas gastanças.

> Em 1631, Shah Jahan começou a construir o **TAJ MAHAL**, na cidade de Agra, como túmulo da esposa, Mumtaz Mahal. O monumento é considerado uma grande obra da arte arquitetônica, mas sua construção foi tão cara que Shah Jahan teve de aumentar os impostos para custeá-la.

Após a morte de Jahan, o filho AURANGZEB gastou o dinheiro do império em algo menos belo que o Taj Mahal: guerras incessantes. Ele tentou obrigar os hindus a se converterem ao islamismo. Quando morreu, em 1707, o império foi dividido em pequenos reinos.

Depois de vários líderes inexpressivos, o grande Império Mogol da Índia terminou em 1857, quando os diferentes reinos formados foram conquistados pelos ingleses.

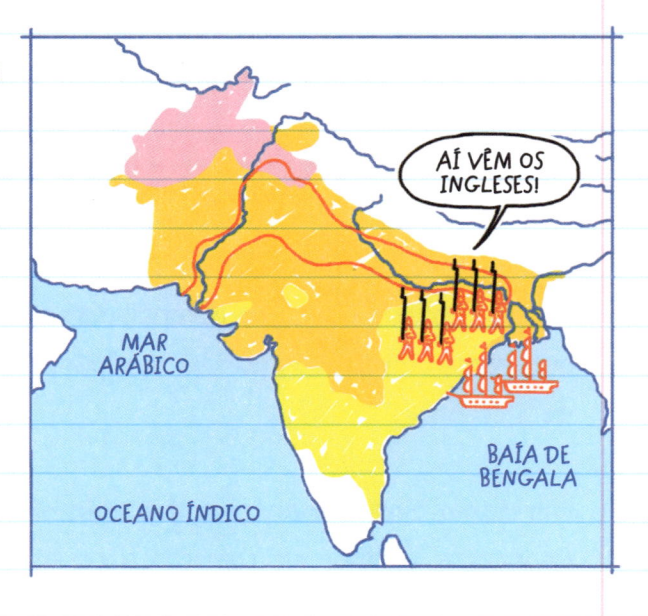

AÍ VÊM OS INGLESES!

MAR ARÁBICO

BAÍA DE BENGALA

OCEANO ÍNDICO

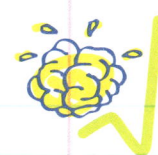

VERIFIQUE SEUS CONHECIMENTOS

1. Quem eram os mongóis e onde viviam originalmente?

2. Quem foi Tamerlão e por que ele é conhecido?

3. De que modo o sultanato de Délhi acabou sendo derrubado e por quem?

4. Akbar é muitas vezes chamado de "Akbar, o Grande". Por que ele recebeu esse apelido?

5. Shah Jahan mandou construir um monumento muito caro e belo na cidade de Agra. Como se chama esse monumento e por que foi construído?

6. Por que o Império Mogol se fragmentou depois do governo de Aurangzeb?

RESPOSTAS

CONFIRA AS RESPOSTAS

1. Os mongóis eram nômades que viviam originalmente no norte da China.

2. Tamerlão foi um turco que conquistou terras na Rússia e no Mediterrâneo e depois invadiu o norte da Índia. Seus guerreiros mongóis conquistaram Délhi, roubaram tesouros, fizeram escravos e mataram entre 100 mil e 200 mil prisioneiros indianos.

3. O príncipe mongol Babur usou um exército e canhões para derrubar o sultanato de Délhi.

4. Akbar recebeu o nome de Akbar, o Grande, porque chegou ao poder aos 14 anos e reinou pacificamente durante 49 anos. Também ajudou pintores, poetas e acadêmicos de diferentes religiões. Era muçulmano, mas era tolerante e permitiu aos hindus praticarem livremente sua religião. Além disso, contratava funcionários do governo com base no mérito, e não na religião ou casta.

5. Shah Jahan construiu o Taj Mahal como túmulo para a esposa, Mumtaz Mahal.

6. O Império Mogol se fragmentou porque Aurangzeb gastou o dinheiro do império com guerras e se mostrou intolerante a outras religiões, tentando forçar os hindus a se converterem ao islamismo.

Capítulo 14
A IDADE DE OURO DA CHINA

581–1644

A Idade Média da China também é chamada de Idade de Ouro porque foi um período de unificação e grande progresso nos campos do comércio, desenvolvimento urbano, inovação e educação.

A DINASTIA SUI

A dinastia SUI foi a primeira importante a reinar depois do fim da dinastia Han, no ano de 220.

Os Sui governaram de 581 a 618. Em apenas 37 anos, eles uniram os povos do norte e do sul da China pela primeira vez em séculos. Isso se deveu em parte à construção do GRANDE CANAL, que conectava as duas regiões por meio dos

> TAMBÉM CONHECIDO COMO RIO AZUL.

rios Huang e Yangtzé. O canal ajudou a transportar grandes quantidades de arroz e mercadorias para pontos distantes da China. O imperador SUI YANGDI, porém, governou com mão de ferro, obrigando a população a trabalhar no canal e cobrando impostos elevados para financiar seu estilo de vida extravagante. Milhares de trabalhadores morreram durante a construção do Grande Canal. O descontentamento geral levou ao assassinato do imperador em um golpe de Estado que deu fim à dinastia.

DINASTIA SUI

- Rio Huang
- BEIJING
- Grande Canal
- MAR AMARELO
- CHANGAN
- YANGZHOU
- HANGZHOU
- MAR DO LESTE DA CHINA
- Rio Yangtzé
- MAR DO SUL DA CHINA

A DINASTIA TANG

Depois dos Sui, a dinastia TANG governou por quase 300 anos (de 618 a 907). Os Tang estenderam o controle da China para oeste, chegando à Ásia Central. Na época, a capital CHANGAN era a maior cidade do mundo, com uma população de cerca de um milhão de habitantes. Para a época, era uma cidade enorme.

Durante a dinastia Tang, a economia prosperou. O imperador TAIZONG DE TANG, que chegou ao poder em 626, estreitou os laços políticos entre o norte e o sul da China ao pregar os ensinamentos de Confúcio. Contratou funcionários públicos adeptos da filosofia confucionista e doou terras aos camponeses que as cultivavam. O principal alimento da China naquela época era o arroz.

> A PÓLVORA FOI INVENTADA DURANTE A DINASTIA TANG.

DINASTIA TANG

- Rio Huang
- Rio Yangtzé
- CHANGAN
- TRIBUTÁRIO
- MAR AMARELO
- MAR DO LESTE DA CHINA
- MAR DO SUL DA CHINA

A DINASTIA SONG

As lutas internas dos Tang pelo poder acabaram levando à sua queda. A dinastia seguinte da Idade de Ouro da China foi a dinastia SONG, que governou de 960 a 1279. Foi durante essa dinastia que a bússola começou a ser usada para a navegação.

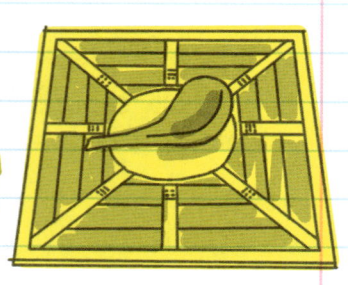

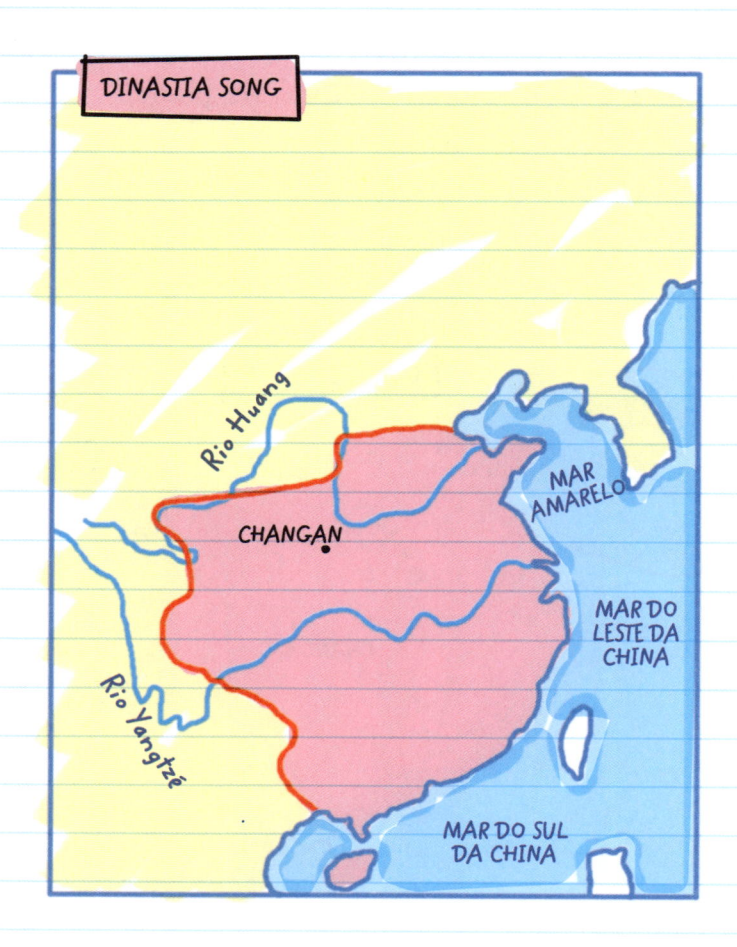

SUL

DINASTIA SONG

Rio Huang
CHANGAN
Rio Yangtzé
MAR AMARELO
MAR DO LESTE DA CHINA
MAR DO SUL DA CHINA

Os Song continuaram a melhorar o sistema chinês de governo. Assim como o governante mogol Akbar, eles contrataram funcionários públicos com base no mérito, e não nos laços familiares. E esses funcionários tinham que prestar exames para provar sua capacidade.

Novos sistemas de irrigação e outras inovações produziram excedentes agrícolas. Dessa forma, as pessoas tiveram tempo para experimentar novas atividades. A música e a pintura foram incentivadas e, nessa época, pintaram-se algumas das primeiras paisagens chinesas. Imagens de rios, montanhas e árvores foram registradas em seda, outra especialidade chinesa.

Por volta de 1045, os chineses inventaram o tipo móvel, carimbos de caracteres que facilitaram a impressão e a distribuição de livros. Mais pessoas, inclusive mulheres, aprenderam a ler. A poesia ganhou força e publicaram-se mais livros de medicina e religião, que ajudaram a educar as pessoas.

> Os chineses foram os primeiros a produzir porcelana, um tipo de cerâmica.

A Idade de Ouro da China foi interrompida quando os mongóis chegaram ao poder no final do século XIII. O conquistador mongol KUBLAI KHAN derrotou os últimos herdeiros da dinastia SONG em 1279 e estabeleceu um domínio mongol até 1368, quando um levante de camponeses pôs fim ao domínio mongol. Começou então a última dinastia da Idade de Ouro da China: a dinastia MING, que governou o país até 1644.

KUBLAI KHAN

Tang 618–907

Ming 1368–1644

LINHA DO TEMPO DE **DINASTIAS** DURANTE A **IDADE** DE **OURO** DA **CHINA**

Sui 581–618

Song 960–1279

174

VERIFIQUE SEUS CONHECIMENTOS

1. O Grande Canal foi uma realização importante da dinastia:
   A. Sui.
   B. Tang.
   C. Song.
   D. Huang.

2. Cite algumas realizações importantes da dinastia Song.

3. Qual foi o imperador que usou os ensinamentos de Confúcio para estreitar os laços políticos entre o norte e o sul da China?

4. Qual foi a contribuição dos Song para o sistema de governo chinês?

5. Por que a Idade de Ouro da China recebeu esse nome?

6. Quando aconteceu a Idade de Ouro da China?

RESPOSTAS

CONFIRA AS RESPOSTAS

1. A. Sui.

2. A dinastia Song foi responsável por várias inovações tecnológicas, como a bússola e os tipos móveis para imprimir livros. Também foram incentivadas as artes, como a música e a pintura, incluindo paisagens pintadas em seda.

3. O imperador Taizong de Tang, da dinastia Tang.

4. Os Song melhoraram o governo contratando funcionários públicos com base no mérito e em avaliações em vez de laços familiares.

5. A Idade de Ouro da China recebeu esse nome porque foi um período de grande progresso para o país. Os Song melhoraram o governo contratando funcionários públicos com base no mérito. Novos sistemas de irrigação melhoraram o cultivo de alimentos e criaram excedentes agrícolas. Assim, as pessoas tiveram tempo para experimentar novas atividades, como a música e a pintura. Os chineses inventaram a pólvora, a bússola e o tipo móvel para imprimir livros, o que permitiu que mais pessoas, incluindo mulheres, aprendessem a ler e escrever.

6. A Idade de Ouro da China começou em 581 e durou até o final da dinastia Ming, em 1644, mas foi interrompida pela invasão do país pelos mongóis, que permaneceram no poder de 1279 a 1368.

Capítulo 15
O JAPÃO MEDIEVAL

Diferentemente da China, com seu enorme território, o Japão é um país pequeno, formado por um **ARQUIPÉLAGO** perto da costa do continente asiático. Ele fica no oceano Pacífico, a cerca de 800 quilômetros da China e a 160 quilômetros da atual Coreia do Sul. O Japão tem quatro ilhas principais e uma área total de cerca de 377.915 quilômetros quadrados. ←

ARQUIPÉLAGO
um conjunto de ilhas

UM POUCO MENOR QUE O ESTADO DO MATO GROSSO DO SUL

A história do Japão foi muito afetada pelo fato de o país ser composto por um arquipélago. Além de ter que resistir a alguns invasores, as ilhas levaram o Japão a permanecer isolado do continente asiático e a desenvolver uma cultura própria.

ÁSIA

HOKKAIDO

MAR DO JAPÃO

HONSHU

Quioto

Nara

SHIKOKU

KYUSHU

OCEANO PACÍFICO

JAPÃO MEDIEVAL

O PERÍODO NARA

O PERÍODO NARA da História medieval do Japão começou por volta de 710, quando a IMPERATRIZ GEMMEI construiu uma nova capital na cidade de Heijō-kyō (correspondente à atual cidade de Nara).

Imperadores subsequentes começaram a usar o título "Filho do Céu", mas, na realidade, detinham pouco poder. Os **ARISTOCRATAS**, ou seja, as famílias ricas proprietárias de terras, guardavam os impostos das terras para si. O governo precisava do dinheiro dos impostos. Sem ele, não podia fazer mudanças significativas e pareceria fraco.

ARISTOCRATA
membro de um grupo social que detém poder econômico e político

Muitas das primeiras histórias do Japão foram escritas durante esse período, momento em que houve um fortalecimento da literatura japonesa. O budismo também se tornou popular e muitos templos importantes foram construídos.

Outro destaque desse período é o Daibutsu ("Grande Buda") de Nara, uma estátua de cerca de 16 metros de altura.

O PERÍODO HEIAN

Em 794, o imperador transferiu a capital de Nara para HEIAN-KYO (atual Quioto), o que marcou o início do PERÍODO HEIAN, que durou até 1185.

Nesse período, o imperador detinha apenas o título. O poder de verdade estava nas mãos do clã FUJIWARA, uma família poderosa que controlava muitas terras. Nobres com grandes propriedades detinham direitos sobre os camponeses, que trabalhavam para eles em um sistema semelhante ao FEUDALISMO europeu.

FEUDALISMO
sistema social em que o rei doava a propriedade das terras aos nobres em troca de lealdade e serviço militar; os guerreiros e camponeses que serviam aos nobres também podiam viver nessas terras

Para se protegerem, os nobres contavam com exércitos compostos por guerreiros chamados SAMURAIS, que seguiam um rigoroso conjunto de regras e um código de honra chamado BUSHIDÔ. A honra era mais importante que a riqueza e até que a vida. Os samurais não deviam temer o inimigo e deviam cometer suicídio em vez de se render.

Os samurais se tornaram cada vez mais importantes e formaram seus próprios clãs. Em 1192, o imperador escolheu o líder de um clã, MINAMOTO YORITOMO, como o novo **XOGUM**.

XOGUM
Líder militar supremo no Japão feudal. Passava o título aos descendentes.

Yoritomo estabeleceu o XOGUNATO KAMAKURA, uma série de dinastias militares que governaram o Japão de 1192 a 1333. Nessa época, os mercados de papel, porcelana e ferro cresceram, juntamente com o comércio com a Coreia e a China.

O PERÍODO TOKUGAWA

Os japoneses derrotaram os invasores mongóis no século XIII. Somente 300 anos depois estrangeiros voltaram a se aproximar do Japão. Assim, em meados do século XVI, os japoneses começaram a comerciar com o Ocidente, mas a influência europeia não durou muito tempo. Sob o comando de TOKUGAWA IEYASU, o fundador e primeiro xogum do XOGUNATO TOKUGAWA, o Japão proibiu o cristianismo e o comércio exterior, pois temia que os europeus monopolizassem as rotas comerciais. Como resultado, o país ficou desconectado do resto do mundo por mais de 200 anos.

A RELIGIÃO NO JAPÃO ANTIGO E MEDIEVAL

Segundo o **XINTOÍSMO**, a religião tradicional do Japão, os espíritos ancestrais e da natureza estão sempre próximos das pessoas. Os xintoístas acreditam que montanhas, rios e árvores possuem espíritos chamados **KAMI**. Eles também creem que os espíritos dos antepassados sopram o ar à sua volta. O xintoísmo está ligado à santidade do Japão e do imperador.

Outra religião que se tornou popular no Japão foi o **BUDISMO**. Monges budistas chineses o introduziram no Japão por volta do ano 500. Um tipo de budismo, o **ZEN**, tornou-se popular entre os aristocratas. As práticas de autodisciplina do zen-budismo chegaram a ser incorporadas ao bushidô dos samurais.

XINTO SIGNIFICA "CAMINHO DOS DEUSES".

O **HAICAI** é um poema de três linhas que foi inventado no Japão na época do xogum Tokugawa. A primeira e a terceira linha têm cinco sílabas e a segunda linha tem sete (sempre contando apenas até a última sílaba tônica), como no seguinte exemplo:

> O Japão já teve
> Corajosos samurais
> Com um bom caráter

PERÍODO Nara
710–794

PERÍODO DO Xogunato Kamakura
1192–1333

LINHA DO TEMPO DO JAPÃO MEDIEVAL

PERÍODO Heian
794–1185

PERÍODO Tokugawa
1600–1868

VERIFIQUE SEUS CONHECIMENTOS

1. Descreva a geografia do Japão e sua influência na História do país.

2. Quem detinha o poder *real* no período Nara?

3. O que foi o feudalismo no Japão?

4. O que era o bushidô?

5. Entre 1192 e 1333, o líder militar japonês com maior poder que o imperador era chamado de:
   A. Xogum.
   B. Samurai.
   C. Bushidô.
   D. Nara.

6. Qual é a principal crença do xintoísmo?

7. Quem proibiu o cristianismo e o comércio exterior no Japão? Por quê?

RESPOSTAS 183

CONFIRA AS RESPOSTAS

1. O Japão é um país pequeno, formado por um arquipélago, o que ajudou a mantê-lo isolado de influências externas.

2. Os aristocratas.

3. O feudalismo no Japão foi um sistema no qual o rei doava terras aos nobres em troca de lealdade e serviço militar; os guerreiros e camponeses que serviam aos nobres também podiam viver nessas terras.

4. O bushidô era um conjunto de regras que os samurais juravam seguir. Além de levar uma vida honrada, eles não deviam temer o inimigo e deviam cometer suicídio em vez de se render.

5. A. Xogum.

6. A crença de que os espíritos ancestrais e da natureza estão sempre próximos das pessoas.

7. Tokugawa Ieyasu proibiu o cristianismo e o comércio exterior porque temia que os europeus dominassem as rotas comerciais japonesas.

Capítulo 16
A IDADE MÉDIA NA EUROPA

> 476 ATÉ 1453, QUANDO CONSTANTINOPLA FOI TOMADA PELOS OTOMANOS

A Idade Média na Europa inclui a Era dos Cavaleiros (do século XI ao século XV). É vista como uma época de cavaleiros andantes e donzelas indefesas, de nobres e reis. Foi também uma época de provações para camponeses e agricultores e de conflitos e convergências entre a Igreja e o Estado.

CARLOS MAGNO

A Idade Média começou com a queda do Império Romano em 476, depois de ser invadido por vários povos, entre eles os FRANCOS. CARLOS MAGNO assumiu o trono do reino dos francos em 768 e expandiu seu poder pela Europa Ocidental nas décadas seguintes. Em 800, ele foi coroado imperador dos romanos pelo papa. O "reino da Europa" criado por ele combinava elementos romanos, cristãos e germânicos. Ele foi um poderoso governante cristão.

> UM POVO DE FALA GERMÂNICA QUE DOMINOU O QUE É HOJE O NORTE DA FRANÇA, A BÉLGICA E O OESTE DA ALEMANHA.

Após a morte de Carlos Magno, em 814, formaram-se pequenos reinos na Europa Ocidental. Esses reinos foram atacados pelos VIKINGS, exploradores e guerreiros do norte da Europa que habitavam a atual Escandinávia. Os vikings destruíram cidades e atacaram os exércitos locais. Um novo sistema era necessário para restaurar a ordem. O resultado foi uma versão europeia de feudalismo.

O SISTEMA FEUDAL

O sistema feudal era um meio de organizar as atividades econômicas, políticas e militares. Os reis e NOBRES (SUSERANOS) eram donos das terras, mas cediam cotas (**FEUDOS**) a **VASSALOS**.

REIS

SUSERANOS

VASSALOS

CAVALEIROS

SERVOS

FEUDO
no sistema feudal, uma terra concedida a um vassalo, com camponeses para servi-lo

VASSALO
No sistema feudal, um inquilino do suserano. O suserano cede a terra ao vassalo e o vassalo promete lealdade e apoio militar em troca.

O CONTRATO FEUDAL era um conjunto de regras entre um suserano e um vassalo. Esperava-se que um vassalo seguisse as regras do dono das terras e lutasse para defendê-lo (muitos vassalos eram cavaleiros). Os servos cultivavam a terra e eram subordinados aos aristocratas — isto é, cavaleiros, nobres, vassalos e quem fosse senhor da terra em que moravam. A sociedade feudal girava em torno da guerra. No ano 1000 o feudalismo havia sido adotado em toda a Europa Ocidental.

SENHORIO

FEUDOS eram grandes propriedades com terra cultivável e, às vezes, contendo muitas aldeias.

Os feudos eram governados por senhores que coletavam os impostos e as colheitas dos camponeses que cultivavam a terra. Muitos desses camponeses eram **SERVOS** vinculados ao feudo.

SISTEMA FEUDAL

TERRA

IMPOSTOS COLETADOS E LEALDADE

TERRA

APOIO MILITAR

TERRA

ALIMENTOS E MÃO DE OBRA

Os servos não podiam nem mesmo se casar sem permissão do senhor. Muitos deles fugiam, especialmente quando os senhores aumentavam a carga de trabalho e os impostos.

O REFLORESCIMENTO das CIDADES

O feudalismo entrou em decadência a partir do século XIII, com o fortalecimento das cidades e a expansão do comércio. Os reis contrataram exércitos para proteger as cidades e assegurar um poder maior que o da nobreza local.

Um grupo médio urbano composto por mercadores, comerciantes e artesãos ascendeu. Era a BURGUESIA, chamada assim porque vivia em burgos, cidades muradas. Eles formaram GUILDAS para fixar preços e zelar pela qualidade dos produtos. Havia guildas de sapateiros, tecelões e outros artesãos.

> **GUILDA**
> uma organização de pessoas com interesses ou objetivos comuns

CONSTRUÇÃO de NAÇÃO

No século XII, o império inicialmente governado por Carlos Magno passou a ser chamado de SACRO IMPÉRIO ROMANO-GERMÂNICO. A unificação de reinos em todo o império levou à ideia de CONSTRUÇÃO DE NAÇÃO, a união de uma comunidade de pessoas sob um único governo.

Em toda a Europa, os reinos maiores começaram a se constituir como nações com identidade própria e governo próprio. Na Espanha, um casamento real uniu dois reinos poderosos.

> TEM ESTE NOME POR CAUSA DOS FRANCOS!

Na França, uma longa linhagem de reis consolidou o poder real. Na Inglaterra, o processo de unificação tinha começado mais cedo: durante a CONQUISTA NORMANDA, Guilherme da Normandia, um duque francês também conhecido como GUILHERME, O CONQUISTADOR, tornou-se rei da Inglaterra após vencer a batalha de Hastings, em 1066. Guilherme refinou o sistema de impostos que os reis anglo-saxões haviam criado. Ele deu terras aos cavaleiros normandos e realizou um censo de pessoas, feudos e animais.

SACRO IMPÉRIO ROMANO-GERMÂNICO

(IRLANDA, INGLATERRA, DINAMARCA, PAÍSES BAIXOS, ALEMANHA, POLÔNIA, BÉLGICA, LUXEMBURGO, REP. TCHECA, ESLOVÁQUIA, FRANÇA, SUÍÇA, ÁUSTRIA, HUNGRIA, CROÁCIA, ESLOVÊNIA, ITÁLIA, PORTUGAL, ESPANHA)

Por volta do ano 1200, um sucessor do rei Guilherme, o rei João, cobrou impostos elevados do povo inglês e tentou evitar que o papa escolhesse o arcebispo de Canterbury. Suas decisões equivocadas levaram os nobres a criar a MAGNA CARTA, um documento que limitava o poder do rei. A partir de então, o rei tinha de consultar um conselho legislativo que mais tarde se tornou conhecido como o PARLAMENTO inglês.

Mais de um século depois, a GUERRA DOS CEM ANOS entre a França e a Inglaterra consolidou as fronteiras e as identidades das duas nações. A guerra, que começou em 1337 e foi travada em uma área na França chamada de ducado de Gascogne, resultou na vitória francesa em 1453 (muitos franceses e ingleses passaram a vida inteira em guerra e o mesmo aconteceu com seus filhos e netos).

JOANA D'ARC foi uma jovem camponesa francesa que se tornou guerreira e cuja liderança em combate inspirou seus **COMPATRIOTAS**. Capturada pelos ingleses, foi julgada por bruxaria e queimada na fogueira. Joana foi considerada mártir pelos franceses e os inspirou a muitas outras vitórias durante a Guerra dos Cem Anos.

COMPATRIOTA
uma pessoa da mesma pátria que outra

CLERO
conjunto de sacerdotes responsáveis por um culto religioso

O cristianismo ficou ainda mais forte durante a Idade Média. A Igreja tinha o poder de cobrar impostos e era a maior proprietária de terras da Europa. Havia um membro do **CLERO** em todas as povoações: um padre, um bispo ou um arcebispo. Em Roma, havia o **PAPADO**. As pessoas que não obedecessem à Igreja podiam ser **EXCOMUNGADAS**. Elas temiam não ir para o céu depois da morte se fossem excomungadas. Essa ameaça mantinha as pessoas na linha.

> **PAPADO**
> governo da Igreja Católica pelo papa

> **EXCOMUNHÃO**
> exclusão da Igreja Católica

✳✳✳✳✳✳✳ A PESTE ✳✳✳✳✳✳✳

Entre 1347 e 1351, um terço da população europeia morreu de **PESTE BUBÔNICA**, também conhecida como **PESTE NEGRA**, inicialmente disseminada por uma bactéria transportada por pulgas que infestavam ratos.

A peste foi levada para a Europa em outubro de 1347, nos navios de mercadores italianos que voltavam da Ásia. No final desse mesmo ano, Itália e França já haviam sido vítimas da peste. A doença se alastrou para a Alemanha, Países Baixos, Inglaterra e Escandinávia em 1349. Em 1351, a Europa Oriental e a Rússia foram afetadas. Aldeias inteiras desapareceram.

Com mais de 25 milhões de pessoas mortas, era difícil levar uma vida normal. A escassez de mão de obra levou os trabalhadores que sobreviveram a pedir remunerações maiores. Os agricultores buscaram projetos que necessitassem de menos trabalhadores, como criar ovelhas em vez de cultivar a terra.

Ao mesmo tempo, uma população menor necessitava de menos alimentos. Os camponeses barganharam com os senhores e conseguiram melhores condições de trabalho. O sistema feudal se transformou.

Muitos achavam que Deus os estava punindo. Outros acusavam os judeus de envenenar poços e causar a peste. Essas ideias **ANTISSEMITAS** fizeram com que judeus fossem perseguidos, principalmente na Alemanha. Muitos judeus fugiram da Alemanha para a Polônia, onde o rei os protegeu.

> **ANTISSEMITA**
> aquele que tem preconceito contra os judeus

VERIFIQUE SEUS CONHECIMENTOS

1. Que evento deu início à Idade Média?

2. Qual era o propósito do sistema feudal? Como funcionava?

3. As guildas eram usadas para:
   A. Controlar os servos do feudo.
   B. Fixar preços e zelar pela qualidade dos produtos.
   C. Decidir questões políticas locais.
   D. Criar centros religiosos nas aldeias.

4. O que foi a Conquista Normanda?

5. A Magna Carta resultou em:
   A. Um aumento do poder do rei, que se tornou mais independente.
   B. Uma redução do poder do rei, que passou a ser obrigado a consultar um conselho legislativo.
   C. Uma redução do poder do rei e do poder do Parlamento.
   D. Nenhuma mudança no equilíbrio de forças do governo.

6. O que podia acontecer às pessoas que desobedeciam abertamente à Igreja?

7. De que forma a peste chegou à Europa?

RESPOSTAS

CONFIRA AS RESPOSTAS

1. A Idade Média começou quando o Império Romano caiu, em 476 d.C.

2. O propósito do sistema feudal era organizar as atividades econômicas, políticas e militares. Os reis e nobres eram donos das terras, mas cediam lotes aos vassalos. Em troca, os vassalos tinham de seguir as regras do dono da terra e lutar para defendê-lo. Os servos cultivavam a terra e eram subordinados aos aristocratas.

3. B. Fixar preços e zelar pela qualidade dos produtos.

4. A Conquista Normanda foi o período no qual Guilherme da Normandia se tornou rei da Inglaterra após vencer a batalha de Hastings.

5. B. Uma redução do poder do rei, que passou a ser obrigado a consultar um conselho legislativo.

6. Elas podiam ser excomungadas.

7. A peste chegou à Europa nos navios de mercadores italianos que voltavam da Ásia.

Capítulo 17
AS CRUZADAS EUROPEIAS NO MUNDO ISLÂMICO

> DO FINAL DO SÉCULO XI AO SÉCULO XIII

As CRUZADAS foram uma série de expedições militares pelas quais os europeus tentaram tomar das mãos dos muçulmanos o controle de Jerusalém, a Terra Santa. Elas se iniciaram no século XI, quando o imperador bizantino de Constantinopla pediu ajuda ao papa Urbano II na luta contra os TURCOS SELJÚCIDAS muçulmanos. As Cruzadas duraram quase 200 anos.

O PAPA URBANO II

Em 1095, no concílio de Clermont, o PAPA URBANO II convocou os cristãos para o processo de libertar Jerusalém. Ele declarou que aqueles que morressem na guerra santa seriam imediatamente **ABSOLVIDOS** dos seus pecados.

ABSOLVER libertar da culpa

Assim, as pessoas se convenceram de que lutar na guerra era a vontade divina. O papa esperava que as Cruzadas interrompessem as lutas entre os cristãos. Os turcos seljúcidas eram uma grande ameaça ao cristianismo: eles haviam

AS CRUZADAS

- CRISTIANISMO LATINO
- ORTODOXOS
- MUÇULMANOS
- •••• ROTA GERAL DAS CRUZADAS

conquistado Jerusalém e atacavam os cristãos europeus que faziam peregrinações à cidade. O papa também queria mais poder para ele e para a Igreja.

POLÔNIA

RÚSSIA

IMPÉRIO BIZANTINO

Constantinopla

Atenas

Antioquia

IMPÉRIO SELJÚCIDA

Jerusalém

CALIFADO FATÍMIDA

A PRIMEIRA CRUZADA

No verão de 1096, 12 mil camponeses franceses, acompanhados por dois exércitos da Alemanha, atravessaram a Europa na CRUZADA POPULAR. Eles perderam um terço do efetivo antes de alcançar Constantinopla. Mal treinados, em farrapos e sem dinheiro, vagaram pela Europa, atacando e saqueando aldeias.

O imperador lhes deu mantimentos e embarcações, enviando-os para combater os turcos na Ásia Menor. Em 1097, grandes senhores comandaram exércitos, principalmente de soldados franceses, acompanhados por vassalos, esposas, cozinheiros, crianças e clérigos, na CRUZADA DOS NOBRES. Esses cavaleiros lutavam em nome da religião, mas também estavam em busca de aventura. Viam com bons olhos a oportunidade de combater e talvez conquistar riquezas ou um título de nobreza. Muitos pobres viam a guerra como caminho para a ascensão social.

Os soldados franceses chegaram a Jerusalém em 1099 e massacraram os habitantes da cidade, sem se importar se eles eram muçulmanos, cristãos ou judeus. A maioria dos cruzados voltou para a Europa, mas alguns ficaram e organizaram quatro Estados cruzados. Cidades portuárias italianas como Gênova, Pisa e Veneza aproveitaram a oportunidade para comerciar com os Estados cruzados, o que as tornou ricas e poderosas. Os muçulmanos tentaram contra-atacar, mas foram repelidos pelos cruzados.

OUTRAS CRUZADAS

A SEGUNDA CRUZADA foi menos bem-sucedida que a primeira. O rei Luís VII da França e o imperador Conrado III da Alemanha fracassaram na tentativa de recuperar a cidade de Edessa, que havia sido tomada pelos muçulmanos em 1144. Uma TERCEIRA CRUZADA foi organizada em 1189 contra o sultão muçulmano SALADINO, que havia conquistado Jerusalém em 1187. Liderada pelo imperador alemão Frederico I, o rei inglês Ricardo I (RICARDO CORAÇÃO DE LEÃO) e o rei francês Felipe II (Felipe Augusto), a cruzada foi um grande fracasso. No meio da viagem, Frederico caiu do cavalo ao atravessar um rio e se afogou. Os franceses e os ingleses, que haviam chegado por mar, tiveram que lutar para desembarcar. Ao fim, Felipe voltou para casa, enquanto o rei Ricardo I negociou um acordo com Saladino, segundo o qual os peregrinos cristãos poderiam novamente visitar Jerusalém desde que estivessem desarmados.

O **REI RICARDO I** é conhecido como um dos maiores reis ingleses da Idade Média, enquanto seu irmão mais novo, João, é considerado um dos piores. A coragem de Ricardo no campo de batalha lhe valeu a alcunha de "Ricardo Coração de Leão". De acordo com a tradição inglesa, ele e o herói mítico Robin Hood teriam sido contemporâneos.

Seis anos após a morte de Saladino, o PAPA INOCÊNCIO III convocou a QUARTA CRUZADA. O exército saqueou Constantinopla em 1204, o que acentuou a divisão entre a Igreja Ortodoxa Grega e a Igreja Católica Romana.

Ao todo, foram realizadas nove cruzadas. Algumas fracassaram, outras obtiveram algum sucesso no campo diplomático, mas, no fim das contas, as derrotas levaram ao fim das Cruzadas.

EFEITOS das CRUZADAS

As Cruzadas ajudaram as cidades portuárias italianas a prosperar e aumentaram o comércio com o Oriente. Tapetes, joias, vidro e especiarias se tornaram mercadorias importantes. As Cruzadas também levaram novas ideias à Europa Ocidental e ao Oriente Médio. Avanços feitos pelas dinastias árabes na matemática, engenharia e medicina aumentaram o conhecimento dos europeus nessas áreas e os europeus aprenderam a produzir mapas e embarcações melhores.

As Cruzadas acabaram por contribuir com a centralização do poder nas mãos do rei. Esse processo gerou diversos Estados centralizados, divergindo do feudalismo, em que o poder central do rei não era tão forte.

As Cruzadas também provocaram uma quantidade de mortes sem precedentes ao longo de mais de um século e meio de guerra. Elas fomentaram a intolerância religiosa, que incluiu ataques contra os judeus. A divisão entre o cristianismo oriental e o ocidental se tornou permanente.

VERIFIQUE SEUS CONHECIMENTOS

1. O que foram as Cruzadas?

2. De que modo as Cruzadas afetaram a divisão de poderes na sociedade medieval?

3. O que dizia o acordo assinado por Ricardo Coração de Leão e Saladino?

4. Esse tratado foi assinado após a:
   A. Primeira cruzada.
   B. Segunda cruzada.
   C. Terceira cruzada.
   D. Quarta cruzada.

5. Qual foi o efeito das Cruzadas em termos de comércio?

6. Qual é a importância da cidade de Jerusalém?

7. Quais foram os efeitos positivos das Cruzadas na vida dos europeus? Quais foram os efeitos negativos?

RESPOSTAS

CONFIRA AS RESPOSTAS

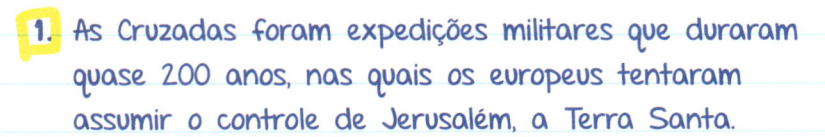

1. As Cruzadas foram expedições militares que duraram quase 200 anos, nas quais os europeus tentaram assumir o controle de Jerusalém, a Terra Santa.

2. As Cruzadas acabaram por contribuir com a centralização do poder nas mãos do rei. Esse processo gerou diversos Estados centralizados, divergindo do feudalismo, em que o poder central do rei não era tão forte.

3. O acordo estabelecia que os peregrinos cristãos podiam visitar Jerusalém desde que estivessem desarmados.

4. C. Terceira cruzada.

5. As Cruzadas ajudaram as cidades portuárias italianas a prosperar, ampliaram o comércio com o Oriente e envolveram novos tipos de mercadoria, como tapetes, joias, vidro e especiarias.

6. Jerusalém era (e ainda é) considerada uma cidade sagrada por judeus, cristãos e muçulmanos.

7. As Cruzadas aumentaram o comércio com os árabes e colocaram os europeus em contato com os avanços dos árabes na matemática, engenharia e medicina. Os europeus aprenderam a produzir mapas e embarcações melhores. As Cruzadas, porém, causaram muitas mortes, fomentaram a intolerância religiosa e criaram uma divisão permanente entre o cristianismo oriental e o ocidental.

Unidade 4

O Renascimento e a Reforma
Séculos XIV–XVI

O RENASCIMENTO foi um movimento artístico, científico e cultural que surgiu na Itália no século XIV e se espalhou pela Europa nos dois séculos seguintes. Foi uma época de retomada da cultura greco-romana.

VOCÊ SE LEMBRA DA GENTE?

Capítulo 18
O INÍCIO DO RENASCIMENTO

ÁUSTRIA
DUCADO DE MILÃO
REPÚBLICA DE VENEZA
HUNGRIA
IMPÉRIO OTOMANO
REPÚBLICA DE FLORENÇA
CÓRSEGA
ESTADOS PAPAIS
MAR ADRIÁTICO
ROMA
MAR TIRRENO
REINO DE NÁPOLES
SARDENHA
— OUTRAS REPÚBLICAS, DUCADOS, MARCAS E BISPADOS
MAR MEDITERRÂNEO
REINO DA SICÍLIA

O Renascimento deu ênfase à importância do indivíduo e do **SECULARISMO**. Esse interesse pelo ser humano e pela compreensão racional do mundo foi chamado de **HUMANISMO**, e ele se deveu em parte às Cruzadas e à interação entre europeus e muçulmanos. A expansão do comércio e o fortalecimento da burguesia introduziram novos pontos de vista e levaram à ideia de que os seres humanos são capazes de grandes façanhas.

SECULARISMO
movimento de ideias que separa as coisas dos homens das coisas de Deus, que separa as instituições religiosas das instituições políticas

HUMANISMO
filosofia que valoriza o ser humano e suas realizações, especialmente aquelas baseadas na razão

ORIGENS do RENASCIMENTO

O Renascimento começou na Itália, onde poderosas cidades portuárias haviam se tornado cidades-estados independentes do controle de um rei ou mesmo da Igreja. Nessas cidades, líderes italianos começaram a emprestar e a tomar emprestado dinheiro sem respeitar as normas da Igreja contra a **USURA**. Algumas dessas famílias mais ricas, como a de COSME DE MÉDICI, tornaram-se **MECENAS** das artes e promoveram o estudo dos clássicos.

USURA
prática de emprestar dinheiro a juros muito altos

MECENAS
pessoa que apoia artistas, escritores ou instituições criativas com dinheiro, presentes ou influência social ou política

A LITERATURA no RENASCIMENTO

No Renascimento, a literatura, assim como todas as artes, passou a tratar muito mais dos homens e de suas realizações e teve como foco os ideais greco-romanos de natureza e beleza. O interesse do humanismo pelos clássicos foi uma parte fundamental do Renascimento. Os humanistas estudavam gramática, poesia, filosofia, História e retórica, matérias que hoje fazem parte das "ciências humanas".

O primeiro humanista importante foi FRANCESCO PETRARCA, um poeta cujos **SONETOS** refletiam o amor pela natureza, na tradição dos autores romanos. Petrarca é considerado o pai do humanismo dentro do Renascimento italiano. Ele era muito inteligente e gostava de ler originais em latim para estudar suas ideias. Suas pesquisas estimularam outras buscas em bibliotecas **MONÁSTICAS** de vários países da Europa.

MONÁSTICO
relativo a mosteiros ou ao estilo de vida de monges e monjas

SONETO

Tipo de poema originado na Itália que consiste em catorze linhas que rimam de acordo com um padrão. O padrão de rima de Shakespeare é **ABAB CDCD EFEF GG**. O de Petrarca é **ABBA ABBA CDE CDE** ou **ABBA ABBA CDC DCD**. (Cada letra corresponde à rima da última palavra de uma linha.)

Devo igualar-te a um dia de verão?   A
Mais afável e belo é o teu semblante   B
O vento esfolha Maio inda em botão,   A
Dura o termo estival um breve instante.   B

Outro importante humanista foi WILLIAM SHAKESPEARE, o famoso poeta e dramaturgo inglês. Shakespeare usava tramas de textos antigos com uma nova roupagem em suas comédias, tragédias e histórias.

O HUMANISMO RELIGIOSO

A OBRA DE SHAKESPEARE DAVA DESTAQUE A EMOÇÕES HUMANAS QUE ATÉ HOJE ESTÃO PRESENTES EM NOSSAS VIDAS.

Também existiram humanistas religiosos, sabia?

ERASMO, um padre católico, depois de estudar a fundo o cristianismo, concluiu que a Igreja Católica precisava de algumas mudanças e escreveu o livro ELOGIO DA LOUCURA (1509), no qual ridicularizava certas práticas da Igreja. Várias de suas ideias foram consideradas heréticas e chegaram a acusá-lo de tentar destruir a Igreja Católica.

Erasmo, porém, queria apenas propor algumas modificações. A obra de Erasmo serviu de inspiração para Martinho Lutero, uma das figuras centrais da Reforma Protestante.

> A invenção da prensa de tipos móveis em meados do século XV, por **JOHANNES GUTENBERG**, foi um divisor de águas no Renascimento. A prensa levou à produção de livros em massa e permitiu que novas ideias se tornassem rapidamente acessíveis a um número muito maior de europeus.

A ARTE do RENASCIMENTO

A arte do Renascimento também é marcada por um resgate dos antigos ideais greco-romanos. Pintores e escultores ainda representavam cenas religiosas, mas o interesse central passou a ser imitar a natureza e apresentar o corpo humano com toda a sua beleza. Na arquitetura, pintura e escultura, o foco era um mundo centrado no ser humano.

LEONARDO DA VINCI

ARTISTAS IMPORTANTES

Artistas como LEONARDO DA VINCI (famoso pela MONA LISA e A ÚLTIMA CEIA) eram grandes estudiosos de anatomia. Eles usaram as leis de perspectiva para pintar quadros realistas.

A estátua do herói bíblico DAVI, feita por MICHELANGELO, é uma declaração da perfeição da forma humana. Michelangelo queria retratar o ser humano como um reflexo da beleza divina: quanto mais belo o corpo, mais divina a figura. Seus afrescos no teto da CAPELA SISTINA apresentam corpos ideais em proporções perfeitas.

A **CAPELA SISTINA** é uma capela do Palácio Apostólico, residência oficial do papa. É famosa por sua arquitetura e seus afrescos e fica na cidade do Vaticano.

O escultor DONATELLO estudou estátuas greco-romanas e esculpiu a famosa estátua de SÃO JORGE.

O arquiteto FILIPPO BRUNELLESCHI estudou as construções da Roma clássica e projetou igrejas com colunas clássicas e arcos arredondados como uma alternativa às catedrais **GÓTICAS**.

GÓTICO
estilo arquitetônico usado na Europa Ocidental do século XIII ao século XV e caracterizado por arcos e abóbadas pontiagudos e pelo uso de entalhes em madeira e pedra

FLAMENGO
povo da região de Flandres, atualmente dividida entre a Bélgica, a França e a Holanda

Fora da Itália, o artista **FLAMENGO** JAN VAN EYCK, por exemplo, imitou a natureza pintando em painéis de madeira em vez de tetos. Fazendo experiências com tinta a óleo, foi capaz de capturar detalhes realistas.

VERIFIQUE SEUS CONHECIMENTOS

1. A que período da História se refere o termo "Renascimento"? Por que foi usado para descrever essa época?

2. O que é o secularismo?

3. De que modo o secularismo contribuiu para o Renascimento na Itália?

4. Quem foi Cosme de Médici?
  A. O líder de uma importante guilda italiana.
  B. Um mecenas.
  C. Um grande defensor do papa.
  D. Um famoso artista italiano.

5. Defina "humanismo". De que modo o humanismo mudou a educação tradicional?

6. Erasmo acreditava que:
  A. A Igreja Católica devia ser destruída.
  B. A Igreja Católica devia ser reformada.
  C. A Igreja Católica era perfeita do jeito que era.

CONFIRA AS RESPOSTAS

1. Aproximadamente século XIV ao XVI. Porque nessa época houve um renascimento da cultura greco-romana.

2. Secularismo é um movimento de ideias que separa as coisas dos homens das coisas de Deus, que separa as instituições religiosas das instituições políticas.

3. O secularismo permitiu que as pessoas estudassem os seres humanos (humanismo) e a natureza sem recorrer à religião. Ele introduziu novos pontos de vista e levou à ideia de que os seres humanos são capazes de grandes façanhas.

4. B. Um mecenas.

5. Humanismo é uma filosofia que valoriza o ser humano e suas realizações, especialmente aquelas baseadas na razão. O humanismo mudou a educação tradicional ao introduzir disciplinas que hoje são chamadas de "ciências humanas", como gramática, poesia, filosofia, História e retórica.

6. B. A Igreja Católica devia ser reformada.

Capítulo 19
A REFORMA

A EUROPA NO SÉCULO XVI

- ESCÓCIA
- IRLANDA
- INGLATERRA
- CANAL DA MANCHA
- SACRO IMPÉRIO ROMANO-GERMÂNICO
- FRANÇA
- SUÍÇA
- PORTUGAL
- ESPANHA
- ESTADOS ITALIANOS
- MAR MEDITERRÂNEO

A REFORMA foi a mudança que criou o **PROTESTANTISMO** como ramo do cristianismo. Humanistas como Erasmo achavam que a Igreja Católica Romana devia tomar novos rumos e se preocupar mais com a santidade interior dos fiéis do que com demonstrações religiosas explícitas, como peregrinações e **RELÍQUIAS**.

> **PROTESTANTE**
> cristão que não segue a Igreja Católica, Anglicana ou Grega Ortodoxa

> **RELÍQUIA**
> objeto antigo, geralmente associado a um santo ou mártir

CORRUPÇÃO na IGREJA

No início do século XVI, a Igreja teve um grande problema com corrupção. De 1450 a 1520, os papas, conhecidos como "papas do Renascimento", estavam mais interessados em política do que em religião. A Igreja se tornou uma instituição em que algumas pessoas tentavam subir na vida e enriquecer. Havia, inclusive, padres analfabetos, que não conheciam a Bíblia.

As pessoas comuns estavam apenas tentando encontrar um meio de não serem punidas por seus pecados. Aproveitando-se disso, a Igreja começou a vender **INDULGÊNCIAS**, que as pessoas podiam comprar para não serem castigadas no purgatório.

> **INDULGÊNCIA**
> remissão total ou parcial das penas a serem cumpridas no purgatório pelos pecados cometidos

MARTINHO LUTERO

Em 1517, um monge chamado MARTINHO LUTERO resumiu suas críticas à Igreja Católica em 95 TESES. Ele não só colou a lista na porta de uma igreja como a imprimiu e fez circular por toda a Alemanha.

Suas queixas agradaram tanto aos nobres, que se ressentiam do poder do papa, quanto aos camponeses, que acreditavam na mensagem de igualdade de Lutero. Lutero sustentava que apenas a fé (independentemente de BOAS AÇÕES) podia levar à **SALVAÇÃO**. Ele criticava principalmente a venda de indulgências.

SALVAÇÃO
ato de ser salvo ou protegido do pecado

SACRAMENTO
rito sagrado da Igreja Cristã

O papa Leão X não levou Lutero a sério, mas Lutero não se deixou abater. Ele queria fundar uma igreja alemã reformada, com um novo sistema de **SACRAMENTOS**. A Igreja Católica excomungou Lutero em 1521. CARLOS V, imperador do Sacro Império Romano-Germânico, declarou que Lutero era um "fora da lei" no seu ÉDITO DE WORMS, obrigando Lutero a se esconder.

Lutero ganhou o apoio de muitos governantes alemães, que assumiram o controle das igrejas católicas em seus territórios e formaram igrejas estatais supervisionadas pelo governo. As crenças de Lutero se tornaram a primeira denominação protestante: o LUTERANISMO. Em 1555, com a PAZ DE AUGSBURGO, os luteranos ganharam o direito de praticar sua religião. Os Estados alemães estavam livres para escolher entre o catolicismo e o luteranismo, e a Igreja Católica Romana deixou de ser um corpo político todo-poderoso.

CALVINISMO

Surgiram divisões no protestantismo. JOÃO CALVINO (1509-1564), um protestante francês, concordava com Lutero que a fé era suficiente para a salvação. Falava sobre o "poder, graça e glória de Deus". Acreditava que Deus havia **PREDESTINADO** algumas pessoas a serem salvas (os ELEITOS) e outras a serem condenadas (os REPROVADOS). Os seguidores de Calvino eram chamados de CALVINISTAS e difundiram sua fé como missionários, enfatizando que a prosperidade trazida pelo trabalho é sinal da graça de Deus.

> **PREDESTINAR**
> predeterminar ou escolher de antemão

> **CONSISTÓRIO**
> assembleia para discutir questões morais

O calvinismo surgiu em Genebra, na Suíça, onde Calvino montou um **CONSISTÓRIO**. Seus seguidores eram proibidos de dançar, praguejar, beber e jogar cartas. O calvinismo se disseminou até partes da França, Escócia e Holanda. Em meados do século XVI, havia se tornado a forma mais popular de protestantismo.

MUDANÇAS na IGREJA da INGLATERRA

A campanha por reformas religiosas atingiu outras partes da Europa. Em 1534, o REI HENRIQUE VIII fez o Parlamento separar formalmente a Igreja Católica da Inglaterra do papa em Roma (muitos acreditam que ele fez isso apenas porque queria mais poder e, principalmente, o direito de se divorciar da esposa).

REI HENRIQUE VIII

O **REI HENRIQUE VIII** queria se divorciar da esposa, **CATARINA DE ARAGÃO**, porque ela havia dado à luz uma menina e Henrique precisava de um herdeiro homem para o trono.

Ele pediu ao papa para **ANULAR** (cancelar) o casamento para que pudesse se casar com **ANA BOLENA**. Como o papa demorou para atendê-lo, Henrique VIII recorreu às autoridades eclesiásticas inglesas. Em 1533, o arcebispo mais importante da Inglaterra, **THOMAS CRANMER**, anulou o casamento do rei com Catarina.

Henrique então se casou com Ana. No entanto, ela também deu à luz uma filha. Henrique não desistiu e, depois de Ana Bolena, casou-se mais quatro vezes. A filha que teve com Ana, porém, acabou se tornando a **RAINHA ELIZABETH I**.

O ATO DE SUPREMACIA de 1534 fez do rei o chefe supremo da IGREJA DA INGLATERRA, que também foi chamada de IGREJA ANGLICANA. O rei Henrique VIII passou a nomear pessoalmente os ocupantes dos cargos mais importantes da Igreja. As pessoas que se opunham a essas mudanças muitas vezes eram decapitadas.

Após a morte do rei Henrique VIII, a Igreja da Inglaterra se fortaleceu ainda mais nos princípios do protestantismo, especialmente durante o reinado de EDUARDO VI (como Eduardo, filho de Henrique, se tornou rei com apenas 9 anos de idade, não tinha muito o que dizer a respeito).

Sua meia-irmã, a RAINHA MARY, foi chamada de "MARY SANGRENTA". Tentando fazer a Igreja voltar às origens católico-romanas, ela queimou 300 protestantes na fogueira. Após sua morte, Elizabeth I restaurou o protestantismo na Inglaterra.

A Igreja Católica precisava mudar ou continuaria a perder terreno para os protestantes. Por isso, realizou a CONTRARREFORMA, ou REFORMA CATÓLICA, fazendo três mudanças (TRÊS PILARES) na Igreja Católica:

A fundação da ordem dos **JESUÍTAS** pelo teólogo espanhol **INÁCIO DE LOYOLA**. Os jesuítas faziam um voto de obediência ao papa e atuavam como missionários.

A reforma do papado, que restabeleceu os tribunais do Santo Ofício ou a Inquisição, com a finalidade de investigar os suspeitos de agirem contra os dogmas católicos.

A realização do **CONCÍLIO DE TRENTO**, que reuniu um grupo de bispos, teólogos e outros religiosos para reafirmar os dogmas da fé católica.

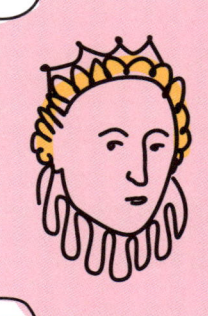

RAINHA ELIZABETH I

A RAINHA Elizabeth se tornou a "governante suprema", tanto da Igreja quanto do Estado após um novo Ato de Supremacia. Sua política externa tinha o objetivo de manter um equilíbrio de poder entre França e Espanha. Se um país ficava poderoso demais, ela apoiava o mais fraco para compensar.

A ARMADA ESPANHOLA

O catolicismo estava forte na Espanha durante o reinado de FELIPE II. Do pai, Carlos V (que foi imperador do Sacro Império Romano-Germânico, rei da Espanha e arquiduque da Áustria), Felipe herdou reinos na Itália, Holanda e o que os europeus chamavam de Novo Mundo (a América).

Ele insistiu que todo o seu império aderisse ao catolicismo, já que a Inglaterra estava sendo governada pela RAINHA ELIZABETH I. EM 1588, Felipe II partiu com uma grande **ARMADA** ESPANHOLA para derrubar o protestantismo inglês (junto com a rainha). A Marinha da Espanha estava desgastada por causa de um século de viagens pelo oceano Atlântico para proteger as colônias no Novo Mundo. Os navios ingleses eram mais rápidos e destruíram a frota espanhola. A invasão fracassada deixou a Espanha falida. O poder saiu das mãos da Espanha e caiu nas mãos da Inglaterra e da França.

ARMADA
frota de navios de guerra

A REFORMA na FRANÇA

No início da década de 1560, os HUGUENOTES (protestantes franceses) compunham apenas uma pequena parte da população, mas eram cerca de metade da nobreza francesa. A tensão entre católicos e huguenotes resultou nas GUERRAS RELIGIOSAS, uma guerra civil que durou de 1562 a 1598.

Em 1589, o líder huguenote HENRIQUE DE NAVARRA se tornou o REI HENRIQUE IV, dando fim à guerra. Ele se converteu ao catolicismo para ser aceito pela maioria católica da população. Em 1598, criou o ÉDITO DE NANTES, que declarou o catolicismo como religião oficial da França, mas permitiu aos huguenotes praticar livremente sua religião e ocupar cargos públicos.

RELIGIÕES NA EUROPA

- CATÓLICOS ROMANOS
- LUTERANOS
- CALVINISTAS
- OUTROS CRISTÃOS
- ANGLICANOS
- MUÇULMANOS
- ANABATISTAS (um movimento protestante radical)
- ORTODOXOS

VERIFIQUE SEUS CONHECIMENTOS

1. O que significou a "Reforma"?

2. Que prática da Igreja deixava Marinho Lutero indignado?

3. Por que os ensinamentos de Martinho Lutero eram bem recebidos pelos camponeses?

4. Quem eram os "eleitos" e os "reprovados" na visão de Calvino?

5. O que muitos acreditam ter sido o principal motivo para o rei Henrique VIII romper com a Igreja Católica Romana?
A. Separar Igreja e Estado.
B. Promover suas visões religiosas.
C. Casar com Ana Bolena.
D. Ter mais poder que o papa.

6. Quem eram os huguenotes?

7. O que era a Armada Espanhola e por que foi usada para atacar a Inglaterra?

RESPOSTAS

CONFIRA AS RESPOSTAS

1. A Reforma foi o movimento que deu origem à formação de Igrejas Protestantes em toda a Europa.

2. Martinho Lutero não aprovava a venda de indulgências pela Igreja. Ele não achava correto que as pessoas tivessem que pagar para escapar da punição dos pecados.

3. Os ensinamentos de Martinho Lutero eram bem recebidos pelos camponeses porque ele pregava a igualdade. Lutero sustentava que apenas a fé, independentemente de boas ações ou da compra de indulgências, podia levar à salvação.

4. Na visão de Calvino, os "eleitos" eram pessoas predestinadas a serem salvas e os "reprovados" estavam predestinados à condenação.

5. C. Casar com Ana Bolena.

6. Os huguenotes eram protestantes franceses que compunham uma pequena parte da população, mas cerca de metade da nobreza.

7. A Armada Espanhola era a frota de navios do rei Felipe II. Ele tentou usá-la para derrubar o protestantismo e a rainha da Inglaterra, mas os navios ingleses destruíram a frota espanhola.

Unidade 5

A Era das Explorações e a colonização brasileira

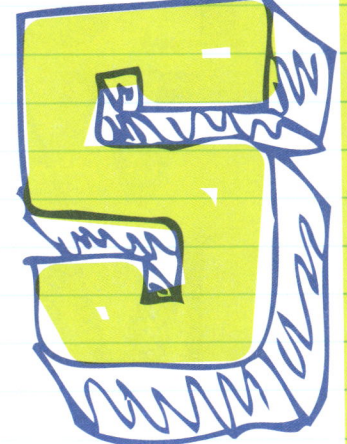

Do início do século XV ao início do século XIX

Os europeus zarparam com seus navios e se espalharam pelo mundo, criando novas rotas de comércio de produtos lucrativos. Também disseminaram a religião cristã, escravizaram africanos e exterminaram boa parte da população nativa da América, que já vivia de forma bastante organizada em algumas regiões como o México e o Peru desde a Idade Média, como vimos no capítulo 12.

Capítulo 20
A EUROPA VAI AO MAR

As MOTIVAÇÕES dos EUROPEUS: OURO, GLÓRIA e DEUS

O comércio e as Cruzadas colocaram os europeus em contato com produtos estrangeiros, como seda e especiarias, que não existiam na Europa. Em busca de rotas diretas para esses produtos, os mercadores começaram a deixar o litoral da Europa.

Ao mesmo tempo, governantes em toda a Europa buscavam fama, poder e glória. Eles acreditavam que a conquista de terras distantes lhes daria tudo que desejavam, muitas vezes em nome de Deus. Os europeus tinham ouvido falar da viagem de Marco Polo para o Oriente e queriam conquistar riquezas em terras distantes.

A EXPANSÃO PORTUGUESA

A expansão portuguesa começou bem antes de 1500. No período medieval, o sul da Península Ibérica havia sido ocupado por muçulmanos. Quando houve a formação do ESTADO MODERNO PORTUGUÊS, iniciou-se um movimento para expulsá-los da região. Esse processo, conhecido como RECONQUISTA, durou séculos e visava aumentar a área de domínio da Coroa portuguesa, que era católica. Era uma questão de fé e poder. Mesmo após a expulsão dos muçulmanos, os portugueses continuaram seu movimento de expansão. Em 1415, eles conquistaram Ceuta, uma cidade islâmica no norte da África.

Conhecendo melhor a África, os portugueses começaram a ter notícias de regiões ricas em ouro, e até passaram a acreditar na lenda de um rei africano católico muito rico, que se chamaria PRESTE JOÃO. Aos poucos, as expedições de conquista, além do motivo religioso, passariam a ter uma motivação também econômica: encontrar ouro. Assim, eles continuaram conquistando novas regiões, descendo pelo litoral atlântico da África. Foram desbravadas ilhas no Atlântico: MADEIRA (1419), AÇORES (1427) e CABO VERDE (1460). De início, essas ilhas serviam de orientação para quem viajava pelo Atlântico. Depois, os portugueses começaram a introduzir animais nesses locais, para benefício de quem parasse neles durante suas viagens. Mais para a frente, foi introduzida na ilha da Madeira uma atividade que pudesse dar mais lucro: a plantação de cana-de-açúcar, que deu muito certo na região. Logo muitos africanos escravizados foram levados para lá, num ensaio do que seria a colonização portuguesa em lugares como o Brasil.

Tendo como base as bulas papais emitidas pelo papa NICOLAU V, os portugueses combateram os muçulmanos na África e conquistaram novas regiões para propagar o cristianismo. Esse movimento também serviu para desenvolver a prática de escravizar africanos, iniciando aos poucos um mercado que se tornaria um dos mais lucrativos e cruéis da História.

Além da busca por ouro e da disseminação do cristianismo, a EXPANSÃO MARÍTIMA PORTUGUESA passou a ter como objetivo encontrar um caminho mais barato para as Índias, de onde vinham valiosas mercadorias. Em 1453, a cidade de Constantinopla foi tomada pelos otomanos, que começaram a dificultar o acesso europeu às mercadorias orientais que vinham por rota terrestre até o Mediterrâneo. Era, portanto, necessário um caminho pelo mar.

Finalmente, em 1488, a expedição de BARTOLOMEU DIAS conseguiu dobrar o cabo das Tormentas (o atual cabo da Boa Esperança), no extremo sul da África. A partir daí, era questão de tempo atingir as Índias — façanha realizada por VASCO DA GAMA em 1498.

Tentando alcançar as Índias, o navegador português PEDRO ÁLVARES CABRAL chegou ao Brasil em 1500. Era comum se afastarem do litoral africano para evitarem correntes marítimas contrárias. Cabral acabou se afastando demais e avistando nossas terras a oeste.

TERRA À VISTA!

VIAGENS PORTUGUESAS

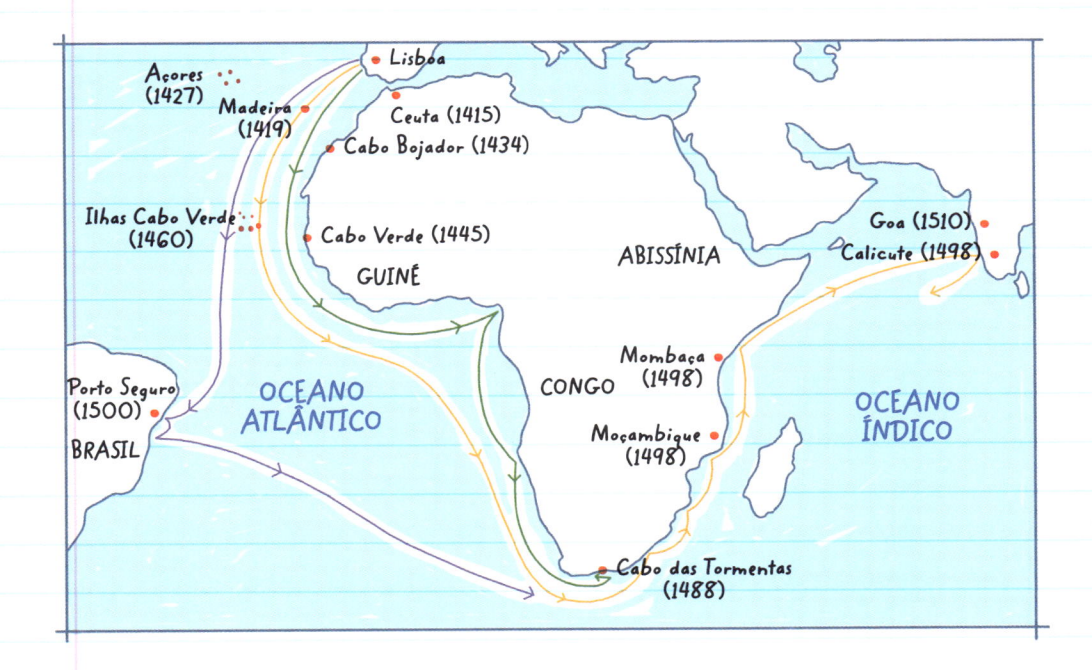

- Açores (1427)
- Madeira (1419)
- Lisboa
- Ceuta (1415)
- Cabo Bojador (1434)
- Ilhas Cabo Verde (1460)
- Cabo Verde (1445)
- GUINÉ
- ABISSÍNIA
- Goa (1510)
- Calicute (1498)
- Porto Seguro (1500)
- BRASIL
- OCEANO ATLÂNTICO
- CONGO
- Mombaça (1498)
- Moçambique (1498)
- OCEANO ÍNDICO
- Cabo das Tormentas (1488)

NAVEGADORES

PEDRO ÁLVARES CABRAL —

VASCO DA GAMA —

BARTOLOMEU DIAS —

Alguns anos antes, em 1494, portugueses e espanhóis haviam assinado o TRATADO DE TORDESILHAS. O documento traçava uma linha imaginária sobre o Atlântico. Tudo que se situasse a leste seria dos portugueses e tudo que se situasse a oeste seria dos espanhóis. Os portugueses ficaram satisfeitos por manterem suas ilhas na costa africana e um bom espaço para manobras marítimas. Os espanhóis ficaram satisfeitos por manterem o domínio sobre a parte recém-descoberta da América. Na época, eles ainda não sabiam da existência do Brasil, que, como sabemos, ficou do lado português da linha.

As AVENTURAS da ESPANHA

CRISTÓVÃO COLOMBO tinha três caravelas (SANTA MARIA, PINTA e NIÑA). Ele queria chegar à Índia e ao Oriente viajando para oeste e dando a volta ao mundo. Embora fosse italiano, a RAINHA ISABEL da Espanha financiou sua expedição. Isabel soube reconhecer o potencial de Colombo, enquanto muitos outros reis europeus não acreditavam em seus planos de exploração.

> POÉTICO, NÃO?

Em 1492, Colombo navegou o oceano azul. Ele pensou que tinha chegado à Índia, mas, na verdade, havia chegado à América. É por isso que as ilhas do Caribe receberam o nome de Índias Ocidentais e os povos nativos da América ficaram conhecidos como índios ou indígenas. Colombo voltou três vezes à região em busca de ouro. Explorou a ilha de Hispaniola (também chamada de São Domingos, onde atualmente ficam o Haiti e a República Dominicana), Cuba, Jamaica e a costa da América Central e da América do Sul.

Embora muitos dos povos que viviam nessas regiões a princípio tenham recebido Colombo e seus homens de forma amistosa, os colonizadores europeus estavam mais interessados em ouro do que em diplomacia e, em geral, trataram os povos nativos com crueldade.

Em 1519, o conquistador espanhol HERNÁN CORTÉS chegou a Tenochtitlán, capital do Império Asteca, no atual México. A lenda reza que MONTEZUMA, o líder dos astecas, acolheu os espanhóis porque seu povo nunca tinha visto armaduras nem cavalos. Dessa maneira, acreditavam que Cortés era QUETZALCÓATL, um deus de pele clara. Em 1521, com armas de fogo e a ajuda de outras tribos que tinham sido escravizadas pelos astecas, Cortés acabou destruindo a cidade e o Império Asteca.

FRANCISCO PIZARRO foi o conquistador do Império Inca, cuja capital, Cusco, se localizava no atual Peru. Ele chegou em 1532 e capturou ATAHUALPA, o rei dos incas. Pizarro prometeu poupar o rei se ele enchesse de ouro uma sala. Depois que Atahualpa ordenou que os súditos levassem ouro suficiente para encher a sala, Pizarro o matou. O exército espanhol usou armas de fogo e cavalos para derrotar os incas.

Doenças trazidas da Europa ajudaram tanto Cortés quanto Pizarro a destruir esses impérios, matando uma parcela considerável de suas populações.

VIAGENS DE

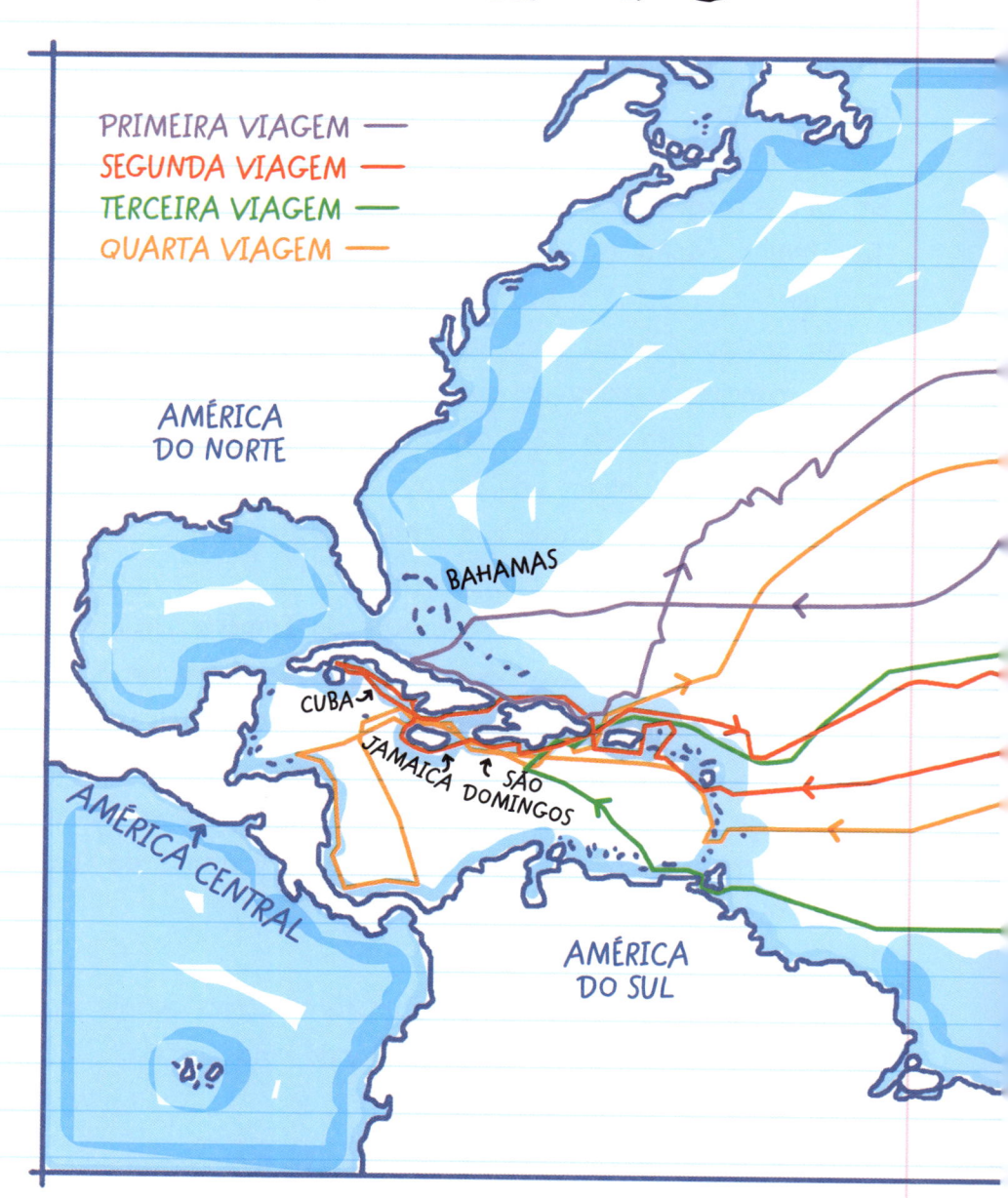

PRIMEIRA VIAGEM —
SEGUNDA VIAGEM —
TERCEIRA VIAGEM —
QUARTA VIAGEM —

AMÉRICA DO NORTE

BAHAMAS

CUBA

JAMAICA SÃO DOMINGOS

AMÉRICA CENTRAL

AMÉRICA DO SUL

COLOMBO

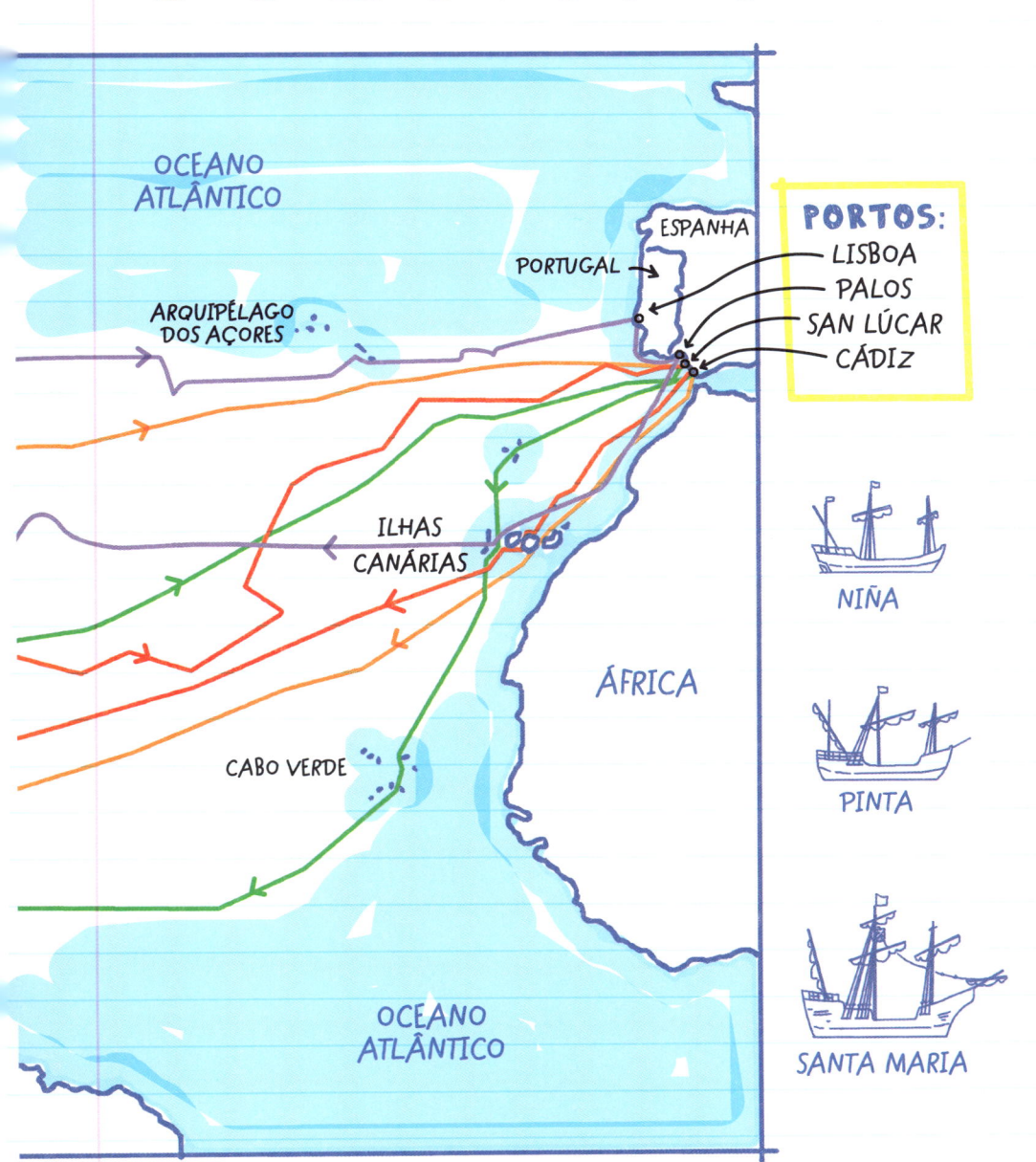

OCEANO ATLÂNTICO

ESPANHA

PORTUGAL

PORTOS:
- LISBOA
- PALOS
- SAN LÚCAR
- CÁDIZ

ARQUIPÉLAGO DOS AÇORES

ILHAS CANÁRIAS

ÁFRICA

CABO VERDE

OCEANO ATLÂNTICO

NIÑA

PINTA

SANTA MARIA

OUTROS EXPLORADORES

1502: AMÉRICO VESPÚCIO, um italiano que trabalhava para a Espanha, navegou ao longo da costa da América do Sul. Como foi um dos primeiros a perceber que não estava na Ásia, um cartógrafo alemão chamou a nova terra de "América" em sua homenagem.

1513: VASCO NÚÑEZ DE BALBOA atravessou o Panamá de ponta a ponta e foi o primeiro europeu a avistar o oceano Pacífico.

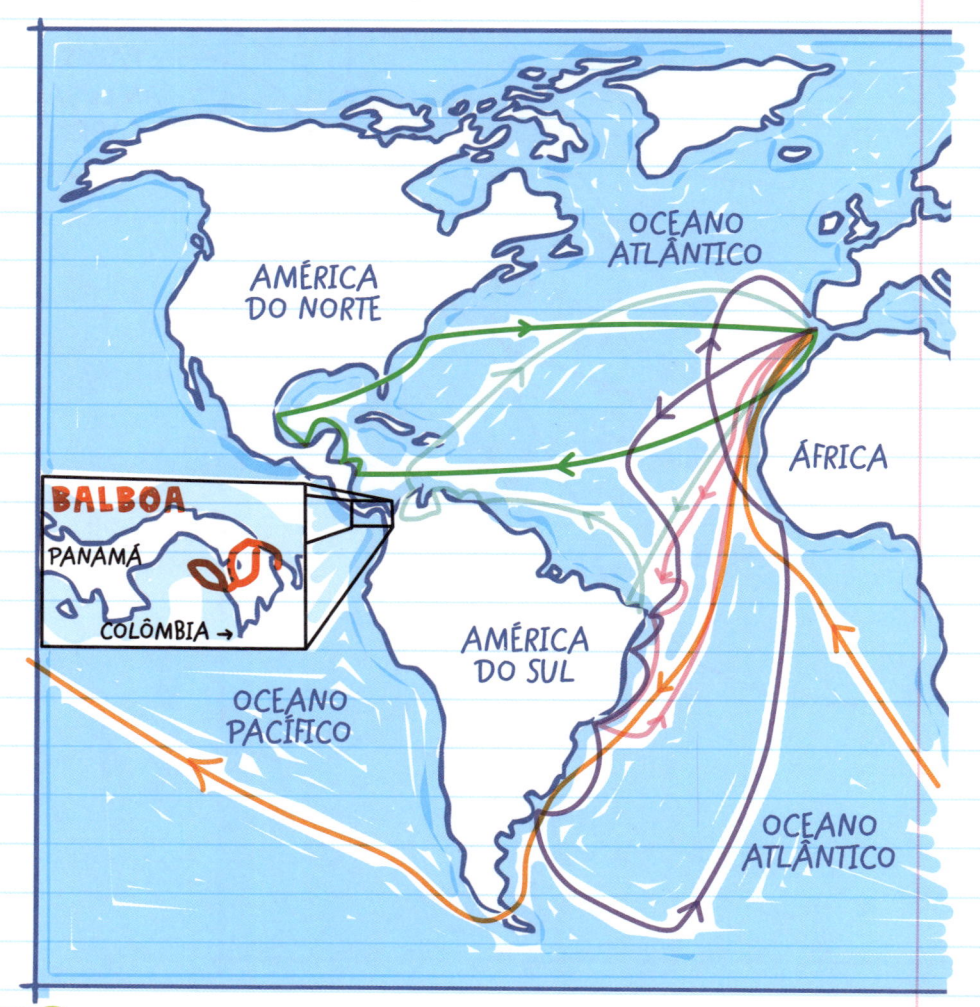

DA ESPANHA

1519: FERNÃO DE MAGALHÃES, um português que trabalhava para a Espanha, zarpou de Cádiz e contornou a extremidade meridional da América do Sul. Ele morreu durante a viagem, em 1521, mas seus navios voltaram à Espanha em 1522 como a primeira expedição a **CIRCUM-NAVEGAR** a Terra.

CIRCUM-NAVEGAR: navegar em torno de

EUROPA
ÁSIA
OCEANO PACÍFICO
OCEANO ÍNDICO
MAGALHÃES
AUSTRÁLIA

VESPÚCIO: PRIMEIRA VIAGEM → SEGUNDA VIAGEM → TERCEIRA VIAGEM → QUARTA VIAGEM →

O INTERCÂMBIO COLOMBIANO

Fazia mais de 10 mil anos que não havia trocas de plantas e animais entre a América e o resto do mundo. Vegetais como o milho, o tabaco, o cacau e a batata não existiam em outras terras até serem levados para a Europa. Por sua vez, os europeus trouxeram para a América o trigo, a cevada, a uva e a cebola, além de bois, porcos e cavalos. As plantas mudaram a dieta dos povos do mundo inteiro e os animais modificaram o modo como a terra era usada na América.

Os nativos não tinham sido expostos aos germes dos europeus e vice-versa. Doenças como a varíola, o sarampo e a gripe eram comuns na Europa, mas os povos nativos da América não tinham **IMUNIDADE** a essas doenças. No México e na América Central, cerca de 20 milhões de pessoas morreram de infecção em um intervalo de apenas 100 anos. Essa troca de plantas, animais, vírus e bactérias é conhecida como INTERCÂMBIO COLOMBIANO ou GRANDE INTERCÂMBIO BIOLÓGICO.

IMUNIDADE
resistência a uma doença, particularmente devido a uma exposição anterior aos germes da doença

VERIFIQUE SEUS CONHECIMENTOS

1. Cite duas motivações para a expansão marítima portuguesa.

2. Como começou o tráfico de escravos na Europa?

3. Bartolomeu Dias e Vasco da Gama estão entre os exploradores mais conhecidos de Portugal. O que cada um deles realizou?

4. Como foi conquistado o Império Asteca?

5. Quem financiou a desacreditada viagem de Colombo para oeste? Onde Colombo foi parar?

RESPOSTAS 235

CONFIRA AS RESPOSTAS

1. Entre as possíveis respostas: o impulso de perseguir os muçulmanos, o desejo de encontrar ouro na África, o desejo de encontrar o lendário rei Preste João e a procura por uma nova rota para as Índias.

2. O tráfico de escravos na Europa começou quando os portugueses voltaram de suas explorações com prisioneiros africanos.

3. Bartolomeu Dias alcançou a extremidade sul da África. Vasco da Gama contornou-a e chegou a Calicute, na Índia.

4. O espanhol Hernán Cortés e seus homens conquistaram o Império Asteca usando armas de fogo e contando com a ajuda de tribos que haviam sido escravizadas pelos astecas. Além disso, doenças europeias enfraqueceram os astecas.

5. A viagem de Cristóvão Colombo foi financiada pela rainha Isabel da Espanha. Colombo foi parar na América. Ele explorou a ilha de Hispaniola (onde atualmente ficam o Haiti e a República Dominicana), Cuba, Jamaica e a costa da América Central e da América do Sul.

Capítulo 21
A EUROPA EXPLORA A ÁSIA
(OU TENTA FAZÊ-LO)

Os europeus eram fascinados pelos produtos asiáticos, como seda, jade e porcelana. Entrepostos comerciais foram fundados na Índia e no sudeste da Ásia no século XVI, mas comercializar com a China e o Japão não era fácil.

O COMÉRCIO PORTUGUÊS com a CHINA

Os portugueses fundaram um entreposto em MACAU, na China, que fazia parte da ROTA DA SEDA. O comércio era rigorosamente controlado e não era formalmente reconhecido pelo governo chinês. Durante

O COMÉRCIO EUROPEU NA ÁSIA

- ENTREPOSTOS COMERCIAIS HOLANDESES
- ENTREPOSTOS COMERCIAIS INGLESES
- ENTREPOSTOS COMERCIAIS FRANCESES
- ENTREPOSTOS COMERCIAIS PORTUGUESES
- ENTREPOSTOS COMERCIAIS ESPANHÓIS

a DINASTIA MING (1368–1644), os chineses estavam no auge do poder, mas não comercializavam muito. Quando o faziam, pediam prata em troca de seus produtos. Os europeus preferiam comercializar produtos manufaturados. O que os dois países trocaram mesmo foram muitas ideias culturais. Os missionários cristãos de Portugal levaram para o povo chinês coisas como óculos de leitura. Os chineses ensinaram aos portugueses as ideias de Confúcio e os impressionaram com sua arquitetura e uma grande variedade de livros.

O COMÉRCIO HOLANDÊS e INGLÊS com a CHINA

Os holandeses ocuparam a ilha de Taiwan nas décadas de 1630 e 1640, mas os exércitos da DINASTIA MING os expulsaram em 1661. Embora os holandeses tenham comercializado com a China depois desse incidente, o comércio era limitado e seletivo, dependendo de quem estava no poder. Cerca de um século depois que os chineses expulsaram os holandeses, a DINASTIA QING, que se apossou de Taiwan a partir de 1683, fundou um entreposto comercial em uma pequena ilha, mas limitou o comércio de outubro a março. Os ingleses seguiram as **ESTIPULAÇÕES** da China, mas acabaram importando bem mais do que exportavam e se endividaram. Os chineses rejeitaram um pedido inglês para uma política de preços mais justa, o que levou a um conflito comercial ainda pior alguns anos depois.

ESTIPULAÇÃO
condição, requisito ou exigência

O COMÉRCIO HOLANDÊS com o JAPÃO

O comércio da Holanda com o Japão foi posterior ao realizado pelos portugueses, que haviam desembarcado lá por acaso, na década de 1540, depois de perderem o rumo devido a uma tempestade. Após conflitos por causa da religião e dos missionários cristãos, os portugueses foram expulsos do Japão.

Quando o comércio com Taiwan deixou de ser favorável aos holandeses, eles se tornaram parceiros comerciais dos japoneses. Sob rigorosa vigilância, o Japão permitiu que os holandeses fundassem um entreposto comercial em uma ilha chamada Dejima, perto de Nagasaki. Até o século XIX, a Holanda foi o único parceiro comercial importante do Japão.

AVANÇOS ECONÔMICOS IMPORTANTES NA EUROPA DURANTE A ERA DAS EXPLORAÇÕES:

CONDIÇÕES PARA A FORMAÇÃO DO CAPITALISMO: o início de um sistema econômico no qual as pessoas investem na produção e no comércio para ganhar dinheiro. Os produtos deixaram de ser trocados por outros produtos (o chamado ESCAMBO) e passaram a ser trocados por dinheiro. Moedas de prata e de ouro começaram a ser usadas. Novos sistemas bancários e empresas comerciais foram criadas para gerenciar a venda de produtos.

MERCANTILISMO: esse novo sistema econômico de trocas comerciais era baseado no mercantilismo, a principal teoria econômica dos séculos XVI, XVII e XVIII. Segundo essa teoria, a riqueza de uma nação se baseava no seu estoque de ouro e prata. Ela também destacava a importância de exportar mais do que importar para manter uma balança comercial favorável.

BALANÇA COMERCIAL: todas as nações desejavam uma balança comercial favorável, o que significa que os produtos exportados valem mais do que os importados. Elas podem ganhar dinheiro vendendo produtos caros para outras nações e comprando produtos baratos de outras nações. As colônias desempenharam um papel importante tanto no fornecimento de matérias-primas quanto na compra de produtos acabados.

Tudo isso levou a uma economia de mercado, um mercado regido pela oferta e demanda de escravos e produtos como o açúcar, favorecendo também a expansão da burguesia.

VERIFIQUE SEUS CONHECIMENTOS

1. O que os chineses costumavam pedir em troca dos seus produtos?

2. Até o século XIX, quantos parceiros comerciais importantes tinha o Japão? Quem eram eles?

3. Qual foi o principal fator que causou desconfiança entre os governantes japoneses e os portugueses?

4. O único entreposto comercial importante no Japão antes do século XIX estava situado em:
A. Nagasaki.
B. Quioto.
C. Dejima.
D. Tóquio.

5. De acordo com o mercantilismo, o que define a riqueza de uma nação?

6. Que grupo social cresceu em decorrência da nova economia de mercado?
A. A burguesia.
B. Os nobres.
C. Os servos.
D. Os escravos.

RESPOSTAS 241

CONFIRA AS RESPOSTAS

1. Os chineses pediam prata em troca dos seus produtos.
2. Até o século XIX, o Japão tinha apenas um parceiro comercial: a Holanda.
3. A religião e a presença de missionários cristãos.
4. C. Dejima.
5. O seu estoque de ouro e prata.
6. A. A burguesia.

Capítulo 22
AS COLÔNIAS DA AMÉRICA

Os europeus tiveram colônias na América do Norte, na América do Sul e na América Central. Os espanhóis ocuparam terras que iam dos atuais Estados Unidos até a extremidade sul da América do Sul.

A AMÉRICA ESPANHOLA

Depois de terem conquistado os astecas e os incas, os espanhóis continuaram seu projeto de tirar o máximo de riqueza possível das novas terras. Para isso, o território foi dividido incialmente em duas unidades administrativas: o vice-reino da Nova Espanha e o vice-reino do Peru.

VICE-REINO DA NOVA ESPANHA

VICE-REINO DE NOVA GRANADA

VICE-REINO DO PERU

VICE-REINO DO RIO DA PRATA

COLÔNIAS ESPANHOLAS

Com o desenvolvimento de novas regiões, foram criados o vice-reino de Nova Granada e o vice-reino do Rio da Prata. Além dessas instituições, as cidades também tinham suas administrações próprias, que eram os cabildos.

Ao contrário do que aconteceu no Brasil, os espanhóis logo encontraram metais preciosos no Novo Mundo. As minas de ouro se esgotaram rapidamente, mas foram encontrados enormes estoques de prata. O maior centro minerador foi POTOSÍ, na atual Bolívia. A exploração dessa prata colocou a Espanha como a principal potência europeia no século XVI.

A mineração causou um aumento populacional nas regiões mineradoras. Como essas cidades precisavam cada vez mais de suprimentos, surgiram zonas produtoras para abastecê-las. Os campos da atual Argentina, por exemplo, se especializaram na criação de gado, fornecendo animais e carne para Potosí.

Na América espanhola, o trabalho indígena foi predominante. Ele era organizado sob a lógica das MITAS ou das ENCOMIENDAS.

No sistema da mita, que os espanhóis copiaram do Império Inca, era sorteada certa quantidade de indígenas para trabalhar durante quatro meses nas minas, recebendo uma pequena remuneração e sob condições muito precárias. Ao final desse período, esses indígenas eram liberados e era sorteado um novo grupo.

Já no sistema das encomiendas, um proprietário pagava um imposto ao rei para ter um grupo de indígenas sob sua responsabilidade. Ele tinha o direito de explorar seu trabalho, mas devia cuidar deles, dando roupas, comida e promovendo a catequização.

A rotina dura do trabalho e as doenças europeias acabaram matando muitos indígenas. A partir do século XVIII, com o início da produção agrícola em larga escala, o Caribe passou a receber mais africanos escravizados.

POVOADOS INGLESES e HOLANDESES

JAMESTOWN foi o primeiro povoado permanente inglês no território que se tornaria os Estados Unidos. Fundado em 1607, na Virgínia, Jamestown foi uma iniciativa bem-sucedida porque o CAPITÃO JOHN SMITH ficou amigo dos indígenas, que ensinaram os colonizadores a cultivar o milho e os ajudaram a cultivar tabaco.

JAMESTOWN

Outro povoado inglês foi PLYMOUTH, fundado em 1620 pelos PEREGRINOS, assim chamados por causa de sua viagem (ou peregrinação) em busca de liberdade religiosa.

Em 1624, os holandeses fundaram uma **COLÔNIA** chamada Nova Holanda. Depois, fundaram a cidade de Nova Amsterdã, além de colônias no Caribe. Os ingleses tomaram Nova Amsterdã em 1664 e mudaram seu nome para... Nova York.

COLÔNIA
território controlado por uma nação distante

POVOADOS INGLESES E HOLANDESES
- COLÔNIAS INGLESAS
- COLÔNIAS HOLANDESAS
- ESTADOS ATUAIS

Várias colônias inglesas surgiram na costa leste da América do Norte. Elas se expandiram e expulsaram os indígenas para oeste. Como antes, os europeus traziam doenças que dizimaram as populações nativas.

POVOADOS FRANCESES

Em 1608, SAMUEL DE CHAMPLAIN fundou um povoado francês na atual província canadense do Quebec.

POVOADOS FRANCESES

- CANADÁ
- Quebec
- Alta Louisiana
- LOUISIANA
- Baixa Louisiana
- GOLFO DO MÉXICO
- OCEANO ATLÂNTICO

COLÔNIAS FRANCESAS
COLÔNIAS INGLESAS

Com a ajuda dos indígenas, os franceses comerciavam peles e resolveram reivindicar terras dos Grandes Lagos para Louisiana. As colônias francesas não eram muito povoadas, ao contrário das colônias inglesas na América do Norte, que abrigavam mais de um milhão de pessoas em 1750.

A GUERRA dos SETE ANOS

Os franceses e ingleses se tornaram os principais COLONIZADORES da América do Norte. Em 1756, lutaram por

COLÔNIAS DURANTE A GUERRA DOS SETE ANOS

- Baía de Hudson
- CANADÁ
- Golfo de São Lourenço
- Rio Ohio
- OCEANO ATLÂNTICO

TANTO OS FRANCESES QUANTO OS INGLESES QUERIAM CONTROLAR ESTAS REGIÕES.

- COLÔNIAS FRANCESAS
- VALE DO RIO OHIO
- COLÔNIAS INGLESAS

terras na GUERRA FRANCO-INDÍGENA, também conhecida como GUERRA DOS SETE ANOS.

Tanto os franceses quanto os ingleses queriam controlar o comércio de peles e as águas do golfo de São Lourenço e o vale do rio Ohio. A atividade comercial dos franceses estava impedindo que os ingleses expandissem seus territórios.

Os europeus e os indígenas com os quais comerciavam se uniram para combater o inimigo comum. Os franceses aprenderam **TÁTICAS DE GUERRILHA** com os huronianos. Por outro lado, os iroqueses ajudaram os ingleses por causa do ódio que sentiam por exploradores franceses, como Samuel de Champlain, que havia assassinado muitos caciques iroqueses.

> **TÁTICAS DE GUERRILHA**
> pequenas incursões para interromper as linhas de abastecimento do inimigo e realizar ataques de surpresa quando o terreno for favorável

George Washington lutou pelos ingleses na Guerra Franco-Indígena e descobriu que os franceses podiam ser derrotados usando táticas de guerrilha. Os colonos ingleses também tiveram ajuda do PRIMEIRO-MINISTRO WILLIAM PITT, O VELHO, que fez um grande investimento na Marinha inglesa para a guerra. Com isso, os franceses acabaram derrotados. Nos termos do TRATADO DE PARIS (1763), a França cedeu o controle do Canadá e das terras a leste do rio Mississippi para a Inglaterra.

VERIFIQUE SEUS CONHECIMENTOS

1. Quase todos os povoados espanhóis e portugueses na América Central, do Norte e do Sul ficavam no litoral. Por quê?

2. Qual foi a principal atividade econômica da América espanhola e que tipo de trabalho predominou nessas colônias?

3. Quais foram as causas da Guerra dos Sete Anos?

4. Samuel de Champlain fundou qual dos povoados a seguir?
A. Plymouth.
B. Louisiana.
C. Quebec.
D. Montreal.

CONFIRA AS RESPOSTAS

1. Porque os navios tinham fácil acesso ao litoral e todo o comércio entre a Europa e as colônias era realizado por meio de navios.

2. A principal atividade foi a mineração de prata. A principal mão de obra foi a indígena, que podia ser usada sob o sistema da mita ou da encomienda.

3. A Guerra dos Sete Anos aconteceu porque tanto os franceses quanto os ingleses queriam controlar o comércio de peles, as águas do golfo de São Lourenço e o vale do rio Ohio. Além disso, a atividade comercial dos franceses estava impedindo que os ingleses expandissem seus territórios.

4. C. Quebec.

Capítulo 23
O BRASIL COLONIAL

PRIMEIROS MOMENTOS e EXPLORAÇÃO do PAU-BRASIL

De início, as terras brasileiras não despertaram grande interesse comercial para os portugueses. Na época, o reino português estava mais preocupado em comercializar com a África e, principalmente, com a Ásia. Até mais ou menos 1530, as expedições ao Brasil eram apenas para conhecer melhor o território. Os portugueses não encontraram metais preciosos aqui, mas acharam um produto que seria útil para o comércio: o **PAU-BRASIL**.

> **PAU-BRASIL**
> Árvore que tem o interior do tronco "vermelho como brasa". Dela vem as palavras "Brasil" e "brasileiro".

O pau-brasil já era conhecido pelos portugueses, que até então compravam a árvore no Oriente. Sabiam que dela se extraía um corante vermelho, ideal para tingir tecidos para a nobreza europeia. Com a abundância da árvore no Brasil, a aquisição passou a ser mais barata e o comércio, mais lucrativo.

A exploração do pau-brasil era feita em colaboração com os indígenas. Eles o extraíam e levavam para os portugueses em troca de objetos como facas, miçangas e espelhos, que tinham valor simbólico. Cada grupo indígena se apropriava dos objetos conforme sua cultura.

> COMO É QUE ESSES INDÍGENAS ENTREGAM UMA MADEIRA TÃO VALIOSA EM TROCA DE UM SIMPLES ESPELHO?

> COMO É QUE ESSES BRANCOS ENTREGAM OBJETOS VALIOSOS EM TROCA DE UMA ÁRVORE QUE TEM AOS MONTES POR AÍ?

A extração do pau-brasil iniciou um longo processo de desmatamento da MATA ATLÂNTICA. Era uma floresta que dominava o litoral brasileiro, mas, hoje, só restam 7% da sua cobertura original.

ANTIGA ÁREA DA MATA ATLÂNTICA

BRASIL

OCEANO ATLÂNTICO

INÍCIO da COLONIZAÇÃO

Por volta de 1530, os portugueses decidiram começar a colonizar as novas terras. Nessa época, as terras brasileiras começaram a ser ameaçadas por ingleses, franceses e holandeses, que não respeitaram o Tratado de Tordesilhas. Além disso, o comércio com o Oriente se tornava cada vez mais caro, por causa da concorrência com outras nações europeias.

A primeira expedição colonizadora, comandada por MARTIM AFONSO DE SOUSA, chegou ao Brasil em 1531, com uma tripulação de 400 pessoas. Eles fundaram povoados no litoral e, já no ano seguinte, foi criada São Vicente, a primeira vila do Brasil.

Em São Vicente instalou-se o primeiro engenho de açúcar do Brasil. O rei também passou a conceder terras para quem tivesse recursos para criar outros engenhos por aqui. Com o surgimento dos engenhos e a exploração de pau-brasil, os colonizadores precisavam de mais mão de obra. Por isso, os portugueses passaram a escravizar indígenas, valendo-se do princípio da **GUERRA JUSTA**.

> **GUERRA JUSTA**
> direito de derrotar e submeter um povo quando ele se recusava a se tornar cristão

Em 1534, o rei português dividiu o território brasileiro em grandes porções de terra e as entregou a pessoas que tivessem condições de colonizá-las. Ao todo, foram quinze pedaços de terra entregues a capitães ou donatários. Após a morte desses donatários, as terras seriam passadas para seus descendentes. Por isso elas foram chamadas de CAPITANIAS HEREDITÁRIAS.

Os donatários deveriam proteger as terras e fazê-las prosperar, mas somente Pernambuco e São Vicente se desenvolveram. Muitos donatários nem chegaram a vir para o Brasil, já que não tinham interesse em investir em um empreendimento tão perigoso. Outros vieram e fracassaram, devido às condições ruins e à resistência indígena.

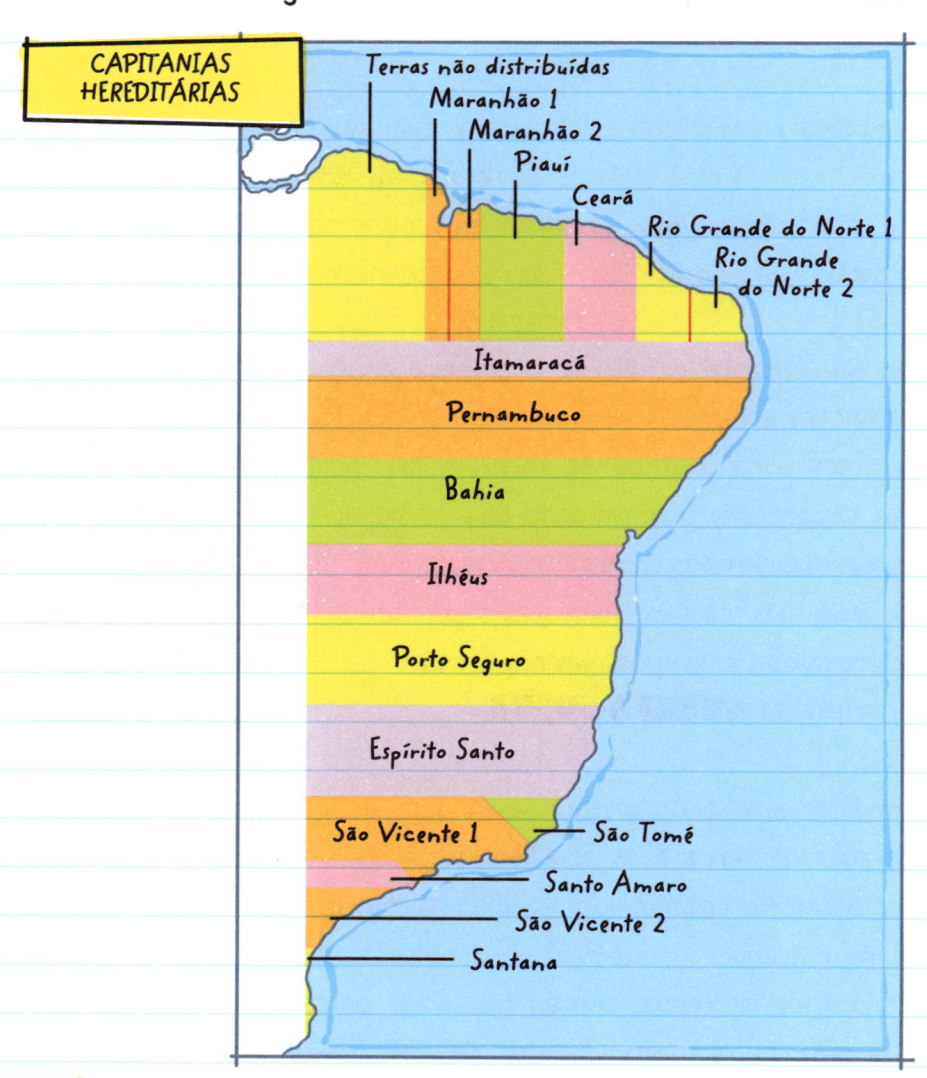

CAPITANIAS HEREDITÁRIAS

- Terras não distribuídas
- Maranhão 1
- Maranhão 2
- Piauí
- Ceará
- Rio Grande do Norte 1
- Rio Grande do Norte 2
- Itamaracá
- Pernambuco
- Bahia
- Ilhéus
- Porto Seguro
- Espírito Santo
- São Vicente 1
- São Tomé
- Santo Amaro
- São Vicente 2
- Santana

Como a política das capitanias não deu muito certo, em 1548 a Coroa portuguesa instituiu o GOVERNO-GERAL, com sede na Bahia. A partir de então, a figura do governador-geral era o representante direto da Coroa na colônia. Mas ele não decidia tudo sozinho. Além dele e dos capitães donatários, havia as Câmaras Municipais, que representavam os poderes locais na colônia, equivalentes aos cabildos da América espanhola.

JESUÍTAS e INDÍGENAS

Junto com TOMÉ DE SOUSA, primeiro governador-geral, vieram os primeiros jesuítas, chefiados pelo padre MANOEL DA NÓBREGA. Depois, com DUARTE DA COSTA, segundo governador-geral, vieram mais jesuítas, liderados pelo padre JOSÉ DE ANCHIETA.

No Brasil, os **JESUÍTAS** atuaram na conversão dos nativos ao cristianismo. Para isso, eles criaram os aldeamentos, onde a população de diferentes povoados nativos era reunida para uma rotina de trabalhos e de ensinamentos cristãos.

> **JESUÍTAS**
> membros da Companhia de Jesus, uma ordem religiosa que tinha como missão espalhar o catolicismo pelo mundo

Os indígenas não deveriam ser forçados a ir para lá, mas convencidos. Em geral, eles aceitavam ir quando seus líderes achavam útil se aproximar dos portugueses. Nos aldeamentos teriam terra e estariam protegidos da ameaça dos grupos rivais e das tentativas de exploração por parte dos colonos.

Os indígenas catequizados foram muito importantes para a colonização portuguesa. Foram eles que construíram muitos fortes, que deram conhecimento sobre rotas nas matas e que lutaram ao lado dos portugueses em ocasiões de invasões estrangeiras. Em 1567, por exemplo, os temiminós foram importantes na expulsão de franceses e seus aliados tupinambás da baía de Guanabara, no Rio de Janeiro.

Os indígenas aldeados aprenderam novas regras de convivência e comportamentos que lhes possibilitavam novas estratégias de luta e sobrevivência. Pediam recompensas do rei em troca de serviços prestados e alguns chegaram a ganhar terras e títulos. Os jesuítas também precisaram se adaptar, aprendendo as línguas indígenas e suas diferentes culturas.

Os jesuítas criticavam a escravidão indígena, mas também eram acusados pelos colonos de explorar a mão de obra nativa em seus engenhos. No entanto, eles tiveram um papel fundamental para os indígenas durante o processo de colonização, já que os nativos que se tornassem "MANSOS" (cristãos e súditos do rei) estariam numa condição mais segura que os demais, considerados "SELVAGENS" (sob ameaça de escravidão por meio da guerra justa).

ECONOMIA AÇUCAREIRA

Proteger e colonizar o território brasileiro eram tarefas muito caras. Precisava-se encontrar atividades econômicas que custeassem essas necessidades e dessem lucro. A atividade que melhor resolveu esse problema foi a produção de AÇÚCAR para exportação. O clima e o solo brasileiros eram muito propícios à produção de cana-de-açúcar. Logo ela se tornou mais importante que a extração do pau-brasil.

Produto consumido pelas elites europeias, o açúcar tinha boa demanda. Além disso, os portugueses tinham experiência com essa cultura, pois já plantavam a cana nas ilhas da Madeira e dos Açores. No Brasil, a produção açucareira se concentrou na Bahia e em Pernambuco. Em 1570, havia cerca de 60 engenhos no litoral. O Brasil começava a se consolidar como o principal produtor no Ocidente.

A produção açucareira se dividia em canaviais e engenhos. A cana colhida nas plantações era moída no engenho. O líquido extraído era cozido em enormes fogueiras, que consumiam grande quantidade de madeira. Isso gerava um líquido purificado e engrossado, posto em fôrmas de argila para se cristalizar em um açúcar argiloso. Do melaço que sobrava do processo fazia-se a cachaça.

Algumas moendas eram movidas a água, enquanto outras eram puxadas por bois. Quem não tinha dinheiro para ter um engenho plantava a cana e vendia o que colhia para um senhor de engenho. Quem tinha dinheiro formava em suas terras uma espécie de pequena sociedade, com o engenho de açúcar, o canavial, o curral, o chiqueiro, o galinheiro, a capela, a oficina de marcenaria, a senzala, a casa-grande etc.

Em cada engenho trabalhavam dezenas de africanos escravizados e alguns trabalhadores livres, como os MESTRES DE AÇÚCAR, encarregados da qualidade do produto. No início, a produção açucareira usava o trabalho escravo indígena, mas estes morriam

ENGENHO DE CANA-DE-AÇÚCAR

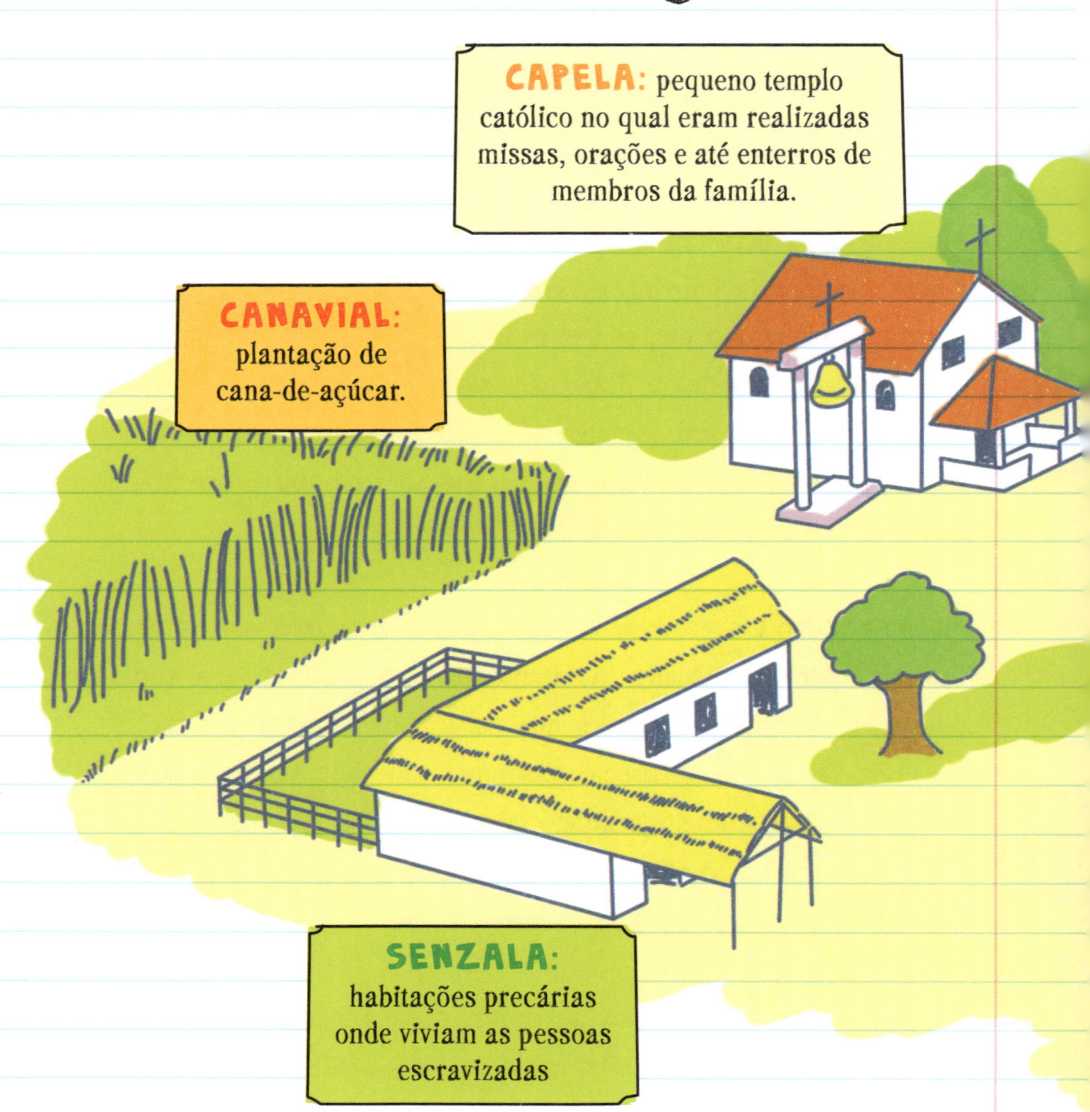

CAPELA: pequeno templo católico no qual eram realizadas missas, orações e até enterros de membros da família.

CANAVIAL: plantação de cana-de-açúcar.

SENZALA: habitações precárias onde viviam as pessoas escravizadas

CASA-GRANDE: sede administrativa e local onde vivia a família do senhor de engenho

RODA D'ÁGUA: dispositivo criado para aproveitar a força das águas dos rios para girar os cilindros da moenda. Entre os cilindros, a cana era passada e moída.

MOENDA DE CANA: lugar onde os escravos moíam a cana-de-açúcar para extrair dela o seu líquido

com facilidade, contaminados pelas doenças europeias, e não se adaptavam bem ao trabalho duro nas plantações, recebendo certa proteção dos jesuítas. Por outro lado, os escravos negros estavam mais adaptados ao trabalho agrícola e à criação de animais, comuns em suas comunidades na África. Essa situação, somada ao lucro que os mercadores tinham com o tráfico negreiro, fez com que a escravidão africana fosse predominante na produção colonial. Na década de 1570, começou a importação de grande número de africanos escravizados para trabalharem nas lavouras e nos engenhos.

Assim, a produção de açúcar no Brasil passou a estar relacionada ao tráfico atlântico de africanos escravizados, duas atividades muito lucrativas e que dependiam uma da outra.

ESCRAVIDÃO

Os ibéricos foram os primeiros a adotar o tráfico negreiro. Mais tarde, holandeses, ingleses e franceses também adotaram a prática. Os europeus pagavam os cativos com diversas mercadorias, como tecidos europeus, além de cachaça e tabaco do Brasil. Depois, atravessavam os cativos e os vendiam para os colonos da América.

Ao todo, vieram para o Brasil mais de 4 milhões de africanos escravizados. Eles eram aprisionados em seu continente, marcados a ferro e vendidos por comerciantes na costa africana. Em seguida, eram colocados nos porões dos navios negreiros para atravessarem o Atlântico. A viagem de Angola até o Nordeste brasileiro durava pouco mais de um mês. Muitos africanos morriam no caminho, pois recebiam pouca comida e água, e ficavam amontoados e acorrentados nos porões quentes dos navios, locais favoráveis a doenças.

Chegando ao Brasil, eles eram vendidos ainda nos portos e, poucos dias depois, já estavam trabalhando nos engenhos, nas plantações ou mesmo nos serviços domésticos e urbanos. Passariam a trabalhar cerca de 15 horas por dia e a ser castigados com regularidade.

As pessoas que vinham forçadas da África eram de povos e regiões diferentes. Dentre esses grupos, havia dois principais: os BANTOS e os SUDANESES. Os bantos vinham da África subsaariana e foram para Pernambuco e para o Sudeste brasileiro. Já os sudaneses vinham da região do golfo da Guiné e foram mais para a Bahia.

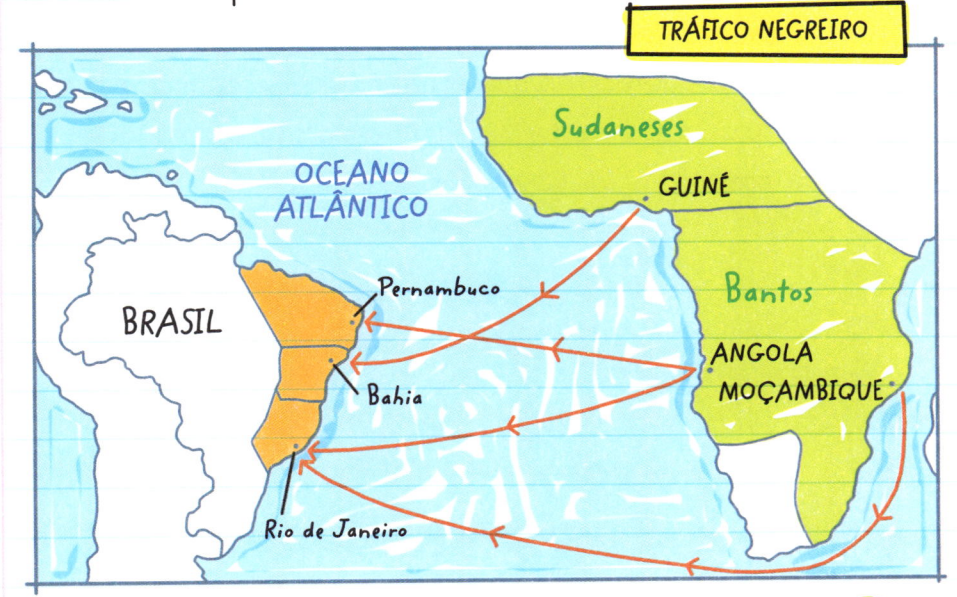

TRÁFICO NEGREIRO

Sudaneses
OCEANO ATLÂNTICO
GUINÉ
Pernambuco
BRASIL
Bantos
Bahia
ANGOLA
MOÇAMBIQUE
Rio de Janeiro

Os africanos escravizados reagiam sempre que podiam à escravidão. Algumas mulheres chegavam a provocar abortos, para que seus filhos não nascessem como escravos. Alguns escravizados procuravam negociar com seus senhores condições menos cruéis de vida. Outros se rebelavam violentamente contra seus senhores e sabotavam a produção. A forma mais comum de resistência, no entanto, foi a fuga. Muitos escravos fugiram sozinhos ou em grupos, formando **QUILOMBOS**.

> **QUILOMBO**
> comunidade autossuficiente e escondida que reunia pessoas que conseguiam fugir do cativeiro

O quilombo mais conhecido do período colonial foi o QUILOMBO DOS PALMARES, localizado no atual estado de Alagoas. Palmares chegou a ter mais de 20 mil habitantes e resistiu a tentativas de destruição por mais de seis décadas. Lá, os quilombolas criavam gado e se dedicavam à agricultura. O mais importante líder de Palmares foi Zumbi, que liderou a resistência contra muitas tentativas de destruição do quilombo, até ser morto em 1695. O dia de sua morte, 20 de novembro, é lembrado atualmente como DIA DA CONSCIÊNCIA NEGRA.

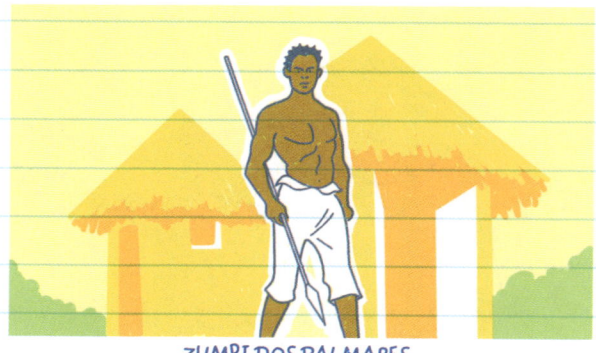

ZUMBI DOS PALMARES

UNIÃO IBÉRICA e BRASIL HOLANDÊS

Em 1580, o rei português D. Henrique I morreu. Como não tinha herdeiros, o trono ficou vago. Aproveitando a chance, o rei espanhol Felipe II invadiu e conquistou Portugal e suas colônias. Começou assim o período conhecido como UNIÃO IBÉRICA (1580–1640).

Na mesma época em que se iniciou a União Ibérica, a Holanda se tornou independente do domínio espanhol. Os espanhóis não gostaram de perder a região e proibiram seus domínios de comercializar com os holandeses. Isso significava que os holandeses não poderiam mais participar do negócio do açúcar brasileiro, como costumavam fazer.

Os holandeses reagiram pilhando ilhas portuguesas na África e criando a COMPANHIA DAS ÍNDIAS OCIDENTAIS em 1621. Era uma empresa para fazer comércio no Atlântico, ignorando as proibições espanholas.

Em 1624, os holandeses invadiram a Bahia, mas foram expulsos por portugueses e indígenas. Anos depois, em 1630, eles fizeram uma nova tentativa. Dessa vez, vieram com mais de 50 navios e se instalaram em Pernambuco. Em 1637, chegou o governador holandês MAURÍCIO DE NASSAU.

Nassau conseguiu se conciliar com os luso-brasileiros. Seu governo ficou conhecido pela tolerância religiosa, por financiar reformas urbanas e por conceder crédito aos senhores de engenho. Ele também estimulou a cultura, trazendo pintores e cientistas para o Brasil. Apesar disso, Nassau foi acusado de não perseguir bem o objetivo de dar lucro aos holandeses. Assim, seu governo terminou em 1644.

A saída de Maurício de Nassau trouxe de volta as brigas entre holandeses e portugueses, pois a elite local passou a ser pressionada para pagar mais impostos. Além disso, os portugueses haviam retomado seu trono em 1640, com D. João IV. Esses fatores fizeram com que se iniciasse um movimento para expulsar os holandeses. Após uma série de lutas e tratados, os holandeses deixaram o Nordeste em 1654.

A segunda metade do século XVII seria marcada por uma grave crise no reino português e em suas colônias. As guerras travadas durante a União Ibérica contra os inimigos da Espanha deixaram vazios os cofres portugueses. Para piorar, o açúcar brasileiro, principal atividade econômica, passou a enfrentar a concorrência do açúcar antilhano: depois de expulsos, os holandeses levaram a cana-de-açúcar do Nordeste brasileiro para as Antilhas. Assim, não havia mais monopólio do Brasil e os preços do produto começaram a cair.

DESCOBERTA de OURO e OCUPAÇÃO do INTERIOR

Até o final do século XVII, o Império Português estava endividado e sua colônia brasileira estava toda concentrada no litoral. Essa situação mudou muito porque vários grupos começaram a ir para o interior em busca de riquezas.

Na década de 1690, foi encontrado ouro em alguns rios de Minas Gerais. A descoberta foi feita pelos **BANDEIRANTES** e a notícia se espalhou. Pessoas de diversos lugares migraram para a região para tentar enriquecer.

> **BANDEIRANTES OU PAULISTAS**
> Pessoas que viviam viajando pelas matas brasileiras em busca de riquezas e indígenas para escravizar. Eram descendentes de portugueses e indígenas e, por isso, tinham hábitos como andar descalços pelas matas.

Com o ouro, a região de Minas Gerais cresceu rapidamente. Logo surgiram as primeiras vilas. Os paulistas, que haviam descoberto o metal, achavam que detinham o monopólio sobre o ouro e, assim, combatiam aqueles que chegavam para procurá-lo.

O mais violento conflito entre eles e os portugueses ficou conhecido como GUERRA DOS EMBOABAS. Os portugueses (ou, como eram chamados, emboabas) venceram o conflito e os bandeirantes tiveram que procurar ouro em outro lugar, encontrando o metal em Mato Grosso (1718) e Goiás (1725).

A Coroa portuguesa passou a adotar várias estratégias para tentar controlar a exploração do ouro. Uma das mais importantes foi criar as CASAS DE FUNDIÇÃO, que serviam para facilitar a cobrança do **QUINTO**.

> **QUINTO**
> imposto de 20% (um quinto) que a Coroa cobrava sobre a exploração de recursos nas suas colônias

O ouro em pó passou a ser proibido, pois era fácil escondê-lo e contrabandeá-lo. As pessoas foram obrigadas a levar o ouro às Casas de Fundição, onde ele seria taxado e transformado em barra com selo da Coroa, indicando que o quinto já havia sido pago.

A Coroa também tentava controlar o acesso ao ouro por meio da concessão de terras para pessoas de confiança e da criação de novas capitanias. Além disso, em 1763 a capital da colônia foi transferida de Salvador para o Rio de Janeiro, porto mais próximo da região mineira.

As viagens do litoral para as regiões mineiras eram difíceis. A vegetação era densa e a temperatura chegava a um frio e calor extremos. Havia insetos venenosos, animais perigosos e indígenas que resistiam à invasão de seus territórios. Por isso, foram criados dois caminhos, considerados mais rápidos e fáceis para levar o ouro aos portos (veja no mapa).

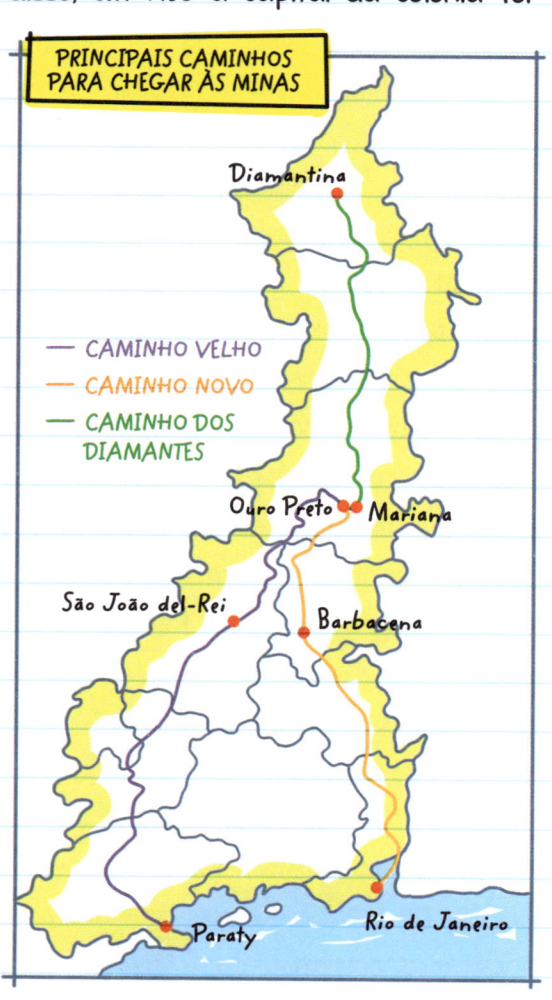

PRINCIPAIS CAMINHOS PARA CHEGAR ÀS MINAS

— CAMINHO VELHO
— CAMINHO NOVO
— CAMINHO DOS DIAMANTES

Diamantina
Ouro Preto • Mariana
São João del-Rei • Barbacena
Paraty • Rio de Janeiro

A descoberta do ouro, a atividade dos bandeirantes e a pecuária provocaram a ocupação do interior do território brasileiro. De início, a rápida ocupação de Minas Gerais gerou alguns problemas. Não havia comida para tanta gente. Com o tempo, desenvolveu-se uma produção agropecuária local e uma rede de abastecimento interno que levava produtos do sertão nordestino e do Sul para as minas.

Para fazer o trabalho pesado, milhares de africanos escravizados foram levados para a região. Eles passavam dias inteiros procurando ouro nos rios. Em 1786, metade da população da capitania de Minas Gerais era escrava.

As pessoas que conseguiam enriquecer com o ouro costumavam fazer doações para artistas e igrejas. Por isso, o século XVIII mineiro também foi marcado pelo surgimento de grandes artistas, como o escultor Aleijadinho, e pela criação de belas igrejas, algumas com altares de ouro.

IGREJA DE SÃO FRANCISCO DE ASSIS, QUE ALEIJADINHO AJUDOU A CONSTRUIR EM OURO PRETO

Mas, no geral, qual foi o impacto econômico da descoberta de ouro no Brasil?

- A produção de ouro foi aumentando até chegar ao auge na metade do século XVIII e, depois, começou a cair devido ao esgotamento das minas.

- O excesso de ouro inflacionou a colônia (ou seja, os preços subiram), mas isso foi compensado por uma maior movimentação comercial.
- As regiões mineradoras se transformaram em grandes mercados consumidores, o que ajudou a recuperar regiões agrícolas que estavam em crise, como o Nordeste açucareiro.
- O Brasil ficou mais forte economicamente que Portugal, que se tornou quase um entreposto comercial entre a colônia e a Europa.

Por mais que a Coroa portuguesa tenha lucrado muito com os quintos, muito do ouro brasileiro foi parar na Inglaterra. O Império Português exportava gêneros agrícolas e importava manufaturas inglesas por preços altos, por isso estava sempre endividado e usava o ouro brasileiro para quitar suas dívidas. O ouro acumulado na Inglaterra seria importante para a Revolução Industrial.

REFORMAS e REBELIÕES COLONIAIS

O reino português voltou a passar por dificuldades na segunda metade do século XVIII. Em 1755, um forte terremoto destruiu Lisboa. Foi necessário gastar muito para reconstruir a capital e, naquele momento, a extração do ouro brasileiro começava a entrar em declínio.

A Coroa portuguesa tratou de fazer reformas para estabilizar economicamente o Império, que foram iniciadas pelo ministro MARQUÊS DE POMBAL, braço direito do rei D. José I. Pombal incentivou o comércio e as manufaturas no reino e reduziu a autonomia das colônias. Após a morte do rei, assumiu sua filha, D. Maria I, em 1777. Ela reviu algumas ações de Pombal e libertou cerca de 800 pessoas exiladas pelo ministro. Em outros pontos, D. Maria I aprofundou as políticas pombalinas. O Brasil, por exemplo, seria proibido de criar manufaturas, para ser obrigado a comprar tudo de Portugal.

No fim do século, começaram a chegar por aqui algumas ideias do **ILUMINISMO** e as notícias de grandes movimentos revolucionários, como a INDEPENDÊNCIA DOS ESTADOS UNIDOS (1776), a REVOLUÇÃO FRANCESA (1789) e a REVOLUÇÃO DO HAITI (1791).

ILUMINISMO
Movimento intelectual que surgiu na Europa no século XVIII. Criticava o poder dos reis e da Igreja, e defendia a liberdade e o uso da razão.

Nesse contexto, aconteceram no Brasil algumas revoltas coloniais. As mais conhecidas são a INCONFIDÊNCIA MINEIRA (1789) e a CONJURAÇÃO BAIANA (1798).

Em 1788 chegou a Minas Gerais um novo governador para cobrar enormes dívidas que a elite local tinha com a Coroa portuguesa. Em resposta, essa elite, influenciada pelos ideais iluministas, começou uma conspiração.

Alguns chegaram a propor a independência de Minas Gerais, seguindo o exemplo da Independência dos Estados Unidos. Porém, o movimento não chegou a se concretizar. Alguns impostos foram suspensos, diminuindo a adesão ao movimento. Além disso, um dos membros da conspiração "abriu o bico": em troca do perdão de suas dívidas, entregou todos os envolvidos ao governador. Estes foram expulsos do Brasil, mas um deles foi enforcado e esquartejado. Era TIRADENTES, um dos inconfidentes mais engajados.

A Conjuração Baiana foi mais popular. Participaram dela alfaiates, soldados, ex-escravos e alguns intelectuais. Eles queriam proclamar uma república na Bahia e defendiam liberdade comercial, aumento do salário dos soldados e combate à escravidão. O movimento divulgava suas ideias em jornais e panfletos, e logo chegou ao conhecimento das autoridades, sofrendo forte repressão. Quatro pessoas foram enforcadas e esquartejadas.

Fora, portugueses! Independência para... MINAS GERAIS!

OS DIZERES NA BANDEIRA MINEIRA SIGNIFICAM "LIBERDADE AINDA QUE TARDIA".

O tratamento que a Coroa portuguesa deu aos revoltosos servia de exemplo. Eles queriam que ninguém mais se atrevesse a questionar o poder real. No entanto, isso não mudou o cenário da época. A partir do final do século XVIII, o modelo colonial começou a ser fortemente questionado.

VERIFIQUE SEUS CONHECIMENTOS

1. Qual foi a primeira atividade econômica do Brasil Colônia?

2. Como foi feita a administração colonial a partir de 1530?

3. Os jesuítas foram muito importantes para a colonização portuguesa. Quem foram eles e o que faziam?

4. Como era produzido o açúcar no período colonial?

5. De que regiões da África vinham as pessoas escravizadas que eram trazidas para o Brasil?

6. Aponte duas consequências da descoberta de ouro no Brasil.

7. Muitas pessoas acreditam que Tiradentes é um herói popular porque teria lutado pela independência do Brasil. Isso é verdade?

RESPOSTAS

CONFIRA AS RESPOSTAS

1. A primeira atividade foi a extração do pau-brasil para fins comerciais. A árvore era obtida por meio de trocas com os nativos.

2. A partir desse momento foram estabelecidas as capitanias hereditárias e, com o fracasso delas, foi estabelecido o governo-geral em 1548. Também foram estabelecidas as Câmaras Municipais, unidades de poder local na colônia.

3. Os jesuítas eram os membros da Companhia de Jesus, uma ordem religiosa que tinha como objetivo espalhar o catolicismo pelo mundo. No Brasil, eles criaram os aldeamentos para evangelizar grupos indígenas, que foram muito importantes ao ajudarem os portugueses em guerras e obras públicas.

4. Havia os canaviais (enormes plantações de cana) e os engenhos (locais onde a cana era moída para extração do açúcar). A cana colhida era moída e o líquido extraído era cozido em fogueiras. Desse processo saía um líquido grosso, que era posto em fôrmas de argila para se cristalizar em açúcar. Assim o produto estava pronto para ser exportado.

5. O grupo dos bantos veio da África subsaariana e o grupo dos sudaneses veio da região do golfo da Guiné.

6. Podem ser apontadas duas das seguintes consequências: aumento generalizado dos preços na colônia, desenvolvimento de regiões produtoras para atender o mercado consumidor mineiro, recuperação do Nordeste açucareiro, ganho de poder da colônia frente a Portugal e expansão para o interior do território brasileiro.

7. Não é verdade, pois o movimento do qual Tiradentes fazia parte queria apenas a independência de Minas Gerais, e não do Brasil. Além disso, não era um movimento popular, pois era formado por membros da elite mineira.

Unidade 5

Revoluções e Iluminismo
Séculos XVI-XIX

As revoluções ocorridas entre os séculos XVI e XIX marcam uma nova etapa nas sociedades do mundo ocidental, porque transformam a economia, as relações sociais, a forma de governar, o conhecimento e a ciência da maior parte dos países da Europa e da América.

Capítulo 24
A REVOLUÇÃO CIENTÍFICA E O ILUMINISMO

Novas ideias inspiradas pelo humanismo e pela Reforma Protestante se infiltraram no reino da ciência.

O MÉTODO CIENTÍFICO

O MÉTODO CIENTÍFICO consiste em fazer um estudo sobre situações ou objetos reais do mundo exterior seguindo etapas organizadas. Prevê, em geral, observação, formulação de hipóteses e tentativa de comprovação das hipóteses através de explicações racionais.

FRANCIS BACON, que criou o método científico por volta de 1620, era um filósofo e ensaísta inglês. Como Bacon achava que os cientistas deviam usar o pensamento sistemático para entender a natureza, criou um conjunto de instruções para o modo como as pessoas deviam coletar e analisar resultados experimentais. Muitas descobertas científicas e matemáticas foram feitas durante a REVOLUÇÃO CIENTÍFICA (séculos XVI ao XVII).

A REVOLUÇÃO CIENTÍFICA

Alguns cientistas antigos achavam que a Terra se movia em torno do Sol. A maioria, porém, acreditava que a Terra era o centro do Universo, com base nas ideias do astrônomo PTOLOMEU, que viveu no século II.

Sua teoria **GEOCÊNTRICA** fez da Terra o ponto fixo em um universo de esferas que giravam em torno dela. Isso colocava os humanos no centro do Universo e Deus e o Céu na esfera mais externa, que era a "máquina motriz" que movimentava todas as outras esferas. A Igreja Católica Romana adotava a teoria de Ptolomeu.

GEOCÊNTRICO
centrado na Terra

SATURNO
JÚPITER
MARTE
SOL
TERRA
LUA
VÊNUS
MERCÚRIO

Em 1543, o matemático e padre polonês NICOLAU COPÉRNICO resgatou a ideia de que o Sistema Solar era HELIOCÊNTRICO (ou seja, o Sol estava no centro), que tinha sido proposta originalmente pelo astrônomo e filósofo grego ARISTARCO.

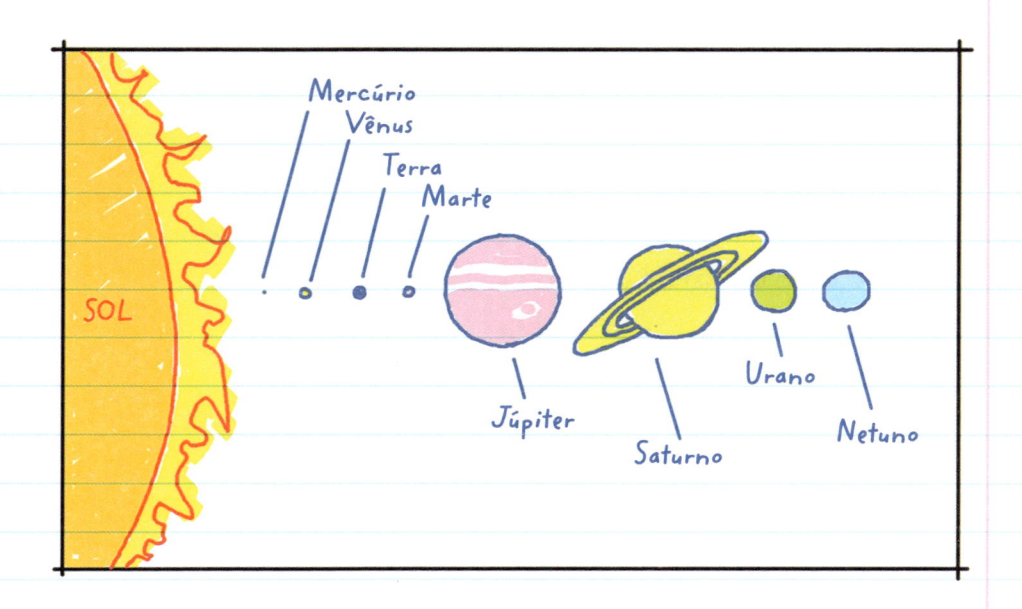

Copérnico chegou à conclusão de que, enquanto os planetas giravam em torno do Sol, a Lua girava em torno da Terra. O astrônomo JOHANNES KEPLER concordou e descobriu que as órbitas planetárias eram ELÍPTICAS, ou seja, tinham forma oval e não circular, como se pensava até então.

Essas descobertas tinham deixado a Igreja Católica apenas apreensiva. No entanto, quando o matemático GALILEU GALILEI confirmou com um telescópio que as teorias de Ptolomeu estavam erradas, a Igreja ficou realmente furiosa. O telescópio de Galileu mostrou que havia montanhas na Lua (o satélite natural da Terra) e que Júpiter tinha satélites parecidos.

Em outras palavras, os corpos celestes não eram esferas puras de luz. Galileu publicou suas descobertas em 1610, no livro O MENSAGEIRO DAS ESTRELAS... e a Igreja o condenou à prisão perpétua. Outros cientistas também foram presos por propor teorias que contestavam os ensinamentos da Igreja Católica.

Lembre-se de Galileu com esta rima:
"A Terra gira em torno do Sol", disse Galileu,
E para que ele não repetisse,
A Igreja Católica o prendeu.

DESCOBERTAS na MATEMÁTICA e na FÍSICA

Na década de 1630, RENÉ DESCARTES propôs um sistema de geometria que usava equações matemáticas. A obra de Descartes se tornou a base da geometria analítica.

"PENSO, LOGO EXISTO"
Descartes era um filósofo que escreveu sobre dúvidas e incertezas. Ele propôs a si mesmo deixar de lado tudo que havia aprendido para começar do zero, duvidando de tudo. A única coisa em que acreditava com segurança, sem sombra de dúvida, era o fato de que existia. Daí a expressão "Penso, logo existo".

A REVOLUÇÃO

1543:
Nicolau Copérnico publica um livro no qual defende o modelo cósmico heliocêntrico, ou seja, que o Sol está no centro do Sistema Solar.

1616:
A Igreja Católica proíbe os livros de Copérnico.

1610:
Galileu usa um telescópio para observar os planetas e a Lua e publica suas descobertas no livro *O mensageiro das estrelas*.

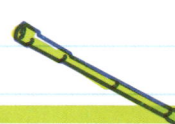

1628:
William Harvey publica um livro de anatomia no qual mostra que o coração humano bombeia o sangue para o resto do corpo.

CIENTÍFICA

1632:
O livro de Galileu é proibido pela Igreja Católica.

1637:
René Descartes publica *La Géometrie*, inaugurando a geometria analítica.

1633:
Galileu é acusado de heresia pela Igreja e vai a julgamento. É condenado à prisão perpétua e é observado de perto pelas autoridades religiosas.

1687:
Isaac Newton publica o livro *Philosophiae Naturalis Principia Mathematica*, no qual descreve sua teoria da gravitação universal.

ISAAC NEWTON estudou o movimento dos planetas e dos objetos na Terra. No final do século XVII, Newton criou um conjunto de leis que descreviam matematicamente o movimento dos objetos com base na hipótese de que todo objeto no Universo é atraído por todos os outros objetos por uma força chamada GRAVITAÇÃO (é por isso que as coisas caem).

MINHAS LEIS IMPERAM!

As ideias de Newton levaram as pessoas a ver o Universo como uma gigantesca máquina com leis de funcionamento bem definidas. Suas ideias dominaram a visão de como o Universo funciona até que ALBERT EINSTEIN propôs sua teoria da relatividade no século XX (um meio diferente de explicar os detalhes de como funciona o Universo).

O médico inglês WILLIAM HARVEY contribuiu para os estudos de anatomia quando descobriu que o coração humano (e não as artérias, como se pensava anteriormente) bombeia o sangue para o resto do corpo. Ele publicou um livro sobre suas descobertas em 1628.

O ILUMINISMO

A Revolução Científica contribuiu muito para o desenvolvimento do **ILUMINISMO**, movimento filosófico e intelectual que se expandiu pela Europa, ao longo do

> **ILUMINADO**
> dotado de saber, de conhecimentos; esclarecido

século XVIII. Muitas pessoas seguiram esse movimento de ideias, centrado na razão como principal fonte de conhecimento humano.

Também chamado de IDADE DA RAZÃO, o Iluminismo influenciou a política, a literatura, as artes plásticas, a religião e, é claro, a ciência.

O ILUMINISMO e os DIREITOS INDIVIDUAIS

O Iluminismo trouxe novas teorias a respeito de como o governo devia ser conduzido. Como assim? É que muitas ideias iluministas se baseavam nos direitos individuais. Descartes achava que qualquer um com uma boa educação podia raciocinar e tomar decisões corretas, e que as pessoas deviam governar a si próprias.

JOHN LOCKE também defendeu os direitos individuais. Ele contestou a teoria do direito divino dos reis e sustentou que todas as pessoas tinham DIREITOS NATURAIS à VIDA, à LIBERDADE e à PROPRIEDADE. Em seu livro DOIS TRATADOS SOBRE O GOVERNO (1689) ele argumentava que o governo devia servir ao povo, e não ao rei. De acordo com Locke, o governo precisava respeitar as leis naturais e proteger os direitos do povo. Se o governo não fizesse isso, o povo tinha o direito de derrubá-lo. A Declaração de Independência dos Estados Unidos usou muitas das ideias de Locke.

> Use esta repetição para se lembrar de John Locke:
> John **LOCKE** era contra o direito divino dos reis.
> Só um **LOUCO** diria o contrário.
> Cada um deve lutar por seus direitos.
> "Vida, liberdade e propriedade", como diria Locke!

Segundo JEAN-JACQUES ROUSSEAU, os membros de uma sociedade dependem uns dos outros ao mesmo tempo que competem entre si. Por isso, é necessário um CONTRATO SOCIAL, em que todos concordem em ser governados com base na vontade da sociedade como um todo, levando em consideração o que será melhor para todos. Rousseau escreveu sobre essa ideia em O CONTRATO SOCIAL, publicado em 1762.

O ILUMINISMO e o PENSAMENTO ECONÔMICO

ADAM SMITH, um filósofo escocês, defendeu a ideia do **LAISSEZ-FAIRE** em sua obra UMA INVESTIGAÇÃO SOBRE A NATUREZA E AS CAUSAS DA RIQUEZA DAS NAÇÕES (1776).

> **LAISSEZ-FAIRE**
> Termo francês que significa "deixar as pessoas fazerem o que quiserem". Nesse caso, deixar a economia se autorregular.

↶ MUITAS VEZES ABREVIADO COMO "A RIQUEZA DAS NAÇÕES".

Um governo *laissez-faire* protege os cidadãos de invasões, defende-os de injustiças e cuida das obras públicas necessárias para o comércio (como a manutenção das estradas).

Um governo *laissez-faire* NÃO interfere na economia. Smith acreditava que, se os indivíduos defendessem seus interesses econômicos, todos se beneficiariam. Ele é considerado o pai do **LIBERALISMO**.

> **LIBERALISMO**
> teoria econômica na qual a produção de bens é controlada por indivíduos e empresas, e não pelo Estado

VERIFIQUE SEUS CONHECIMENTOS

1. Quem criou o método científico e em que ele consiste?

2. Qual foi a teoria que Galileu provou?

3. Qual foi a principal contribuição de Isaac Newton para a ciência?

4. Qual era a ideia principal do Iluminismo?

5. Quem é considerado o pai do liberalismo?
   A. John Locke.
   B. Adam Smith.
   C. Jean-Jacques Rousseau.
   D. René Descartes.

6. O que é um governo *laissez-faire*?

7. Quem ficou conhecido pela frase "Penso, logo existo"?
   A. John Locke.
   B. Adam Smith.
   C. Voltaire.
   D. René Descartes.

RESPOSTAS

CONFIRA AS RESPOSTAS

1. Francis Bacon criou o método científico, que consiste em fazer um estudo sobre situações ou objetos reais do mundo exterior seguindo etapas organizadas.

2. Galileu Galilei provou que a teoria heliocêntrica (de que a Terra se move em volta do Sol) estava certa e que a teoria geocêntrica (de que a Terra é o centro do Universo) estava errada.

3. Isaac Newton criou um conjunto de leis que descreviam matematicamente o movimento dos objetos com base na hipótese de que todo objeto no Universo é atraído por todos os outros objetos por uma força chamada gravitação.

4. A ideia principal do Iluminismo era que a razão é a principal fonte de conhecimento humano.

5. B. Adam Smith.

6. Um governo *laissez-faire* é um governo que protege os cidadãos de invasões, defende-os de injustiças e cuida das obras públicas necessárias para o comércio (como a manutenção das estradas), mas não interfere na economia.

7. D. René Descartes.

Capítulo 25
A ASCENSÃO DAS MONARQUIAS NA EUROPA

A monarquia predominou como forma de governo na maior parte dos países europeus nos séculos XV a XVIII. Ainda que muitos monarcas tenham melhorado as condições de vida da

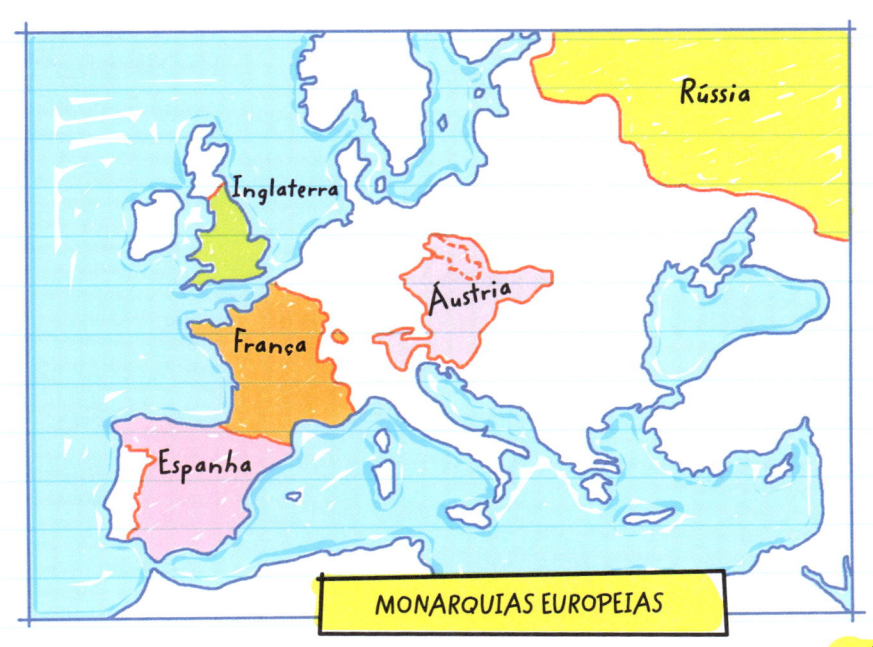

MONARQUIAS EUROPEIAS

população, eram reis absolutistas, que abusavam do poder. As ideias e os seguidores iluministas colocariam em xeque o poder desses monarcas entre os séculos XVIII e XIX.

MONARCAS ESPANHÓIS

CARLOS I da Espanha herdou o Sacro Império Romano-Germânico e se tornou CARLOS V (o mesmo que declarou Martinho Lutero um fora da lei). Quando Carlos renunciou às duas coroas, em 1550, o irmão Fernando assumiu o Sacro Império Romano-Germânico e o filho, FELIPE II, se tornou rei da Espanha. Felipe II tinha PODER ABSOLUTO, o que significava completo controle sobre o governo e o povo. Estava autorizado pela **INQUISIÇÃO** a julgar pessoas acusadas de "falsas" crenças religiosas e expulsou da Espanha muitos protestantes, judeus e muçulmanos. Depois que foi derrotado ao tentar conquistar a Inglaterra com sua Armada, o poder da Espanha diminuiu.

CARLOS V

FELIPE II

INQUISIÇÃO
tribunal religioso

A FRANÇA de LUÍS XIII

A França também teve monarcas absolutistas. Henrique IV reinou em paz com huguenotes e católicos após se converter ao catolicismo. Como o herdeiro do trono, LUÍS XIII, tinha apenas 8 anos quando Henrique IV foi assassinado, ARMAND JEAN DU PLESSIS DE RICHELIEU ajudou o menino e sua mãe, MARIA DE MÉDICI (a regente), a manter as coisas em ordem.

MAIS TARDE SE TORNOU O CARDEAL ARMAND RICHELIEU.

Richelieu manteve boas relações com os governos protestantes e permitiu que os huguenotes conservassem seus direitos religiosos. Contudo, foi apelidado de "Cardeal de Ferro", pois retirou seus direitos políticos e militares para evitar que se tornassem poderosos demais. Além disso, paranoico com a possibilidade de perder o poder, Richelieu montou uma rede de espiões para desvendar tramas secretas de nobres descontentes. Esmagou conspirações e executou os conspiradores.

Blá-blá-blá, Richelieu, blá-blá-blá...

> Essa foi a época de *Os três mosqueteiros*! É um romance de aventura popular sobre uma tropa de elite na França.

O "REI SOL" da FRANÇA

LUÍS XIV tinha apenas 4 anos quando herdou o trono, em 1643. Teve a ajuda do primeiro-ministro CARDEAL MAZARINO, que assumiu o controle do governo. Como Richelieu, Mazarino mandou executar os nobres que se opunham a ele.

No devido tempo, Luís XIV chegou à idade de governar por conta própria e se tornou um monarca absolutista por mais de meio século. No total, reinou por 72 anos. Ele tirou o poder dos nobres e autoridades locais e criou uma corte real refinada em VERSALHES. Toda decisão tinha que ser aprovada por ele. Luís XIV assumiu o controle completo da política externa, da Igreja e dos impostos.

VERSALHES

Ele chamava a si mesmo de REI SOL, a fonte de luz para o povo. Seu governo se baseava no direito divino dos reis. Ou seja: uma rebelião contra um rei era uma rebelião contra Deus.

Luís XIV travou quatro guerras entre 1667 e 1714. O custo das cortes, palácios e guerras de Luís era grande demais para o orçamento da França. Quando morreu, em 1715, a França se viu diante de uma dívida imensa e de uma legião de inimigos.

> Luís XIV tentou converter os huguenotes ao catolicismo destruindo suas igrejas e fechando suas escolas. Cerca de 200 mil huguenotes fugiram para a Inglaterra, a Alemanha e outros lugares para escapar da perseguição do rei.

MONARCAS RUSSOS

Os monarcas russos eram chamados CZARES (um nome que vem de "César"). PEDRO I (não confundir com o Pedro I português) governou de 1682 a 1725. Ele queria que a Rússia adotasse os costumes e modos da Europa Ocidental. Assim, ele ordenou que os russos tirassem a barba para se parecerem mais com os europeus ocidentais. E o pior: aqueles que continuassem a usar barba teriam que pagar um imposto! Pedro I criou uma Marinha forte, ampliou a Rússia e construiu a grande cidade de São Petersburgo, o que lhe valeu a alcunha de PEDRO, O GRANDE. Mais de três décadas após sua morte, CATARINA, A GRANDE, governou de 1762 a 1796. Ela ampliou a Rússia, incentivou a educação e modernizou a agricultura.

MONARCAS AUSTRÍACOS

Em 1740, na Áustria, MARIA TERESA se tornou a soberana do imenso IMPÉRIO DOS HABSBURGOS após a morte do pai, Carlos VI. Ela foi a única mulher a governar na dinastia de 650 anos. Quando Maria Teresa assumiu o trono, o REI FREDERICO, O GRANDE, da Prússia invadiu o país, declarando que não a aceitava como governante legítima do Império. A guerra se intensificou quando a França se uniu à Prússia contra a Áustria. A Grã-Bretanha, por sua vez, tomou o partido da Áustria, no conflito que ficou conhecido como a GUERRA DE SUCESSÃO AUSTRÍACA (1740–1748). A guerra terminou com a assinatura do Tratado de Aix-la-Chapelle, em 1748.

Maria Teresa montou um governo forte, criou um sistema de justiça imparcial, uniu a Áustria, melhorou as condições dos servos e... teve dezesseis filhos.

A PRIMEIRA DINASTIA STUART na INGLATERRA

Durante o reinado de Elizabeth I, a Inglaterra não teve uma monarquia absolutista: teve uma MONARQUIA LIMITADA. Isso quer dizer que o governo da Inglaterra era controlado em parte pelo Parlamento.

Em 1603, após a morte de Elizabeth I, a dinastia TUDOR teve seu fim. Um primo de Elizabeth, JAIME I (rei da Escócia), assumiu o trono como o primeiro de uma série de muitos monarcas da dinastia STUART. Jaime se recusou a dialogar com o Parlamento. Ele achava que tinha o direito divino de governar. Essa atitude levou a um descontentamento crescente dos PURITANOS, um grupo de protestantes ingleses inspirados por ideias calvinistas. Muitos puritanos que pertenciam à Câmara dos Comuns (a câmara baixa do Parlamento) não apoiavam a forte aliança do rei com a Igreja da Inglaterra e queriam separar a Igreja do rei.

CARLOS I, filho de Jaime, foi o próximo a governar. Seu desprezo pelo Parlamento era ainda maior que o de seu pai. Em 1629, ele dissolveu o Parlamento e não permitiu que os membros se reunissem por 12 anos! O resultado foi uma guerra civil. Em 1642, os defensores do Parlamento (chamados de CABEÇAS REDONDAS, por causa dos cabelos curtos) entraram em combate

PERUCA!

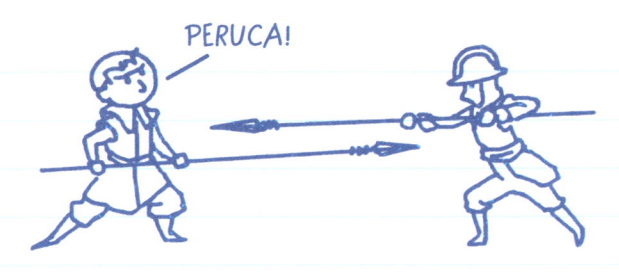

com os defensores do rei, os CAVALIERS (REALISTAS). Em 1646, os cabeças redondas venceram e Carlos I foi feito prisioneiro.

A INGLATERRA durante o PROTETORADO

OLIVER CROMWELL, um dos chefes militares dos cabeças redondas, dedicou-se a proteger os direitos do povo do poder absoluto. Cromwell dispensou os membros do Parlamento que não estavam do seu lado. O Parlamento que restou, o chamado PARLAMENTO EXPURGADO, ordenou que Carlos I fosse executado por **TRAIÇÃO** em 1649.

> **TRAIÇÃO**
> uma deslealdade, nesse caso de um líder ou soberano

O Parlamento derrubou a monarquia e a Câmara dos Lordes, declarando que a Inglaterra era um novo tipo de república, uma **COMMONWEALTH**. Em seguida, Cromwell criou uma ditadura militar e governou de 1653 a 1658

> **COMMONWEALTH**
> período do governo inglês que começou com o término da monarquia, em 1649, e durou até a Restauração, em 1660

IRONIA!

como um tipo diferente de governante absolutista, não como rei, mas como LORDE PROTETOR da Inglaterra, durante um período conhecido como PROTETORADO.

A INGLATERRA após a RESTAURAÇÃO da MONARQUIA STUART

Quando Cromwell morreu, em 1658, CARLOS II, filho de Carlos I, assumiu o trono e restaurou a monarquia. Porém, os tempos haviam mudado. Durante a RESTAURAÇÃO inglesa (que começou em 1660), Carlos II suspendeu as leis do Parlamento que discriminavam os católicos e os puritanos. O Parlamento, por sua vez, decidiu que apenas anglicanos poderiam ter cargos militares e civis. Houve outras divergências religiosas e políticas. Pouco antes de morrer, Carlos II se converteu ao catolicismo, deixando o irmão JAIME II dar continuidade ao seu reinado. Jaime II também era católico e os problemas com o Parlamento se acentuaram.

O Parlamento pediu a GUILHERME III (também conhecido como GUILHERME DE ORANGE), o capitão-general da Holanda, que governasse a Inglaterra. Jaime deixou Londres e, em 1689, Guilherme III e MARIA II (ou seja, o genro e a filha de Jaime II) foram declarados rei e rainha da Inglaterra durante a REVOLUÇÃO GLORIOSA (assim chamada porque envolveu muito pouco derramamento de sangue e o período que a sucedeu foi pacífico). A dupla aceitou a oferta do Parlamento e assinou a DECLARAÇÃO DOS DIREITOS inglesa, que definiu o direito do Parlamento de fazer leis e criar impostos. Ela também dizia que a monarquia só podia convocar um exército com o consentimento do Parlamento e ajudou a criar um sistema de governo baseado em uma monarquia limitada.

VERIFIQUE SEUS CONHECIMENTOS

1. O que significa para um governante ter poder absoluto? Dê um exemplo do uso desse poder.

2. Durante o século XVII, um apelido popular para o cardeal Richelieu era "Cardeal de Ferro". Quem foi o cardeal Richelieu e por que motivo o povo o chamou assim?

3. Quem foi o "Rei Sol"?

4. O nome "czar" dos monarcas russos vem do termo latino _ _ _ _ _ _.

5. O que fizeram Pedro e Catarina da Rússia que lhes valeu o apelido de "Grande"?

6. Quem eram os puritanos?

7. A Revolução Gloriosa levou ao trono _ _ _ _ _ _ _ _ _ _ _ _ _ e _ _ _ _ _ _ _ em 1689.

CONFIRA AS RESPOSTAS

1. Poder absoluto significa que um governante tem controle total sobre o governo e o povo. Felipe II da Espanha usou esse poder absoluto para julgar as pessoas acusadas de "falsas" crenças religiosas e expulsar da Espanha muitos protestantes, judeus e muçulmanos.

2. O cardeal Richelieu ajudou Luís XIII a governar a França. Ele manteve boas relações com governos protestantes e permitiu que os huguenotes conservassem seus direitos religiosos. No entanto, foi chamado de "Cardeal de Ferro" porque tirou os direitos políticos e militares dos huguenotes, criou uma rede de espiões, esmagou conspirações e executou conspiradores.

3. Luís XIV chamava a si mesmo de Rei Sol.

4. César

5. Pedro ganhou esse apelido porque criou uma Marinha russa forte, ampliou o território da Rússia e construiu a cidade de São Petersburgo. Catarina ganhou o apelido porque ampliou o território da Rússia, incentivou a educação e modernizou a agricultura.

6. Os puritanos eram um grupo de protestantes ingleses inspirados por ideias calvinistas. Muitos puritanos pertenciam à Câmara dos Comuns e queriam afastar do rei a Igreja da Inglaterra.

7. Guilherme III / Maria II

Capítulo 26
A REVOLUÇÃO AMERICANA
1775–1783

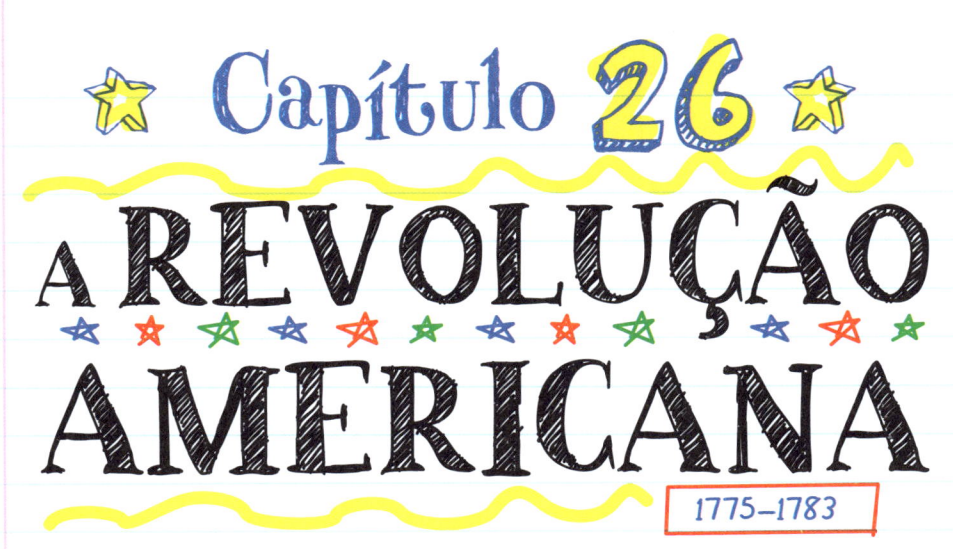

Em 1776, os Estados Unidos se declararam independentes da Inglaterra. Como isso aconteceu?

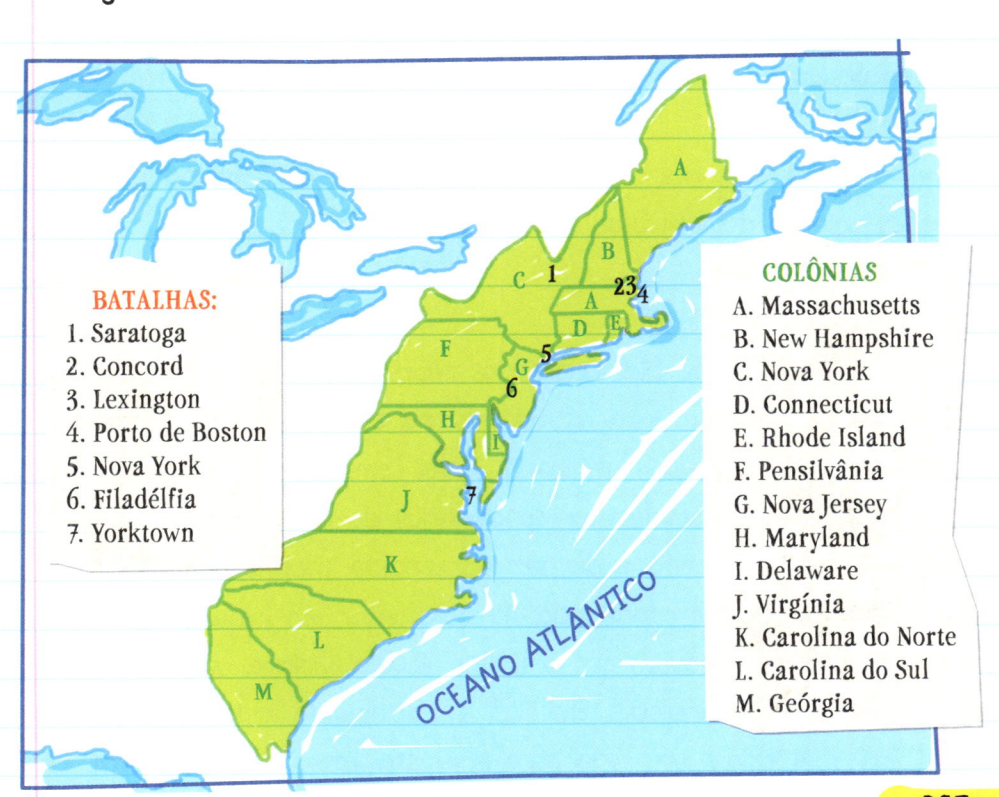

BATALHAS:
1. Saratoga
2. Concord
3. Lexington
4. Porto de Boston
5. Nova York
6. Filadélfia
7. Yorktown

COLÔNIAS
A. Massachusetts
B. New Hampshire
C. Nova York
D. Connecticut
E. Rhode Island
F. Pensilvânia
G. Nova Jersey
H. Maryland
I. Delaware
J. Virgínia
K. Carolina do Norte
L. Carolina do Sul
M. Geórgia

OCEANO ATLÂNTICO

AS CAUSAS da REVOLUÇÃO: IMPOSTOS

Em 1607, 105 colonos ingleses estabeleceram em Jamestown as primeiras moradas permanentes na América do Norte (lembra do capítulo 22?). Cerca de 100 anos depois, estima-se que 1,7 milhão de pessoas de ascendência europeia estavam vivendo na América do Norte inglesa.

Muitos desses colonos não conheciam a Europa. A Inglaterra lucrava com as colônias da América e exigia que todos os produtos fossem transportados por navios ingleses. Após a Guerra dos Sete Anos com a França, porém, o governo inglês ficou endividado. Os colonos também estavam insatisfeitos, pois tiveram que deixar as famílias para lutar na guerra ao lado dos ingleses.

Como a guerra aconteceu na América, os ingleses achavam que os colonos deviam ajudar a pagar a dívida e, por isso, resolveram taxá-los.

A LEI DO AÇÚCAR, de 1764, reduziu os impostos sobre o melaço inglês que era levado para as colônias, na esperança de diminuir o CONTRABANDO do melaço antilhano. Para combater o contrabando, os navios eram revistados por funcionários da alfândega. Qualquer carga suspeita podia ser apreendida, mesmo antes de o contrabandista ser condenado. Ao lhes negar um julgamento justo, os colonos achavam que a Lei do Açúcar violava seus direitos legais de cidadãos ingleses. Em 1765, o Parlamento instituiu a LEI DO SELO, que exigia que toda obra impressa fosse produzida com papel inglês e fosse marcada com um carimbo para mostrar que um imposto tinha sido pago.

Os colonos estavam cada vez mais descontentes. Eles pagavam impostos à Grã-Bretanha, mas não consideravam ter os mesmos direitos que outros cidadãos ingleses. Não participavam da escolha de governantes nem de membros do Parlamento. Tratava-se de um caso de TRIBUTAÇÃO SEM REPRESENTAÇÃO. Em 1767, quando o Parlamento cobrou impostos dos colonos por meio das LEIS TOWNSHEND, os colonos se recusaram a pagar.

"NENHUMA TRIBUTAÇÃO SEM REPRESENTAÇÃO" FOI A FRASE DE PROTESTO USADA PELOS COLONOS.

OS COBRADORES DE IMPOSTOS FORAM UNTADOS COM ALCATRÃO E COBERTOS DE PENAS. E UMA MULTIDÃO IMPEDIU A DISTRIBUIÇÃO DE SELOS.

NÃÃÃO!

Em resposta, o REI JORGE III da Inglaterra enviou tropas para Boston. Em março de 1770, uma discussão entre um dos soldados ingleses (que eram apelidados de CASACAS-VERMELHAS) e um **CIVIL** atraiu uma multidão e acabou em tragédia.

CIVIL
indivíduo que não é membro das Forças Armadas

Os casacas-vermelhas mataram cinco colonos no MASSACRE DE BOSTON.

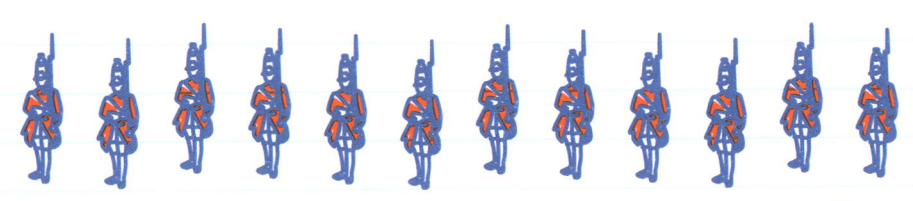

Em maio de 1773, o Parlamento decretou a LEI DO CHÁ, que dava aos ingleses exclusividade para vender chá aos colonos, a preços subsidiados. Isso acabava com o negócio dos comerciantes de chá locais.

Em 16 de dezembro do mesmo ano, colonos revoltados lançaram ao mar o chá inglês no porto de Boston, na chamada FESTA DO CHÁ DE BOSTON.

A GUERRA da INDEPENDÊNCIA

Em 1774, os colonos se organizaram na Filadélfia para o PRIMEIRO CONGRESSO CONTINENTAL. A população foi incentivada a pegar em armas e se preparar para a luta. O rei Jorge III enviou mais casacas-vermelhas para as colônias. As tropas inglesas marcharam para Massachusetts, os colonos reagiram e a GUERRA REVOLUCIONÁRIA AMERICANA começou oficialmente em 1775.

> Os colonos que apoiaram a independência foram chamados de **PATRIOTAS**, enquanto aqueles que permaneceram leais aos ingleses foram chamados de **LEGALISTAS**. Muitos legalistas abandonaram as colônias, a maioria se refugiando no Canadá.

Em 1776, durante o SEGUNDO CONGRESSO CONTINENTAL, GEORGE WASHINGTON se tornou comandante em chefe do Exército dos colonos, que foi chamado de EXÉRCITO CONTINENTAL. Aconteceram várias batalhas entre o Exército Continental e os ingleses. Os colonos tentaram fazer a paz com o rei Jorge III. Eles ainda queriam ser leais à Inglaterra, desde que seus direitos fossem respeitados, mas o rei os ignorou e enviou mais tropas inglesas para as colônias.

> A maioria dos indígenas não tomou partido na Guerra Revolucionária, mas quase todos os que participaram da guerra apoiaram os ingleses, acusando os colonos de ocupar terras indígenas.

Durante o Segundo Congresso Continental, os colonos decidiram o que fazer: em 4 de julho de 1776, as colônias se declararam independentes dos ingleses por meio da DECLARAÇÃO DA INDEPENDÊNCIA.

THOMAS JEFFERSON a escreveu, afirmando que o povo tinha o direito de derrubar o governo caso este não cumprisse o seu papel, que era assegurar a todos os cidadãos o direito À VIDA, À LIBERDADE E À BUSCA DA FELICIDADE (os chamados direitos **INALIENÁVEIS**). As ideias de Jefferson foram inspiradas em pensadores do Iluminismo francês e em John Locke.

> O comitê que redigiu a Declaração da Independência também era composto por John Adams e Benjamin Franklin.

INALIENÁVEL
absoluto; que não pode ser cedido ou transferido

A DECLARAÇÃO da INDEPENDÊNCIA em 44 PALAVRAS

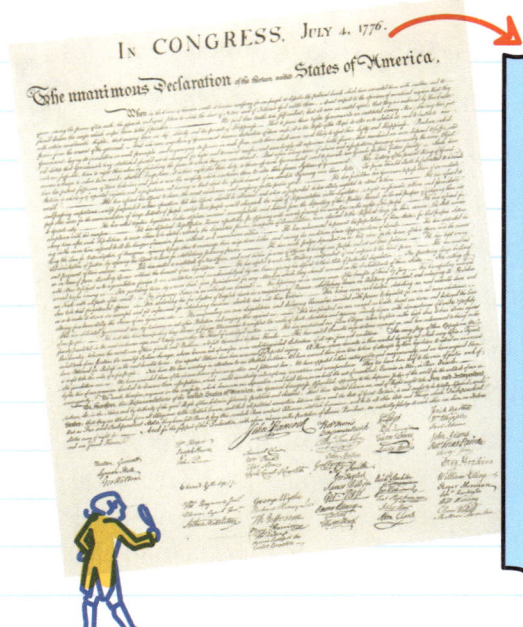

O governo é um contrato social. Se um governante não protege o povo e seus direitos naturais, o contrato foi rompido e o povo pode derrubar o governante. Como o rei Jorge III rompeu o contrato, os Estados Unidos se consideram uma nação independente.

A LUTA CONTINUA

Embora os colonos tivessem declarado a independência, a guerra ainda não havia acabado. O Exército Continental logo teve ajuda dos franceses, que forneceram armas e dinheiro aos colonos como meio de se vingar dos ingleses pelas perdas que sofreram durante a Guerra dos Sete Anos, iniciada em 1756. Alguns oficiais franceses, como o MARQUÊS DE LAFAYETTE, serviram no exército de Washington. Os colonos e os franceses usaram táticas de guerrilha que haviam aprendido com os indígenas para surpreender os ingleses nas florestas.

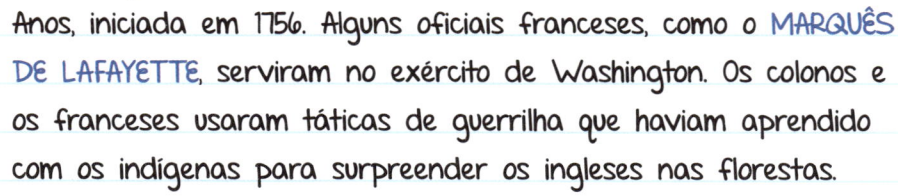

Outros países também estavam dispostos a se vingar dos ingleses ajudando a desmantelar o império que a Inglaterra havia construído. A Espanha e a República da Holanda entraram no conflito. Liderados por George Washington, os colonos derrotaram o Exército inglês na BATALHA DE YORKTOWN, em 1781, encerrando a guerra. Em 1783, os dois lados assinaram o TRATADO DE PARIS, que reconheceu formalmente a independência das colônias.

INDEPENDÊNCIA AFINAL!

Em 1777, as colônias haviam escrito os ARTIGOS DA CONFEDERAÇÃO a fim de estabelecer as regras de governo do novo país, mas o documento conferia poder demais aos estados e não dava poder suficiente ao governo federal para aplicar as leis.

Em 1787, um novo documento (a CONSTITUIÇÃO) apresentou um conjunto de regras pelo qual os governos nacional e estadual partilhariam o poder. O governo nacional seria dividido em três poderes, que existem até hoje: o poder LEGISLATIVO (que cria as leis), o poder EXECUTIVO (que executa as leis) e o poder JUDICIÁRIO (que fiscaliza o cumprimento das leis). Cada poder tem autoridade suficiente para limitar os atos dos outros poderes. Isso criou um sistema de PESOS E CONTRAPESOS para manter o equilíbrio entre os poderes. Em 1790, a Constituição foi aprovada pelos treze estados do novo país.

Em 1789, o Congresso propôs algumas mudanças, dez das quais foram aprovadas como **EMENDAS** à Constituição e se tornaram conhecidas como CARTA DOS DIREITOS DOS ESTADOS UNIDOS ou "Bill of Rights". Ratificadas em 1791, garantiam:

> **EMENDA**
> mudança ou acréscimo

- A liberdade de expressão.
- A liberdade de imprensa e de religião.
- O julgamento por um júri.
- O direito de possuir armas.
- A proteção dos direitos de propriedade.

Os direitos das mulheres, dos afrodescendentes e dos indígenas só foram reconhecidos mais tarde, mas a ideia da igualdade de direitos já estava presente desde a fundação dos Estados Unidos da América.

VERIFIQUE SEUS CONHECIMENTOS

1. O que significa o lema "Nenhuma tributação sem representação"?

2. O que aconteceu quando os colonos se recusaram a pagar impostos?

3. Quem escreveu a Declaração da Independência?

4. A Declaração da Independência invoca três direitos inalienáveis. Quais são eles? Quem inspirou a Declaração da Independência?

5. Em que tratado, assinado em 1783, a Inglaterra reconheceu a independência dos Estados Unidos?

CONFIRA AS RESPOSTAS

1. "Nenhuma tributação sem representação" foi o lema que os colonos usaram para protestar contra o fato de que tinham que pagar impostos à Grã-Bretanha embora não participassem da escolha dos governantes nem dos membros do Parlamento.

2. Quando os colonos se recusaram a pagar impostos, o rei Jorge III enviou tropas a Boston e houve um confronto chamado Massacre de Boston, no qual os casacas-vermelhas mataram cinco colonos.

3. A Declaração da Independência foi escrita por Thomas Jefferson.

4. Os três direitos inalienáveis são o direito "à vida, à liberdade e à busca da felicidade". A Declaração foi inspirada em pensadores do Iluminismo francês e em John Locke.

5. No Tratado de Paris.

Capítulo 27
A REVOLUÇÃO FRANCESA

1789–1799

Assim como os americanos, os franceses queriam derrubar o rei do poder. Além disso, desejavam acabar com os privilégios da nobreza e do alto clero. Eles estavam cansados das injustiças. Os confrontos da guerra de Independência Americana e a Queda da Bastilha são eventos que mostraram a força da organização do povo. Inaugurava-se um momento de luta pelo fim das monarquias centralizadas e pela instauração de governos democráticos, nos quais os ideais de liberdade, igualdade e fraternidade seriam fundamentais.

INSURREIÇÕES de DESCONTENTES na FRANÇA

A França tinha que pagar uma dívida de guerra. Em maio de 1789, para decidir como pagá-la, o REI LUÍS XVI convocou uma reunião dos ESTADOS GERAIS, que contou com a participação de representantes dos três estados da sociedade francesa:

O **PRIMEIRO ESTADO** era composto pelo alto clero, formado por bispos e abades, muitos destes proprietários de terra. Existiam também aqueles que compunham o baixo clero: padres, monges e abades de pouca condição.

O **SEGUNDO ESTADO** era constituído pela nobreza provincial, proprietária de terras, e a nobreza de toga, composta por burgueses que compravam títulos de nobreza da Coroa.

O **TERCEIRO ESTADO** era formado por camponeses, artesãos e membros do grupo médio urbano. Constituía cerca de 70% da população francesa e detinha muito menos recursos.

Os membros do Terceiro Estado eram contra os privilégios concedidos aos nobres e ao clero. Por exemplo, os membros do Primeiro e do Segundo Estado não tinham que pagar o imposto francês sobre a terra, chamado de TALHA. Apenas os mais pobres o pagavam.

> O grupo médio urbano da sociedade francesa também era formado pela **BURGUESIA**, termo que designava as pessoas ligadas ao burgo, onde eram realizadas as trocas comerciais na Idade Média. Assim, o nome burguesia, em geral, se referia aos mercadores.

Problemas nas safras de 1787 e 1788 levaram à escassez de alimentos, ao aumento dos preços, a uma alta taxa de pessoas sem ocupação e, em consequência, ao crescimento do número de miseráveis. O rei continuou a gastar uma fortuna em diversões e jantares. O povo passava fome, enquanto a esposa do rei, MARIA ANTONIETA, não se cansava de dar festas!

O POVO ENTRA em AÇÃO

Em junho de 1789, revoltados contra a situação de penúria e os privilégios dos outros estados e ansiando por mudanças drásticas, os membros do Terceiro Estado se uniram e pressionaram para que fosse convocada uma ASSEMBLEIA NACIONAL.

A Assembleia Nacional teve que se reunir em uma quadra de tênis coberta porque foram proibidos de entrar no salão de reuniões de Versalhes. Eles acreditavam que o rei estava tentando fazê-los desistir. No que ficou conhecido como JURAMENTO DA QUADRA DE PELA, juraram continuar se reunindo até que fosse redigida uma nova Constituição.

Luís XVI incentivou os nobres e o clero a participar da nova assembleia enquanto, ao mesmo tempo, mobilizava tropas para dissolvê-la. Em 14 de julho de 1789, membros do Terceiro Estado invadiram a prisão da cidade (a BASTILHA) em busca de armas e munições para se defender, mas não encontraram munições. A multidão enfurecida destruiu a Bastilha tijolo por tijolo. As revoltas se espalharam por todo o país.

> 14 DE JULHO É CONHECIDO COMO O DIA DA QUEDA DA BASTILHA, EM COMEMORAÇÃO À QUEDA DO SÍMBOLO DO ANTIGO REGIME, RESPONSÁVEL PELA MISÉRIA DA MAIORIA DO POVO FRANCÊS.

Mais MUDANÇAS

A Assembleia Nacional assumiu o poder para criar um governo inspirado nos ideais iluministas, almejando a autoridade baseada na razão, o fim do poder absoluto e a igualdade entre as pessoas. Os franceses escreveram um documento chamado de DECLARAÇÃO DOS DIREITOS DO HOMEM E DO CIDADÃO. Aprovado em agosto de 1789, ele garantia aos indivíduos direitos básicos como "liberdade, propriedade, segurança e resistência à opressão".

Muitos nobres e religiosos deixaram a França e buscaram apoio em países onde a monarquia ainda era absolutista, como a Prússia e a Áustria, no intuito de invadir o país e recuperar o poder. O governo francês prendeu o rei por supostamente ter apoiado os exércitos estrangeiros. Uma nova Constituição foi promulgada em 1791, estabelecendo uma monarquia limitada. Como assim? Ainda havia um rei, mas ele tinha o poder restrito por uma ASSEMBLEIA LEGISLATIVA, que elaborava as leis. Esse governo concedia o voto apenas a homens com mais de 25 anos que pagavam alguns impostos. Ou seja, ainda estava longe de ser um governo com "igualdade para todos".

Os PROBLEMAS na FRANÇA se INTENSIFICAM

Como se tudo isso não fosse bastante, o povo francês continuava faminto. A violência tomou conta de Paris. Os "sans-culottes", membros do Terceiro Estado que representavam o grupo mais popular e que desejavam reformas sociais mais profundas, exigiram o **SUFRÁGIO**

SUFRÁGIO
o direito de votar

universal para homens e que a Assembleia Legislativa suspendesse a monarquia.

Em 1792, uma nova CONVENÇÃO NACIONAL se reuniu. Foi redigida uma nova Constituição e a monarquia foi substituída por uma REPÚBLICA, mas ela se revelou instável. Os líderes competiam pelo poder e a Assembleia Nacional ficou dividida. Grupos políticos se formaram durante a revolução, cada um com ideias próprias para os rumos que a república deveria tomar.

Um deles era o dos JACOBINOS, liderado por MAXIMILIEN DE ROBESPIERRE. Eles adotaram uma "política de terror" para enfrentar os adversários, prendendo pessoas que apoiassem a volta do rei ou discordassem dos **DECRETOS** do governo.

DECRETO
uma ordem formal com força de lei

Durante o PERÍODO DO TERROR (1793–1794), milhares de pessoas foram **GUILHOTINADAS** em uma praça pública de Paris que é hoje chamada de PRAÇA DA CONCÓRDIA, entre os quais Maria Antonieta (Luís XVI foi executado alguns meses antes do começo do Período do Terror).

Robespierre e os jacobinos governaram como ditadores por meio do COMITÊ DE SALVAÇÃO PÚBLICA. Eles usaram um exército de mais de um milhão de homens para repelir invasores estrangeiros nas

GUILHOTINA
máquina usada para decapitar pessoas

GUERRAS REVOLUCIONÁRIAS FRANCESAS (1792–1802). Contudo, em julho de 1794 Robespierre foi preso e acusado de ser um tirano; no dia seguinte, foi executado.

Um NOVO LÍDER CHEGA ao PODER

Com a morte de Robespierre, o Período do Terror acabou. O poder foi assumido por um novo governo, o DIRETÓRIO. O Diretório, porém, mostrou-se incapaz de garantir a estabilidade social. As pessoas não sabiam qual era a melhor forma de administrar o país.

Em 1799, um herói do Exército chamado NAPOLEÃO BONAPARTE aboliu o Diretório e montou um novo governo, dando fim à Revolução Francesa. Em 1804, ele se declarou IMPERADOR NAPOLEÃO I.

No mesmo ano, com a finalidade de proteger a liberdade individual, os direitos de propriedade, o direito ao trabalho e o direito de opinião, ele também criou o CÓDIGO NAPOLEÔNICO. Todos os cidadãos eram iguais perante a lei. Por outro lado, censurou quase todos os jornais e livros franceses para proteger sua imagem. Também permitiu que a polícia violasse correspondências. A liberdade foi substituída pelo **DESPOTISMO**.

> **DESPOTISMO**
> sistema de governo no qual o governante tem poder absoluto, ilimitado

Em 1812, Napoleão havia ampliado o Império Francês a ponto de incluir as atuais Itália, Alemanha, Suíça e outros países europeus (mas não a Inglaterra).

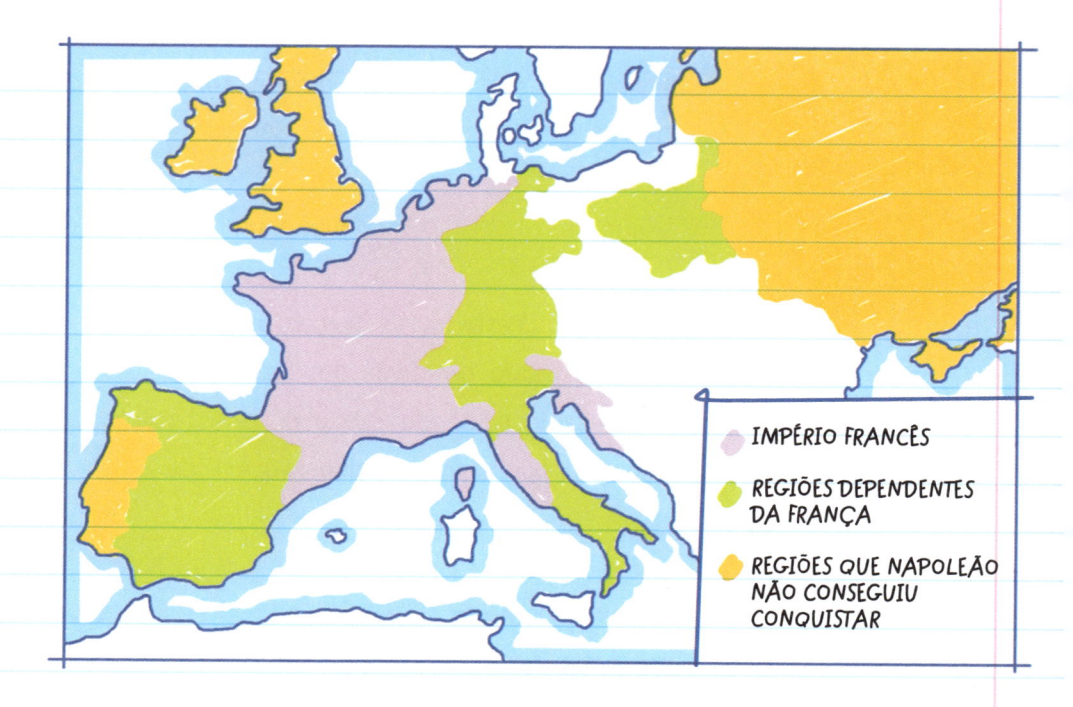

- IMPÉRIO FRANCÊS
- REGIÕES DEPENDENTES DA FRANÇA
- REGIÕES QUE NAPOLEÃO NÃO CONSEGUIU CONQUISTAR

Porém, ele cometeu o erro de ir longe demais ao invadir a Rússia. Seus soldados não suportaram o frio e desertaram.

Em 1814, Napoleão foi **EXILADO** para a ilha de Elba por uma aliança de países europeus, mas escapou e voltou à França. Em junho de 1815, reassumiu o poder e governou durante cem dias. Por fim, ele foi derrotado na BATALHA DE WATERLOO, na atual Bélgica, e exilado novamente, dessa vez para a ilha de Santa Helena, onde permaneceu até morrer, em 1821.

EXÍLIO
saída forçada ou voluntária do país ou terra natal

VERIFIQUE SEUS CONHECIMENTOS

1. Que influência teve o Iluminismo sobre a Revolução Francesa?

2. A sociedade francesa estava dividida em três estados antes da Revolução. Que grupos faziam parte de cada um deles?

3. O que aconteceu em 14 de julho de 1789?

4. Explique a importância da Declaração dos Direitos do Homem e do Cidadão.

5. Que grupo Maximilien de Robespierre liderou durante o Período do Terror?

6. Qual dos princípios a seguir faz parte do Código Napoleônico?
A. Todos os cidadãos são iguais perante a lei.
B. As mulheres têm os mesmos direitos que os homens.
C. Os militares têm mais direitos que os civis.
D. Não existe liberdade individual.

7. O que aconteceu com Napoleão na Batalha de Waterloo?

RESPOSTAS

CONFIRA AS RESPOSTAS

1. Os ideais iluministas deram base às reivindicações por mudanças que os revolucionários desejavam para a França: a autoridade deveria se basear na razão, o fim do poder absoluto do rei e a igualdade entre as pessoas.

2. O Primeiro Estado era composto pelo clero, o Segundo Estado, pela nobreza e o Terceiro Estado, pelos camponeses, artesãos e membros do grupo médio urbano.

3. Em 14 de julho de 1789, membros do Terceiro Estado invadiram a Bastilha, a prisão de Paris, em busca de armas e munições e destruíram a prisão tijolo por tijolo.

4. A declaração garantia direitos básicos aos indivíduos, como "liberdade, propriedade, segurança e resistência à opressão".

5. Maximilien de Robespierre liderou os jacobinos. Eles governavam como ditadores e compunham o Comitê de Salvação Pública.

6. A. Todos os cidadãos são iguais perante a lei.

7. Napoleão foi derrotado e exilado para a ilha de Santa Helena.

Capítulo 28
O NACIONALISMO NA EUROPA E OS MOVIMENTOS DE INDEPENDÊNCIA NA AMÉRICA DO SUL E NO HAITI

Com a derrota de Napoleão, os países que ele havia conquistado voltaram a ter autonomia. Durante nove meses, representantes desses países se reuniram no CONGRESSO DE VIENA (1814–1815) para buscarem restabelecer a ordem e conter a expansão dos ideais da Revolução Francesa. Ao mesmo tempo, na América do Sul, inspiradas pelas revoluções americana e francesa, várias colônias iniciaram seus processos de independência.

O NACIONALISMO na EUROPA

Os países que participaram do Congresso de Viena (Rússia, Suécia, Noruega, França, Reino Unido, Espanha, Portugal, Áustria, Dinamarca e Prússia) tentaram restaurar a ordem anterior à Revolução Francesa, trazendo de volta famílias reais que haviam sido expulsas durante o governo de Napoleão.

O **NACIONALISMO**, porém, estava crescendo em todos esses países: o sentimento de que o que mantinha a população unida era uma cultura comum, e não a lealdade a um monarca. O surgimento do nacionalismo foi em parte uma consequência do governo de Napoleão: ele havia unido o povo francês incentivando hinos e feriados nacionais, promovendo o patriotismo por meio de bandeiras e outros símbolos. Esse tipo de orgulho nacional cresceu em toda a Europa.

> **NACIONALISMO**
> orgulho da própria nação; sentimento profundo que exige resistência e luta

REVOLUÇÕES na EUROPA na DÉCADA de 1830

O nacionalismo inspirou as populações de toda a Europa a lutar contra os reis e rainhas com os quais não mais se identificavam. Várias revoluções irromperam na década de 1830.

> Depois que CARLOS X foi nomeado rei da França, em 1824, e tentou restabelecer o absolutismo, o povo francês realizou a REVOLUÇÃO DE JULHO para escolher um novo rei, LUÍS FILIPE, que governou com a ajuda da alta burguesia.

O povo polonês se revoltou contra o governo russo do czar, mas foi derrotado.

Uma revolução levou à formação de um novo país chamado Bélgica.

Várias revoluções irromperam também na década seguinte. Muitas falharam, mas a ideia de nacionalismo ganhou força.

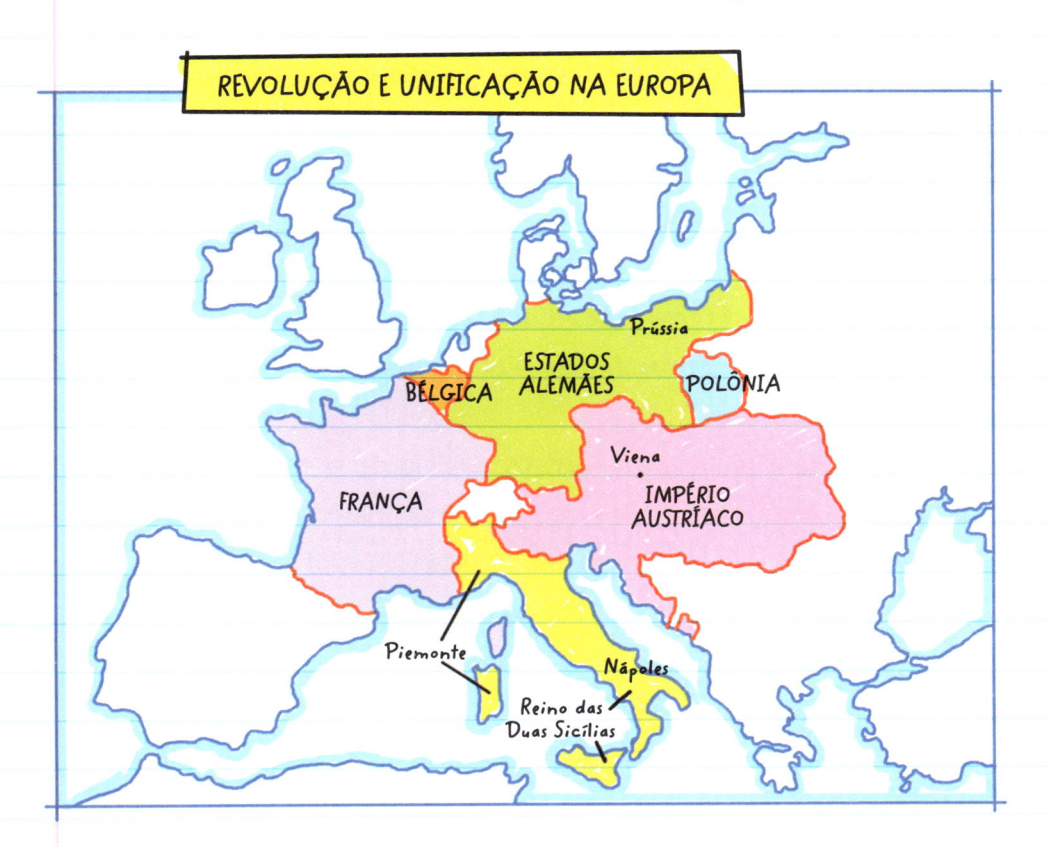

REVOLUÇÃO E UNIFICAÇÃO NA EUROPA

- Prússia
- ESTADOS ALEMÃES
- BÉLGICA
- POLÔNIA
- Viena
- FRANÇA
- IMPÉRIO AUSTRÍACO
- Piemonte
- Nápoles
- Reino das Duas Sicílias

319

A UNIFICAÇÃO da ITÁLIA

O processo de unificação da Itália contou com a ajuda de GIUSEPPE GARIBALDI e seus "camisas vermelhas", que combateram os austríacos e organizaram um exército de mil voluntários. Em 1860, Garibaldi assumiu o controle da Sicília e, em seguida, de Nápoles e do Piemonte. Em 1861, o REI VÍTOR EMANUEL II assumiu o governo do novo Estado da Itália, que não incluía a região de Veneza (controlada pela Áustria) nem a região de Roma (controlada pela França). Em 1870, após a derrota da França na GUERRA FRANCO-PRUSSIANA, as duas regiões foram anexadas à Itália e Roma se tornou a capital, finalizando o processo de unificação.

> PORQUE USAVAM VERMELHO

A UNIFICAÇÃO da ALEMANHA

No reinado de GUILHERME I da Prússia, o PRIMEIRO-MINISTRO OTTO VON BISMARCK coletou impostos para fortalecer o Exército prussiano e governar sem a participação ou a aprovação do Parlamento.

Bismarck entrou em guerra com os austríacos e rapidamente os derrotou. Isso deu à Prússia o controle de todo o norte da Alemanha. Em 1870, na Guerra Franco-Prussiana, a Prússia ganhou as províncias francesas da Alsácia e da Lorena (e mudou o nome da região para Alsácia-Lorena). Isso convenceu os estados alemães do Sul a se unir à Confederação Alemã do Norte. Em 1871, Guilherme I da Prússia foi nomeado KAISER (imperador) do Império Alemão.

> TAMBÉM DERIVADO DE "CÉSAR"

O HAITI DECLARA INDEPENDÊNCIA

> **HISPANIOLA** é uma ilha do Caribe onde ficam os atuais Haiti e República Dominicana. É um dos lugares que Cristóvão Colombo explorou durante sua viagem de 1492 para a América.

Em 1804, uma parte da ilha de **HISPANIOLA** se tornou independente. Era SÃO DOMINGOS, uma colônia francesa de exploração do açúcar com uma população de escravos que eram muito maltratados. Sob a liderança de FRANÇOIS-DOMINIQUE TOUSSAINT LOUVERTURE, mais de 100 mil desses escravos se rebelaram e assumiram o controle. Os escravos passaram a usar uma língua diferente, para que os franceses não conhecessem seus planos e estratégias. No dia do Ano-Novo de 1804, a parte ocidental da ilha se declarou independente. Essa parte é chamada atualmente de HAITI e foi o primeiro Estado independente em toda a América Latina. JEAN-JACQUES DESSALINES, outro líder da revolução do Haiti, tornou-se o primeiro governante da nova nação.

CUBA — COLÔNIA DE SÃO DOMINGOS — OCEANO ATLÂNTICO NORTE — MAR DO CARIBE — HAITI — HISPANIOLA — REPÚBLICA DOMINICANA — Santo Domingo — Porto Príncipe — MAR DO CARIBE

LIBERDADE para a AMÉRICA do SUL

A América do Sul estava sob o controle da Espanha e Portugal até o século XIX. No caso da América espanhola, SIMÓN BOLÍVAR foi quem comandou muitas das revoluções de independência.

A Espanha estava fraca depois das guerras com Napoleão. Aproveitando-se desse fato, Bolívar declarou a independência da Venezuela em 1811. A Espanha lutou pelo controle da Venezuela por uma década, mas finalmente o país se libertou do controle da metrópole. Em 1819, Bolívar conquistou (com um pequeno exército) a independência de outra nação: a Colômbia. Bolívar é considerado um herói da América Latina.

JOSÉ DE SAN MARTÍN lutou pela independência da Argentina e do Chile. Também ajudou a libertar o Peru do domínio espanhol com a ajuda de Bolívar. No final de 1825, Uruguai e Bolívia também haviam sido libertados. Bolívar e San Martín apoiavam os direitos dos **CRIOULOS** e lideraram exércitos de crioulos contra os **PENINSULARES**.

CRIOULOS
descendentes de espanhóis nascidos no Novo Mundo

PENINSULARES
espanhóis residentes no Novo Mundo

Mapa da América do Sul

- GUIANA
- SURINAME
- GUIANA FRANCESA
- VENEZUELA
- COLÔMBIA
- EQUADOR
- PERU
- BOLÍVIA
- CHILE
- PARAGUAI
- ARGENTINA
- URUGUAI

OCEANO PACÍFICO

OCEANO ATLÂNTICO

INDEPENDÊNCIA do BRASIL

O Brasil foi colônia de Portugal até 1808. Nesse ano, o príncipe regente D. João e sua Corte precisaram vir para cá para se protegerem das invasões de Napoleão. Só então o Brasil se tornou o centro do Império e teve os portos abertos às nações amigas, o que significava que poderia comercializar com outros países além de Portugal.

Em 1815, D. João foi nomeado rei do Brasil, Portugal e Algarves, passando a ser conhecido como D. João VI. Após a derrota do imperador francês, nada mais impedia que o rei retornasse e devolvesse a capital do Império a Portugal, mas não foi isso o que aconteceu. E os portugueses ficaram indignados.

Nesse meio-tempo, estourou uma crise agrícola em Portugal. A economia ia de mal a pior. Na cabeça dos portugueses, Portugal tinha perdido importância e só voltaria a ser o que era se fosse tirada a autonomia do Brasil. Para eles, somente o retorno do rei salvaria o país. Foi então que aconteceu a REVOLUÇÃO LIBERAL DO PORTO, em 1820, que exigia:

> 1. A volta de D. João VI.
>
> 2. Um MODELO MONÁRQUICO CONSTITUCIONAL.
>
> 3. A reconstrução do império luso-brasileiro com sede em Portugal.

No Brasil, a Revolução Liberal do Porto foi vista de duas formas. Alguns concordavam com ela e com a volta do rei. Essa ideia foi defendida pelo **PARTIDO** PORTUGUÊS, formado por quem se beneficiava com a subordinação do Brasil a Portugal. Em geral, eram militares de altas patentes, comerciantes e burocratas.

Outras pessoas criticavam a revolução. Era o PARTIDO BRASILEIRO, composto por grandes proprietários rurais, militares e financistas nascidos no Brasil. Eles queriam o país independente de Portugal.

> **PARTIDO**
> A palavra tinha um sentido diferente do que tem hoje. Significava mais uma corrente de opinião formada do que uma organização política formal.

Temendo perder o controle da situação, D. João cedeu às exigências e voltou a Portugal com sua família em 26 de abril de 1821. No entanto, ele deixou seu filho, o príncipe D. Pedro, encarregado do GOVERNO PROVISÓRIO DO BRASIL.

Antes de voltar a Portugal e já percebendo os ventos da História, D. João teria recomendado ao filho: "Pedro, se o Brasil

325

se separar, antes seja para ti, que me hás de respeitar, do que para algum desses aventureiros."

Quando D. João chegou a Portugal, encontrou as CORTES CONSTITUCIONAIS, uma instituição que passou a se encarregar do poder público a partir de 1820. As Cortes elegiam deputados das províncias do Império, que tinham função de representação nacional. Ao rei caberia tomar as decisões. Em 1821, havia 77 deputados brasileiros e 100 portugueses. Os deputados portugueses viam o Brasil apenas como uma colônia. Isso desagradava os deputados brasileiros, despertando neles um sentimento nacionalista, o que influenciou a posição de D. Pedro no Brasil.

O conflito político explodiu quando, em 29 de setembro de 1821, as Cortes promulgaram um decreto exigindo o retorno do príncipe regente a Portugal. Além disso, determinavam que as províncias brasileiras se tornassem portuguesas, o que tiraria o poder político do Rio de Janeiro, centro do governo brasileiro. O Partido Brasileiro rapidamente defendeu a permanência de D. Pedro.

A situação era complicada. Caso D. Pedro partisse, o Brasil se declararia independente. Caso permanecesse, estaria desobedecendo às determinações das Cortes. A princesa MARIA LEOPOLDINA, esposa de D. Pedro, defendia a desobediência. No início de 1822, José Bonifácio, um importante estadista, também defendeu a permanência do príncipe regente.

Incentivado por esse forte apelo, no dia 9 de janeiro de 1822 (que ficaria conhecido como Dia do Fico), D. Pedro teria declarado: "Como é para bem de todos e felicidade geral da nação, estou pronto; diga ao povo que fico." Para desgosto de uns e para alegria de outros, agora a independência estava clara no horizonte.

ESTOU PRONTO! DIGAM AO POVO QUE FICO!

As tropas portuguesas no Brasil, leais às Cortes, não juraram apoio a D. Pedro. Como resposta, foi criado o EXÉRCITO BRASILEIRO. Além disso, em defesa de D. Pedro, um bloco formado por Minas Gerais, São Paulo, Santa Catarina e Rio de Janeiro havia se formado sob a liderança de José Bonifácio. Enquanto isso, deputados brasileiros em Portugal sofriam perseguições e humilhações nas Cortes. O Brasil continuava sem representação efetiva e sem governo legítimo.

Em agosto de 1822, D. Pedro considerou as tropas portuguesas como inimigas e recomendou às províncias que não aceitassem empregados portugueses. Os ânimos pioravam.

Em 14 de agosto de 1822, D. Pedro partiu com uma pequena comitiva para São Paulo com o intuito de resolver uma das revoltas internas que estouravam no Brasil. Para isso, ele deixou Leopoldina como regente no Rio de Janeiro com o auxílio de José Bonifácio. No mesmo dia, Bonifácio declarou a emancipação. Faltava apenas algo simbólico que batesse o martelo para a independência do Brasil.

No dia 28 de agosto chegaram más notícias de Portugal. As Cortes exigiam que D. Pedro regressasse. Do Rio de Janeiro, Bonifácio enviou a notícia ao príncipe.

Finalmente, no dia 7 de setembro de 1822, às margens do RIO IPIRANGA, em São Paulo, D. Pedro fez sua escolha definitiva. Optando pela emancipação do Brasil de Portugal, ele gritou, para que todos ouvissem: "É tempo! Independência ou morte! [...] Estamos separados de Portugal..."

INDEPENDÊNCIA OU MORTE!

328

VERIFIQUE SEUS CONHECIMENTOS

1. O que é nacionalismo?

2. Que líder famoso da América do Sul liderou o movimento de independência da Venezuela e da Colômbia?

3. Por que a população da colônia de São Domingos estava descontente? Quem foi responsável pela independência da colônia?

4. Por que D. João e a Família Real deixaram Portugal e vieram para o Brasil?

5. Quais as causas da Revolução Liberal do Porto, de 1820, e quais eram suas exigências?

6. O que aconteceu em 9 de janeiro de 1822?

RESPOSTAS

CONFIRA AS RESPOSTAS

1. Nacionalismo é o sentimento de que o que mantém unida uma população é uma cultura comum, e não a lealdade a um monarca. O nacionalismo também pode significar o orgulho que uma pessoa tem de sua nação.

2. Simón Bolívar.

3. A população de São Domingos estava descontente porque era composta quase exclusivamente de escravos que eram maltratados. François-Dominique Toussaint Louverture liderou mais de 100 mil escravos em uma rebelião. Em 1804, a parte ocidental da ilha de Hispaniola se declarou independente e hoje se chama Haiti.

4. Em 1808, D. João e a Família Real deixaram Portugal e vieram ao Brasil porque tropas do imperador francês, Napoleão Bonaparte, iriam invadir Portugal.

5. Após a derrota de Napoleão Bonaparte, em 1815, os portugueses queriam voltar a ser o centro do Império Português. Com o rei no Brasil, Portugal sentia que deixara de ser o centro das questões políticas e econômicas. Além disso, acontecia uma crise agrícola. A Revolução Liberal do Porto exigiu o regresso do rei D. João VI a Portugal e uma monarquia constitucional.

6. O dia 9 de janeiro de 1822 foi o Dia do Fico, a data da declaração de D. Pedro de que ficaria no Brasil, apesar da pressão das Cortes para que ele voltasse a Portugal.

Capítulo 29
A GUERRA CIVIL AMERICANA
1861–1865

Em meados do século XIX, o sentimento de nacionalismo era intenso nos Estados Unidos. Os estados nortistas e os estados sulistas tinham ideias diferentes em relação ao equilíbrio de poder e em relação ao ABOLICIONISMO, o movimento para abolir a escravidão. O Norte e o Sul também queriam ter direito às melhores terras para plantar. Eles eram como civilizações opostas e conflitantes. Essas foram as causas da GUERRA CIVIL AMERICANA.

A ESCRAVIDÃO DIVIDE os ESTADOS UNIDOS

No Sul, cuja economia era baseada em tabaco e algodão, os donos das plantações queriam continuar usando escravos. Na década de 1850, o número de escravos no Sul passava de 3 milhões de afrodescendentes.

No Norte, cuja economia era baseada na indústria e em pequenas fazendas, o trabalho escravo não tinha tanta importância.

A UNIÃO E OS ESTADOS CONFEDERADOS

ESTADOS UNIDOS DA AMÉRICA (UNIÃO)

ESTADOS CONFEDERADOS DA AMÉRICA

OCEANO ATLÂNTICO

GOLFO DO MÉXICO

A CAUSA ABOLICIONISTA

Cada vez que um novo Estado passava a fazer parte da **UNIÃO**, havia um debate a respeito da utilização da mão de obra escrava. Em 1855, no território que mais tarde se tornaria os estados do Kansas e de Nebraska, os cidadãos votaram para decidir se a região seria abolicionista ou escravista. Muitas pessoas que já viviam lá queriam que fosse abolicionista, mas milhares de pessoas vieram de estados vizinhos para votar por um regime escravista. Foi a gota d'água para uma reação abolicionista.

> **A UNIÃO**
> Os Estados Unidos. Durante a Guerra Civil Americana, o termo também foi usado para designar o Exército do Norte e os estados do Norte.

O abolicionista JOHN BROWN organizou manifestações nas quais várias pessoas foram mortas. Outras centenas de pessoas tiveram o mesmo fim naquele verão, em um período de tempo que ficou conhecido como "KANSAS SANGRENTO". Brown liderou um ataque a um arsenal (depósito de armas) na Virgínia com o objetivo de armar os escravos. O ataque não teve sucesso e ele foi condenado à morte, mas se tornou um herói da causa abolicionista.

FREDERICK DOUGLASS, um escravo fugido, escreveu várias autobiografias, entre as quais A NARRATIVA DA VIDA DE FREDERICK DOUGLASS (1845). Ele viajou pelo país para contar suas penosas experiências como escravo. Douglass alertou ABRAHAM LINCOLN, que tinha sido eleito o décimo sexto presidente dos Estados Unidos em 1860, a respeito do problema da escravidão. Ele também convenceu Lincoln a permitir que os afro-americanos lutassem na Guerra Civil. Muitas divisões de afro-americanos, como o 54º regimento, ajudaram o Norte a vencer a guerra.

ESSAS DIVISÕES ERAM COMPOSTAS DE HOMENS DE ESTADOS ABOLICIONISTAS E ESCRAVISTAS.

Lincoln acreditava que as divergências a respeito da escravidão eram um risco para a estabilidade do governo. No início, ele não era a favor de abolir totalmente a escravidão, mas acreditava que esta não devia se espalhar além dos estados onde já era praticada e que poderia ser gradualmente extinta.

O caso de Dred Scott: DRED SCOTT foi um escravo que recorreu à Justiça para ser considerado homem livre quando o dono morreu. Em 1857, a Suprema Corte declarou que Scott não era um cidadão americano, mesmo vivendo em um estado abolicionista (para onde o dono tinha se mudado), e, por isso, deveria ser considerado propriedade da viúva. Esse caso deu ainda mais força à causa abolicionista.

> **HARRIET TUBMAN** arriscou a vida para contrabandear escravos para o Norte usando a **ESTRADA DE FERRO SUBTERRÂNEA**. Não era uma estrada de ferro de verdade, mas uma rede de rotas e lugares secretos, como fazendas e casas, que ajudavam as pessoas a alcançar a liberdade.

A CONFEDERAÇÃO

Em 1860, a Carolina do Sul decidiu se separar da União para conservar o direito de manter escravos, uma prática que ficou conhecida como **SECESSÃO**. Seis outros estados fizeram o mesmo. Em fevereiro de 1861, formaram os ESTADOS CONFEDERADOS DA AMÉRICA (ou CONFEDERAÇÃO). Em seu discurso de posse, no mês de março seguinte, Lincoln declarou que a secessão era ilegal, mas que uma guerra não seria a melhor resposta. No fim, entretanto, ele não pôde evitá-la.

> **SECESSÃO**
> retirada formal de uma aliança ou associação

> Os soldados do Exército da União defendiam os estados do Norte e foram chamados de **IANQUES**. Os soldados da Confederação defendiam os estados do Sul e foram chamados de **REBELDES**.

A GUERRA CIVIL AMERICANA começou em abril de 1861, quando a Confederação capturou o forte Sumter, controlado pela União, na Carolina do Sul. Depois disso, Virgínia, Arkansas, Tennessee e Carolina do Norte se uniram à Confederação.

> Quando a Virgínia entrou para a Confederação, a parte ocidental do estado, que queria permanecer leal à União, fundou um novo estado. Em 1863, era criada a Virgínia Ocidental.

Em julho de 1863, a BATALHA DE GETTYSBURG, na Pensilvânia, foi o ponto de virada da Guerra Civil: as tropas da União venceram e tomaram a iniciativa. O general GEORGE C. MEADE, comandante das tropas da União, decidiu praticar a GUERRA TOTAL: não apenas derrotar o Exército Confederado (que era comandado pelo general ROBERT E. LEE), mas atacar os civis e destruir suas propriedades para abalar o moral do inimigo.

A GUERRA e suas CONSEQUÊNCIAS

Os estados fizeram uso de milhares de armas de fogo e táticas de batalha modernas. Centenas de cavalos foram utilizados, pois a cavalaria ainda era muito importante naquela época. O conflito foi amplamente registrado, embora a fotografia nos campos e nas trincheiras fosse uma novidade.

Muitos escravizados no Sul eram obrigados a lutar no lugar de seus donos. Mas o Norte logo fez um chamado para que os escravizados fugissem do Sul e lutassem pela União, prometendo a eles a liberdade ao final da guerra. Isso tirou muitos combatentes das fileiras confederadas.

A Guerra Civil Americana durou 4 anos (1861-1865). A União se valeu de sua produção industrial para dar a volta por cima na Confederação, que gastava muitos recursos na guerra sem conseguir repô-los com rapidez e eficiência. Em abril de 1865, na Virgínia, o Exército Confederado se rendeu. A União tinha sido preservada. Por fim, em dezembro de 1865, foi anunciada a DÉCIMA TERCEIRA EMENDA, que abolia oficialmente a escravidão.

VERIFIQUE SEUS CONHECIMENTOS

1. Quais foram as duas questões que causaram conflito entre os estados do Norte e os estados do Sul dos Estados Unidos?

2. Quem foi Frederick Douglass e o que ele incentivou Lincoln a fazer?

3. O Exército da _ _ _ _ _ _ defendia os estados do Norte, enquanto o Exército da _ _ _ _ _ _ _ _ _ _ _ _ _ defendia os estados do Sul.

4. A Guerra Civil Americana começou quando a Confederação capturou:
   A. O forte McHenry.
   B. O forte Sumter.
   C. O forte Davis.
   D. O forte Ticonderoga.

5. Como terminou a Guerra Civil Americana?

6. Que emenda constitucional aboliu oficialmente a escravidão nos Estados Unidos?

RESPOSTAS 337

CONFIRA AS RESPOSTAS

1. A escravidão e os direitos dos estados. Nos estados do Sul, cuja economia era baseada no tabaco e no algodão, os donos das plantações queriam que a escravidão fosse mantida. Nos estados do Norte o trabalho escravo não tinha tanta importância.

2. Frederick Douglass foi um escravo fugido que escreveu várias autobiografias e viajou pelo país para falar a respeito de suas penosas experiências como escravo. Ele também alertou Lincoln a respeito da escravidão e o convenceu a permitir que os afrodescendentes lutassem na Guerra Civil.

3. União / Confederação

4. B. O forte Sumter.

5. A Guerra Civil Americana terminou em abril de 1865, quando o Exército Confederado se rendeu.

6. A décima terceira emenda.

Capítulo 30
A REVOLUÇÃO INDUSTRIAL

Durante a REVOLUÇÃO INDUSTRIAL, novas tecnologias mudaram o modo como a agricultura era praticada, como os produtos eram fabricados e como as pessoas viviam. Ela começou por volta da década de 1760 com avanços na agricultura, mas chegou ao auge com a criação das fábricas e durou até meados do século XIX.

O COMEÇO da REVOLUÇÃO

A Revolução Industrial começou na Grã-Bretanha, que havia passado por uma revolução **AGRÁRIA**, com novas culturas e práticas agrícolas que levaram a uma maior produção de alimentos e, em consequência, a uma população maior e com maior expectativa de vida.

AGRÁRIO
relativo à terra ou à agricultura

No século XVIII, muitos camponeses foram obrigados a se mudar para as cidades por causa da LEI DOS CERCAMENTOS e se tornaram oferta de mão de obra livre para as fábricas que estavam se multiplicando por toda a Inglaterra.

> O Parlamento inglês instituiu a **LEI DOS CERCAMENTOS**, que transformou as terras de uso público aos senhores e servos em propriedades privadas de nobres locais, de modo que os camponeses não podiam mais usá-las para plantar. Muitos desses camponeses foram forçados a procurar trabalho nas cidades.

Outra razão para a Grã-Bretanha ser a primeira a ter uma Revolução Industrial foi a grande quantidade de recursos naturais que possuía. Ela dispunha de ferro para construir máquinas e carvão para fazê-las funcionar. Os rios lhe proporcionavam energia hídrica e rotas para transportar matérias-primas e produtos acabados. A Inglaterra também tinha um enorme IMPÉRIO e um grande mercado para seus produtos.

A IMPORTÂNCIA da REVOLUÇÃO

A Revolução Industrial permitiu que os produtos fossem fabricados muito mais depressa. O trabalho era feito principalmente em fábricas, onde os operários (homens, mulheres e até mesmo crianças!) trabalhavam exaustivamente e ganhavam muito pouco. Elas adotavam o sistema de DIVISÃO DE TRABALHO, no qual cada operário executava sempre a mesma tarefa para fabricar o mesmo produto. As pessoas muitas vezes ficavam em espaços apertados e úmidos, com máquinas ruidosas e com os olhos e pulmões cheios de poeira. Acidentes de trabalho e doenças eram frequentes. No entanto, as pessoas precisavam trabalhar. Os imigrantes eram contratados ganhando ainda menos. Populações maiores e mercados estrangeiros haviam tornado viável a fabricação de muitos produtos em escala industrial, particularmente no caso de peças de vestuário. Novas máquinas de tecelagem baratearam os custos e as indústrias têxteis se espalharam por toda a Inglaterra e a Escócia.

> Foi graças à **REVOLUÇÃO INDUSTRIAL** que muitas pessoas passaram a usar relógios. Por quê? Ora, em uma fazenda é possível planejar as tarefas do dia com base na posição do Sol; em uma fábrica, não é bem assim.

A REVOLUÇÃO DECOLA

A Revolução Industrial também chegou à Bélgica, França, Alemanha e a outros países. Os governos facilitaram a industrialização melhorando os canais e ferrovias. No final do século XIX, os japoneses também se industrializaram.

A Revolução Industrial foi uma época de grandes inovações.

EXEMPLOS DAS NOVAS TECNOLOGIAS DA ÉPOCA

PEÇAS INTERCAMBIÁVEIS: criadas por **ELI WHITNEY** (o inventor do **DESCAROÇADOR DE ALGODÃO**) para mosquetes do Exército, essas peças pré-fabricadas, todas iguais, criaram a possibilidade da **PRODUÇÃO EM MASSA**.

O TELÉGRAFO, inventado por **SAMUEL F. B. MORSE** em 1835, melhorou as comunicações. Usando o **CÓDIGO MORSE**, os telégrafos enviavam pulsos curtos de energia ao longo de um fio que eram traduzidos em texto.

LOCOMOTIVA: veículo automotor que se move sobre trilhos e, em geral, utiliza o vapor ou a eletricidade como fonte de energia.

ENERGIA DO VAPOR:

O **BARCO A VAPOR**, inventado por **ROBERT FULTON** em 1807, melhorou o transporte fluvial.

A **LOCOMOTIVA** A VAPOR, inventada por **RICHARD TREVITHICK** em 1804, foi aperfeiçoada por outros inventores, melhorou o transporte terrestre e levou à criação de ferrovias.

Com o avanço dos **MOTORES A VAPOR**, as fábricas não precisavam mais ficar perto de rios.

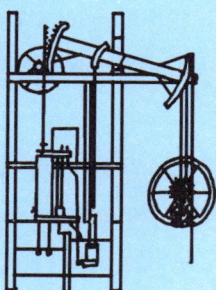

As novas tecnologias ajudaram as pessoas que estavam colonizando o oeste dos Estados Unidos; agora elas podiam usar ferramentas agrícolas melhores, como o ARADO JOHN DEERE e a COLHEITADEIRA McCORMICK. O trigo se tornou um produto lucrativo e cidades como Chicago prosperaram. Fazendas do Meio-Oeste começaram a fornecer alimentos aos operários das fábricas do Nordeste e, em contrapartida, o Nordeste começou a fornecer produtos manufaturados aos agricultores do Meio-Oeste. Grandes distâncias pareciam ficar menores graças a essas inovações.

Uma das invenções mais importantes foi o DESCAROÇADOR DE ALGODÃO. Criado por Eli Whitney em 1793, era capaz de separar com rapidez as sementes do algodão, permitindo aos donos das plantações do Sul acelerar as colheitas para que os operários do Norte pudessem fabricar mais produtos à base de algodão. Por outro lado, o descaroçador de algodão aumentou a necessidade de escravos. Outra invenção da Revolução Industrial foi a FIANDEIRA MÚLTIPLA (1764), de James Hargreaves. Essa máquina permitia fiar vários fios de uma só vez, o que acelerou a produção de linha de algodão.

A Revolução Industrial levou ao crescimento das cidades, pois muitas pessoas que sofreram com o cercamento dos campos buscaram trabalho nas fábricas. Embora as cidades estivessem crescendo, as condições sanitárias eram precárias e muitos operários ficavam doentes.

O TRABALHO INFANTIL

A Revolução Industrial foi uma época de incríveis avanços tecnológicos, mas sacrificou milhões de crianças. Elas recebiam um salário muito menor que os adultos. Em 1810, aproximadamente 2 milhões de crianças trabalhavam pelo menos 10 horas por dia, seis dias por semana, para receber apenas 40 cents por dia.

A maioria delas vinha de famílias de imigrantes pobres que dependiam de seus salários para comer. Elas trabalhavam em salas ou minas escuras com ar poluído e muitas não iam à escola nem brincavam. Grupos de religiosos e professores se esforçaram para mudar as leis de trabalho infantil. Em 1878, a Grã-Bretanha e outros países da Europa aprovaram leis que melhoraram as condições de trabalho e encurtaram as jornadas. Além disso, a idade mínima para trabalhar aumentou.

Até hoje milhões de crianças no mundo inteiro ainda trabalham muitas horas em condições insalubres e com pouco acesso à educação.

A SEGUNDA REVOLUÇÃO INDUSTRIAL

Do final do século XIX até a Segunda Guerra Mundial, aconteceu uma SEGUNDA REVOLUÇÃO INDUSTRIAL.

INVENÇÕES A GRANEL

Em 1856, os ingleses começaram a usar o **PROCESSO BESSEMER**, que tornou a produção de aço mais fácil e barata, facilitando a construção de ferrovias e arranha-céus.

1866: O PRIMEIRO TELÉGRAFO TRANSATLÂNTICO começou a funcionar.

1867: CHRISTOPHER SHOLES, CHARLES GLIDDEN e SAMUEL W. SOULE inventaram a primeira MÁQUINA DE ESCREVER, que foi um sucesso comercial.

1876: ALEXANDER GRAHAM BELL inventou o TELEFONE e fundou a primeira empresa de telecomunicações do mundo, a Bell Telephone Company.

1879: THOMAS EDISON inventou a primeira LÂMPADA ELÉTRICA. Valendo-se de seu laboratório em Menlo Park, Nova Jersey, patenteou mais de mil invenções.

1903: ORVILLE E WILBUR WRIGHT fizeram o primeiro voo com uma máquina mais pesada que o ar em KITTY HAWK, CAROLINA DO NORTE, em 17 dezembro. A máquina era uma espécie de planador motorizado que só levantava voo com a ajuda de uma espécie de catapulta.

O QUE ACHA?

NÃO VAI DURAR UMA SEMANA.

1906: em Paris, o brasileiro SANTOS DUMONT voou a 6 metros de altura e percorreu 220 metros com sua invenção, o avião *14-bis*, com um motor capaz de fazer a máquina decolar por conta própria e um sistema pronto de aterrissagem. O feito de Dumont foi testemunhado por diversos cientistas, jornalistas e curiosos, fazendo dele o Pai da Aviação.

1908: Henry Ford lançou o carro Modelo T, produzido em seu revolucionário sistema de linha de montagem, que ficou conhecido como modelo fordista.

BIPE! BIPE!

LINHA DE MONTAGEM → Se cada operário de uma linha de montagem faz apenas uma tarefa (especialização e divisão de trabalho), é possível produzir mais unidades do produto em menos tempo. Ao mesmo tempo, os trabalhadores recebem menos porque são menos qualificados.

VERIFIQUE SEUS CONHECIMENTOS

1. O que foi a Revolução Industrial? Em que época aconteceu?

2. A fiandeira múltipla foi inventada em 1764 por:
   A. Edmund Cartwright.
   B. James Watt.
   C. James Hargreaves.
   D. Eli Whitney.

3. Quais foram os dois recursos naturais que contribuíram para o avanço da Revolução Industrial na Grã-Bretanha?
   A. Aço e carvão.
   B. Ferro e carvão.
   C. Algodão e aço.
   D. Madeira e aço.

4. Descreva as condições de trabalho de muitos operários de fábricas durante a Revolução Industrial.

5. Por que a invenção de peças intercambiáveis ajudou os Estados Unidos a se industrializarem?

6. Por que a industrialização levou ao crescimento das cidades?

RESPOSTAS 347

CONFIRA AS RESPOSTAS

1. A Revolução Industrial foi uma época na qual novas tecnologias mudaram o modo como os produtos eram fabricados, como a agricultura era praticada e como as pessoas viviam. Ela começou por volta da década de 1760 e durou até meados do século XIX.

2. C. James Hargreaves.

3. B. Ferro e carvão.

4. Nas fábricas, homens, mulheres e crianças trabalhavam durante muitas horas e ganhavam pouco. Cada um fazia a mesma tarefa repetidamente. As pessoas muitas vezes ficavam em lugares insalubres: as fábricas eram lugares apertados e úmidos, com máquinas ruidosas e muita poeira no ar. Acidentes de trabalho e doenças eram frequentes.

5. A inovação de Eli Whitney permitia que produtos com peças iguais fossem montados com facilidade e produzidos em massa. As peças intercambiáveis tornaram a produção muito mais rápida.

6. A Revolução Industrial levou ao crescimento das cidades porque muitas pessoas que sofreram com o cercamento dos campos buscaram trabalho nas fábricas.

Capítulo 31
O MOVIMENTO FEMINISTA

No final do século XVIII, depois que a Primeira Revolução Industrial aumentou a demanda por operários, as mulheres começaram a trabalhar nas fábricas e, mais tarde, como secretárias, vendedoras e datilógrafas. Algumas se tornaram professoras e enfermeiras.

Contudo, no século XIX, ainda estava reservado às mulheres o papel de cuidar da família. Elas tinham pouca liberdade e quase nenhum direito. A maioria das mulheres na Europa e na América não tinha identidade legal independente dos maridos. Foi nesse século que o movimento **FEMINISTA** ganhou força. Porém, como veremos, ele havia começado já no fim do século XVIII.

> **FEMINISMO**
> a ideia de que homens e mulheres devem ter os mesmos direitos sociais, políticos e econômicos

UMA REIVINDICAÇÃO PELOS DIREITOS DA MULHER

Em 1792, uma escritora inglesa chamada MARY WOLLSTONECRAFT defendeu direitos iguais para homens e mulheres em sua obra UMA REIVINDICAÇÃO PELOS DIREITOS DA MULHER.

Wollstonecraft afirmou que o poder dos homens sobre as mulheres era tão errado quanto o poder **ARBITRÁRIO** dos monarcas sobre os súditos. O argumento dela era preciso: se o Iluminismo era baseado em um ideal de razão para todos os humanos, as mulheres também possuíam razão e, portanto, mereciam os mesmos direitos que os homens. Wollstonecraft lutou pela igualdade na educação e na vida econômica e política. Na década de 1830, muitas mulheres na Europa e nos Estados Unidos defenderam o direito de se divorciar e de ter propriedades. As mulheres lutaram para frequentar as universidades e exercer profissões que antes eram limitadas aos homens.

ARBITRÁRIO
determinado por decisões pessoais e não pela lei

A LUTA pelo SUFRÁGIO FEMININO

Nas décadas de 1840 e 1850, o movimento dos direitos das mulheres se voltou para o sufrágio. Elas acreditavam que o direito de votar era importante. Essas mulheres, chamadas de SUFRAGISTAS, lutaram de várias formas. Na Inglaterra, algumas sufragistas fizeram greve de fome e se acorrentaram à casa do primeiro-ministro.

No Brasil, a primeira a escrever defendendo o direito das mulheres foi NÍSIA FLORESTA, que, em 1832, publicou o livro DIREITO DAS MULHERES E INJUSTIÇAS DOS HOMENS. Ainda na segunda metade do século XIX, a questão também foi levantada por uma série de editoras de jornais. No início do século XX, as feministas se concentraram na busca pelo direito ao voto. Lideradas por figuras como BERTHA LUTZ e NATÉRCIA DA SILVEIRA, elas conseguiram isso em 1932.

NÍSIA FLORESTA, A PRIMEIRA FEMINISTA DO BRASIL.

Após a conquista do principal objetivo, o voto, o feminismo brasileiro perdeu força. Havia um sentimento de que a conquista política havia sido alcançada e muitas mulheres passaram a se dedicar à tentativa de entrar no mercado de trabalho. Além disso, o movimento feminista foi abafado pela ditadura iniciada em 1937 (que duraria até 1945) e, depois, pela ditadura que se iniciou em 1964. Na década de 1970, ele se reanimou com novas discussões, que exigiam muito mais do que direitos políticos. As mulheres queriam ser e fazer o que quisessem. Até o direito de jogar futebol tiveram que conquistar, no ano de 1983.

As feministas também passaram a denunciar outros fatores, como a violência doméstica contra a mulher. Atendendo a esses protestos, foi criada a lei Maria da Penha, em 2006.

Hoje em dia, o movimento feminista, mais diversificado, segue conquistando direitos e ocupando lugares que antes eram vistos como exclusivamente masculinos. No entanto, há muito ainda para ser conquistado. Atualmente, por exemplo, as mulheres ganham em média menos que os homens e enfrentam preconceitos em diversos contextos.

VERIFIQUE SEUS CONHECIMENTOS

1. O que Mary Wollstonecraft defendia no livro *Uma reivindicação pelos direitos da mulher*, de 1792?

2. Dê o nome de duas figuras importantes na luta pelos direitos das mulheres no Brasil.

3. De que modo a Primeira Revolução Industrial levou ao movimento dos direitos das mulheres?

4. Dê exemplos de atos praticados pelas sufragistas para lutar por seus direitos.

5. Por que Nísia Floresta é considerada por muitos a primeira feminista brasileira?

6. Por que o ano de 1932 é um marco para o feminismo brasileiro?

7. Podemos dizer que nossa sociedade já trata mulheres e homens de forma igualitária?

RESPOSTAS 353

CONFIRA AS RESPOSTAS

1. Mary Wollstonecraft defendia direitos iguais para homens e mulheres. Ela comparou o poder dos homens sobre as mulheres ao poder arbitrário dos monarcas sobre os súditos. Wollstonecraft também defendeu a igualdade na educação e na vida política e econômica.

2. Duas figuras de destaque nos direitos das mulheres no Brasil foram Bertha Lutz e Natércia da Silveira, lideranças políticas na conquista do voto feminino.

3. Como a Primeira Revolução Industrial criou uma demanda maior por trabalhadores, as mulheres começaram a trabalhar nas fábricas e, mais tarde, como secretárias, vendedoras e datilógrafas. Algumas mulheres se tornaram professoras e enfermeiras. Assim, a Primeira Revolução Industrial incentivou um papel maior da mulher fora do lar.

4. Na Inglaterra, algumas sufragistas fizeram greve de fome e se acorrentaram à casa do primeiro-ministro.

5. Porque foi a primeira a publicar um livro, em 1832, defendendo o direito das mulheres e denunciando as injustiças dos homens.

6. 1932 foi o ano em que as mulheres conquistaram o direito ao voto.

7. Apesar das conquistas feministas, a igualdade entre sexos está longe de acontecer. No mercado de trabalho, por exemplo, os homens ainda ganham mais que as mulheres em média.

Unidade 7

A Era do Imperialismo

Da segunda metade do século XIX às primeiras décadas do século XX

A Era do **IMPERIALISMO** foi uma época de grande competição entre países do mundo inteiro (e de grandes prejuízos para muitas nações colonizadas). Para alguns povos, o imperialismo significou expandir um império e conquistar novas terras. Para outros, significou perder a identidade e os recursos naturais para estranhos que vinham de locais distantes.

> **IMPERIALISMO**
> processo de expansão de grandes potências industrializadas em busca de colônias e áreas de exploração econômica

Capítulo 32
O IMPERIALISMO EUROPEU

POR QUE os EUROPEUS BUSCAVAM COLÔNIAS e TERRITÓRIOS?

Nas primeiras viagens marítimas ao Oriente e à América, os exploradores europeus buscavam "ouro, glória e Deus". Na Era do Imperialismo, que começou na segunda metade do século XIX, o objetivo das nações europeias era se apropriar de terras estrangeiras. Essas terras eram vistas como fontes das matérias-primas de que os países europeus necessitavam para se industrializar.

Foi uma época de grande competição: tomar o controle de uma terra que proporcionava certo recurso (como cana-de-açúcar ou borracha) podia significar a dominação de um mercado. O país ficava com todo o lucro e passava a controlar também a exportação de produtos já industrializados para essa região, causando uma dependência.

AÇÚCAR — FICOU CONHECIDO COMO "OURO BRANCO"

Quando um país europeu ficava superpovoado, era possível despachar parte dos cidadãos para colônias na Ásia, na África ou onde quer que as colônias estivessem. Os europeus concluíram que, se quisessem lucrar e ser competitivos em um mundo em expansão, o imperialismo era o caminho.

Muitos países ficaram sujeitos ao domínio imperial no século XIX e em parte do século XX, muitas vezes às custas dos povos **INDÍGENAS**. Incas, astecas, iroqueses e outros povos nativos americanos sofreram nas mãos de governantes estrangeiros. O imperialismo prejudicou muitas culturas.

INDÍGENA
nativo de certa região

A INGLATERRA ESTABELECE RELAÇÕES COMERCIAIS com a ÍNDIA

A partir do século XVII, os ingleses estabeleceram domínios comerciais na Índia por meio da COMPANHIA DAS ÍNDIAS ORIENTAIS. O ópio que era enviado para a China era cultivado na Índia por esse grupo comercial.

Os ingleses compraram especiarias, chá, algodão e outros produtos da Índia em troca de prata por cerca de 200 anos. Os franceses e holandeses também comercializavam com a Índia, mas, depois de algum tempo, o controle ficou exclusivamente com a Companhia das Índias Orientais, até que ocorreu a Revolta dos Cipaios, como veremos no capítulo 36.

A GUERRA do ÓPIO e suas CONSEQUÊNCIAS

No começo, a China não recebia muitos estrangeiros e tinha um controle rigoroso sobre quem e o que entrava no país.

Na década de 1830, os ingleses haviam estabelecido um comércio regular com a China, exportando ópio (uma droga perigosa e que causa dependência) e importando chá (que causa menos dependência, apesar de conter cafeína).

Sabendo dos grandes perigos do ópio, o governo chinês proibiu a importação do produto. O funcionário do governo chinês LIN ZEXU escreveu uma carta aberta à RAINHA VITÓRIA da Inglaterra pedindo que combatesse o comércio ilegal de ópio,

BEIJING

NANJING

CHINA

MAR DO LESTE DA CHINA

GUANGZHOU
HONG KONG

mas a carta foi ignorada e as remessas da droga continuaram a chegar à costa da China.

Os chineses ficaram furiosos e, em 1839, destruíram cerca de 20 mil caixas com a droga, dando início à GUERRA DO ÓPIO (1839-1842). Eles bloquearam a área comercial de Cantão (atualmente conhecida como Guangzhou) e obrigaram os comerciantes a entregar todo o ópio que guardavam. Os ingleses reagiram enviando à China navios de guerra que destruíram fortes chineses costeiros e ribeirinhos, derrotando os chineses.

No TRATADO DE NANJING, de 1842, a China foi considerada responsável pelos custos da guerra e forçada a abrir cinco portos costeiros, um deles em Hong Kong, ao comércio com os ingleses. Os comerciantes ingleses que viviam nesses portos não precisavam seguir as leis chinesas. Em vez disso, tinham as próprias leis, em um sistema chamado **EXTRATERRITORIALIDADE**.

EXTRATERRITORIALIDADE
ser isento das leis locais

Os chineses também foram forçados a limitar os impostos sobre produtos importados da Inglaterra e tiveram que ceder o território de Hong Kong aos ingleses. Quanto sofrimento por tentar proteger o próprio povo! Além disso, o comércio de ópio continuou.

OUTROS PAÍSES COMERCIALIZAM com a CHINA

Outros países começaram a comercializar com os chineses. Por exemplo, os chineses também ofereceram aos americanos as mesmas condições de comércio que tinham com os ingleses. Logo todos os portos da China estavam repletos de representantes de países estrangeiros, que definiam ESFERAS DE INFLUÊNCIA, regiões nas quais as potências imperialistas tinham direitos comerciais exclusivos ou privilégios de mineração e construção de ferrovias. Os chineses concederam esses privilégios a várias nações em troca de dinheiro. E a Inglaterra, os Estados Unidos, a França, a Alemanha, a Rússia e o Japão se beneficiaram desses acordos.

Por causa das novas políticas, a dinastia QING, que estava no poder, passou a ser encarada como fraca e ineficaz. Em 1850, um grupo de rebeldes iniciou a REBELIÃO TAIPING, exigindo reformas sociais como a cessão de terras para os camponeses e a igualdade de direitos entre homens e mulheres.

Esses rebeldes tomaram Nanjing, matando milhares de pessoas e continuando seus massacres durante vários anos. As nações estrangeiras se aproveitaram da confusão para ampliar sua presença na China. Depois de algum tempo, os europeus ajudaram a dinastia Qing a restabelecer a ordem. Em 1864, forças do governo chinês reconquistaram Nanjing e deram fim à rebelião.

A rebelião Taiping matou dezenas de milhões de pessoas. Foi um dos conflitos armados mais sangrentos da História. No ano seguinte, os ingleses e os franceses pressionaram a China para lhes conceder mais vantagens comerciais. A China concordou em legalizar o comércio de ópio (!!!) e abriu novos portos. Também cedeu mais terras para a Inglaterra (a península de Kowloon), que tomou outras regiões quando a China resistiu a partes do tratado.

A tentativa chinesa de manter os estrangeiros afastados havia fracassado.

VERIFIQUE SEUS CONHECIMENTOS

1. O que é imperialismo?

2. De que modo uma nação europeia podia dominar o mercado de um produto?

3. Qual foi a causa da Guerra do Ópio? Em que ano ela começou?

4. Quais foram as consequências do Tratado de Nanjing?

5. Os comerciantes de uma região de extraterritorialidade:
   A. Deviam obedecer às leis estabelecidas pelo governo chinês.
   B. Podiam ignorar as leis chinesas e definir suas próprias leis.
   C. Não precisavam respeitar lei alguma.

6. Em que cidade começou a Rebelião Taiping, de 1850?
   A. Beijing.
   B. Nanjing.
   C. Nagasaki.
   D. Hong Kong.

7. O que era a Companhia das Índias Orientais?

RESPOSTAS

CONFIRA AS RESPOSTAS

1. Imperialismo é o processo de expansão de grandes potências industrializadas em busca de colônias e áreas de exploração econômica.

2. Uma nação europeia podia dominar o mercado de um produto se assumisse o controle da terra que lhe proporcionava esse produto (como cana-de-açúcar ou borracha). Em seguida, podia ficar com todo o lucro da venda.

3. A Guerra do Ópio ocorreu porque a Inglaterra continuou a enviar ópio para a China mesmo quando a China pediu que parasse. A guerra começou em 1839, quando os chineses destruíram cerca de 20 mil caixas de ópio em sinal de protesto.

4. Pelo Tratado de Nanjing, a China foi considerada responsável pelos custos da Guerra do Ópio e forçada a abrir cinco portos costeiros para comercializar com os ingleses. Além disso, os chineses tiveram que limitar os impostos dos produtos importados da Inglaterra, isentar os comerciantes ingleses das leis locais (extraterritorialidade) e ceder Hong Kong aos britânicos.

5. B. Podiam ignorar as leis chinesas e definir suas próprias leis.

6. B. Nanjing.

7. A Companhia das Índias Orientais era uma companhia inglesa que estabeleceu domínios comerciais na Índia a partir do século XVII.

Capítulo 33
A PARTILHA DA ÁFRICA

A PARTIR DA DÉCADA DE 1870

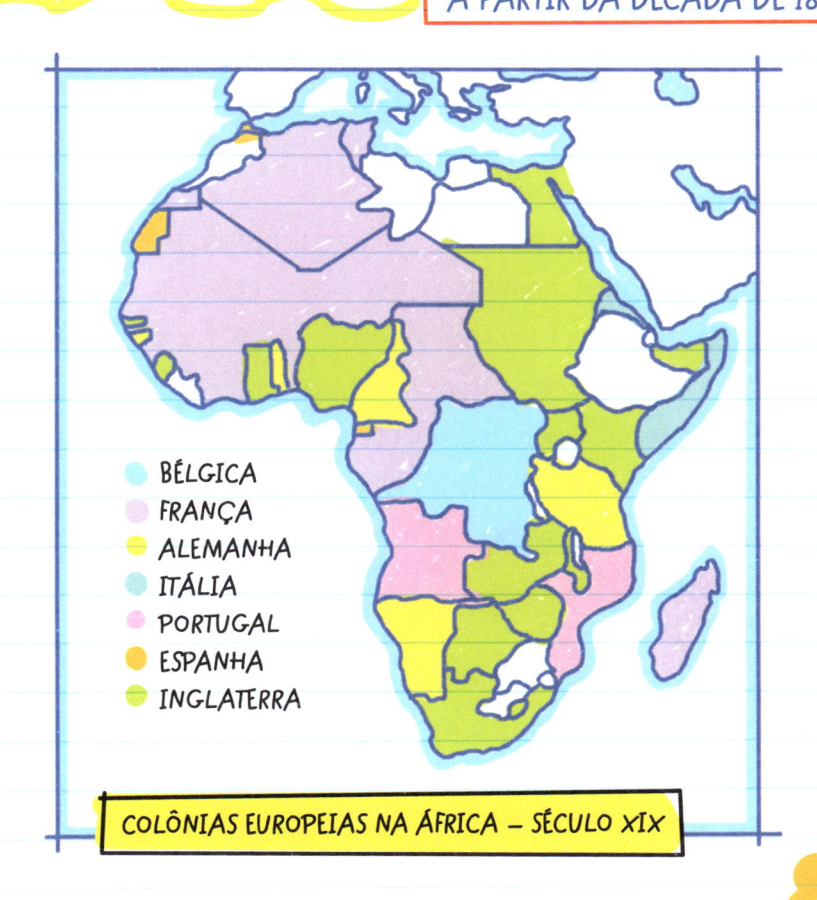

- BÉLGICA
- FRANÇA
- ALEMANHA
- ITÁLIA
- PORTUGAL
- ESPANHA
- INGLATERRA

COLÔNIAS EUROPEIAS NA ÁFRICA – SÉCULO XIX

Os EUROPEUS na ÁFRICA

No continente africano, as nações europeias costumavam comercializar com os reinos costeiros, não se aventurando no interior do continente. Isso mudou em meados do século XIX, quando os europeus começaram a enviar exploradores e missionários para o interior.

DAVID LIVINGSTONE foi um missionário escocês que veio de Londres e chegou à África em 1841. Passou 30 anos viajando pelo continente. Ele estava em busca de um caminho fluvial que permitisse que o comércio europeu e o cristianismo "fluíssem" até a África. Suas cartas eram tão detalhadas que podiam ser usadas pelas pessoas na Inglaterra para desenhar mapas.

Quando Livingstone desapareceu, um jornal americano enviou um jovem jornalista galês chamado HENRY MORTON STANLEY para procurá-lo. Ele encontrou Livingstone vivo em 1871 e permaneceu na África por alguns anos. Stanley explorou o rio Congo e disse aos ingleses que eles deviam ocupar o local. Os ingleses não lhe deram ouvidos, mas o REI LEOPOLDO II da Bélgica ficou entusiasmado. Ele queria abrir a África para a civilização europeia e lucrar com isso.

A PARTILHA da ÁFRICA

O rei Leopoldo II se tornou a força motriz por trás da colonização da África Central. No final da década de 1870, com a ajuda de Stanley, ele fundou povoados belgas no Congo.

Também foram criadas novas rotas comerciais, o que despertou rivalidades. Os franceses se apressaram a fincar sua bandeira no norte da África.

A Alemanha e a Inglaterra tentaram ocupar as terras da África Oriental. A Espanha ocupou o Saara Ocidental e parte do Marrocos. A Itália se apossou da Líbia e da maior parte da Somália. Portugal ficou com Angola e Moçambique. Essa disputa por colônias ficou conhecida como PARTILHA DA ÁFRICA.

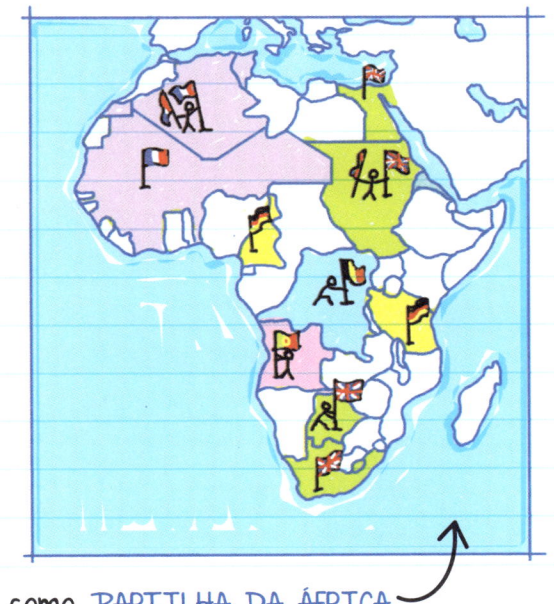

SURGEM DISCORDÂNCIAS entre os COLONIZADORES

Em 1884–1885, as principais nações europeias se reuniram na CONFERÊNCIA DE BERLIM para resolver disputas e formalizar as políticas imperialistas na África sem entrar em guerra. O grupo concordou em **PARTILHAR** o continente. Tudo isso aconteceu sem o conhecimento dos muitos grupos de pessoas que viviam no continente, que foram divididos aleatoriamente (em alguns casos desrespeitando a separação que havia entre nações e etnias rivais) com base nos caprichos dos europeus.

> **PARTILHA**
> neste caso, a divisão de um país ou Estado em partes, geralmente com tipos diferentes de governo

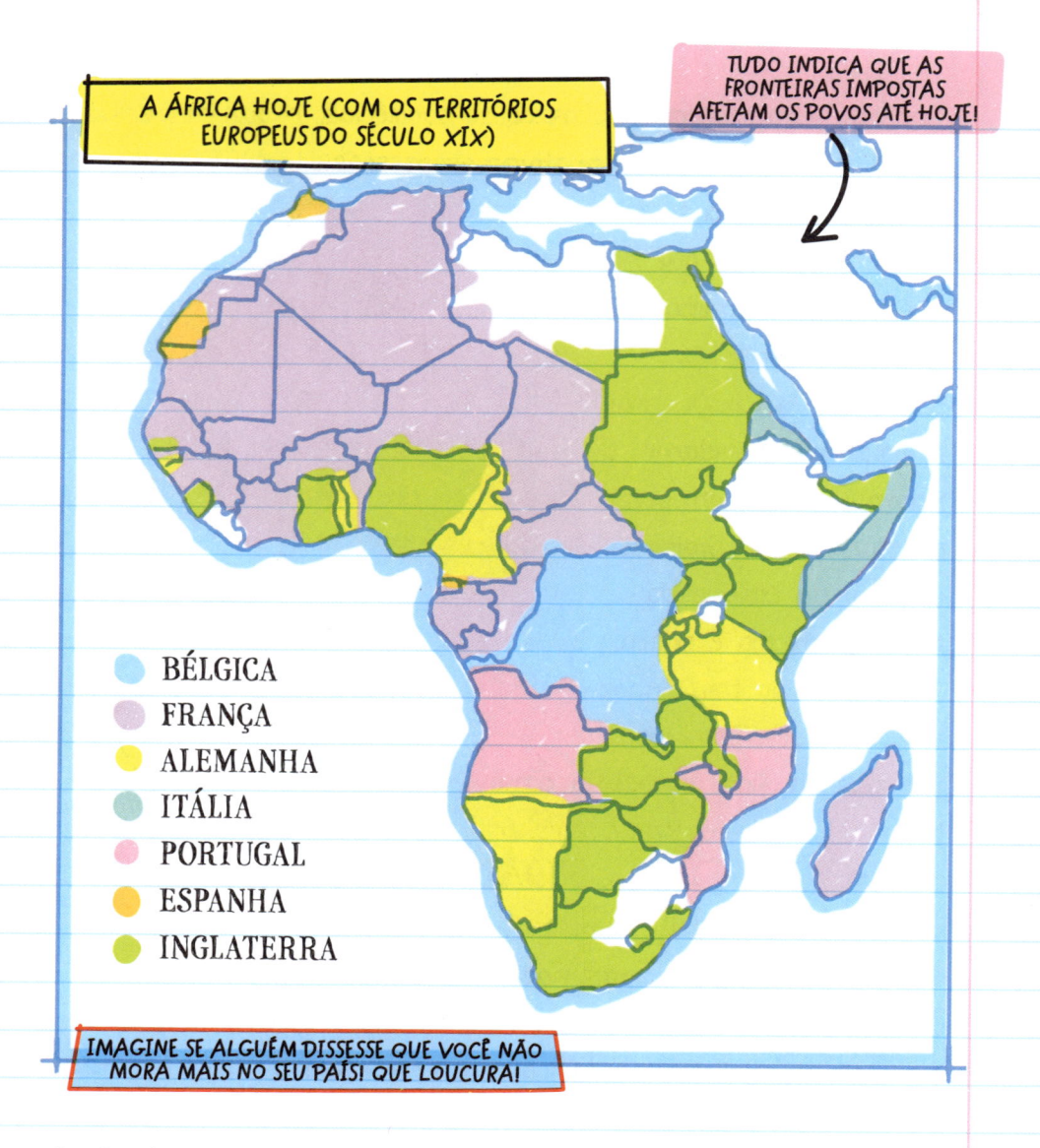

A ÁFRICA HOJE (COM OS TERRITÓRIOS EUROPEUS DO SÉCULO XIX)

TUDO INDICA QUE AS FRONTEIRAS IMPOSTAS AFETAM OS POVOS ATÉ HOJE!

- BÉLGICA
- FRANÇA
- ALEMANHA
- ITÁLIA
- PORTUGAL
- ESPANHA
- INGLATERRA

IMAGINE SE ALGUÉM DISSESSE QUE VOCÊ NÃO MORA MAIS NO SEU PAÍS! QUE LOUCURA!

As fronteiras impostas amontoaram os africanos em grupos arbitrários que não representavam sua cultura ou ancestralidade e dificultaram a administração dos recursos locais. Muitas dessas fronteiras coloniais existem até hoje, juntamente com os efeitos perniciosos dessa imposição arbitrária para a população nativa. Bélgica, Espanha, Portugal, França, Grã-Bretanha, Itália e

Alemanha começaram a organizar suas colônias, **EXPLORANDO** os povos nativos. As pessoas foram obrigadas a suportar condições de trabalho tão duras que, no início do século XX, cerca de 8 a 16 milhões de africanos haviam morrido.

EXPLORAR
aproveitar-se de alguém de forma injusta

CECIL RHODES e a GUERRA dos BÔERES

Os holandeses fundaram a Cidade do Cabo no século XVII, tornando-se os primeiros colonos no sul da África. Em 1806, quando os ingleses conquistaram a região (que chamaram de COLÔNIA DO CABO), os colonos holandeses (que eram chamados de BÔERES) decidiram partir e criaram duas novas repúblicas: TRANSVAAL e o ESTADO LIVRE DE ORANGE.

COMO OS BÔERES QUERIAM MANTER A ESCRAVIDÃO E OS INGLESES NÃO, OS BÔERES FORAM EMBORA.

Na mesma época, os ingleses estabeleceram outra colônia, NATAL, a leste dos Estados dos bôeres. Os colonos holandeses e ingleses eram muito diferentes: nas colônias inglesas, qualquer homem rico podia votar, independentemente da etnia. Nas repúblicas bôeres, somente os homens brancos podiam votar.

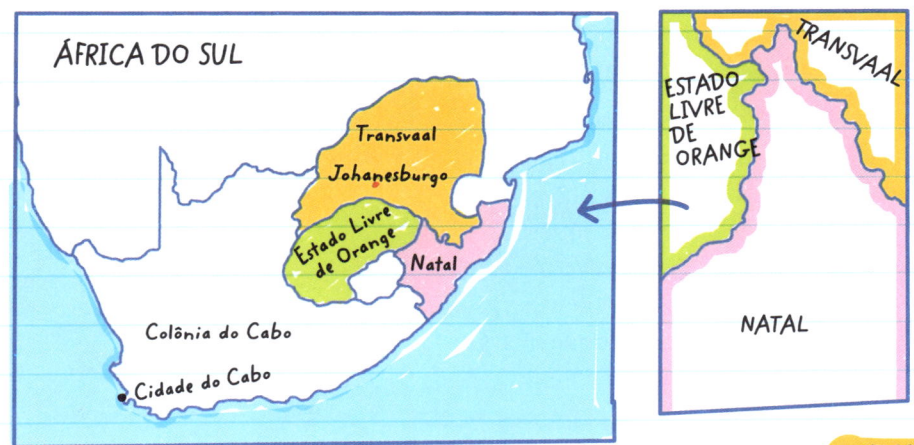

Quando os bôeres descobriram ouro e diamantes nas suas repúblicas, muitos ingleses entraram clandestinamente nos seus territórios na esperança de enriquecer rapidamente.

Em 1880, começava o primeiro conflito entre os britânicos e os bôeres, que foi chamado de "Primeira Guerra dos Bôeres". Ele se estendeu até 1881, com a derrota dos ingleses, que assinaram um tratado de paz com a República do Transvaal. Em 1895, o primeiro-ministro da colônia do Cabo, CECIL RHODES, que também era dono de companhias de ouro e diamantes e defendia a expansão inglesa na África, apoiou secretamente uma invasão inglesa no Transvaal. O ATAQUE DE JAMESON foi um desastre e Rhodes foi obrigado a renunciar.

O estrago, porém, estava feito. E a SEGUNDA GUERRA DOS BÔERES foi iniciada entre os ingleses e os colonos holandeses em 1899. Em 1902, o enorme Exército inglês derrotou os bôeres, e os britânicos fundaram um novo país, a UNIÃO SUL-AFRICANA, que incluía as repúblicas bôeres, a colônia do Cabo e a colônia de Natal.

> Muitas pinturas rupestres encontradas na África datam de tempos pré-históricos, mas outras são bem mais recentes. Assim, por exemplo, pinturas na cordilheira do Drakensberg, na África do Sul, feitas no final do século XIX, mostram batalhas entre os nativos do povo San e os colonos europeus, que são mostrados montados a cavalo e segurando rifles. Os artistas do Drakensberg também são famosos porque usavam sombreamento tridimensional.

VERIFIQUE SEUS CONHECIMENTOS

1. Como era o comércio entre europeus e africanos antes do século XIX?

2. _____ _____ _____ convenceu o rei Leopoldo II da Bélgica a investir na África.

3. O que levou à "partilha da África"?

4. O que aconteceu com as nações e tribos africanas após a Conferência de Berlim?

5. Os holandeses criaram duas repúblicas no sul da África em 1806: _____ e o _____ _____ _____ _____.

6. A Segunda Guerra dos Bôeres foi travada principalmente por causa de que recursos naturais?
   A. Ouro e prata.
   B. Ouro e diamantes.
   C. Ouro e esmeraldas.
   D. Prata e bronze.

RESPOSTAS 371

CONFIRA AS RESPOSTAS

1. As nações europeias comerciavam principalmente com os reinos no litoral africano.
2. Henry Morton Stanley
3. A "partilha da África" foi iniciada pelos novos povoados no Congo e as novas rotas comerciais da África criadas pelo rei Leopoldo II da Bélgica. Depois que a Bélgica começou a colonizar o interior da África, outros países como França, Alemanha, Inglaterra, Espanha, Itália e Portugal também reivindicaram territórios.
4. Depois da Conferência de Berlim, as nações africanas foram divididas pelas nações europeias. Os grupos, tribos e nações africanos foram arbitrariamente separados de um modo que não fazia sentido de acordo com a História dos povos nativos.
5. Transvaal / Estado Livre de Orange
6. B. Ouro e diamantes.

Capítulo 34
A MODERNIZAÇÃO DO JAPÃO

Como a China, o Japão era rigoroso com quem deixava entrar no país e com quem comerciava. Em 1853, um oficial da Marinha americana chamado MATTHEW PERRY foi enviado pelo presidente Millard Fillmore para forçar o Japão a abrir seus portos ao comércio com os Estados Unidos. O Japão abriu dois portos ao comércio internacional, pondo fim ao período de isolamento. O país também entrou em um período de modernização.

A RESTAURAÇÃO MEIJI

Em 1868, o xogunato Tokugawa, que havia proibido o comércio com estrangeiros, foi derrubado por um pequeno grupo de comandantes militares e aristocratas japoneses, que começaram

MUTSUHITO, IMPERADOR MEIJI

a RESTAURAÇÃO MEIJI (1868–1912). Esse foi um período de grande progresso para os japoneses, durante o qual eles construíram:

- **NAVIOS**
- **FERROVIAS**
- **SISTEMAS BANCÁRIOS**
- **MINAS DE CARVÃO**
- **MÁQUINAS**
- **FÁBRICAS**
- **SISTEMAS DE COMUNICAÇÃO**

A dinastia Meiji compreendia a importância da educação universal e de uma língua comum. A educação foi reformada. Os alunos japoneses começaram a estudar no exterior e especialistas estrangeiros foram convidados a ensinar no país. Além disso, o Japão introduziu mudanças no setor militar:

1. A formação de um Exército imperial, em 1871.
2. Uso de armas modernas.
3. Serviço militar obrigatório: todo japonês do sexo masculino tinha que servir durante 3 anos.

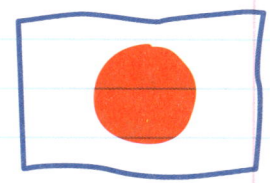

O JAPÃO PRATICA o IMPERIALISMO

Como os europeus, os japoneses estavam determinados a se expandir. Eles forçaram os coreanos a abrir os portos ao comércio japonês. No entanto, a China estava insatisfeita com a crescente influência do Japão e, em 1894, os dois países lutaram na PRIMEIRA GUERRA SINO-JAPONESA, vencida pelo Japão.

> "SINO" É UM PREFIXO QUE VEM DO LATIM *SINAE*, QUE SIGNIFICA "CHINA".

A China teve que ceder TAIWAN e outros territórios aos japoneses, além de ser obrigada a reconhecer a independência da Coreia.

A Rússia também queria aumentar sua influência na Coreia. O Japão, porém, queria manter seu domínio na região, já que encarava a Coreia como uma zona de segurança entre ele e a China. Isso levou a um aumento da tensão entre Rússia e Japão, o que acabou resultando em outra guerra.

FRONTEIRAS ANTES DA GUERRA RUSSO-JAPONESA, 1905

A HISTÓRIA PARECE SER O ESTUDO DAS GUERRAS.

A GUERRA RUSSO-JAPONESA começou em 1904. Era o pequeno Japão contra os russos, que haviam se tornado uma potência importante. Os japoneses fizeram um ataque de surpresa à base naval russa de Port Arthur, na Manchúria (no atual nordeste da China). Ao mesmo tempo, a Marinha japonesa derrotou a frota russa no litoral do Japão. Com

375

a assinatura do TRATADO DE PORTSMOUTH, em 1905, a Rússia cedeu o controle de Port Arthur e do sistema ferroviário russo na Manchúria, o que possibilitou ao Japão uma cabeça de ponte na região. O Japão também recebeu parte da ilha Sacalina.

A vitória japonesa sobre a Rússia chocou o mundo. Foi a primeira vez que uma nação asiática derrotou uma potência europeia em tempos modernos, pondo fim à expansão russa na Ásia Oriental. O Japão havia se tornado uma potência mundial, enquanto a Rússia e a China ficaram para trás em termos de tecnologia.

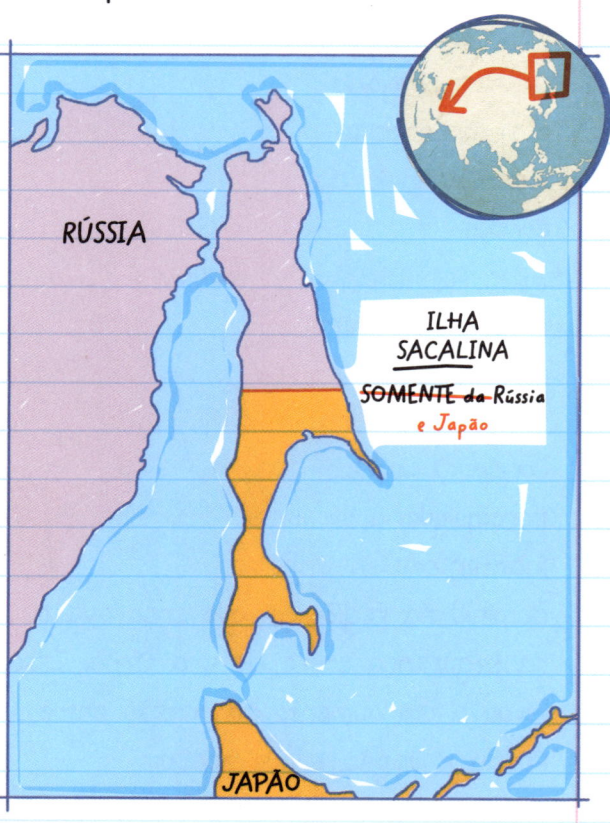

RÚSSIA

ILHA SACALINA

~~SOMENTE~~ da Rússia e Japão

JAPÃO

BANDEIRA DA MARINHA IMPERIAL JAPONESA

VERIFIQUE SEUS CONHECIMENTOS

1. O que foi a Restauração Meiji? Que reformas aconteceram nessa época?

2. O Japão assumiu o controle de que territórios? Em que época isso aconteceu?

3. Quem foi Matthew Perry? Qual foi o resultado da sua intervenção?

4. Qual foi o resultado da Primeira Guerra Sino-Japonesa?

5. O ataque a Port Arthur desencadeou a guerra entre que países?
A. Japão e Coreia.
B. China e Coreia.
C. China e Japão.
D. Japão e Rússia.

6. Quem venceu a guerra da pergunta anterior? Quais foram os ganhos do país vencedor?

RESPOSTAS

CONFIRA AS RESPOSTAS

1. A Restauração Meiji foi uma época em que os japoneses construíram navios, ferrovias, sistemas bancários, minas de carvão, máquinas, fábricas, sistemas de comunicação e renovaram o Exército. Os japoneses também repensaram o sistema educacional.

2. O Japão assumiu o controle de Taiwan e outros territórios da China depois da Guerra Sino-Japonesa, em 1894. Em seguida, assumiu o controle de partes da Manchúria e da ilha Sacalina, em 1905.

3. Matthew Perry foi um oficial da Marinha americana enviado em 1853 para forçar o Japão a abrir os portos ao comércio com os Estados Unidos. O Japão acabou abrindo dois portos ao comércio internacional.

4. A China teve que ceder Taiwan e outros territórios aos japoneses, além de ser obrigada a reconhecer a independência da Coreia.

5. D. Japão e Rússia.

6. O vencedor da Guerra Russo-Japonesa foi o Japão. A Rússia teve que ceder o controle de Port Arthur, do sistema ferroviário russo na Manchúria e de parte da ilha Sacalina. A vitória japonesa também lhe valeu uma nova reputação: o Japão passou a ser visto como uma potência mundial.

Capítulo 35
A GUERRA HISPANO-AMERICANA

Após a Guerra Civil, os Estados Unidos tinham interesse e condições para sua própria expansão imperialista. A GUERRA HISPANO-AMERICANA oficialmente foi travada pela independência de Cuba, mas permitiu que os americanos conquistassem novos territórios.

LEMBREM-SE do MAINE!

No final do século XIX, como muitos outros países da região, Cuba estava ansiosa para se libertar do controle da Espanha. Com esse objetivo, em 1892, um **DISSIDENTE** exilado chamado JOSÉ MARTÍ PÉREZ fundou o Partido Revolucionário Cubano, mas foi morto 3 anos depois. Pérez era considerado um herói por muitos nacionalistas cubanos, entre eles o futuro líder comunista FIDEL CASTRO. Os jornais americanos publicavam histórias sensacionalistas a respeito da forma como os espanhóis maltratavam os cubanos, dando início à prática da **IMPRENSA MARROM**.

> **DISSIDENTE**
> que diverge ou discorda

> **IMPRENSA MARROM**
> um tipo de jornalismo que usa o exagero para chamar atenção

Em janeiro de 1898, os Estados Unidos enviaram um encouraçado, o USS MAINE, para proteger os cidadãos americanos que viviam em Cuba. Em 15 de fevereiro de 1898, o Maine afundou misteriosamente no porto de Havana, matando mais de 250 marinheiros. Os jornais americanos puseram a culpa da explosão do Maine nos espanhóis. Isso colocou a opinião pública americana a favor da guerra contra a Espanha.

Uma investigação posterior, porém, comprovou que o Maine explodiu por causa da combustão acidental da pólvora armazenada nos paióis do navio.

Os ESTADOS UNIDOS DECLARAM GUERRA à ESPANHA

Considerando a Espanha responsável pelo afundamento do Maine, os Estados Unidos declararam guerra ao país em abril de 1898, embora o presidente WILLIAM McKINLEY fosse contra a medida. Comandadas pelo COMODORO GEORGE DEWEY, as forças navais americanas rumaram para as Filipinas, que eram uma colônia espanhola. Com a ajuda dos locais, que também queriam a liberdade, os americanos derrotaram uma frota espanhola na baía de Manila.

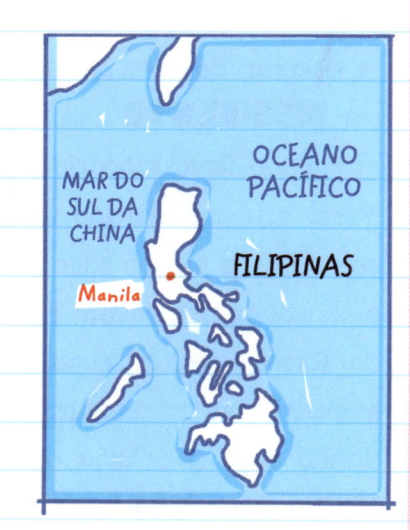

TERRITÓRIOS E COLÔNIAS ADQUIRIDOS PELO TRATADO DE PARIS

GOLFO DO MÉXICO • Flórida • Havana • CUBA • COLINA DE SAN JUAN • MAR DO CARIBE • OCEANO ATLÂNTICO • Porto Rico

Em Cuba, um regimento de **CAVALARIA** voluntário dos Estados Unidos chamado de **ROUGH RIDERS** (CAVALEIROS DESTEMIDOS) ajudou a derrotar os espanhóis na BATALHA DA COLINA DE SAN JUAN. Em agosto de 1898, apenas quatro meses depois do seu início, a Guerra Hispano-Americana terminou.

CAVALARIA
soldados que servem montados a cavalo

Um dos **ROUGH RIDERS** era Theodore Roosevelt, futuro presidente dos Estados Unidos. Ele era tão importante para a cavalaria que esta acabou ficando conhecida como "Cavaleiros Destemidos de Roosevelt".

Os ESTADOS UNIDOS LEVAM VANTAGEM

Com a assinatura do TRATADO DE PARIS (apesar do nome igual, refere-se a um acordo diferente dos que encerraram a

Guerra dos Sete Anos e a Guerra Revolucionária Americana), a Espanha cedeu o controle de Cuba, que se tornou um **PROTETORADO** dos Estados Unidos.

> **PROTETORADO**: um Estado ou país que é protegido e parcialmente controlado por um Estado ou país mais poderoso

Os Estados Unidos adquiriram Porto Rico e Guam como territórios e as Filipinas se tornaram uma colônia americana. Foi o fim do império espanhol nas Américas e o início da construção do império americano. Com as Filipinas como colônia, os Estados Unidos ficaram em uma posição privilegiada para comercializar com a China, mantendo-a longe do alcance do Japão e interferindo no projeto imperialista japonês.

> Lembre-se: o **TRATADO DE PARIS** de 1763 pôs fim à Guerra dos Sete Anos. O **TRATADO DE PARIS** de 1783 pôs fim à Guerra Revolucionária Americana. O **TRATADO DE PARIS** de 1898 pôs fim à Guerra Hispano-Americana.

O desejo de poder e riqueza dos americanos lhes rendeu a posição de nação mais importante do mundo no início do século XX. Menos de 200 anos depois de lutar pela própria independência, os Estados Unidos, para o bem ou para o mal, estavam agora de posse de um grande império.

VERIFIQUE SEUS CONHECIMENTOS

1. A Guerra Hispano-Americana foi travada pela independência:
   A. De Guam.
   B. De Porto Rico.
   C. De Cuba.
   D. Da República Dominicana.

2. Como se chamava o comodoro americano cuja frota derrotou a frota espanhola em 1898?

3. Qual dos territórios a seguir não passou a ser controlado pelos Estados Unidos após a Guerra Hispano-Americana?
   A. Porto Rico.
   B. Filipinas.
   C. Haiti.
   D. Cuba.

4. _____ se tornou um protetorado dos Estados Unidos no final da guerra; _____ se tornou uma colônia americana.
   A. Guam / Porto Rico
   B. Cuba / Haiti
   C. Filipinas / Guam
   D. Cuba / Filipinas

5. As forças americanas lutaram para libertar Cuba dos espanhóis após o fracasso da rebelião comandada por _ _ _ _   _ _ _ _ _   _ _ _ _ _.

6. Qual foi a importância da vitória americana sobre a Espanha em termos comerciais?

RESPOSTAS 383

CONFIRA AS RESPOSTAS

1. C. De Cuba.
2. George Dewey.
3. C. Haiti.
4. D. Cuba / Filipinas
5. José Martí Pérez
6. Com a vitória dos Estados Unidos sobre a Espanha, as Filipinas se tornaram uma colônia americana e os Estados Unidos ficaram em uma posição privilegiada para comercializar com a China, interferindo na expansão imperialista do Japão.

Capítulo 36
REAÇÕES AO IMPERIALISMO

DO FINAL DO SÉCULO XIX AO INÍCIO DO SÉCULO XX

Afinal de contas, quem ficaria contente se um estranho tomasse conta da sua casa e dissesse como você deve viver a vida? Ninguém, né?

REBELIÕES na ÍNDIA

A REVOLTA DOS CIPAIOS, também chamada de REBELIÃO INDIANA, resultou da desconfiança e das diferenças culturais entre os ingleses e os indianos. Com o declínio do Império Mogol, a Companhia das Índias Orientais ganhou força e contratou soldados indianos chamados de CIPAIOS.

Em 1857, espalhou-se um boato em Meerut de que os novos cartuchos de rifle fornecidos aos cipaios, que seguiam o hinduísmo ou o islamismo, eram untados com gordura de vaca e de porco. O problema disso é que, para carregar os rifles, eles precisavam arrancar com os dentes a ponta dos cartuchos.

TERRITÓRIOS INGLESES
LEAIS AOS INGLESES
AFETADOS PELA REBELIÃO
NEUTROS

Meerut
Délhi
Lucknow
Kanpur
Jhansi

ÍNDIA

MAR ARÁBICO

BAÍA DE BENGALA

A vaca é considerada sagrada pelos hindus e o porco é tabu para os muçulmanos. Dessa maneira, muitos cipaios se recusaram a carregar os rifles.

Essa questão foi um estopim para a revolta dos cipaios, já inconformados com a ocidentalização que os britânicos tentavam impor aos indianos, sobretudo no campo religioso, e com a pretensão britânica de determinar todos os rumos da política indiana.

Os ingleses prenderam os cipaios, acusando-os de participar de um **MOTIM**. Mal sabiam eles que essa prisão resultaria em um motim de verdade. Em 25 de abril de 1857, os cipaios que não tinham sido presos libertaram os compatriotas.

MOTIM
uma revolta contra a autoridade

A revolta se espalhou para outras cidades da Índia, entre as quais Délhi, Kanpur, Lucknow e Jhansi. Entretanto, a rivalidade entre muçulmanos e hindus impediu que os cipaios formassem um grupo forte. Além disso, algumas tropas indianas simplesmente permaneceram leais aos ingleses. No fim das contas, a rebelião acabou fracassando em 1858.

Depois do motim, os ingleses aumentaram o rigor em relação aos indianos. O governo inglês tirou o controle da Companhia das Índias Orientais sobre a Índia e formou um GOVERNO DIRETO, enviando funcionários britânicos para controlar certas partes da Índia. Em outras partes do país, foi criado um sistema de GOVERNO INDIRETO, usando governantes locais para controlar as colônias. Em 1876, a rainha Vitória se tornou "imperatriz da Índia". Portanto, os indianos passaram a ser súditos da rainha inglesa. A Índia era a "joia" da sua coroa. Os ingleses melhoraram o transporte e a educação na Índia, mas impediram que os indianos tivessem poder político ou militar em seu próprio país.

REBELIÃO na CHINA

Os BOXERS, como os ocidentais os chamavam, eram membros de uma organização secreta chinesa chamada de SOCIEDADE DOS PUNHOS HARMONIOSOS E JUSTICEIROS. Eles praticavam SHADOWBOXING, uma forma de exercício na qual se luta com um oponente imaginário. Os boxers acreditavam que

UM JEITO ESPERTO DE DESCREVER O BOXE.

esse exercício os ajudaria a se esquivar de tiros de armas de fogo.

Os boxers não estavam nada satisfeitos com a intervenção imperialista na China...

Desde a segunda metade do século XIX, as nações europeias e o Japão pressionavam a China a lhes conceder ESFERAS DE INFLUÊNCIA, ou seja, regiões dentro do país que ficariam sob o seu controle.

Como os Estados Unidos não tinham uma esfera de influência na China, o secretário de Estado John Hay sugeriu em 1899 uma POLÍTICA DE PORTAS ABERTAS de igual acesso para que várias potências imperiais pudessem comercializar com a China.

Ao mesmo tempo, os boxers queriam exterminar estrangeiros, como os missionários cristãos que, segundo eles, estavam ameaçando o modo de vida dos chineses. Por volta de 1900, na chamada REBELIÃO DOS BOXERS, eles começaram a percorrer a China, matando missionários, homens de negócios estrangeiros, **ENVIADOS** alemães a Beijing e chineses que haviam se convertido ao cristianismo.

ENVIADO
agente diplomático

Por ordem de GUILHERME II, imperador da Alemanha, tropas alemãs invadiram a China. Guilherme teve apoio da Inglaterra, França, Rússia, Estados Unidos e Japão. Os alemães restauraram a ordem e exigiram uma **INDENIZAÇÃO** do governo chinês. A Rebelião dos Boxers acabou sendo muito onerosa para os chineses.

INDENIZAÇÃO
compensação em dinheiro por danos causados

REBELIÕES na ÁFRICA

Os africanos também se rebelaram contra o domínio que os europeus exerceram sobre seus povos e suas terras. Muitos europeus eram **ETNOCÊNTRICOS** e achavam que era sua missão divina colonizar outros países, que o destino dos outros povos era ser governado por eles.

ETNOCENTRISMO
crença de que uma cultura é superior às outras

389

Na África do Sul, os ZULUS lutaram várias vezes (e com sucesso) contra os europeus. Sob o comando do poderoso líder SHAKA ZULU, eles resistiram aos bôeres.

Após a morte de Shaka, em 1828, continuaram fortes sob o comando do REI DINGANE, mas na GUERRA ANGLO-ZULU, de 1879, foram derrotados pelos ingleses, pondo fim a sua independência.

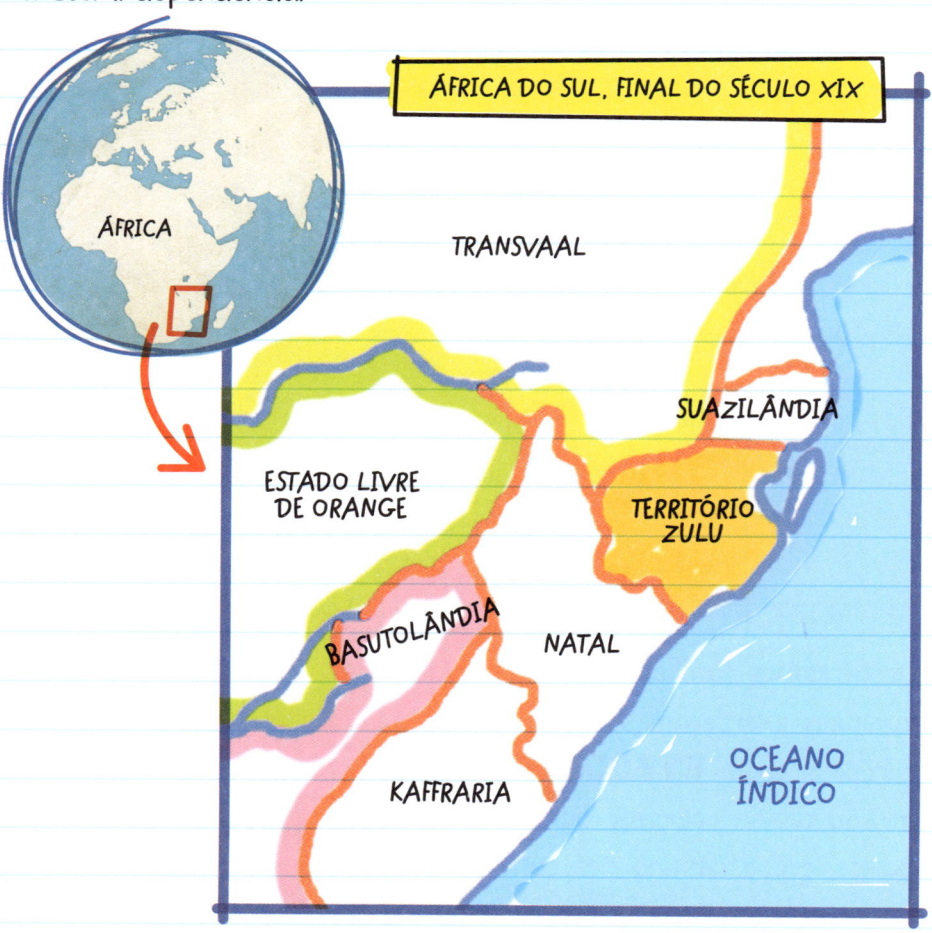

ÁFRICA DO SUL, FINAL DO SÉCULO XIX

ÁFRICA

TRANSVAAL

SUAZILÂNDIA

ESTADO LIVRE DE ORANGE

TERRITÓRIO ZULU

BASUTOLÂNDIA

NATAL

KAFFRARIA

OCEANO ÍNDICO

VERIFIQUE SEUS CONHECIMENTOS

1. A Companhia das Índias Orientais contratou soldados indianos que foram chamados de _ _ _ _ _ _ _.

2. Que acontecimento em particular fez os soldados indianos se revoltarem contra os ingleses?

3. Qual era a diferença entre governo direto e governo indireto no caso da intervenção da Grã-Bretanha na Índia?

4. Quem eram os boxers e contra o que lutavam?

5. Quando a Rebelião dos Boxers terminou, o que a China foi obrigada a fazer?

6. A Guerra Anglo-Zulu de 1879 terminou com:
   A. Uma partilha da África do Sul entre os bôeres e os zulus.
   B. A independência dos zulus em relação aos bôeres.
   C. A vitória dos ingleses sobre os zulus.
   D. A independência dos bôeres em relação aos zulus.

RESPOSTAS

CONFIRA AS RESPOSTAS

1. cipaios
2. A revolta contra os ingleses começou quando alguns cipaios se recusaram a carregar os rifles por objeções religiosas. Um motim generalizado teve início quando os ingleses puseram esses soldados na prisão.
3. O governo inglês estabeleceu um governo direto enviando funcionários britânicos para controlar algumas partes da Índia. Em outras partes do país, montaram um governo indireto, que usava os líderes locais para controlar as colônias.
4. Os boxers eram membros de uma organização secreta que era contra a presença de estrangeiros em terras chinesas.
5. Pagar uma indenização.
6. C. A vitória dos ingleses sobre os zulus.

✮ Capítulo 37 ✮
BRASIL IMPÉRIO

PRIMEIRO REINADO (1822-1831)

Após a independência, em 7 de setembro de 1822, D. Pedro foi aclamado como imperador do Brasil. O país finalmente havia conquistado sua autonomia, mas ainda era preciso pensar e construir a NAÇÃO BRASILEIRA. O que era ser um brasileiro?

O novo Estado preservou as estruturas sociais e econômicas coloniais. Foram mantidos a escravidão e o poder concentrado em uma minoria, a elite agrária. A maioria da população morava nas zonas rurais e era composta por indígenas, negros escravizados e mestiços pobres. Apesar disso, foram as elites que ficaram encarregadas de construir o projeto de nação.

O novo Estado precisava de uma CONSTITUIÇÃO. Por isso, D. Pedro I permitiu a realização de uma ASSEMBLEIA

CONSTITUINTE, que seria formada por grandes proprietários, juristas e membros da Igreja.

Em setembro de 1823, um projeto de Constituição foi apresentado. Nele, o voto seria permitido apenas a quem tivesse renda elevada (voto censitário) e os deputados e senadores eleitos estariam acima do imperador e dos presidentes das províncias. Isso desagradou a D. Pedro, que, em novembro de 1823, dissolveu a Assembleia. Ele convocou pessoas de sua inteira confiança para escrever outra Constituição, que foi imposta em 1824.

A nova Constituição era praticamente igual à anterior. A diferença era que, aos três poderes já existentes (Legislativo, Executivo e Judiciário), D. Pedro acrescentou um quarto: o PODER MODERADOR, que pertencia ao cargo de imperador. Assim, D. Pedro poderia dissolver a Câmara dos Deputados, vetar decisões do Senado e nomear ou demitir ministros e presidentes das províncias.

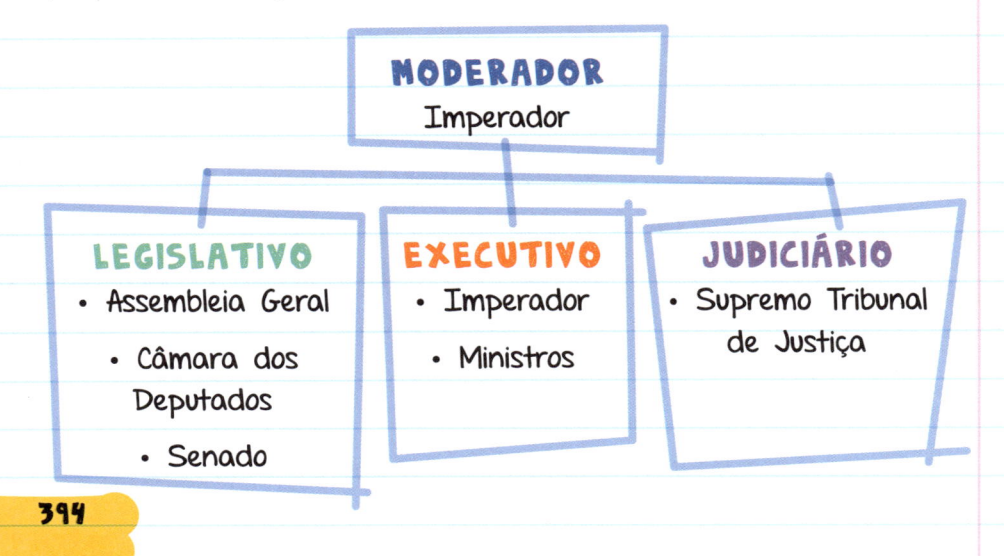

MODERADOR
Imperador

LEGISLATIVO
- Assembleia Geral
  - Câmara dos Deputados
  - Senado

EXECUTIVO
- Imperador
- Ministros

JUDICIÁRIO
- Supremo Tribunal de Justiça

Nesse meio-tempo, crises na produção de algodão e de açúcar atingiram o Império. Os impostos só aumentavam. Havia um descontentamento geral.

Em julho de 1824, iniciou-se uma revolta em Pernambuco. Contrária ao autoritarismo de D. Pedro, ela rapidamente se espalhou pelo Nordeste. Foi proclamada uma República Federativa e separatista, a CONFEDERAÇÃO DO EQUADOR. Os revoltosos extinguiram o tráfico de escravos na região e recrutaram homens para enfrentar as tropas imperiais. Com dinheiro emprestado da Inglaterra, D. Pedro enviou forças militares e sufocou a rebelião quatro meses depois. Seus líderes, incluindo o famoso FREI CANECA, foram fuzilados em 1825.

O governo imperial também tinha que lidar com problemas no extremo sul. Na época, o atual Uruguai fazia parte do Brasil e era chamado de PROVÍNCIA CISPLATINA. Em 1825, começou na região um movimento de independência, o que deu início à GUERRA CISPLATINA. O governo imperial acabou perdendo a região em 1828 e se afundou em dívidas com bancos ingleses por causa da guerra.

E as coisas só pioraram para D. Pedro. Em 1826, seu pai morreu em Portugal. Com isso, ele deveria se tornar o próximo rei. Contudo, por pressões brasileiras, D. Pedro abriu mão do direito ao trono português e o concedeu à sua filha de apenas 7 anos de idade. Desobedecendo a essa decisão, seu irmão, D. MIGUEL, proclamou-se rei de Portugal. Uma guerra começou entre os irmãos e a economia brasileira ficou arruinada com tantos conflitos.

No Brasil, a insatisfação geral agravou as disputas políticas, até que, em 1830, aliados de D. Pedro I assassinaram um jornalista liberal da oposição. Protestos contra o imperador pipocaram em Minas Gerais e Rio de Janeiro. Nesse último, houve uma luta feia nas ruas: brasileiros atacaram portugueses, que revidaram atirando garrafas. Foi a NOITE DAS GARRAFADAS, em 1831. A situação estava saindo do controle.

Em abril de 1831, D. Pedro substituiu seus ministros por outros absolutistas, defensores da centralização do poder no monarca. Em resposta, a população do Rio de Janeiro e tropas do Exército exigiram a volta do ministério anterior. Enfraquecido e sem apoio militar, D. Pedro abdicou do trono no dia 7 de abril de 1831. O novo imperador seria seu filho, Pedro de Alcântara, de apenas 5 anos de idade!

PERÍODO REGENCIAL (1831-1840)

Mas um menino de 5 anos poderia governar um império? Bem, ele só iria governar quando fizesse 18 anos. Segundo a Constituição de 1824, caso o imperador morresse ou abdicasse e o herdeiro fosse menor de idade, o governo deveria ser exercido por três regentes, eleitos por deputados e senadores. Dessa maneira, em abril de 1831 criou-se a REGÊNCIA TRINA PROVISÓRIA e, em junho, a REGÊNCIA TRINA PERMANENTE.

Com a economia afundada e um imperador criança, o governo regencial precisava agir rápido para acalmar os ânimos e continuar com a construção do Estado. Em primeiro lugar, era preciso se prevenir de movimentos separatistas. Para isso, foi criada a GUARDA NACIONAL, com milícias formadas por civis de cada região sob o comando de um grande fazendeiro. A tarefa principal da Guarda Nacional era garantir a ordem dentro do país, o que significava reprimir levantes populares. Resumindo: se houvesse uma revolta, os capangas do fazendeiro estariam lá para acabar com ela.

Em 1834, foi promulgado o ATO ADICIONAL, que determinava a substituição da REGÊNCIA TRINA pela REGÊNCIA UNA. A partir de então, o voto popular (ainda de uma minoria) elegeria apenas um regente para um mandato de quatro anos. O ato também deu mais autonomia às províncias, criando as ASSEMBLEIAS LEGISLATIVAS PROVINCIAIS. Elas formulariam leis específicas para as necessidades de cada região. Os membros das Assembleias Provinciais seriam eleitos pela população masculina local de renda elevada. Mas sabe o que aconteceu? Por meio de pressão armada ou de troca de favores, como comida e empregos, os proprietários de grandes extensões de terra (chamadas de latifúndios) influenciavam os votos! Eram só os seus escolhidos que assumiam os cargos.

Mesmo com essas medidas, o governo regencial teve suas estruturas abaladas por diversas revoltas. Vamos conhecer as principais:

Cabanada (1832-1835)

Em 1832, uma população de pessoas humildes, composta por indígenas, negros, quilombolas, brancos e mestiços pobres, iniciou uma revolta em Pernambuco e Alagoas. Como moravam em cabanas rústicas, o movimento foi chamado de CABANADA.

Eles lutavam por terra e defendiam a alforria para os escravos. Usando de táticas de guerrilha, invadiram fazendas e engenhos e tiveram muitas vitórias sobre as tropas imperiais. Mas a Cabanada foi perdendo força. A vida de batalhas constantes, fuga e fome deixou muitos deles doentes e fracos. Assim, em 1835, a revolta teve seu fim.

Cabanagem (1835-1840)

Em 1835, a província do Grão-Pará viveu a CABANAGEM, uma revolta de grandes proporções. Era costume que o governo da província mandasse prender muitos de seus opositores. Certa vez, foi preso e morto Manoel Vinagre, um pequeno proprietário rural.

Seu irmão, Francisco Vinagre, juntou-se com indígenas, negros e mestiços armados para vingar a morte de Manoel. Eles invadiram e tomaram Belém, mataram o presidente da província e soltaram os presos políticos. O governo regencial enviou tropas para acabar com o movimento e os revoltosos se refugiaram no interior. Para alcançá-los, as tropas imperiais os perseguiram durante anos, devastando a população. Estima-se que morreram 30 mil pessoas nesse conflito, que durou até 1840.

Revolta dos Malês (1835)

A REVOLTA DOS MALÊS aconteceu em Salvador, em 1835. Ela foi feita por escravos muçulmanos que, em sua maioria, eram alfabetizados. Eles fizeram circular mensagens em árabe para que os outros muçulmanos pudessem ler. Lutaram contra as elites, criticaram algumas práticas da Igreja Católica e exigiram liberdade. Seu plano era fazer uma Bahia só de africanos. Eles ocuparam Salvador, mas, após combates violentos contra forças policiais, foram derrotados no mesmo ano.

Guerra dos Farrapos (1835-1845)

Ainda em 1835, estourou a GUERRA DOS FARRAPOS no Rio Grande do Sul. Os altos impostos sobre o gado e o sal atrapalhavam a maior produção local da época: a carne-seca. Além disso, os grandes proprietários eram constantemente chamados para proteger as fronteiras do sul do Brasil, mas não recebiam postos de comando.

Então, em setembro de 1835, BENTO GONÇALVES, um proprietário de terras e comandante da Guarda Nacional local, reuniu homens e tomou a cidade de Porto Alegre. Eles proclamaram a República Rio-Grandense, mas mantiveram a escravidão e os votos apenas para uma pequena parte da população. A revolta durou 10 anos. Acabou quando LUÍS ALVES DE LIMA E SILVA, o futuro duque de Caxias, chegou a um acordo com os rebeldes, em 1845, tornando-se presidente da província.

Sabinada (1837-1838)

Na Bahia, o médico e jornalista FRANCISCO SABINO usava seu jornal, o *Novo Diário da Bahia*, para condenar os altos impostos e o abuso de poder das autoridades locais. Juntou-se às suas críticas o descontentamento popular pelo recrutamento forçado para combater os farroupilhas no Sul, em 1837.

Foi então que uma parte da população e militares insatisfeitos, junto com Francisco Sabino, iniciaram a SABINADA, em referência ao nome do médico. Eles tomaram Salvador e proclamaram a República Baiense. Em 1838, as tropas do governo cercaram a cidade por terra e por mar. A batalha custou a vida de 2 mil pessoas e sinalizou a derrota da Sabinada. Francisco Sabino e mais dezoito líderes foram condenados à morte.

Balaiada (1838-1841)

Outra grande revolta foi a BALAIADA, que aconteceu no Maranhão em 1838. O presidente da província, o conservador Vicente Camargo, perseguia seus opositores liberais. Essa perseguição atingiu Raimundo Gomes, um fazendeiro simpático aos liberais.

Iniciou-se uma verdadeira guerra entre grupos políticos. Juntaram-se a Raimundo Gomes 3 mil escravos revoltados, sob a liderança do cativo Cosme Bento e de Manuel dos Anjos Ferreira, conhecido como Balaio. Em 1839, eles dominaram Caxias, a segunda maior cidade do Maranhão. Iam de fazenda em fazenda libertando escravos, que se juntavam à luta. Em 1840, o coronel Luís Alves de Lima e Silva foi nomeado presidente da província. Ele reuniu tropas imperiais, que cercaram Caxias e travaram grandes batalhas contra os revoltosos.

Quando Balaio morreu na batalha, Raimundo Gomes entregou a cidade. Seis mil pessoas morreram no conflito. Luís Alves mais tarde foi considerado o pacificador do Império e obteve o título de duque de Caxias.

SEGUNDO REINADO (1840-1889)

Como vimos, pipocavam revoltas contra o governo em todo o Brasil. Era preciso dar uma solução a isso. Então, em 1840, no Rio de Janeiro, o embate político encontrou uma saída.

Os membros do Partido Liberal acreditavam que apenas um imperador no trono poderia garantir a unidade do país... mas ainda faltavam 4 anos para ele completar os 18! Então eles bolaram um plano: antecipar a maioridade de Pedro de Alcântara. Os membros do Partido Conservador não fizeram ressalvas a essa ideia, pois temiam estar contra o futuro imperador. Assim, promoveram o que ficou conhecido como o GOLPE DA MAIORIDADE.

Foi assim que, em 1840, a coroação do jovem Pedro de Alcântara foi antecipada. A partir de então, ele seria D. Pedro II, imperador do Brasil. Era o fim do Período Regencial.

Para manter a unidade do Império, D. Pedro II usou bastante o Poder Moderador. Ele fazia as nomeações alternando no poder, de tempos em tempos, o Partido Conservador e o Partido Liberal. Isso permitiu alguma estabilidade política.

A economia também melhorou. O início do reinado de D. Pedro II foi marcado pela grande exportação de CAFÉ para a Europa. O produto era muito desejado pelos europeus e passou a ser o principal gênero exportado a partir de 1831. Seu plantio encontrou solo favorável em São Paulo, Rio de Janeiro e Minas Gerais.

Um grupo muito poderoso de fazendeiros se formou nessa região. Enriquecidos, ganharam títulos de nobreza do imperador e passaram a ser conhecidos como os BARÕES DO CAFÉ. Eles se tornaram uma forte base política do Império. Nos cafezais, tudo era feito por trabalho escravo. Com o boom do café, o número de cativos que chegaram ao Brasil na década de 1840 foi enorme.

Em 1850, devido à grande pressão dos ingleses, interessados em acabar com a escravidão e em estabelecer uma economia de trabalho livre no Ocidente, e ao crescente movimento abolicionista dentro do Império, o governo brasileiro aprovou a LEI EUSÉBIO DE QUEIRÓS, que proibia o tráfico negreiro.

> EMBORA O TRÁFICO TENHA CONTINUADO ILEGALMENTE, O NÚMERO DE ESCRAVIZADOS QUE ENTRAVAM NO BRASIL COMEÇOU A DIMINUIR.

Ainda no ano de 1850, foi aprovada também a LEI DE TERRAS. A partir dela, as terras públicas só seriam propriedade de alguém se fossem compradas. Os imigrantes, em sua maioria pobres, não podiam pagar os altos preços que o governo estipulava. Assim, eram forçados a trabalhar nas fazendas dos barões, que, já ricos, se beneficiavam comprando terras do governo para aumentar suas propriedades.

Com o tempo, o Estado foi criando incentivos para trazer mais imigrantes ao país, especialmente da Europa. Isso também fazia parte de uma política de branqueamento. Os dirigentes do Império queriam branquear a população brasileira, tornando-a mais próxima dos padrões europeus.

Em 1854, para desenvolver o Império, foi inaugurado o primeiro trecho de estrada de ferro no Brasil, na província do Rio de Janeiro. A partir daí, junto com o crescimento da cafeicultura, cresceram também as ferrovias, facilitando a comunicação entre regiões e o transporte de produtos agrícolas. Apesar de o Estado financiar a construção de algumas dessas ferrovias, ainda havia uma parte considerável de empréstimos feitos pela Inglaterra e o Brasil permanecia endividado.

GUERRA do PARAGUAI (1864-1870)

Mais bem organizado internamente, o Império começou a influenciar a região da bacia do rio da Prata, entre o Uruguai e a Argentina. Muito importante para o comércio, essa região estava fora do domínio brasileiro desde que o Uruguai conseguira sua independência, em 1828.

Valendo-se de conflitos entre a Argentina, o Uruguai e os gaúchos brasileiros, D. Pedro II constantemente se intrometia na política desses países. Em 1864, o Brasil ocupou o Uruguai, alegando que seu presidente agia contra o Império brasileiro.

Os paraguaios interpretaram a atitude brasileira como uma ameaça e aprisionaram um navio mercante brasileiro. Depois, invadiram a província do Mato Grosso. Começava a GUERRA DO PARAGUAI.

Antiga rival do Paraguai, a Argentina também foi invadida. O governo uruguaio, já com outro presidente, ficou contra o Paraguai. Formou-se então a TRÍPLICE ALIANÇA (Brasil, Argentina e Uruguai).

Naquela época, o Paraguai tinha um exército poderoso. Por isso, a Tríplice Aliança começou a guerra perdendo. O que o Brasil poderia fazer para reverter essa situação?

Além do pequeno exército, as forças da Guarda Nacional foram chamadas. Porém, mais do que isso, em 1865 foram criados os corpos de VOLUNTÁRIOS DA PÁTRIA. Os voluntários se apresentavam para a guerra em troca de remuneração e gratificações. Muitas pessoas pobres se voluntariaram.

A partir de 1866, passou-se a aceitar escravos voluntários que, ao final da guerra, receberiam a liberdade. No entanto, muitos foram recrutados à força, mandados no lugar de seus senhores, que ainda recebiam indenização do governo pelo escravo perdido.

A Tríplice Aliança contava também com a ajuda financeira da Inglaterra, o que lhe permitiu aumentar o número de militares e obter mais armamentos e comida.

Cercado e sem apoio, o Paraguai acabou perdendo as forças. A guerra foi levada para dentro de seu território, destruindo-o, e a população sofreu um massacre. Acredita-se que 90% dos homens tenham sido mortos. Ao final da guerra, em 1870, o presidente SOLANO LÓPEZ estava morto e o Paraguai tinha perdido 40% de seu território.

Depois da Guerra do Paraguai, os militares voltaram para o Brasil com um sentimento nacionalista e se tornaram poderosos atores políticos no Império. A guerra também fortaleceu o abolicionismo, pois alguns setores do Exército, que haviam combatido ao lado de soldados escravos, passaram a defender sua liberdade.

ABOLIÇÃO da ESCRAVIDÃO

Crescia o número de organizações abolicionistas no Império. A pressão inglesa pela abolição também aumentava cada vez mais. O governo teve que pensar, então, em formas de diminuir a escravidão gradualmente, de maneira a não desagradar demais os barões do café escravistas. Como foi feito isso?

Em 1871, foi aprovada a LEI DO VENTRE LIVRE. A partir dessa data, todos os filhos nascidos de mulheres escravas seriam livres. Mas havia certas condições para isso. Para que o senhor escravista não saísse prejudicado, ele poderia optar por receber uma indenização do Estado pela criança que já não seria mais sua propriedade ou ficar com ela, que trabalharia para compensá-lo até que completasse 21 anos de idade.

Nas décadas de 1870 e 1880 surgiram grandes abolicionistas negros. O jornalista JOSÉ DO PATROCÍNIO, filho de um padre e uma quitandeira, escrevia importantes artigos em jornais do Rio de Janeiro. LUÍS GAMA, filho de um nobre com uma liberta, tornou-se advogado e conseguiu a liberdade para ao menos 500 escravos usando a lei. ANDRÉ REBOUÇAS foi um importante engenheiro do Império; também publicava textos em jornais pela causa abolicionista.

TRÊS GRANDES ABOLICIONISTAS. QUE ORGULHO!

Em 1885 foi aprovada a LEI DOS SEXAGENÁRIOS, libertando todo escravo que chegasse aos 60 anos. Porém, devido ao trabalho duro e aos maus-tratos, muitos não chegavam a essa idade. Os que conseguiram a liberdade pela Lei dos Sexagenários se viram tendo que sobreviver sem dinheiro e apoio do Estado.

Então, graças à incessante luta dos escravos por liberdade e ao trabalho constante dos abolicionistas, no dia 13 de maio de 1888 foi assinada a LEI ÁUREA pela princesa Isabel, filha de D. Pedro II, que na ocasião o substituía enquanto ele viajava. Essa lei aboliu a escravidão no Brasil.

MISSÃO CUMPRIDA! JOGO AQUI A ÚLTIMA PÁ DE AREIA PARA ENTERRAR A ESCRAVIDÃO!

FIM do IMPÉRIO e PROCLAMAÇÃO da REPÚBLICA

Nas décadas de 1870 e 1880 houve o fortalecimento do republicanismo dentro do Império. Proclamar a República era um pensamento que os intelectuais e alguns setores das elites alimentavam havia muito tempo.

As experiências da INCONFIDÊNCIA MINEIRA (1789), da CONFEDERAÇÃO DO EQUADOR (1824), da GUERRA DOS FARRAPOS (1835) e da SABINADA (1837) mostravam que o republicanismo estava vivo nos brasileiros. Além de ter que lidar com um forte movimento republicano, o Império se viu também perdendo aliados.

Os grandes fazendeiros do centro-sul do país, principalmente os do oeste paulista, se ressentiam pelo fato de o governo imperial centralizar demais o poder político no Rio de Janeiro. Apesar de movimentarem a economia, eles não se sentiam incluídos na tomada de decisões. Os ânimos pioraram quando a escravidão foi abolida. Para os barões do café, isso era uma traição do governo, acabando com a principal mão de obra das fazendas. Rapidamente viram na República uma forma de se contrapor ao Império.

Os militares também estavam insatisfeitos com seus baixos salários e poucas promoções e investimentos. Na década de 1880, diversos atritos entre os altos oficiais e as decisões do Império causaram a desobediência de alguns militares. Esse conflito ficou conhecido como QUESTÃO MILITAR. Setores dentro do Exército passaram a aderir aos ideais republicanos como uma saída para seus problemas.

Os religiosos também se afastaram. A Igreja e o Império se desentenderam na década de 1870, no que ficou conhecido como QUESTÃO RELIGIOSA. A Igreja não aceitava MAÇONS. Porém, quem controlava a hierarquia eclesiástica era D. Pedro II, um maçom. Os bispos de Olinda e Belém ficaram contra D. Pedro II e fecharam algumas confrarias religiosas ligadas à maçonaria. O imperador os puniu, mandando-os para a prisão. A partir daí, muitos membros da Igreja se opuseram à monarquia.

Em 1870, intelectuais, cafeicultores e pessoas das classes médias das cidades do Rio de Janeiro e São Paulo criaram o CLUBE REPUBLICANO, escrevendo artigos no jornal *A República*. Muitos participantes do Partido Liberal, que exigiam reformas mais radicais, fundaram o Partido Republicano, também em 1870. Logo depois, foi criado o PARTIDO REPUBLICANO PAULISTA, em 1873.

Com esse cenário montado, houve uma união de interesses de militares, intelectuais, fazendeiros, religiosos e outros grupos da sociedade. Eles pressionaram o governo imperial até o dia 11 de novembro de 1889, quando convenceram o marechal DEODORO DA FONSECA a apoiar a causa da República. Marcaram um golpe contra o Império para o dia 20 de novembro daquele ano. Mas um grupo de militares espalhou boatos de que D. Pedro II iria mandar prender Deodoro da Fonseca e outros militares.

Isso fez com que tropas em São Cristóvão se rebelassem. Frente a isso, Deodoro da Fonseca se antecipou e, no dia 15 de novembro de 1889, marchou com as tropas para tomar a capital do Império. Finalmente, no mesmo dia, JOSÉ DO PATROCÍNIO e vários outros republicanos proclamaram a **REPÚBLICA** na Câmara dos Vereadores do Rio de Janeiro!

> **REPÚBLICA**
> forma de governo regido pela soberania do povo, que elege representantes que dirigem o Estado e atendem o interesse geral de uma nação

No dia 17 de novembro de 1889, D. Pedro II e toda sua família, que estavam em Petrópolis, foram para a Europa. Era o fim do Império do Brasil.

VERIFIQUE SEUS CONHECIMENTOS

1. O que era o Poder Moderador, proposto por D. Pedro I na Constituição de 1824?

2. Por que Pedro de Alcântara, filho de D. Pedro I, não se tornou imperador do Brasil assim que seu pai abdicou do trono?

3. Qual o nome da revolta iniciada por escravos muçulmanos na Bahia, em 1835?

4. Qual era o produto agrícola mais exportado no início do Segundo Reinado? Como ficaram conhecidos os fazendeiros que cultivavam esse produto?

5. Que instituição voltou da Guerra do Paraguai como uma potência política do Império?

6. Cite o nome de três importantes abolicionistas negros.

7. Quais motivos levaram alguns fazendeiros a aderir ao republicanismo?

RESPOSTAS 411

CONFIRA AS RESPOSTAS

1. O Poder Moderador era o quarto poder proposto na Constituição, dando ao imperador (D. Pedro I) o direito de se sobrepor aos poderes Legislativo, Executivo e Judiciário.
2. Porque ele era menor de idade. Tinha apenas 5 anos em 1831 e só poderia assumir o trono com 18 anos.
3. Revolta dos Malês.
4. O produto mais exportado do início do Segundo Reinado era o café. Os fazendeiros que o cultivavam ficaram conhecidos como "barões do café".
5. O Exército brasileiro.
6. José do Patrocínio, Luís Gama e André Rebouças.
7. Os grandes fazendeiros do centro-sul do país, principalmente os do oeste paulista, se ressentiam porque o governo imperial centralizava demais o poder no Rio de Janeiro. Eles não se sentiam incluídos na tomada de decisões. Os ânimos pioraram quando a escravidão foi abolida. Para os barões do café, isso era uma traição do governo, pois acabava com a mão de obra das fazendas.

Unidade 8

A chegada do século XX e as Grandes Guerras
1889-1945

A primeira metade do século XX foi um período de muitos conflitos. Duas guerras mundiais dilaceraram as nações europeias política e economicamente. O Brasil tentava consolidar sua jovem República e começava a querer modernizar sua economia.

Capítulo 38
A PRIMEIRA REPÚBLICA BRASILEIRA
1889–1930

Assim que foi proclamada, a REPÚBLICA encontrou forte resistência dos monarquistas e algumas dificuldades de organização. Para consolidar o novo regime, foi estabelecido um GOVERNO PROVISÓRIO liderado pelo marechal DEODORO DA FONSECA.

O governo prendeu muitos monarquistas e as províncias se transformaram em estados. A Igreja e o Estado se separaram e, em 1890, foi convocada uma ASSEMBLEIA CONSTITUINTE, a fim de criar a PRIMEIRA CONSTITUIÇÃO DA REPÚBLICA.

A PRIMEIRA CONSTITUIÇÃO da REPÚBLICA

A Constituição saiu em 1891. Os poderes Legislativo, Executivo e Judiciário foram mantidos, mas o Poder Moderador foi devidamente excluído. Sob pressão das **OLIGARQUIAS**, que queriam mais autonomia para os estados, foi assegurado um **SISTEMA FEDERATIVO**, assim como o PRESIDENCIALISMO como forma de governo.

> **OLIGARQUIAS**
> pequenos grupos de homens ricos, como os grandes proprietários rurais, que faziam política visando seus próprios interesses

> **SISTEMA FEDERATIVO**
> Sistema em que os governos federal e estaduais têm funções divididas. Os estados têm mais autonomia.

De acordo com a nova Constituição, apenas homens maiores de 21 anos e alfabetizados poderiam votar. Mulheres, mendigos, clérigos, soldados e analfabetos não teriam direito a voto. Isso quer dizer que a maioria da população continuaria fora das eleições, como era no Império. A primeira eleição, em 1891, ficou a cargo dos membros da Assembleia Constituinte, que elegeram Deodoro da Fonseca como presidente e o marechal Floriano Peixoto como vice.

Deodoro da Fonseca governou de fevereiro a novembro de 1891, quando renunciou. Seus ministros não conseguiram reverter a crise econômica que o país atravessava. O autoritarismo do presidente foi outro fator, que levou a uma greve dos ferroviários e à oposição da Marinha. Floriano Peixoto entrou em seu lugar e governou até o final de 1894.

REVOLTAS contra FLORIANO PEIXOTO

Em 1893 estourou a REVOLTA FEDERALISTA no Rio Grande do Sul, resultado de uma disputa entre grupos da oligarquia local pelo poder. Os insurgentes, conhecidos como federalistas ou MARAGATOS, pretendiam tirar do cargo o presidente do estado, Júlio de Castilhos, aliado de Floriano Peixoto. Este enviou tropas do Exército contra os revoltosos.

A Revolta Federalista foi uma sangrenta guerra civil, que se caracterizou por um grande número de pessoas fuziladas e degoladas. Por isso, o evento também ficou conhecido como REVOLUÇÃO DA DEGOLA. Com 12 mil mortos, a revolta terminou em 1895 com a vitória do governo.

Em setembro de 1893, no Rio de Janeiro, surgiu outro grande problema para o governo: a REVOLTA DA ARMADA, liderada por dois almirantes da Marinha: Custódio de Melo, que queria ser presidente, e Saldanha da Gama. Eles desejavam derrubar Floriano Peixoto. Alegavam que, segundo a Constituição, ele não poderia ser presidente, pois Deodoro renunciara antes do tempo determinado para que o vice tomasse seu lugar. O correto, então, seria convocar novas eleições. Os marinheiros revoltosos tomaram navios na baía de Guanabara e bombardearam a capital federal durante todo o mês de setembro. Floriano Peixoto decretou ESTADO DE SÍTIO para reprimir a ameaça, que foi diminuindo à medida que a escassez de água e de comida e a proliferação de doenças dentro dos navios esgotavam os rebeldes. A revolta terminou em 1894.

> **ESTADO DE SÍTIO**
> Instrumento constitucional decretado em situações de emergência nacional, como agressões estrangeiras ou grave desordem interna. No estado de sítio, as liberdades civis e de imprensa ficam suspensas.

Os governos de Deodoro da Fonseca e Floriano Peixoto foram marcados pela repressão de manifestações, utilizando violência e autoritarismo. Por isso o período entre 1891 e 1894 ficou conhecido como REPÚBLICA DA ESPADA e Floriano foi chamado de "Marechal de Ferro".

> PARECE QUE NEM TODOS ACEITARAM BEM A NOVA REPÚBLICA.

> NÓS CONVENCEMOS OS QUE FALTAM ACEITAR.

A OLIGARQUIA CHEGA ao PODER

Após o mandato de Floriano Peixoto, PRUDENTE DE MORAES se tornou presidente. Ele era um fazendeiro representante das elites paulistas que governou de 1894 até 1898. Iniciou-se nesse período a REPÚBLICA OLIGÁRQUICA.

O sucessor de Prudente de Moraes foi CAMPOS SALES, presidente do Brasil de 1898 a 1902. Seu governo consolidou o poder das oligarquias com a POLÍTICA DOS GOVERNADORES, que visava diminuir os conflitos entre as elites na luta pelo poder. Mas como?

A Política dos Governadores era o apoio do presidente da República aos grupos dominantes por meio dos presidentes dos estados (equivalentes aos atuais governadores). Em troca, tais grupos trabalhariam para eleger deputados e senadores alinhados com os desejos do presidente da República, chefe do Executivo. Dessa forma, ele teria a maioria de votos dentro do Legislativo a seu favor.

O apoio do presidente viria em forma de benefícios, como verbas e a não interferência nas políticas estaduais. Esses benefícios logo seriam usados pelas oligarquias

CLIENTELISMO
o eleitor vota conforme o desejo das oligarquias em troca de empregos, comida, remédios ou segurança

para aumentar seu prestígio com a população local, por meio do **CLIENTELISMO**. Assim, mantinham a dominação sobre o povo.

Lembra-se daqueles grandes fazendeiros que surgiram lá no Período Regencial e que controlavam a população em troca de favores? Eles perduraram e se transformaram, agora como oligarcas, na base da Política dos Governadores, passando a ser chamados de coronéis. Nasce a partir daí o CORONELISMO, uma forma de relação baseada no clientelismo, no mando e na concentração de poder desses chefes regionais, apoiados por capangas armados, conhecidos como JAGUNÇOS. O coronelismo se espalhou por todo o Brasil e sua prática deixou manchas que podemos observar ainda hoje na política.

Outra política típica da Primeira República foi a chamada POLÍTICA DO CAFÉ COM LEITE. São Paulo era o estado mais rico e Minas Gerais possuía o maior colégio eleitoral, logo tinham poder econômico suficiente para influenciar a política federal. Por isso, entre 1889 e 1930, foram eleitos onze presidentes alinhados aos seus interesses. Como Minas Gerais produzia muito leite e São Paulo, muito café, consagrou-se o nome "política do café com leite".

O que FAZER com TANTO CAFÉ?

Entre 1902 e 1906, a produção de café de São Paulo cresceu tanto que ocasionou a queda do preço do produto. Pense comigo: se você produz demais e disponibiliza muito café no mercado, o produto fica sobrando e desvalorizado, porque tem em tudo que é lugar, não é mesmo? O preço acaba diminuindo e você tem menos lucro. Ou seja, o aumento da oferta causa a queda do preço da mercadoria. Foi assim com o café paulista daquela época.

Como a exportação de café era o carro-chefe da economia do país e base do poder das oligarquias, algo precisava ser feito. Foi então que os estados de São Paulo, Minas Gerais e Rio de Janeiro assinaram o CONVÊNIO DE TAUBATÉ, que exigia do governo federal medidas para valorizar o café de novo. Vamos ver quais medidas foram tomadas para isso?

Primeiro, o excedente de café seria comprado pelo próprio Estado, diminuindo sua oferta no mercado e elevando seu preço. Mas comprado com que dinheiro? O Estado pegaria dinheiro emprestado de países ricos para fazer isso. Assim, os fazendeiros não sairiam prejudicados. E como pagariam a dívida do empréstimo? Uma quantia do valor de cada saca de café vendida seria destinada ao pagamento da dívida. Além disso, seriam aumentados os impostos sobre novas plantações e se investiria em propaganda no exterior para incentivar o consumo de café.

Esse esquema deu certo! Entre 1906 e 1913, o café teve seu preço aumentado, gerando grandes somas para as oligarquias.

O BOOM da BORRACHA

Outra mercadoria que teve destaque entre 1895 e 1915 no Brasil foi a borracha. Isso se deveu em grande parte à demanda internacional para fabricação de pneus para automóveis, mangueiras, calçados etc.

A borracha é produzida a partir do látex, que é extraído das seringueiras da FLORESTA AMAZÔNICA. A busca por essa matéria-prima foi tão grande que gerou elites de seringalistas e enriqueceu a região entre os estados dos atuais Amazonas, Acre, Rondônia e Pará. Muitas cidades nasceram e Manaus e Belém se tornaram imponentes capitais.

As INDÚSTRIAS e os OPERÁRIOS

A indústria também cresceu no Brasil daquela época, principalmente no Sudeste, onde os cafeicultores investiam em máquinas e fábricas, aumentando seus lucros com outros negócios. Produzia-se principalmente tecido para roupas, mas também bebidas e sabão.

Com as fábricas, também cresceu o número de operários. Boa parte deles eram imigrantes europeus. Mas havia um detalhe importante: naquela época não existiam leis trabalhistas. Não havia regras ou direitos para os operários nas fábricas. Tudo era definido pelo que o patrão determinava.

Por isso, as jornadas de trabalho duravam entre 10 e 15 horas, não havia descanso nos fins de semana, nem férias, nem aposentadoria! Os trabalhadores que se machucassem não teriam direito a indenização. Para piorar, mulheres ganhavam muito menos e o trabalho infantil era aceito.

RESULTADO DISSO? MUITOS OPERÁRIOS MORRIAM. OUTROS VIVIAM FERIDOS, CANSADOS E DESAMPARADOS.

Em decorrência dessas terríveis condições de trabalho, os operários se organizaram em associações que, no futuro, gerariam os SINDICATOS, influenciados por algumas ideias SOCIALISTAS e ANARQUISTAS. Assim, conseguiriam lutar de forma objetiva por menos horas de jornada e melhores remunerações e condições de trabalho.

No período da PRIMEIRA GUERRA MUNDIAL (1914-1918), a produção de máquinas na Europa caiu muito. Como o Brasil não produzia seu próprio maquinário, a importação da Europa diminuiu, e os patrões das fábricas brasileiras pressionaram ainda mais os trabalhadores para repor essa ausência.

A GUERRA DE CANUDOS (1896-1897)

Com pouco poder político e convivendo com a pobreza, boa parte do povo brasileiro se voltava para a religiosidade como um meio de inclusão. Assim, muitos místicos no Nordeste e no Sul, no final do século XIX e no início do XX, misturavam catolicismo com crenças populares e arrebanhavam populações em um verdadeiro movimento messiânico.

Um desses místicos foi Antônio Vicente Mendes Maciel, que pregava o amor a Deus em regiões como o Ceará, Pernambuco,

Sergipe e Bahia no final do século XIX. Como dava conselhos aos seus seguidores, ficou conhecido como ANTÔNIO CONSELHEIRO.

Seguido por muitos, em 1893 ele se instalou numa fazenda vazia no arraial de CANUDOS, na Bahia. Lá surgiu uma sociedade baseada na criação de gado e na agricultura. A terra não tinha dono e todos podiam trabalhar nela e dividir seus frutos. Muita gente foi para lá viver longe das fazendas dos grandes proprietários, que os exploravam. É claro que estes se ressentiram pela perda de mão de obra. O descontentamento atingiu também o clero da Igreja Católica.

Apoiando as elites locais e os religiosos da Igreja, que se sentiam ameaçados, o Estado enviou tropas para desbaratar a nova sociedade entre 1896 e 1897. Canudos resistiu e lutou até não poder mais. Cercados, ficaram cansados e com fome. Por fim, tiveram seu arraial invadido e bombardeado pelas forças do governo.

Trinta mil pessoas morreram no conflito. Antônio Conselheiro foi degolado e sua cabeça, entregue a uma faculdade de medicina na Bahia.

A GUERRA DO CONTESTADO (1912-1916)

Por volta de 1910, numa região conhecida como CONTESTADO, em Santa Catarina, viviam milhares de pessoas pobres que começaram a seguir o místico JOSÉ MARIA. Ele se dizia um eleito de Deus e prometia àquela população de oprimidos a justiça que tanto queriam.

O Contestado foi visto pelos coronéis como uma ameaça, pois aquelas pessoas todas poderiam considerá-los a causa de sua miséria. O conflito se iniciou em 1912, quando José Maria foi assassinado.

A população do Contestado se revoltou. O governo enviou tropas para frear o ímpeto da comoção. Mas os rebeldes resistiram, vendo o conflito como uma guerra santa. Com armas velhas, foices, paus e pedras, eles repeliram as tropas do governo até 1914, quando a região foi, enfim, ocupada pelos militares. A guerra se estendeu até 1916. O governo havia vencido. Ao menos 20 mil sertanejos morreram na Guerra do Contestado.

Os CANGACEIROS

As origens do **CANGAÇO** remontam ao século XVIII, mas o movimento tomou forma mesmo na segunda metade do século XIX e no início do XX. Andando pelo interior do Nordeste, os cangaceiros eram jagunços que se tornaram independentes, jovens que buscavam aventura ou homens cansados de se rebaixar para os fazendeiros e os políticos. Formaram grupos que levavam um estilo de vida nômade e tinham regras e costumes próprios.

> **CANGAÇO**
> O termo vem de "canga", um aparelho usado para atrelar bois. Tem a ver com a forma como os cangaceiros carregavam suas armas no pescoço, descansando os braços nas pontas dos rifles.

Usando táticas de guerrilha, suscitaram terror em uns e admiração em outros. Armados com facões, rifles e pistolas, cada um carregava cerca de 400 balas em cartucheiras ao redor do corpo. Eles invadiam cidades e fazendas cantando, destruíam ferrovias e saqueavam os trens. Roubavam ricos e pobres, mas protegiam aqueles que os recebiam, lhes davam esconderijo ou que lhes pagassem mais.

O mais célebre grupo de cangaceiros chegou a quase 300 membros e foi liderado por VIRGULINO FERREIRA DA SILVA, O LAMPIÃO. Ao seu lado estavam Cristino Gomes da Silva Cleto, ou CORISCO, o Diabo Louro, e Maria Gomes de Oliveira, a MARIA BONITA, esposa de Lampião. Seus feitos estão marcados na História do Nordeste e do Brasil.

LAMPIÃO

Muitos coronéis e prefeitos pagaram os cangaceiros para executar tarefas criminosas. Quando eles se tornavam perigosos demais, tentavam eliminá-los com traições e perseguições policiais. Foi dessa maneira que o cangaço terminou em Sergipe, em 1938, quando Lampião e seu bando foram mortos em uma emboscada tramada pela polícia e por fazendeiros locais. Suas cabeças foram cortadas e exibidas pelo Nordeste.

URBANIZAÇÃO e EXCLUSÃO

No início do século XX, os governos das cidades grandes investiram em obras para torná-las mais parecidas com as metrópoles europeias, agradando aos estrangeiros e às elites nacionais. Na cidade do Rio de Janeiro, a capital na época, houve a REFORMA PEREIRA PASSOS, iniciada em 1903. Foram destruídas moradias irregulares da população pobre para se criarem largas avenidas e se modernizarem os prédios, o porto e os transportes. Sem qualquer indenização, essas pessoas foram empurradas para os morros próximos, fazendo surgir as primeiras favelas.

A REVOLTA da VACINA

Em 1904, na onda das reformas urbanas, o governo do Rio de Janeiro lançou um projeto de vacinação obrigatória. Criado pelo médico sanitarista OSWALDO CRUZ, o projeto visava à eliminação de doenças que assolavam a cidade, como varíola e febre amarela.

Para fazer valer a obrigatoriedade da vacinação, os agentes de saúde iam às casas das pessoas acompanhados de policiais. Além de vacinar à força, os agentes tinham autorização para exigir a demolição dos imóveis (sem indenização aos donos) caso encontrassem riscos sanitários nas moradias.

Essa truculência, que o povo interpretou como uma violação de seus corpos e de suas propriedades, desencadeou a REVOLTA DA VACINA, em 1904. A multidão de revoltosos ocupou as áreas em reforma da cidade e usou os materiais das obras para criar barricadas. O governo havia perdido o controle da área.

Durante dez dias a população se uniu contra o autoritarismo dos governantes, combatendo o Exército, a Guarda Nacional e a Marinha. Contudo, acabou sendo derrotada. Vinte e três pessoas morreram, mais de 900 foram presas e metade destas foi deportada para a Amazônia.

A REVOLTA da CHIBATA

Em 22 de novembro de 1910, na baía de Guanabara, no Rio de Janeiro, 2.300 marinheiros tomaram alguns encouraçados e iniciaram a Revolta da Chibata. A maioria deles era de negros e mestiços. Eles lutavam contra as péssimas condições de trabalho, os baixos salários, mas, principalmente, exigiam o fim dos castigos corporais. O pior desses castigos era a chibata, ou seja, o chicote.

O estopim ocorreu quando o marujo MARCELINO RODRIGUES MENEZES recebeu a pena de 250 chibatadas por ser acusado de levar duas garrafas de cachaça para um navio. Liderados pelo marinheiro JOÃO CÂNDIDO, os amotinados apontaram os canhões dos encouraçados para a cidade e ameaçaram disparar caso o governo não atendesse a exigência de acabar com os castigos físicos e anistiar os rebeldes depois do acordo.

Como o governo demorou a responder, eles bombardearam o Palácio do Catete e as instalações da Marinha. Rapidamente receberam o aceite das exigências, terminando com a revolta em 27 de novembro. Nunca mais a chibata seria usada na Marinha.

REAÇÃO REPUBLICANA

Havia muito tempo que a política do café com leite funcionava, alternando no poder presidentes ora paulistas, ora mineiros. É claro que isso desagradava vários estados não contemplados por essa política.

Em 1922, o presidente da República EPITÁCIO PESSOA estava para terminar seu mandato e patrocinou a candidatura de ARTUR BERNARDES, ex-governante de Minas Gerais. Como resposta a isso, os estados do Rio de Janeiro, Rio Grande do Sul, Pernambuco e Bahia se uniram, formando a REAÇÃO REPUBLICANA ao apostar no político NILO PEÇANHA.

O ex-presidente e marechal HERMES DA FONSECA apoiava os partidários de Nilo Peçanha e criticava duramente Epitácio Pessoa e seu candidato, Artur Bernardes. A campanha eleitoral foi tão turbulenta que mandaram prender Hermes da Fonseca, provocando diversas rebeliões do Exército.

Apesar de tudo, Artur Bernardes venceu as eleições, fazendo uso da Política dos Governadores.

TENENTISMO

Em 5 de julho de 1922, no Forte de Copacabana, Rio de Janeiro, um grupo composto por jovens tenentes e capitães se rebelou logo após a prisão de Hermes da Fonseca. Eles eram contra a posse de Artur Bernardes em novembro daquele ano e defendiam, entre outras questões, o voto secreto e o ensino obrigatório. Além disso, muitos estavam insatisfeitos com a permanência da oligarquia há tanto tempo no poder.

Epitácio Pessoa mandou militares para controlar a rebelião. Depois de muito tiroteio, vários tenentes se renderam. Mas 18 deles lutaram até não poder mais. Eles ficaram conhecidos como OS 18 DO FORTE DE COPACABANA. Apenas dois sobreviveram.

O Brasil todo tomou conhecimento do movimento, que passou a ser chamado de TENENTISMO.

Dois anos depois, também em 5 de julho, estourou uma nova revolta tenentista, agora em São Paulo. Os tenentes tomaram a capital paulista e durante 23 dias travaram batalha contra forças do governo. Derrotados, fugiram de trem para o Paraná.

Vários movimentos parecidos eclodiram em Sergipe, Amazonas, Mato Grosso e Rio Grande do Sul. Em 1925, os tenentes paulistas se uniram aos gaúchos no Paraná. Liderados por MIGUEL COSTA e LUÍS CARLOS PRESTES, formaram o que ficou conhecido como COLUNA PRESTES-MIGUEL COSTA, com 1.500 homens.

Eles percorreram 25 mil quilômetros dentro do Brasil, do Sul ao Nordeste, lutando contra as forças do governo. Muitos governadores e oligarcas pagaram cangaceiros para caçar a Coluna Prestes. E assim correu durante dois anos, quando a Coluna perdeu o ímpeto e seus integrantes tiveram que se refugiar no Paraguai e na Bolívia.

Tempos depois, Carlos Prestes teve contato com ideias socialistas, principalmente com o marxismo. Em 1934 ele se filiou ao Partido Comunista Brasileiro e se tornou seu dirigente por muitos anos.

SEMANA de ARTE MODERNA

Em fevereiro de 1922 aconteceu a SEMANA DE ARTE MODERNA em São Paulo. Patrocinado por oligarcas paulistas, em meio às modernizações urbanas e a um ambiente de grande riqueza, esse evento pretendia expor uma nova arte brasileira, produzida sob influência das vanguardas europeias.

Artistas como os pintores DI CAVALCANTI, TARSILA DO AMARAL e ANITA MALFATTI, o músico HEITOR VILLA-LOBOS e escritores como MÁRIO DE ANDRADE e OSWALD DE ANDRADE marcaram presença, apresentando obras que valorizavam a cultura brasileira, ignorando ou reformulando a cultura europeia. Como rompeu muito com os padrões da época, o evento sofreu vaias, mas, passado o primeiro momento de rejeição, tornou-se um marco para a renovação das artes no Brasil.

FIM da REPÚBLICA OLIGÁRQUICA

O sucessor de Artur Bernardes foi WASHINGTON LUÍS, que governou de 1926 a 1930. Em 1929 ocorreu a QUEBRA DA BOLSA DE VALORES DE NOVA YORK (explicarei melhor no capítulo 41). Os Estados Unidos eram um dos maiores compradores de café do Brasil, e a crise afetou a economia brasileira. O preço do café desabou, fábricas fecharam e milhares de pessoas ficaram desempregadas.

Tudo piorou ao final do mandato de Washington Luís, em 1930. Ele deveria indicar como sucessor um político mineiro. Porém, optou por indicar JÚLIO PRESTES, governador de São Paulo. Tal quebra do acordo gerou descontentamento dos estados de Minas Gerais, Rio Grande do Sul e Paraíba, que criaram a ALIANÇA LIBERAL, lançando GETÚLIO VARGAS como candidato à presidência e JOÃO PESSOA, da Paraíba, como vice.

Júlio Prestes venceu a eleição, ainda que sob protestos.

Em 26 de julho de 1930, porém, João Pessoa foi assassinado em Pernambuco. A Aliança Liberal fez parecer que o assassinato foi resultado de uma briga política. Em 3 de outubro daquele ano, Rio Grande do Sul e Minas Gerais iniciaram uma revolta armada. Logo depois, Pernambuco, Paraíba e Paraná entraram na revolta. Washington Luís foi deposto e Getúlio Vargas assumiu a presidência. Era o fim da República Oligárquica.

VERIFIQUE SEUS CONHECIMENTOS

1. Quem foi o primeiro presidente da República?

2. Quais revoltas aconteceram durante o governo de Floriano Peixoto?

3. Como ficou conhecido o período entre 1891 e 1894, dos governos de Deodoro da Fonseca e Floriano Peixoto? E por quê?

4. O que foi o coronelismo?

5. Como surgiram as primeiras favelas no início do século XX?

6. O nome da revolta dos marinheiros que exigiam o fim dos castigos corporais é _____ __ _____.

7. Cite três artistas que participaram da Semana de Arte Moderna, em 1922.

RESPOSTAS 431

CONFIRA AS RESPOSTAS

1. Marechal Deodoro da Fonseca.
2. Revolta Federalista e Revolta da Armada.
3. República da Espada, por causa da violência e do autoritarismo do governo.
4. Foi uma forma de relação baseada no clientelismo, no mando e na concentração de poder desses chefes regionais munidos de jagunços armados.
5. Surgiram como resultado das reformas dos grandes centros urbanos no início do século XX, da criação de largas avenidas, modernização dos prédios e dos transportes e da vontade de tornar as cidades mais agradáveis aos estrangeiros e às elites nacionais.
6. Revolta da Chibata
7. Três artistas entre os seguintes: Di Cavalcanti, Tarsila do Amaral, Anita Malfatti, Heitor Villa-Lobos, Mário de Andrade, Oswald de Andrade.

Capítulo 39
A PRIMEIRA GUERRA MUNDIAL

1914–1918

AS CAUSAS do CONFLITO

A causa exata da PRIMEIRA GUERRA MUNDIAL, inicialmente chamada de Grande Guerra, é difícil de apontar. A paz na Europa estava tão frágil que qualquer coisa poderia ter deflagrado um conflito. Era um barril de pólvora esperando uma fagulha:

MILITARISMO
- Uma corrida por armas estava acontecendo.

IMPERIALISMO
- Principalmente na África.

NACIONALISMO
- Um senso revigorado de patriotismo.
- Os países queriam mostrar seu poder.
- Grupos étnicos queriam formar suas próprias nações.

ALIANÇAS
- A **TRÍPLICE ALIANÇA**: Alemanha, Áustria-Hungria e Itália
- A **TRÍPLICE ENTENTE**: Grã-Bretanha, França e Rússia

ENTENTE
um entendimento ou acordo

433

Uma das armas usadas na Primeira Guerra Mundial foi a **MINA** terrestre e isto serve de mnemônico para lembrar das causas da Primeira Guerra Mundial:

MILITARISMO
IMPERIALISMO
NACIONALISMO
ALIANÇAS

O NACIONALISMO que tomou conta da Europa desempenhou um papel importante no caminho que levou à Primeira Guerra Mundial. Cada país estava orgulhoso de sua cultura, especialmente países recém-independentes como a Grécia, a Romênia e a Sérvia, que ficam nos BÁLCÃS, uma região do Sudeste Europeu. A Bósnia queria se separar da Áustria-Hungria. Os irlandeses do Império Britânico, os armênios da Turquia e os poloneses do Império Russo enfrentaram lutas semelhantes.

O surgimento do IMPERIALISMO em toda a Europa e as rivalidades imperialistas foram outro fator importante. Os países lutavam por colônias estrangeiras, o que gerou disputas por territórios.

O aumento do MILITARISMO também foi um ponto que influenciou o cenário de guerra. A industrialização criou novas armas e resultou em uma corrida armamentista. Muitos países europeus estavam formando ALIANÇAS, basicamente escolhendo parceiros e prometendo defender uns aos outros caso a situação ficasse difícil. As duas principais alianças europeias em 1914 eram:

A TRÍPLICE ENTENTE: Grã-Bretanha, França e Rússia.

A TRÍPLICE ALIANÇA:
Alemanha, Áustria-Hungria e Itália.

Quando um país entrava em guerra, os outros entravam também. (Eu e todos os meus amigos contra você e todos os seus amigos.)

- TRÍPLICE ALIANÇA
- TRÍPLICE ENTENTE
- PAÍSES NEUTROS

NORUEGA, SUÉCIA, RÚSSIA, DINAMARCA, GRÃ-BRETANHA, HOLANDA, ALEMANHA, BÉLGICA, FRANÇA, SUÍÇA, ÁUSTRIA-HUNGRIA, ITÁLIA, ROMÊNIA, SÉRVIA, BULGÁRIA, ALBÂNIA, GRÉCIA, IMPÉRIO OTOMANO, PORTUGAL, ESPANHA, MAR MEDITERRÂNEO

O ESTOPIM

A causa mais imediata da Primeira Guerra Mundial foi o assassinato do ARQUIDUQUE FRANCISCO FERDINANDO da Áustria-Hungria, herdeiro do trono dos Habsburgos, e de sua esposa, SOFIA, em 28 de junho de 1914. Eles foram mortos por um nacionalista sérvio chamado GAVRILO PRINCIP em Sarajevo, na Bósnia. Seu objetivo era libertar a Bósnia da Áustria-Hungria e criar um grande reino eslavo com o apoio da Rússia. Depois de receber uma confirmação de que a Alemanha o apoiaria, o Império Austro-Húngaro declarou guerra à Sérvia em 28 de julho.

Outras DECLARAÇÕES de GUERRA

Com a declaração de guerra da Áustria-Hungria, a Rússia começou a **MOBILIZAR** seu Exército, o que foi considerado um ato de guerra. A Alemanha declarou guerra à Rússia e começou a implantar o PLANO SCHLIEFFEN, que previa uma guerra em duas **FRENTES** contra a Rússia e a França.

Para atacar a França, a Alemanha precisava passar pela Bélgica, que até o momento tinha sido neutra. Por isso, os alemães deram um **ULTIMATO**, exigindo que a passagem pelo território belga fosse liberada. Essa exigência não agradou aos ingleses, que declararam guerra à Alemanha no dia seguinte. A "Grande Guerra", a Primeira Guerra Mundial, havia começado.

> **MOBILIZAÇÃO**
> o processo de reunir tropas e suprimentos
>
> **FRENTE**
> linha de batalha ou local de conflito em uma guerra
>
> **ULTIMATO**
> exigência inegociável

RECAPITULAÇÃO da ALIANÇA

OS PAÍSES DEFENDIAM OS ALIADOS

> A Alemanha, aliada da Áustria-Hungria, declarou guerra à Rússia, que apoiava a Sérvia.

> A Alemanha também declarou guerra à França, aliada da Rússia.

> Quando a Alemanha invadiu a Bélgica, um país neutro, a Inglaterra (aliada da França e da Bélgica) declarou guerra à Alemanha.

No início de agosto de 1914, havia começado uma guerra que envolvia boa parte da Europa. Os dois lados eram:

AS POTÊNCIAS CENTRAIS

- Áustria-Hungria } PARTE DA
- Alemanha   TRÍPLICE
                     ALIANÇA
- Império Otomano
- Bulgária

As POTÊNCIAS ALIADAS (os ALIADOS)

- Sérvia
- Rússia   } PARTE DA
- França   TRÍPLICE
- Inglaterra ENTENTE

Mais tarde, Japão e Itália

NEUTRALIDADE AMERICANA

O presidente **WOODROW WILSON** estava decidido a seguir o conselho de George Washington e manter distância de conflitos estrangeiros. Os Estados Unidos pretendiam continuar comerciando tanto com os Aliados quanto com as Potências Centrais.

EUROPA em 1914

A LUTA COMEÇA

A PRIMEIRA BATALHA DO MARNE (6 a 12 de setembro de 1914) foi o primeiro confronto da guerra e terminou com a vitória dos Países Aliados. Os franceses e ingleses contiveram os alemães perto do rio Marne, impedindo que tomassem Paris. Os dois lados praticaram um novo tipo de guerra chamado GUERRA DE TRINCHEIRAS, na qual as linhas de combate consistiam em trincheiras para proteger os soldados dos tiros.

Anos de guerra de trincheiras na FRENTE OCIDENTAL deixaram a Alemanha e a França em um **IMPASSE**, no qual nenhum dos

IMPASSE
situação na qual nada muda

GUERRA DE TRINCHEIRAS

- ARAME FARPADO
- ARTILHARIA
- TERRA DE NINGUÉM
- TRINCHEIRA DE LINHA DE FRENTE
- TRINCHEIRA DE APOIO
- TRINCHEIRA DE RESERVA
- ABRIGO
- ABRIGO

lados era capaz de expulsar o outro de suas trincheiras. Novas técnicas de combate resultaram em um número elevado de mortes em ambos os lados.

METRALHADORAS E **PEÇAS DE ARTILHARIA**

MÁSCARA CONTRA GASES

GÁS VENENOSO

SUBMARINOS

AVIÕES

PEÇAS DE ARTILHARIA
armas grandes demais para serem carregadas, como canhões e morteiros

TANQUES
(usados pela primeira vez pelos ingleses em 1916)

Pilotos que abatiam muitos aviões inimigos eram chamados de **ASES**. O ás alemão mais famoso foi Manfred von Richthofen, também chamado de Barão Vermelho.

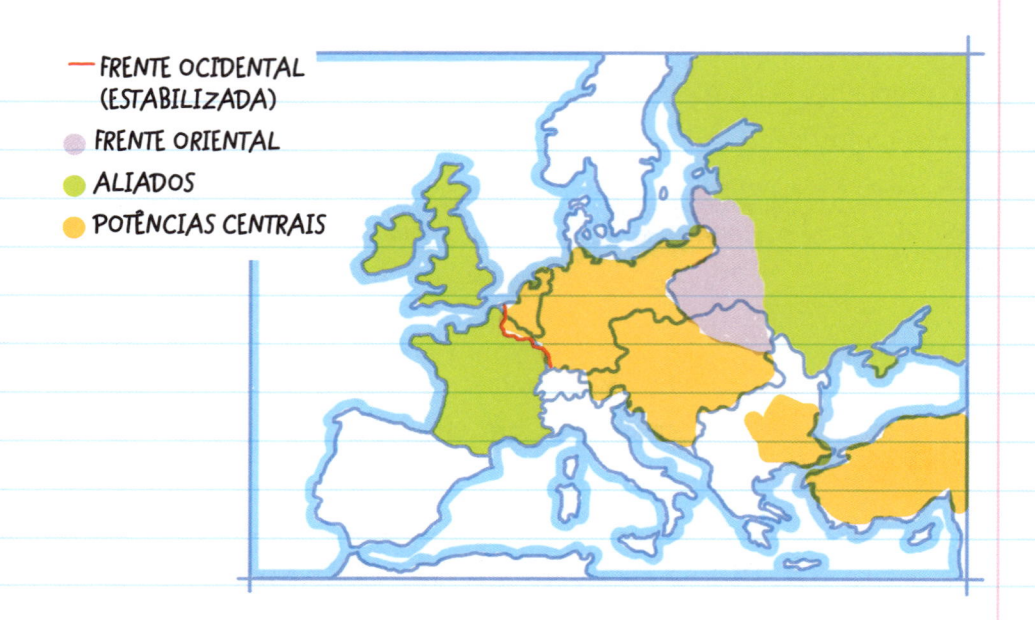

— FRENTE OCIDENTAL (ESTABILIZADA)
● FRENTE ORIENTAL
● ALIADOS
● POTÊNCIAS CENTRAIS

Na FRENTE ORIENTAL, os russos foram derrotados pelos alemães um mês depois do início da guerra, mas se saíram melhor contra os austro-húngaros. Embora tivesse se comprometido a apoiar a Alemanha e a Áustria-Hungria, a Itália ficou fora do início da Primeira Guerra Mundial. Depois que os alemães começaram a usar submarinos, ela entrou do lado dos Aliados em maio de 1915.

No dia 7 do mesmo mês, quando um submarino alemão afundou o navio inglês Lusitania e mais de mil passageiros morreram, incluindo dezenas de americanos, surgiu nos Estados Unidos um sentimento antigermânico. Em 1917, a descoberta do TELEGRAMA ZIMMERMANN, um telegrama codificado com uma proposta da Alemanha ao México para que os dois países formassem uma aliança e combatessem os Estados Unidos (o México recusou a proposta), foi a gota d'água. Em 6 de abril de 1917, os americanos declararam guerra à Alemanha e entraram na Primeira Guerra Mundial.

A REVOLUÇÃO RUSSA e o ENCERRAMENTO da FRENTE ORIENTAL

Os Estados Unidos entraram na guerra num momento decisivo: a Rússia tinha acabado de se retirar do confronto. Em fevereiro de 1917, o sofrimento do povo russo por causa da guerra levou a greves e manifestações na capital (na época chamada de Petrogrado e hoje chamada de São Petersburgo) e o exército do czar Nicolau II — composto principalmente por camponeses — se juntou aos revoltosos. Em março, o czar **ABDICOU**. Ele e sua família inteira foram executados mais tarde.

CZAR NICOLAU II

ABDICAR
abrir mão do poder

Em outubro de 1917, um grupo revolucionário chamado de BOLCHEVIQUES, liderado por VLADIMIR LÊNIN, tomou o poder e propôs que a Rússia fosse governada por operários e camponeses.

VLADIMIR LÊNIN

Com base nas ideias do *Manifesto comunista* de Karl Marx, Lênin formou o primeiro governo COMUNISTA do mundo. Muitos cidadãos da classe alta se opuseram ao novo governo, que substituiu 300 anos de governo czarista da família Romanov.

Em meio a esses acontecimentos, os russos acabaram assinando o TRATADO DE BREST-LITOVSK, acordo de paz que formalizava sua rendição e cedia grande parte de seu território para a Alemanha. Isso pôs fim aos combates na frente oriental e a Alemanha passou a ter certeza de que venceria a guerra.

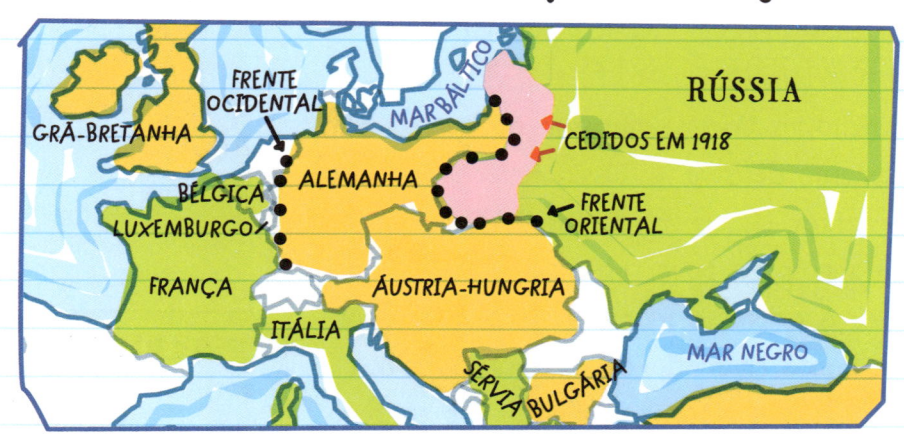

Os QUATORZE PONTOS

Em 8 de janeiro de 1918, bem antes do armistício, o presidente Woodrow Wilson justificou a entrada dos Estados Unidos na guerra e apresentou uma série de metas. Ele também informou ao Congresso que se tratava de uma "guerra para acabar com todas as guerras", que tinha uma receita para evitar outro conflito de grandes proporções.

Essa receita ficou conhecida como PLANO DOS QUATORZE PONTOS, que eram os seguintes:

1. Fim das alianças e tratados secretos.
2. Liberdade de navegação nos mares.

3. Igualdade no comércio.
4. Redução das Forças Armadas.
5. Um ajuste dos territórios das colônias.
6. Evacuação das tropas alemãs da Rússia e devolução do território russo.
7. Evacuação das tropas alemãs da Bélgica e devolução do território belga.
8. Evacuação das tropas alemãs da França e devolução do território francês.
9. Reajuste das fronteiras da Itália.
10. Autonomia limitada para a população da antiga Áustria-Hungria.
11. Evacuação das tropas alemãs dos Bálcãs e independência para os países balcânicos (Romênia, Sérvia e Montenegro).
12. Independência para a Turquia e autonomia limitada para as outras populações do antigo Império Otomano.
13. Independência da Polônia.
14. Criação de uma LIGA DAS NAÇÕES: uma organização de países trabalhando em conjunto para resolver disputas.

Do OUTRO LADO

A chegada de soldados e equipamentos americanos impediu que os alemães avançassem na SEGUNDA BATALHA DO MARNE. A OFENSIVA DE MEUSE-ARGONNE, realizada de setembro a novembro de 1918, foi a investida final da Primeira Guerra Mundial. Em 11 de novembro de 1918, após a saída da Áustria-Hungria da guerra, os alemães concordaram em assinar um ARMISTÍCIO.

ARMISTÍCIO
fim temporário das hostilidades entre dois países em guerra; um acordo de cessar-fogo

O CUSTO da GUERRA

A guerra deixou a Europa arrasada e dizimou uma geração inteira de europeus. Os historiadores acreditam que 37 milhões de homens foram mortos ou feridos em quatro anos de conflito.

Sem fazendas ou fábricas em funcionamento, a economia também foi muito prejudicada. Em 1918, começou uma **PANDEMIA** de gripe, conhecida como GRIPE ESPANHOLA. Era uma variedade extremamente contagiosa de gripe que se espalhou pelo mundo, matando mais pessoas do que o número de vítimas da guerra. O mundo estava pronto para a paz.

> **PANDEMIA**
> uma epidemia que afeta um país ou um continente inteiro, ou até mesmo o mundo inteiro

3% A 5% DA POPULAÇÃO MUNDIAL!

A PAZ

Em 1918, o kaiser Guilherme II da Alemanha e o imperador Carlos I da Áustria deixaram o trono. Em 1919, a Alemanha assinou o TRATADO DE VERSALHES, que a obrigou a aceitar sozinha a responsabilidade pela guerra, abrir mão de suas colônias, devolver a Alsácia-Lorena à França e pagar pesadas **REPARAÇÕES** para outros países.

> **REPARAÇÕES**
> compensações, geralmente na forma de dinheiro, para alguém que foi lesado

A Alemanha também foi forçada a reduzir o tamanho do Exército e da Marinha e a acabar com a Força Aérea. Uma região da Alemanha ao longo do RIO RENO foi ocupada pelos Aliados e

DESMILITARIZADA para evitar uma nova agressão da Alemanha à França. Os termos do tratado foram humilhantes para os alemães, mas eles foram forçados a aceitá-los.

> **DESMILITARIZAR**
> privar de armas e fortificações

O Tratado de Versalhes também criou uma organização internacional chamada LIGA DAS NAÇÕES, que tinha sido proposta por Woodrow Wilson na esperança de evitar futuras guerras e promover a paz. Como a ideia não foi aceita pelo Congresso Americano, os Estados Unidos nunca pertenceram à Liga das Nações. Isso não fez muita diferença, considerando que a liga se revelou ineficaz. A fome, a pobreza e o desemprego afligiram a Europa e deixaram o terreno pronto para uma nova guerra mundial.

> COMO UMA VERSÃO ANTERIOR DA ONU!

Mapa:
- MAR DO NORTE
- DINAMARCA
- MAR BÁLTICO
- LITUÂNIA
- PRÚSSIA ORIENTAL
- ALEMANHA
- POLÔNIA
- BÉLGICA
- Rio Reno
- ALSÁCIA-LORENA
- TCHECOSLOVÁQUIA
- FRANÇA

Legenda:
— NOVA FRONTEIRA DA ALEMANHA
▨ ZONA DESMILITARIZADA
▨ LIGA DAS NAÇÕES
▨ TERRITÓRIOS CEDIDOS A OUTRAS NAÇÕES

PRIMEIRA

28 de junho de 1914: o arquiduque Francisco Ferdinando da Áustria-Hungria e sua esposa Sofia são assassinados na Bósnia por Gavrilo Princip, um nacionalista sérvio.

Agosto de 1914: uma complexa rede de alianças leva à Primeira Guerra Mundial.

28 de julho de 1914: a Áustria-Hungria declara guerra à Sérvia em reação ao assassinato do arquiduque.

Setembro de 1914: a Primeira Batalha do Marne interrompe a invasão da França pelos alemães.

GUERRA MUNDIAL

Outubro de 1914: a Tríplice Entente usa a guerra de trincheiras para impedir o avanço dos alemães na Primeira Batalha de Ypres.

7 de maio de 1915: o *Lusitania*, um navio de passageiros inglês, é torpedeado por um submarino alemão. Mais de mil pessoas morrem afogadas.

Abril-maio de 1915: durante a Segunda Batalha de Ypres, os alemães usam gás venenoso contra as tropas aliadas e são bem-sucedidos. O grande número de mortos obriga os Aliados a recuar.

PRIMEIRA

Junho–novembro de 1916: a Batalha do Somme tira a vida de mais de 400 mil soldados britânicos, cerca de 200 mil soldados franceses e entre 460 mil e 650 mil soldados alemães. Os ingleses conseguem avançar apenas 10 quilômetros.

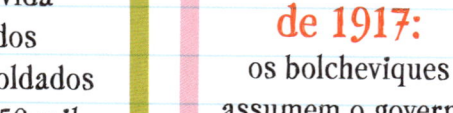

Outubro de 1917: os bolcheviques assumem o governo da Rússia e se retiram da guerra.

Abril de 1917: os Estados Unidos declaram guerra à Alemanha em resposta à declaração alemã de que não iria suspender os ataques de submarinos a navios civis.

Novembro de 1918: a Hungria se declara independente da Áustria e os tchecos tomam Praga para formar a Tchecoslováquia.

GUERRA MUNDIAL

Novembro de 1918: o kaiser Guilherme II da Alemanha e o imperador Carlos I da Áustria abdicam do trono.

Fevereiro de 1919: é proposta uma Constituição para a Liga das Nações.

11 de novembro de 1918: a Alemanha assina um acordo de armistício.

28 de junho de 1919: a Alemanha e os Aliados assinam o Tratado de Versalhes. A Primeira Guerra Mundial na frente ocidental está oficialmente encerrada.

VERIFIQUE SEUS CONHECIMENTOS

1. Que países compunham a Tríplice Aliança e a Tríplice Entente?

2. Que alianças europeias importantes da Primeira Guerra Mundial se formaram em agosto de 1914?

3. O arquiduque Francisco Ferdinando foi assassinado em:
   A. 6 de agosto de 1918.
   B. 28 de junho de 1914.
   C. 10 de setembro de 1914.
   D. 11 de novembro de 1918.

4. A invasão de que país neutro levou os ingleses a declarar guerra à Alemanha?
   A. Luxemburgo.
   B. República Tcheca.
   C. Bélgica.
   D. França.

5. O envolvimento americano na Primeira Guerra Mundial foi resultado:
   A. Do bombardeio dos Estados Unidos pelos japoneses.
   B. Do ataque de submarinos alemães e da proposta de aliança da Alemanha com o México.
   C. Do fim da participação dos russos na guerra.
   D. Da guerra de trincheiras entre a Alemanha e a França.

6. A Rússia se retirou da Primeira Guerra Mundial por causa:
   A. Do Tratado de Brest-Litovsk.
   B. Da tomada do poder pelos bolcheviques.
   C. Da queda do comunismo.
   D. Do início da Guerra Fria.

7. Quem foi o último czar da Rússia? E quem tomou o seu lugar e implantou um governo comunista?

8. O que foi o Tratado de Versalhes?

9. Quem propôs a criação da Liga das Nações e qual era sua principal meta?

CONFIRA AS RESPOSTAS

1. A Tríplice Aliança era composta por Alemanha, Áustria-Hungria e Itália. A Tríplice Entente era composta por Rússia, Inglaterra e França.

2. As Potências Centrais, compostas por Áustria-Hungria, Alemanha, Império Otomano e Bulgária, e as Potências Aliadas (Aliados), compostas por Sérvia, Rússia, França, Inglaterra e, mais tarde, Japão e Itália.

3. B. 28 de junho de 1914.

4. C. Bélgica.

5. B. Do ataque de submarinos alemães e da proposta de aliança da Alemanha com o México.

6. B. Da tomada do poder pelos bolcheviques.

7. Nicolau II. Lênin.

8. O Tratado de Versalhes foi um tratado assinado em 1919 que obrigou a Alemanha a aceitar a responsabilidade plena pela guerra, reduzir sua força militar, abrir mão de colônias estrangeiras, devolver a Alsácia-Lorena à França, ceder territórios ao longo do rio Reno para que os Aliados os transformassem em uma zona desmilitarizada e pagar uma grande indenização a outros países.

9. Quem propôs a criação da Liga das Nações foi o presidente americano Woodrow Wilson. Sua principal meta era evitar guerras futuras e promover a paz.

Capítulo 40
MUDANÇAS POLÍTICAS APÓS A PRIMEIRA GUERRA

Após a Primeira Guerra Mundial (1914-1918), alguns países adotaram o **TOTALITARISMO** como sistema político. Nos regimes totalitários, o governo controla a vida dos cidadãos em todos os aspectos: político, social, econômico, intelectual e cultural. E é comum o uso de técnicas de **PROPAGANDA** para obter o apoio da população.

> **TOTALITARISMO**
> sistema em que o governo tem controle absoluto sobre a vida da população

> **PROPAGANDA**
> na política, disseminação de informações, ideias ou boatos para favorecer ou prejudicar uma pessoa, instituição ou causa

FORMAÇÃO da UNIÃO SOVIÉTICA

Em 1922, a Rússia (que passou a ser chamada de República Soviética Federativa Socialista da Rússia depois da Revolução de 1917) se uniu a três outras repúblicas soviéticas para formar um novo Estado, a UNIÃO DAS REPÚBLICAS SOCIALISTAS SOVIÉTICAS (URSS), também conhecida como UNIÃO SOVIÉTICA.

Vladimir Lênin, o primeiro líder da URSS, deu início a um programa que chamou de NOVA POLÍTICA ECONÔMICA (NEP, do russo Novaya Ekonomiceskaya Politika), no qual os camponeses podiam vender sua produção para pôr fim à fome na Rússia. Enquanto isso, a indústria pesada, o sistema bancário e as minas ficavam nas mãos do governo.

Após a morte de Lênin, em 1924, o POLITBURO, como era chamado o comitê central do Partido Comunista da URSS, teve dificuldades para decidir qual seria o próximo passo. LEON TRÓTSKI, um membro do Politburo que havia ajudado Lênin a fazer a revolução, queria pôr fim à NEP, industrializar a Rússia e disseminar o comunismo pelo resto do mundo.

STALIN CHEGA ao PODER

Os planos de Trótski não deram certo e outro membro do Politburo chamado JOSEF STALIN assumiu o controle em 1927. Stalin nomeou amigos para cargos políticos em cidades de toda a União Soviética. Em 1928, Trótski foi exilado para a Sibéria.

JOSEF STALIN

Stalin substituiu a NEP por PLANOS QUINQUENAIS para transformar a URSS em um Estado industrial. Ele quadruplicou a produção de máquinas pesadas, dobrou a produção de petróleo e aumentou a produção de equipamentos militares.

A rápida industrialização foi acompanhada pela **COLETIVIZAÇÃO** rápida do setor agrícola. As terras e a agricultura passaram a ser controladas pelo governo. No entanto, os operários e os camponeses estavam insatisfeitos, já que os salários eram baixos e as condições de vida, deploráveis. Stalin dizia aos camponeses que o sacrifício deles era para o bem do novo Estado **SOCIALISTA**.

> **COLETIVIZAÇÃO**
> sistema que elimina as fazendas particulares e põe as terras nas mãos do governo
>
> **SOCIALISMO**
> forma de governo na qual os meios de produção e distribuição são considerados bens coletivos, controlados pelo Estado

Ele passou a **EXTERMINAR** os que se opunham ao seu governo ou exilá-los para campos de trabalhos forçados na Sibéria. Oito milhões de pessoas (oficiais do Exército, intelectuais, cidadãos e diplomatas) foram tratadas dessa forma.

> **EXTERMINAR**
> matar

RÚSSIA — SIBÉRIA RUSSA

OCEANO ÁRTICO

MAR DA NORUEGA

MAR DO NORTE

MAR BÁLTICO

MAR DE BARENTS

MAR DE KARA

MOSCOU

REPÚBLICA SOVIÉTICA FEDERATIVA

MAR NEGRO

MAR CÁSPIO

MAR ARAL

456

OCEANO ÁRTICO

MAR SIBERIANO ORIENTAL

MAR DE BERING

MAR DE LAPTEV

MAR DE OKHOTSK

SOCIALISTA DA RÚSSIA

MAR DO JAPÃO

A UNIÃO DAS REPÚBLICAS SOCIALISTAS SOVIÉTICAS (URSS)

1. RSS DA ESTÔNIA
2. RSS DA LETÔNIA
3. RSS DA LITUÂNIA
4. KALININGRADO
5. RSS da BIELORRÚSSIA
6. RSS da UCRÂNIA
7. RSS da MOLDÁVIA
8. RSS da GEÓRGIA
9. RSS da ARMÊNIA
10. RSS do AZERBAIJÃO
11. RSS do CAZAQUISTÃO
12. RSS do TURCOMENISTÃO
13. RSS do UZBEQUISTÃO
14. RSS do TADJIQUISTÃO
15. RSS da QUIRGUÍZIA

A EXPANSÃO do JAPÃO

O Japão se tornou uma importante potência, expandindo seus territórios ultramarinos após vencer guerras contra China, Rússia e Coreia no século XIX e no início do século XX. Em 1910, anexou a Coreia. Em 1931, invadiu a Manchúria e expulsou a população local para aumentar a presença de japoneses na região. Além disso, o Japão também precisava de petróleo (que a Manchúria tinha) para abastecer suas forças armadas.

Seis anos mais tarde, em 1937, os japoneses invadiram a China continental na SEGUNDA GUERRA SINO-JAPONESA. Durante esse conflito, os soldados japoneses cometeram o MASSACRE DE NANJING, em que centenas de milhares de soldados e civis chineses foram mortos e milhares de mulheres chinesas foram abusadas. Os Estados Unidos apoiaram a China contra o Japão, enquanto este se uniu à Alemanha e à Itália em uma aliança militar. Nesse ínterim, um líder totalitário chamado HIDEKI TOJO foi eleito primeiro-ministro do Japão em 1941.

O FASCISMO na ITÁLIA

Outro ditador totalitário que chegou ao poder depois da Primeira Guerra Mundial foi BENITO MUSSOLINI, na Itália. Em 1919, ele fundou um movimento político **FASCISTA** chamado FASCI DI COMBATTIMENTO ("Esquadrões de Combate").

A Itália não recebeu mais territórios no Tratado de Versalhes e sofreu grandes perdas econômicas após a guerra. Como

> **FASCISMO**
> forma de governo totalitário na qual o Estado está acima do povo e o controla

A EXPANSÃO DO JAPÃO

Localidades indicadas no mapa: RÚSSIA, KARAFUTO, MANCHÚRIA, MAR DO JAPÃO, COREIA, JAPÃO, Tóquio, MAR AMARELO, CHINA, OCEANO PACÍFICO, TAIWAN.

Legenda:
- O JAPÃO EM 1860
- CONQUISTAS JAPONESAS 1860–1910
- OCUPADA PELO JAPÃO A PARTIR DE 1905
- ESFERAS DE INFLUÊNCIA DO JAPÃO EM 1914

459

muitos italianos tinham medo de que a miséria do povo levasse ao socialismo ou ao comunismo, apoiaram o Partido Fascista. Mussolini explorou o nacionalismo italiano para ganhar o apoio da população.

Em 1922, Mussolini e seu grupo de 40 mil fascistas marcharam até Roma. O rei Emanuel III foi forçado a nomeá-lo primeiro-ministro. Mussolini assumiu o cargo e instituiu uma ditadura. Tentou controlar os jornais, o rádio e o cinema. Ele usou o poder para legislar por DECRETO (sua palavra era lei), organizou grupos de jovens para disseminar seus valores militares e fascistas e proibiu todos os outros partidos políticos em 1926.

Mussolini criou uma polícia secreta (chamada de OVRA) para combater conspirações. (Os ditadores são paranoicos em relação a conspirações, o que faz sentido, já que costumam ser tão abomináveis que as pessoas de bem realmente conspiram contra eles.) Em 1925, ele havia se tornado *IL DUCE*, "O Líder" da Itália. Sua propaganda simplesmente dizia: "Mussolini Sempre Tem Razão." Em 1936, seu título oficial era "Sua Excelência Benito Mussolini, Chefe de Governo, *Duce* do Fascismo e Fundador do Império". Mussolini foi certamente um fascista poderoso, mas Adolf Hitler, na Alemanha, logo se tornaria ainda mais poderoso.

RECAPITULAÇÃO e ANTECIPAÇÃO do EXPANSIONISMO TOTALITÁRIO

Todo líder totalitário acreditava que seu país era superior aos outros e tinha direito de conquista.

Em 1910, Japão anexa a Coreia.

Em 1922, a URSS é formada.

O JAPÃO PRECISAVA DE COLÔNIAS COM RECURSOS NATURAIS PARA SE EXPANDIR.

Em 1931, o Japão invade a Manchúria. Em 1937, invade a China, onde perpetra o Massacre de Nanjing.

Em 1935, a Itália conquista a Etiópia e, em 1937, abandona a Liga das Nações. Em 1939, conquista a Albânia.

Em 1936, a Alemanha anexa a **RENÂNIA**, uma região rica em carvão que o Tratado de Versalhes havia transformado em **ZONA DESMILITARIZADA**. Em 1938, conquista a Áustria.

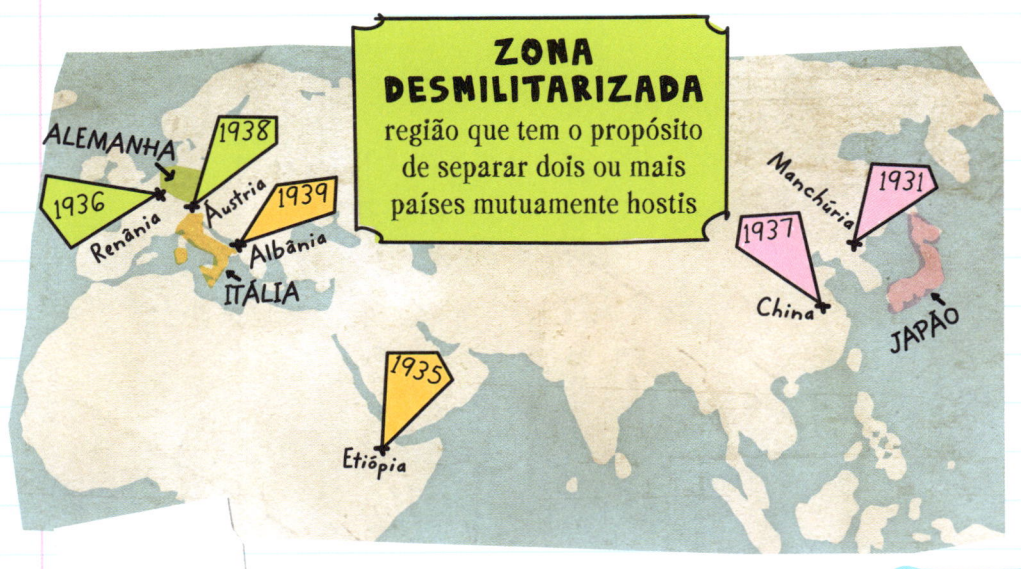

ZONA DESMILITARIZADA
região que tem o propósito de separar dois ou mais países mutuamente hostis

ALEMANHA — 1936 Renânia — 1938 Áustria — 1939 Albânia — ITÁLIA

1931 Manchúria — 1937 China — JAPÃO

1935 Etiópia

461

VERIFIQUE SEUS CONHECIMENTOS

1. Que sistema político foi adotado por muitos países após a Primeira Guerra Mundial?
   A. Absolutismo.
   B. Comunismo.
   C. Anarquismo.
   D. Totalitarismo.

2. De que maneira esses governos influenciavam a população? Dê um exemplo.

3. Quais foram os líderes que criaram a União das Repúblicas Socialistas Soviéticas (URSS) e em que ano isso aconteceu?

4. Qual dos líderes a seguir propôs acabar com a NEP, industrializar a Rússia e difundir o comunismo no exterior após a morte de Lênin?
   A. Trótski.
   B. Stalin.
   C. Politburo.
   D. Mussolini.

5. Verdadeiro ou Falso? A partir de 1927, Josef Stalin estabeleceu uma ditadura e promoveu uma campanha para transformar a URSS em uma sociedade industrial.

6. A NEP foi abandonada e substituída por planos para industrializar rapidamente o país e coletivizar rapidamente a agricultura. Qual era o nome desses planos?

7. O fascismo surgiu na Itália no governo de qual destes líderes?
A. Leon Trótski.
B. Benito Mussolini.
C. Rei Emanuel III.
D. Adolf Hitler.

CONFIRA AS RESPOSTAS

1. D. Totalitarismo.
2. Os governos totalitários controlavam todos os aspectos da vida dos cidadãos. Por exemplo; Mussolini controlava os jornais, o rádio e o cinema e só difundia informações, ideias e boatos que fossem de seu interesse.
3. Vladimir Lênin e Leon Trótski lideraram a Revolução Russa que levou à criação da URSS em 1922.
4. A. Trótski.
5. Verdadeiro.
6. Planos Quinquenais.
7. B. Benito Mussolini.

> A questão 2 tem mais de uma resposta.

Capítulo 41
A CRISE DE 1929

A guerra tinha deixado os países envolvidos com dificuldades financeiras. No final da década de 1920, a economia mundial havia estagnado. Os salários e as vendas estavam em queda e o mercado de produtos agrícolas não ia bem.

CAUSAS da CRISE de 1929 nos ESTADOS UNIDOS

A Inglaterra e a França tinham uma dívida enorme para pagar aos Estados Unidos. E elas queriam pagá-la com o dinheiro das reparações de guerra que a Alemanha devia. Entretanto, a Alemanha também estava sem dinheiro e só podia pagar reparações pegando dinheiro emprestado dos Estados Unidos. Ou seja, o empréstimo dos Estados Unidos voltaria para os Estados Unidos! Esse ciclo de tomar emprestado e pagar era um problema.

A Primeira Guerra Mundial deixou os Estados Unidos em situação muito melhor que a Europa. O governo havia necessitado de suprimentos de guerra, gerando empregos. Durante a década de 1920, os americanos começaram a investir no mercado de ações e a fazer compras a crédito. O mercado de exportações, porém, estava em queda porque os europeus não tinham dinheiro para comprar produtos americanos. Como os europeus tiveram problemas para pagar suas dívidas, os bancos americanos quebraram. Em 29 de outubro de 1929, o mercado de ações americano despencou e houve uma onda de desemprego. Essa crise econômica ficou conhecida como a CRISE DE 1929.

CORRIDA AOS BANCOS

Quando o mercado de ações entrou em queda, muitos americanos correram para sacar dinheiro dos bancos. Os bancos pediram desculpas, mas disseram que não tinham dinheiro! Após essa crise, o presidente Franklin Roosevelt criou leis para proteger o dinheiro dos cidadãos.

O NEW DEAL de ROOSEVELT

Em 1933, menos de cem dias depois de tomar posse, o presidente dos Estados Unidos FRANKLIN D. ROOSEVELT criou um programa chamado NEW DEAL para combater a crise econômica, que incluía (os acrônimos são dos nomes dos órgãos em inglês):

A ADMINISTRAÇÃO FEDERAL DE ALÍVIO EMERGENCIAL (FERA), que ajudou os desempregados.

A AGÊNCIA DE AJUSTAMENTO AGRÍCOLA (AAA), que aumentou o preço dos alimentos para ajudar os agricultores.

A ADMINISTRAÇÃO DE OBRAS PÚBLICAS (PWA), que financiou projetos de obras públicas e criou novos empregos (construindo pontes, agências dos correios, aeroportos e estradas).

Em 1935, um segundo New Deal estabeleceu um programa de obras públicas conhecido como ADMINISTRAÇÃO DE PROGRESSO DE OBRAS (WPA) que substituiu a FERA e criou mais de três milhões de empregos.

ESTAMOS CONTRATANDO!

O plano também criou o seguro-desemprego e a previdência social. Roosevelt melhorou o sistema bancário e ampliou os direitos dos sindicatos. Isso foi um grande avanço, mas, três anos mais tarde, cerca de 11 milhões de americanos continuavam sem emprego.

EFEITOS da CRISE de 1929 no MUNDO

Para superar a crise, a Grã-Bretanha usou políticas tradicionais, como impor tarifas protecionistas. Também recorreu com sucesso à CONTENÇÃO ECONÔMICA, o que significava, basicamente, cortar gastos desnecessários. Outros países europeus tiveram menos sorte. A população, desesperada, recorreu a líderes que alegavam precisar de poderes especiais para salvar o país. Esses líderes se tornaram **DÉSPOTAS**.

> **DÉSPOTA**
> ditador

Em 1933, na Alemanha, ADOLF HITLER se tornou chanceler, já sendo líder do Partido Nacional Socialista dos Trabalhadores Alemães (PARTIDO NAZISTA), e deu início a uma cruzada contra os comunistas e judeus, a quem culpava pela derrota dos alemães na Primeira Guerra Mundial. Os alemães sabiam que um meio de saldar a dívida era atacar os países a quem deviam dinheiro. A Segunda Guerra Mundial não tardaria.

No Brasil, a crise atingiu em cheio o setor cafeeiro, o principal do país, pois as vendas para o exterior caíram muito. A elite cafeicultora de São Paulo perdeu poder econômico e ficou claro que o Brasil não podia depender tanto das exportações de um único gênero. Começou a ser discutido um projeto de industrialização, algo que seria iniciado por Getúlio Vargas na década de 1930, como veremos a seguir.

VERIFIQUE SEUS CONHECIMENTOS

1. Qual foi a principal causa do declínio da economia mundial?

2. O que aconteceu aos bancos americanos quando os países europeus não puderam pagar as dívidas?

3. Que programa Franklin D. Roosevelt criou para combater a Crise de 1929?
A. O New Deal.
B. A Política de Portas Abertas.
C. A Administração do Progresso das Obras.
D. A Liga das Nações.

4. Explique os detalhes desse programa.

5. De que modo a Grã-Bretanha tentou combater a Crise de 1929?

6. Que figura histórica importante chegou ao poder na Alemanha durante essa época de crise econômica?

7. Que grupos sociais essa pessoa culpou pela situação da Alemanha?

RESPOSTAS

CONFIRA AS RESPOSTAS

1. A principal causa do declínio da economia mundial foi a Primeira Guerra Mundial, porque os países que tinham se envolvido no conflito estavam em dificuldades financeiras quando a guerra acabou. Os salários e as vendas estavam em queda e o mercado de produtos agrícolas não ia bem.

2. Quando os europeus tiveram problemas para pagar as dívidas, os bancos americanos quebraram. Assim, o mercado de ações despencou em 29 de outubro de 1929.

3. A. O New Deal.

4. O New Deal criou órgãos para ajudar as pessoas a sobreviver à crise, como a Administração Federal de Alívio Emergencial (FERA), que ajudou os desempregados, a Agência de Ajustamento Agrícola (AAA), que aumentou o preço dos alimentos para ajudar os agricultores, e a Administração de Obras Públicas (PWA), que financiou projetos de obras públicas e criou novos empregos.

5. A Grã-Bretanha tentou combater a Crise de 1929 usando uma política de contenção econômica, que consiste em cortar gastos desnecessários. Ela também impôs tarifas protecionistas.

6. Adolf Hitler se tornou chanceler, já sendo líder do Partido Nacional Socialista dos Trabalhadores Alemães (o Partido Nazista).

7. Hitler culpou os judeus e os comunistas pela situação da Alemanha.

Capítulo 42 ⭐ A ERA VARGAS

1930–1945

Enquanto o mundo mergulhava em uma grave crise econômica, provocada pela Quebra da Bolsa de Nova York, o Brasil entrava em um longo período de 15 anos sob comando da polêmica figura de Getúlio Vargas.

GOVERNO PROVISÓRIO

Assim que chegou ao poder com a ajuda da ALIANÇA LIBERAL, dos MILITARES e de grande parte dos TENENTISTAS, Getúlio Vargas precisou pôr ordem no caos em que estava a República. Além de ter muito cuidado com acordos políticos, seu governo tinha que pensar em algo para estabilizar a economia, abalada pela Crise de 1929.

Para isso, iniciou um GOVERNO PROVISÓRIO, acabou com a Constituição de 1891, fechou Câmaras Municipais e Assembleias Legislativas dos estados e substituiu todos os governadores por interventores escolhidos por ele mesmo. Com essas decisões, Vargas tentava fortalecer o Estado e centralizar o poder em suas mãos.

PRIMEIRAS MEDIDAS

Em novembro de 1930, Vargas criou o MINISTÉRIO DA EDUCAÇÃO E SAÚDE e o MINISTÉRIO DO TRABALHO, INDÚSTRIA E COMÉRCIO. O primeiro aperfeiçoava o ensino público e instituía a base para a criação de universidades. Com o segundo, criava leis trabalhistas e regulava o trabalho, conferindo oito horas de jornada diária, férias e aposentadoria.

Futuramente essas leis seriam conhecidas como CONSOLIDAÇÃO DAS LEIS DO TRABALHO (CLT).

PRONTO! OS TRABALHADORES VÃO TER DIREITO A APOSENTADORIA! E VÃO GANHAR PARA TIRAR FÉRIAS TAMBÉM...

A criação desses ministérios coincidia com as reivindicações dos operários e das classes médias urbanas. Assim, Vargas conseguiu o apoio de grande parte dessas pessoas.

Naquela época, havia uma superprodução de café, mas a Crise de 1929 fez cair seu consumo no mundo. Se todo aquele café entrasse no mercado, seu valor despencaria. Então, o que o governo fez?

Entre 1931 e 1944, comprou os excedentes e os queimou! Assim, diminuía a oferta da mercadoria e aumentava seu preço de exportação. Cerca de 80 milhões de sacas de café foram destruídas nesse período.

A CONSTITUIÇÃO de 1934

Os paulistas se irritaram com a nomeação de um tenentista pernambucano para ser interventor em São Paulo. As elites queriam um interventor paulista que os conhecesse e favorecesse. Além disso, reclamavam da centralização do poder presidencial e exigiam a criação de uma nova Constituição para que o jogo parlamentar voltasse.

O movimento reivindicando a criação de uma nova Constituição resultou na REVOLUÇÃO CONSTITUCIONALISTA, em 1932. As oligarquias paulistas, junto a militares e populares, tomaram o estado e se posicionaram contra o governo federal. Voluntários de outros estados, como Paraná e Rio de Janeiro, foram para São Paulo apoiar a causa.

Após três meses travando batalha contra forças governistas, os constitucionalistas foram derrotados em setembro de 1932. A Revolução Constitucionalista foi um aviso. E Vargas prestou bastante atenção.

Ainda em 1932, seu governo aprovou um novo CÓDIGO ELEITORAL que estendeu o voto para as mulheres, criou a Justiça Eleitoral para evitar fraudes e instituiu o voto secreto. Um ano depois, em 1933, Vargas convocou uma Assembleia Constituinte, que foi encarregada de escrever uma nova Constituição e, depois, eleger um presidente.

A nova Constituição saiu em 1934. Nela estavam assegurados o sistema federativo e presidencialista, a existência dos poderes Executivo, Legislativo e Judiciário, e o voto feminino e secreto para todos. Além disso, incorporou as leis trabalhistas de então e tornou o ensino primário gratuito e obrigatório.

O GOVERNO CONSTITUCIONAL (1934-1937)

Em 1934, Getúlio Vargas foi eleito presidente pela Assembleia Constituinte. Seu mandato seria de 4 anos, terminando em 1938 e sem direito a reeleição.

Devido ao cenário internacional da década de 1930, em que os extremismos políticos e ideológicos se acentuavam, Vargas teria que ponderar suas decisões de política externa. Na Europa cresciam o governo fascista de Benito Mussolini, na Itália, e o nazista de Adolf Hitler, na Alemanha. Do lado oposto, a socialista União Soviética aumentava seu poder. Já na América, os Estados Unidos figuravam como uma nação muito rica, capitalista e oposta tanto aos nazifascistas quanto aos socialistas.

Ainda que Vargas fosse simpático aos governos nazifascistas, teve que lidar com a pressão americana (que estendia sua influência pelas Américas) e com a polarização de movimentos políticos dentro do Brasil.

Ação Integralista Brasileira e Aliança Nacional Libertadora

Criada em 1932, a AÇÃO INTEGRALISTA BRASILEIRA (AIB) era assumidamente fascista, inspirada nos governos de Mussolini e Hitler. Formada por religiosos, ex-tenentistas, grandes proprietários e empresários e por grupos das classes médias urbanas, seu lema era "Deus, Pátria e Família". Anticomunistas e antiliberais, os integralistas queriam acabar com a democracia para instaurar uma ditadura nacionalista.

Criada em 1935, a ALIANÇA NACIONAL LIBERTADORA (ANL) tinha como líder Luís Carlos Prestes. Reuniu em torno de si grupos das classes médias urbanas, militares de baixa patente, ex-tenentistas, estudantes e muitos operários, todos com ideias socialistas, liberais democratas ou comunistas. Anti-integralistas e antifascistas, defendiam um governo democrático, a nacionalização de empresas estrangeiras e a reforma agrária.

O crescimento da ANL foi rápido. Reuniu entre 70 mil e 100 mil integrantes em menos de quatro meses, quando foi declarada ilegal pelo alarmado presidente Vargas.

Em novembro de 1935, alguns integrantes da ANL e os dirigentes do PCB iniciaram insurreições armadas em vários estados do Brasil para destituir Vargas e promover uma revolução de cunho comunista.

Vargas decretou estado de sítio e sufocou o evento, que ficou conhecido como INTENTONA COMUNISTA. Muitos líderes foram presos e torturados. Seu principal líder, LUÍS CARLOS PRESTES foi condenado à prisão. A esposa de Prestes, a judia alemã OLGA BENÁRIO, foi enviada grávida para a Alemanha de Hitler em 1936, morrendo em um campo de concentração nazista em 1942. Com a derrota da Intentona Comunista, Vargas endureceu seu governo.

O Plano Cohen

Em 1937, o mandato de Getúlio Vargas estava próximo do fim. No entanto, ele não pretendia sair do governo. Junto com as Forças Armadas, Vargas arquitetava formas de permanecer no poder.

Em setembro, o militar integralista OLÍMPIO MOURÃO FILHO inventou um documento que revelava um plano dos comunistas de realizar uma nova insurreição armada. O autor seria um agente comunista internacional chamado Cohen. Por isso, o documento ficou conhecido como PLANO COHEN.

A farsa foi amplamente divulgada pelo governo como verdadeira e serviu para que Vargas endurecesse seu regime sob o pretexto de proteção contra um golpe de Estado comunista.

Em novembro, Vargas anunciou por rádio o cancelamento das eleições seguintes e tirou os efeitos legais da Constituição de 1934. Mais que isso, fechou o Congresso Nacional com tropas do Exército, acabou com o Poder Legislativo e retirou a autonomia dos estados.

Contra o suposto golpe de Estado do Plano Cohen, uma farsa criada por militares e integralistas, Vargas deu, ele mesmo, o seu golpe de Estado, instaurando uma ditadura.

ESTADO NOVO (1937-1945)

A ditadura, com inspirações do fascismo italiano, foi nomeada pelos governantes de ESTADO NOVO. O poder político estaria concentrado no presidente da República e a população veria o fim das liberdades individuais, a repressão política e a censura à imprensa. Além de apoiar a instauração da ditadura, os integralistas ajudaram Vargas a perseguir comunistas.

No início do Estado Novo, Vargas extinguiu os partidos políticos no Brasil, provocando também o fim da AIB. Em maio de 1938, integralistas revoltados atacaram o Palácio Guanabara, residência de Getúlio, numa tentativa de golpe de Estado, mas fracassaram. Vargas, que não pretendia dividir o poder, aproveitou o evento para persegui-los e prender seus líderes.

Em 1939, o governo criou o DEPARTAMENTO DE IMPRENSA E PROPAGANDA (DIP), que tinha função dupla. Primeiro, fazia a censura dos meios de comunicação em geral, como programas de rádio, livros, jornais e cinema.

Segundo, formulava a propaganda oficial do Estado Novo, criando a imagem de Getúlio Vargas como "pai dos pobres", bom e justo, mas também rigoroso.

Naquela época, o rádio era a maior mídia no Brasil. Todos tinham um em casa e passavam horas ouvindo as radionovelas. Por isso, ele foi usado pelo governo para pronunciamentos do presidente. O DIP também era encarregado de filtrar as notícias, a fim de levar ao povo apenas as favoráveis ao Estado.

TRABALHADORES DO BRASIL... ESTÁ COMEÇANDO A HORA DO BRASIL!

Com tanto controle, a repressão também era enorme. FILINTO MÜLLER, um admirador do nazismo e comandante da polícia política de Vargas, foi responsável pela perseguição e prisão de muitas pessoas, como os grandes escritores Graciliano Ramos, Érico Veríssimo e Jorge Amado. Várias também foram torturadas.

INDUSTRIALIZAÇÃO

No período do Estado Novo, Vargas prezou pelo crescimento industrial no Brasil, através de um Estado que planejava, intervinha e controlava a economia.

Porém, mais do que isso, investiu na **INDÚSTRIA DE BASE**, uma medida necessária, pois as importações de produtos

INDÚSTRIA DE BASE
tipo de indústria que produz matéria-prima necessária para outras indústrias, como petroquímica, siderúrgica e metalúrgica

industrializados da Europa sofreram uma queda devido ao início da Segunda Guerra Mundial, em 1939. Assim, o governo conseguiu aumentar a base industrial do país, criar mais fábricas e melhorar as já existentes.

OPOSIÇÃO e APOIO

Por seu caráter ditatorial, o Estado Novo se tornou alvo de críticas mais fortes. Já em 1943, surgiu o MANIFESTO DOS MINEIROS, um documento formulado pelas oligarquias de Minas Gerais exigindo o fim da ditadura, a volta das eleições e uma nova Constituição.

A UNIÃO NACIONAL DOS ESTUDANTES (UNE) se insurgia em vários estados, também exigindo o fim da ditadura. Além disso, em 1945 houve o 1º Congresso Brasileiro de Escritores, que reuniu artistas, estudantes, jornalistas etc., juntos pelo fim do Estado Novo.

Em 1945, Vargas teve que ceder. Ele anistiou os presos políticos, como Luís Carlos Prestes, convocou uma Assembleia Constituinte e anunciou eleições. Para essa eleição, a regra era que ele não se candidatasse.

Os partidos puderam voltar a se organizar. Surgiram então a UNIÃO DEMOCRÁTICA NACIONAL (UDN), partido formado por setores das classes médias altas, oligarcas, industriais, banqueiros; o PARTIDO SOCIAL DEMOCRÁTICO (PSD), composto por alguns coronéis e os interventores dos estados aliados a Vargas; e o PARTIDO TRABALHISTA BRASILEIRO (PTB), formado por líderes de sindicatos ligados a Vargas. Até o PARTIDO COMUNISTA BRASILEIRO (PCB), antes tornado ilegal, agora voltava às lutas políticas.

Nesses últimos anos, Vargas viu o fortalecimento dos militares com interesses contrários aos dele. Em resposta a isso, ele se aproximou dos movimentos populares na tentativa de equilibrar a balança política e ganhar o apoio dos trabalhadores.

Líderes do PTB, e até mesmo alguns integrantes do PCB, apoiaram a permanência de Vargas na presidência. Várias manifestações de rua clamavam "Queremos Getúlio". O movimento, que ficou conhecido como QUEREMISMO, alarmou os opositores políticos, que tinham receio de mais um golpe de Vargas para continuar no poder, como o de 1937.

FIM do ESTADO NOVO

Prevendo mais um golpe de Estado de Vargas para se manter no poder, os militares não perderam tempo. No fim de 1945, os generais GÓIS MONTEIRO e EURICO GASPAR DUTRA, candidato à presidência pelo PSD, exigiram que Getúlio Vargas renunciasse.

Vargas teve que recuar, sendo deposto. Nas eleições de dezembro, Gaspar Dutra foi eleito presidente. Estava terminado o Estado Novo.

VERIFIQUE SEUS CONHECIMENTOS

1. Os dois ministérios criados no Governo Provisório de Vargas foram _____ e _____ e _____, _____ e _____.

2. Quais os motivos para a deflagração da Revolução Constitucionalista de 1932, em São Paulo?

3. O movimento de inspiração fascista criado em 1932 pelo escritor Plínio Salgado se chamava _____ _____ _____.

4. O que foi o Plano Cohen?

5. A ditadura imposta por Getúlio Vargas em 1937 foi chamada de _____ ____.

6. Cite dois movimentos de oposição a Vargas durante os anos de 1944 e 1945.

7. Quais partidos políticos surgiram no fim do Estado Novo, em 1945?

RESPOSTAS

CONFIRA AS RESPOSTAS

1. Educação e Saúde / Trabalho, Indústria e Comércio

2. Os paulistas se irritaram com a nomeação de um tenentista pernambucano para ser interventor em São Paulo. As elites queriam um interventor paulista que os conhecesse e favorecesse. Além disso, reclamavam da centralização do poder presidencial e exigiam a criação de uma nova Constituição para que o jogo parlamentar voltasse.

3. Ação Integralista Brasileira

4. Foi um documento falso criado pelo militar integralista Olímpio Mourão Filho para incriminar os comunistas. Segundo o documento, o Plano Cohen queria derrubar Vargas e implantar o comunismo no Brasil.

5. Estado Novo

6. Podem ser apontados dois dos seguintes movimentos: Manifesto dos Mineiros, União Nacional dos Estudantes ou 1º Congresso Brasileiro de Escritores.

7. Surgiram a União Democrática Nacional (UDN), o Partido Social Democrático (PSD) e o Partido Trabalhista Brasileiro (PTB). O Partido Comunista Brasileiro (PCB), antes tornado ilegal, também retornou.

Capítulo 43
A SEGUNDA GUERRA MUNDIAL
1939–1945

A Segunda Guerra Mundial começou apenas 21 anos após o término da Primeira Guerra Mundial, depois que uma Alemanha humilhada tentou recuperar a honra e o amor-próprio e culpou os judeus e os comunistas pela sua derrota na Primeira Guerra Mundial.

Como não concordavam com os termos do Tratado de Versalhes, os alemães pararam de pagar as reparações exigidas e abandonaram a Liga das Nações. Partidos extremistas, como o Partido Nazista, se tornaram cada vez mais populares.

HITLER CHEGA ao PODER na ALEMANHA

Adolf Hitler entrou para o Partido dos Trabalhadores Alemães em 1919, depois de lutar na Primeira Guerra Mundial. Em 1921, assumiu o controle do partido, que passou a se chamar PARTIDO NAZISTA. Em 1923, liderou em Munique uma insurreição contra o governo que ficou conhecida como PUTSCH (GOLPE) DA CERVEJARIA.

O levante não deu certo e Hitler foi condenado a uma breve estada na prisão, durante a qual escreveu MEIN KAMPF (MINHA LUTA). O livro apresenta as ideias básicas do movimento anticomunista e ANTISSEMITA que Hitler logo viria a liderar. Sua teoria enfatizava o direito da raça **ARIANA**, supostamente "superior", de expandir seu território e dominar outros povos.

ARIANO
um indivíduo indo-europeu

Desistindo da ideia de um levante armado, Hitler usou seu poder de persuasão para aumentar o eleitorado do Partido Nazista. Acabou dando certo. O partido se tornou aquele com maior número de representantes no REICHSTAG (Parlamento) alemão. Hitler prometeu uma nova Alemanha que restituiria ao povo o orgulho perdido. Como o país estava enfrentando níveis elevados de desemprego e grandes dificuldades econômicas e as pessoas precisavam de esperança, o Partido Nazista chegou rapidamente ao poder. Em 1933, o presidente da Alemanha, Paul von Hindenburg, nomeou Hitler CHANCELER (PRIMEIRO-MINISTRO) e concordou em criar um novo governo sob sua liderança. Ele assinou a LEI DE CONCESSÃO DE PLENOS PODERES, que conferiu a Hitler o poder de promulgar leis sem recorrer ao Reichstag. Os nazistas dissolveram os outros partidos políticos e se tornaram um partido totalitário. Hitler era um bom orador e usava a propaganda para influenciar o povo alemão. Em 1934, ele se autonomeou **FÜHRER** e assumiu o controle total do país.

FÜHRER
"líder" em alemão

O TERCEIRO REICH

Sob o comando de Hitler, o Partido Nazista visava dominar a Europa criando o TERCEIRO REICH, ou seja, o "terceiro grande império" (os dois primeiros seriam o Sacro Império Romano-Germânico de 962 a 1806 e o Império Germânico de 1871 a 1918). Os nazistas criaram CAMPOS DE CONCENTRAÇÃO para judeus, comunistas (e outros adversários políticos), homossexuais, roma (ciganos), indivíduos pertencentes a grupos étnicos que os nazistas consideravam inferiores (como poloneses, ucranianos, eslavos e sérvios) e deficientes físicos e mentais, entre outros. Em 1935, eles retiraram a cidadania alemã dos judeus com as LEIS DE NUREMBERG. Hitler também violou o Tratado de Versalhes com um recrutamento militar para ampliar o Exército alemão e começou a planejar a criação de uma nova Força Aérea.

DISTINTIVOS DE IDENTIFICAÇÃO NOS CAMPOS DE CONCENTRAÇÃO

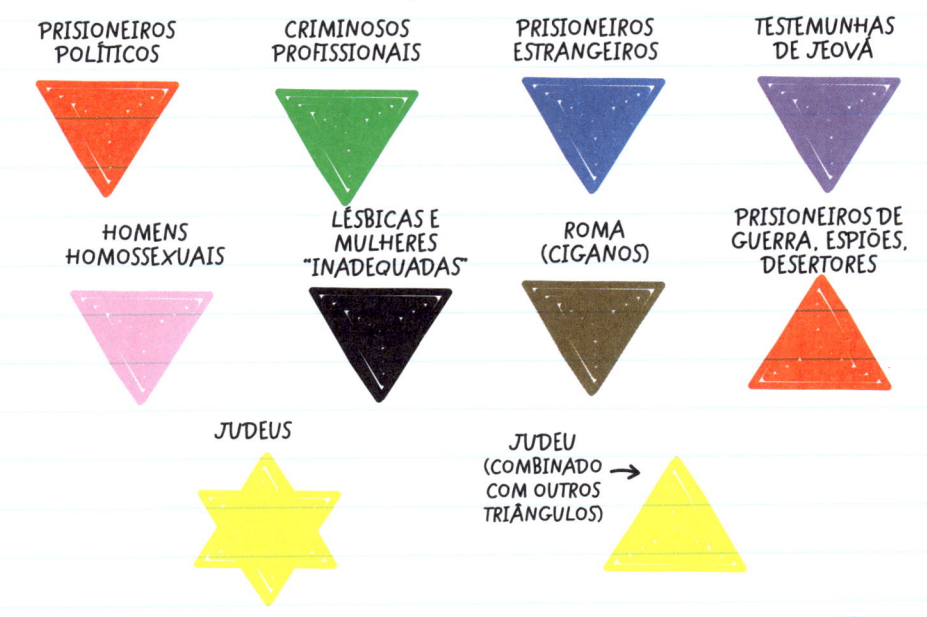

- PRISIONEIROS POLÍTICOS
- CRIMINOSOS PROFISSIONAIS
- PRISIONEIROS ESTRANGEIROS
- TESTEMUNHAS DE JEOVÁ
- HOMENS HOMOSSEXUAIS
- LÉSBICAS E MULHERES "INADEQUADAS"
- ROMA (CIGANOS)
- PRISIONEIROS DE GUERRA, ESPIÕES, DESERTORES
- JUDEUS
- JUDEU (COMBINADO COM OUTROS TRIÂNGULOS)

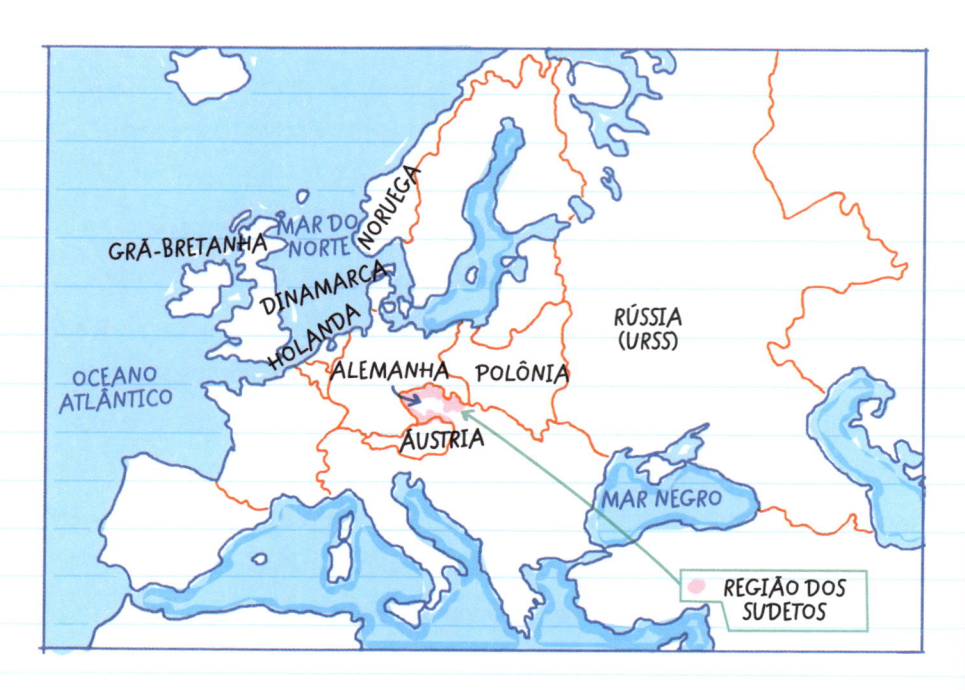

Mapa da Europa com destaque para: GRÃ-BRETANHA, MAR DO NORTE, NORUEGA, DINAMARCA, HOLANDA, OCEANO ATLÂNTICO, ALEMANHA, POLÔNIA, RÚSSIA (URSS), ÁUSTRIA, MAR NEGRO, REGIÃO DOS SUDETOS.

Em 1936, Hitler enviou tropas à Renânia, a região da Alemanha que, pelo Tratado de Versalhes, deveria ser uma zona desmilitarizada. A França estava pronta para pegar em armas, mas não queria agir sem o apoio da Grã-Bretanha, que adotou uma política de **APAZIGUAMENTO**, recusando-se a apoiar o uso de força contra a Alemanha.

> **APAZIGUAMENTO**
> O mesmo que pacificação. Na Inglaterra da época, apaziguamento era a crença de que, se os Estados europeus satisfizessem as exigências razoáveis das potências insatisfeitas, estas iriam ficar contentes e isso levaria à estabilidade e à paz.

A Inglaterra acreditava que, embora a Alemanha tivesse violado o Tratado de Versalhes, não estava ameaçando os franceses ao ocupar um território que era seu. Os planos de Hitler, porém, iam muito além de simplesmente ocupar a Renânia. A Segunda Guerra Mundial estava perto de começar.

O EIXO

Com filosofias parecidas, alguns ditadores formaram alianças. Em 1936, Hitler e Mussolini formaram o Eixo Roma-Berlim, também chamado simplesmente de EIXO. Em 1940, o Japão se juntou ao Eixo. A Rússia não se uniu ao grupo, mas assinou um PACTO DE NÃO AGRESSÃO com a Alemanha.

COMEÇA a SEGUNDA GUERRA MUNDIAL

Em 1938, Hitler declarou a unificação da Alemanha e da Áustria. Mais tarde, no mesmo ano, ele tomou a REGIÃO DOS SUDETOS, uma parte da antiga Tchecoslováquia. No ano seguinte, em 1º de setembro de 1939, Hitler invadiu a Polônia. A União Soviética também atacou a Polônia e, em seguida, avançou para os Países Bálticos e a Finlândia. A Inglaterra e a França finalmente notaram que Hitler era uma ameaça e, logo em seguida, declararam guerra.

Em 1940, a Alemanha já havia tomado a Dinamarca e a Noruega. Os alemães também invadiram Luxemburgo, Bélgica e Holanda com facilidade. Combateram na África do Norte e na Itália. Até a França foi ocupada e Paris caiu nas mãos dos nazistas.

No entanto, um rigoroso inverno russo mudou o rumo dos acontecimentos. Ignorando o pacto de não agressão que haviam celebrado com os soviéticos, os alemães entraram no território russo em 1941. Dois anos depois, porém, foram vencidos pelas temperaturas enregelantes do inverno. Na primeira derrota importante da Alemanha, 91 mil soldados alemães se renderam na BATALHA DE STALINGRADO (1942-1943).

A BATALHA da INGLATERRA

Em julho de 1940, Hitler começou seus ataques aéreos à Inglaterra. Durante a BATALHA DA INGLATERRA, a LUFTWAFFE (a Força Aérea Alemã) bombardeou Londres e outras partes da Inglaterra. O PRIMEIRO-MINISTRO BRITÂNICO WINSTON CHURCHILL se recusou a se render. A FORÇA AÉREA REAL (RAF, do inglês ROYAL AIR FORCE) atacou a Luftwaffe até que ela se retirou.

SIGNIFICA "ARMAS AÉREAS"

Muitas crianças foram retiradas de Londres durante os bombardeios. Esse evento aparece até nos livros das *Crônicas de Nárnia*: os personagens principais são enviados para viver no interior da Inglaterra.

Os bombardeios de Hitler na Inglaterra levaram muitas pessoas a pensar que a Europa inteira se renderia à Alemanha. Winston Churchill, porém, não desistiu até conseguir deter o ataque alemão. Curiosamente, Hitler cometeu o mesmo erro de Napoleão: invadiu a União Soviética e seus soldados morreram de frio.

489

O HOLOCAUSTO

Enquanto isso, as políticas da Alemanha nazista levaram ao extermínio de 6 milhões de judeus e cerca de 5 milhões de roma, homossexuais, deficientes, adversários políticos e qualquer um que se opusesse aos nazistas, no que hoje é conhecido como HOLOCAUSTO. Judeus e outras minorias perseguidas pelos nazistas foram encurralados como gado em todas as regiões que Hitler conquistou e jogados em campos de concentração. Havia seis campos de extermínio na Polônia e o maior era AUSCHWITZ. Alguns dos enviados a Auschwitz iam para campos de trabalho, onde trabalhavam até morrer de cansaço ou de fome. Outros eram usados como cobaias em experimentos médicos macabros. Os restantes foram mortos em CÂMARAS DE GÁS. Além disso, também eram assassinadas as pessoas que tentavam esconder os judeus ou ajudá-los a escapar para países seguros.

PEARL HARBOR

Após invasões bem-sucedidas no continente asiático, o Japão decidiu se apossar de territórios insulares, como as Filipinas, que eram protegidos pelos Estados Unidos. Depois que ele atacou a Indochina, os Estados Unidos reagiram: além de pararem de vender suprimentos ao Japão, congelaram todo o dinheiro japonês que estava depositado nos bancos americanos.

Em 7 de dezembro de 1941, o Japão realizou um ataque-surpresa à base naval de PEARL HARBOR, no Havaí. Diante de um ataque ao território americano, os Estados Unidos não podiam mais continuar neutros. No dia seguinte, o presidente Roosevelt pediu ao Congresso para declarar guerra ao Japão. Três dias depois, em 11 de dezembro de 1941, Alemanha e Itália declararam guerra aos Estados Unidos. O Congresso, então, aceitou comprar a briga. Os Estados Unidos haviam entrado na Segunda Guerra Mundial.

> Os alemães haviam quebrado o código dos Aliados e conheciam seus planos de batalha. Os Estados Unidos, porém, tinham indígenas navajos e usaram a língua deles para enganar os alemães e mudar o rumo da guerra.

FUZILEIROS NAVAIS DOS ESTADOS UNIDOS FALANTES DO CÓDIGO NAVAJO

O FIM da GUERRA na EUROPA

Em 6 de junho de 1944, no dia hoje conhecido como DIA D, navios de guerra dos Aliados chegaram à Normandia, na França, no maior ataque **ANFÍBIO** da História. Os alemães, que

> **ANFÍBIO**
> tanto na terra como na água

esperavam que os Aliados atacassem em outro lugar, demoraram para reagir. O Dia D marcou o início da ofensiva que derrotou as potências do Eixo (Itália, Alemanha e Japão).

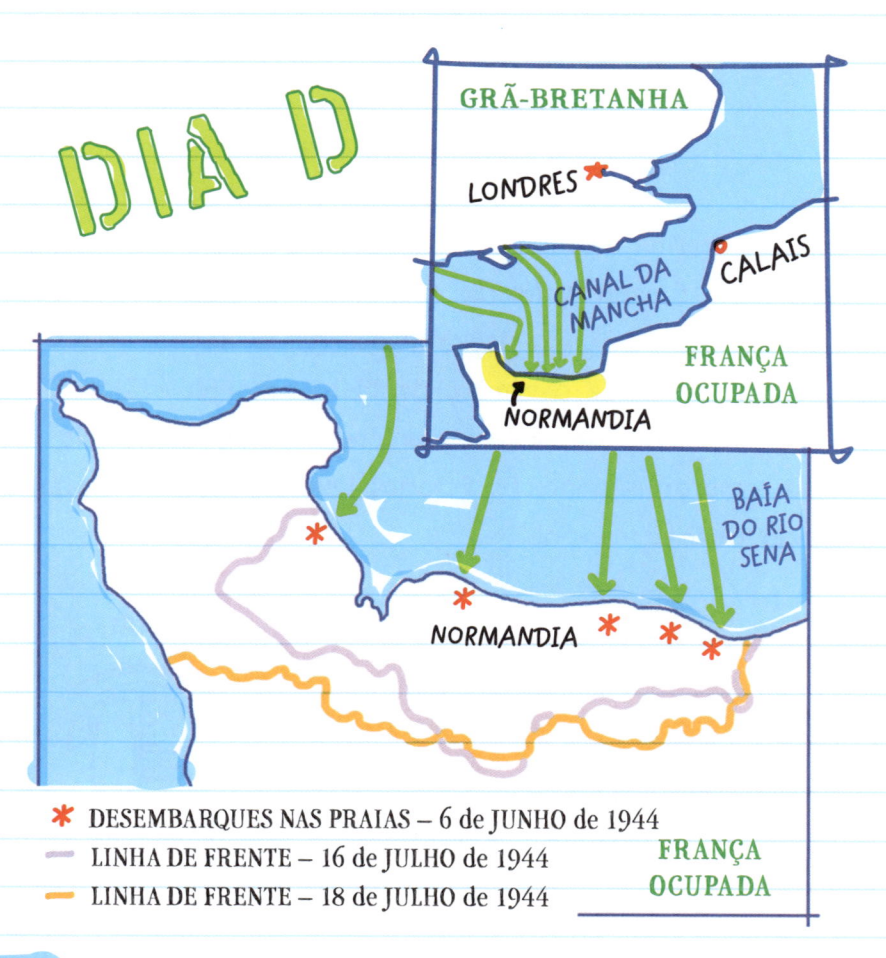

DIA D

GRÃ-BRETANHA
LONDRES
CANAL DA MANCHA
CALAIS
FRANÇA OCUPADA
NORMANDIA
BAÍA DO RIO SENA
NORMANDIA

* DESEMBARQUES NAS PRAIAS – 6 de JUNHO de 1944
- LINHA DE FRENTE – 16 de JULHO de 1944
- LINHA DE FRENTE – 18 de JULHO de 1944

FRANÇA OCUPADA

A França e outros países ocupados pelos alemães logo foram libertados e, em dezembro de 1944, os Aliados finalmente derrotaram os alemães na BATALHA DO BOLSÃO, na Bélgica.

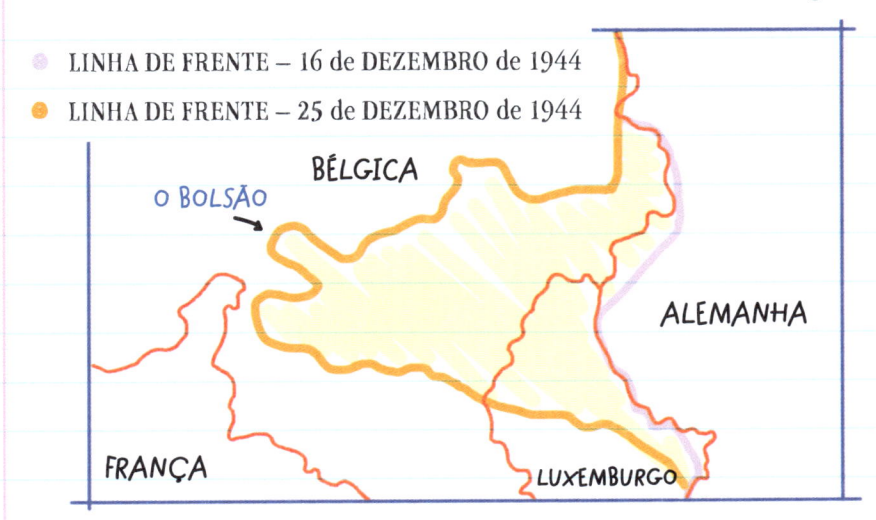

- LINHA DE FRENTE – 16 de DEZEMBRO de 1944
- LINHA DE FRENTE – 25 de DEZEMBRO de 1944

O BOLSÃO
BÉLGICA
ALEMANHA
FRANÇA
LUXEMBURGO

A BATALHA DO BOLSÃO
Mais conhecida como **BATALHA DAS ARDENAS**, ela tem este nome por causa da forma de bolsão ("bulge") que a linha dos Aliados assumiu quando os alemães os repeliram por algum tempo.

Os Aliados permaneceram atacando até o norte da Alemanha, a fim de unir forças com os soviéticos, que haviam avançado bastante em 1943, reocupando a Ucrânia e continuando até a Polônia, Hungria, Romênia e Bulgária. Em janeiro de 1945, eles chegaram a Berlim.

Enquanto isso, em uma fortificação militar subterrânea em Berlim, Hitler escreveu um testamento político no qual tentou mais uma vez culpar os judeus pelas duas guerras mundiais. Em 30 de abril, poucos dias depois que os combatentes da resistência italiana mataram Mussolini, Hitler cometeu suicídio. Em 7 de maio, os alemães se renderam. Em 8 de maio de 1945, os Aliados declararam vitória. A guerra acabou na Europa, mas os Estados Unidos ainda estavam combatendo o Japão.

YALTA e POTSDAM

Quando ficou claro que os Aliados venceriam, seus líderes se reuniram para discutir meios de evitar outra guerra mundial. Em fevereiro de 1945, os TRÊS GRANDES (Churchill, Roosevelt e Stalin) se reuniram na CONFERÊNCIA DE IALTA e decidiram que precisavam de uma organização melhor do que a Liga das Nações para manter a paz.

Em julho, HARRY S. TRUMAN (que era vice dos Estados Unidos, mas se tornou presidente quando Roosevelt morreu) se reuniu

ALEMANHA DIVIDIDA

- CONTROLE AMERICANO
- CONTROLE BRITÂNICO
- CONTROLE FRANCÊS
- CONTROLE SOVIÉTICO

Berlim

com Churchill (substituído depois por Clement Attlee, novo primeiro-ministro) e Stalin na CONFERÊNCIA DE POTSDAM. Decidiram dividir a Alemanha em quatro zonas, controladas por Estados Unidos, Inglaterra, França e União Soviética. A cidade de Berlim também seria dividida em quatro.

O LANÇAMENTO da BOMBA ATÔMICA

Em 6 de agosto de 1945, por ordem do presidente Truman, os americanos lançaram uma BOMBA ATÔMICA no Japão. A força da bomba vinha de uma reação em cadeia de fissão nuclear e causou uma grande destruição na cidade de HIROSHIMA.

Em 9 de agosto de 1945, depois que o Japão se recusou a se render, os Estados Unidos lançaram uma segunda bomba, dessa vez em NAGASAKI. Dezenas de milhares de cidadãos japoneses morreram nas duas explosões. Outros milhares morreriam mais tarde por causa da exposição a doses maciças de radiação.

Em 14 de agosto de 1945, o imperador do Japão HIROHITO anunciou pelo rádio a aceitação dos termos de rendição incondicional. A Segunda Guerra Mundial estava oficialmente encerrada.

> **POR QUE UMA BOMBA NUCLEAR É CHAMADA DE NUCLEAR?**
>
> A força de uma bomba nuclear vem das reações dos **NÚCLEOS** dos átomos de elementos radioativos, que produzem energia. Só que essas reações produzem tanta energia que uma pequena quantidade de material pode criar uma grande explosão.
>
> As bombas atômicas liberam energia pela fissão de núcleos. Na década de 1950, foram inventadas as bombas de hidrogênio, que fundem núcleos de hidrogênio e são ainda mais poderosas.

OS JULGAMENTOS de NUREMBERG

Em novembro de 1945, em Nuremberg, na Alemanha, começaram os JULGAMENTOS DE NUREMBERG, nos quais nazistas foram julgados por CRIMES CONTRA A HUMANIDADE. No primeiro desses julgamentos, 24 líderes nazistas foram considerados culpados e doze foram executados. Em outros julgamentos, mais de cem nazistas foram condenados.

Um **TRIBUNAL** semelhante (o TRIBUNAL MILITAR INTERNACIONAL PARA O EXTREMO ORIENTE) funcionou em Tóquio, onde Hideki Tojo e cinco outros líderes japoneses foram condenados e executados.

> **TRIBUNAL**
> local onde são realizados julgamentos

NÚMEROS e CONSEQUÊNCIAS da GUERRA

Calcula-se que pelo menos 40 milhões de civis morreram durante a Segunda Guerra Mundial (embora algumas estimativas apontem um número três vezes maior), além de pelo menos 17 milhões de combatentes (pesquisas recentes também sugerem um número muito maior). Isso torna esse triste evento o conflito militar com maior número de mortos da História. Além disso, as armas nucleares, com seu imenso poder de extermínio, deram à guerra uma nova dimensão.

O BRASIL também FOI à GUERRA

Quando a Segunda Guerra Mundial começou, Getúlio Vargas não tinha uma posição sobre o assunto. Ele era simpático ao Eixo (formado por Alemanha, Itália e Japão), mas também tinha interesse em manter um bom relacionamento com os Aliados (Inglaterra, União Soviética e Estados Unidos).

Em 1940, Vargas fez um discurso elogiando as vitórias nazistas na Europa. Alarmados, os Estados Unidos reforçaram as tentativas de atrair o Brasil para seu lado, ou seja, contra o Eixo. Por isso, iniciaram a POLÍTICA DE BOA VIZINHANÇA, que visava à aproximação com o Brasil. Uma das aproximações culturais foi através do surgimento do papagaio ZÉ CARIOCA, criação de Walt Disney.

A aproximação econômica se deu quando o governo americano se comprometeu a emprestar dinheiro para que o Brasil construísse a USINA SIDERÚRGICA DE VOLTA REDONDA. Em 1942, três anos após o início da guerra, o Brasil rompeu relações com a Alemanha. Submarinos alemães passaram a afundar diversos navios mercantes brasileiros e, a partir de então, o Brasil entrou na guerra contra o Eixo.

Foi organizada a FORÇA EXPEDICIONÁRIA BRASILEIRA (FEB), composta por 25 mil soldados, que, junto com a Aviação de Caça da FORÇA AÉREA BRASILEIRA (FAB), desembarcou na Itália em 1944, além de muitos médicos e enfermeiros enviados para socorrer a população e os soldados aliados. Os PRACINHAS, como ficaram conhecidos os soldados da FEB, obtiveram importantes vitórias contra os nazistas nas BATALHAS DE MONTE CASTELLO E DE MONTESE.

SEGUNDA

30 de janeiro de 1933: Paul von Hindenburg, presidente da Alemanha, nomeia Hitler chanceler e assina a Lei de Concessão de Plenos Poderes. Os nazistas começam a criar campos de concentração.

1935: são promulgadas as Leis de Nuremberg.

12 de maio de 1938: Hitler declara a unificação de Alemanha e Áustria. A Alemanha anexa a região dos Sudetos.

Março de 1933: os nazistas inauguram Dachau, o primeiro campo de concentração.

1936: Hitler e Mussolini formam o Eixo Roma-Berlim.

1º de setembro de 1939: A Alemanha invade a Polônia, levando a Inglaterra e a França a declararem guerra.

500

GUERRA MUNDIAL

Abril-maio de 1940:
A Alemanha invade Noruega, Dinamarca, Bélgica, Luxemburgo, Holanda e França. Ela também combate na África do Norte e na Itália.

Junho de 1941:
A Alemanha invade a União Soviética.

11 de dezembro de 1941:
A Alemanha e a Itália declaram guerra aos Estados Unidos.

1940:
O Japão se une ao Eixo.

Julho de 1940:
A Alemanha começa a bombardear a Inglaterra.

7 de dezembro de 1941:
O Japão lança um ataque de surpresa a Pearl Harbor, levando os Estados Unidos a declarar guerra ao Japão.

SEGUNDA

Fevereiro de 1943:
Dois anos depois da invasão da URSS, os soldados alemães se rendem na Batalha de Stalingrado.

Junho de 1944:
Tropas aliadas invadem a França ocupada pela Alemanha, pegando os alemães desprevenidos.

Setembro de 1943:
A Itália se rende aos Aliados.

Outubro de 1944:
A Marinha japonesa é derrotada perto das Filipinas.

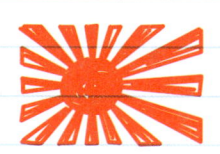

Dezembro de 1944:
Os alemães são derrotados na Batalha do Bolsão.

GUERRA MUNDIAL

Janeiro de 1945: O Exército soviético chega a Berlim.

30 de abril de 1945: Hitler comete suicídio.

6 e 9 de agosto de 1945: Os Estados Unidos lançam bombas atômicas nas cidades japonesas de Hiroshima e Nagasaki.

28 de abril de 1945: Combatentes da resistência italiana matam Mussolini.

Maio de 1945: A Alemanha se rende aos Aliados e a guerra na Europa termina.

ACABOU!

14 de agosto de 1945: O Japão se rende aos Estados Unidos e a guerra termina no Pacífico.

VERIFIQUE SEUS CONHECIMENTOS

1. O que determinavam as leis de Nuremberg, de 1935?
   A. O fim da cidadania alemã dos judeus.
   B. O envio de todos os judeus para campos de concentração.
   C. A união de Hitler e Mussolini no poder político.
   D. Liberdade para Hitler ignorar o presidente e o Reichstag.

2. Que tipos de pessoa os nazistas enviaram aos campos de concentração?

3. A política da Inglaterra quando a Alemanha invadiu a Renânia foi chamada de:
   A. Guerra de trincheiras.
   B. Apaziguamento.
   C. Neutralidade.
   D. Realismo.

4. Reichstag quer dizer _____ em alemão.

5. A Inglaterra e a França declararam guerra à Alemanha em 1939, quando Hitler invadiu:
   A. A região dos Sudetos.
   B. A Tchecoslováquia.
   C. A Polônia.
   D. A Áustria.

6. A primeira derrota importante da Alemanha aconteceu por causa:
A. Do rigoroso inverno russo.
B. Dos destemidos soldados russos.
C. Da destruição de uma ponte estratégica.
D. Da falta de comida.

7. Quando aconteceu a Batalha do Bolsão e que lado saiu vitorioso?

8. Quando foram lançadas as bombas atômicas sobre Hiroshima e Nagasaki?

9. A partir de que momento o Brasil entrou na Segunda Guerra Mundial?

CONFIRA AS RESPOSTAS

1. A. O fim da cidadania alemã dos judeus.
2. Os nazistas enviaram para campos de concentração judeus, comunistas (e outros adversários políticos), homossexuais, roma (ciganos), indivíduos pertencentes a grupos étnicos que os nazistas consideravam inferiores (como poloneses, ucranianos, eslavos e sérvios) e deficientes físicos e mentais, entre outros.
3. B. Apaziguamento.
4. Parlamento
5. C. A Polônia.
6. A. Do rigoroso inverno russo.
7. A Batalha do Bolsão aconteceu em 1944 e foi vencida pelos Aliados.
8. Em 6 e 9 de agosto de 1945.
9. O Brasil entrou na guerra em 1942, depois que submarinos alemães afundaram diversos navios mercantes brasileiros.

Unidade 9

Após a Segunda Guerra Mundial
1945–Hoje

Depois da Segunda Guerra Mundial, o mundo passou por um período de recuperação e reconstrução. As alianças da guerra não foram totalmente mantidas e uma nova "guerra" começou, a "Guerra Fria", que dividiu mais uma vez as nações e mudou os rumos da recuperação econômica e política no mundo inteiro.

BRRR!

Capítulo 44
MUDANÇAS NA EUROPA E NO ORIENTE MÉDIO APÓS A SEGUNDA GUERRA MUNDIAL

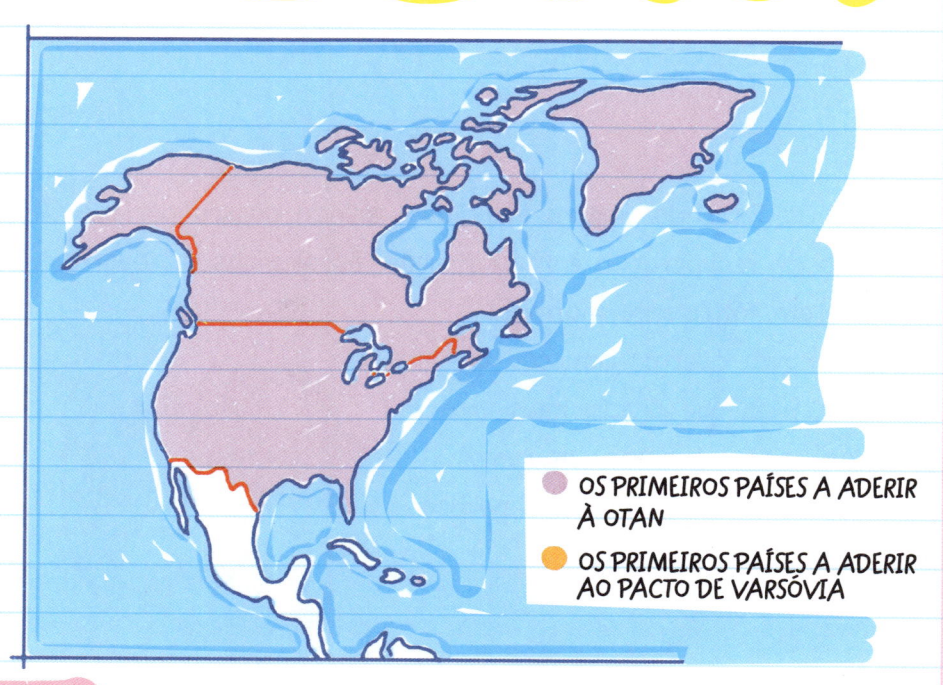

- OS PRIMEIROS PAÍSES A ADERIR À OTAN
- OS PRIMEIROS PAÍSES A ADERIR AO PACTO DE VARSÓVIA

Algumas rivalidades não terminaram com o fim da guerra. Outras se acentuaram. As diferenças entre os Estados Unidos (o Oeste capitalista) e a União Soviética (o Leste comunista) eram difíceis de ignorar. Iniciava-se o período da Guerra Fria, que separava o mundo em dois blocos.

ALIANÇAS após a SEGUNDA GUERRA MUNDIAL

Depois da Segunda Guerra Mundial, os países que haviam participado da guerra se dividiram em dois grupos, um sob influência dos Estados Unidos e outro, da União Soviética.

Em 1949, o grupo americano (Bélgica, Luxemburgo, França, Holanda, Grã-Bretanha, Itália, Dinamarca, Noruega, Portugal,

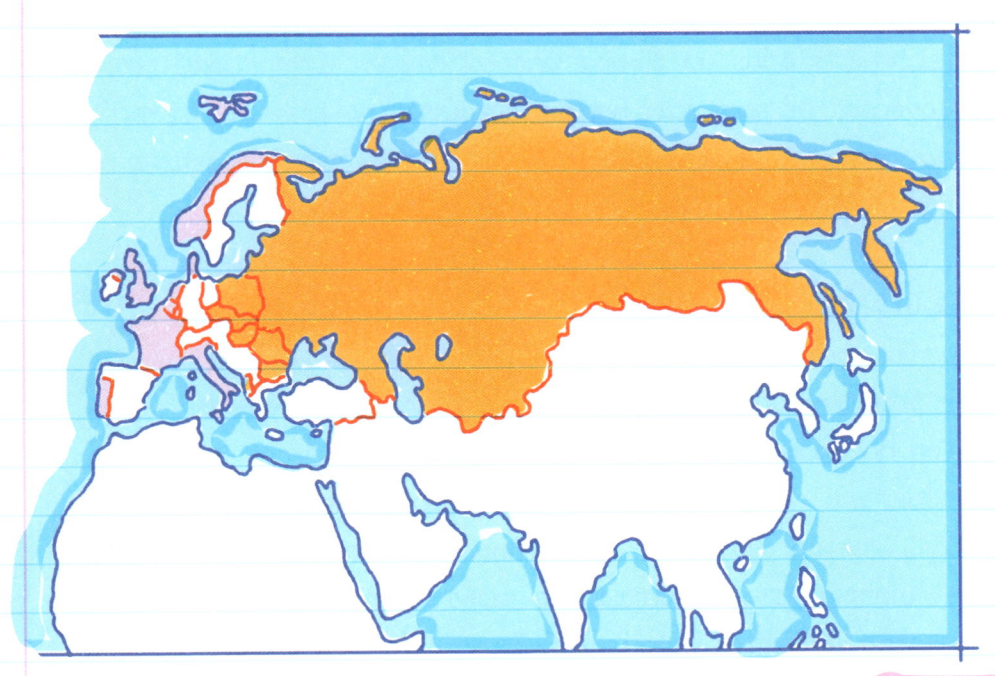

Islândia, Canadá e Estados Unidos) formalizou uma aliança, que recebeu o nome de ORGANIZAÇÃO DO TRATADO DO ATLÂNTICO NORTE (OTAN). Em 1955, o grupo rival, que incluía a maior parte dos países da Europa Oriental, assinou o PACTO DE VARSÓVIA.

Esses pactos foram alianças militares que os países fizeram para garantir a própria segurança. Mais ou menos como se dissessem "Prometo ajudar você se você fizer o mesmo por mim" (essa ajuda podia envolver o uso de diplomacia ou de bombas e canhões).

A LUTA para CONTER a DISSEMINAÇÃO do COMUNISMO

Os Estados Unidos e a Grã-Bretanha achavam que nações recém-libertadas da Europa Oriental deviam formar seus próprios governos. Os soviéticos temiam que essas nações elegessem governos antissoviéticos, especialmente a Grécia, que estava no meio de uma guerra civil.

A Grã-Bretanha deu apoio financeiro às forças anticomunistas gregas... até o dinheiro acabar. Como o presidente americano Harry S. Truman temia que o fim do apoio britânico levasse os gregos a colocar no poder um governo comunista, pediu ao Congresso, em 1947, que aprovasse um ajuda financeira para a Grécia e também para a Turquia. Era muito dinheiro para gastar em outros países, mas Truman defendeu com veemência um posicionamento que ganhou o nome de **DOUTRINA TRUMAN**.

> De acordo com a **DOUTRINA TRUMAN**, os Estados Unidos deviam agir para evitar que os povos livres fossem **SUBJUGADOS** por minorias armadas ou pressões externas. Em outras palavras, os Estados Unidos precisavam defender os países ameaçados pelo comunismo e aumentar suas áreas de influência.

SUBJUGAR
colocar sob controle completo

No mesmo ano, o general GEORGE MARSHALL, secretário de Estado dos Estados Unidos, lançou o PLANO MARSHALL. Marshall achava que o comunismo tinha mais chance de vencer em países com problemas econômicos. Por isso, ele queria dar dinheiro aos países empobrecidos pela guerra na esperança de que o comunismo fracassasse. O Plano Marshall ofereceu 13 bilhões de dólares para a reconstrução da Europa.

A FORMAÇÃO da CEE

A União Soviética e seus **ESTADOS-SATÉLITES** europeus (países dominados por ela) se recusaram a aceitar o dinheiro do Plano Marshall. Em 1949, eles criaram o CONSELHO PARA ASSISTÊNCIA ECONÔMICA MÚTUA (COMECON, do inglês Council for Mutual Economic Assistance) para ajudar os países do grupo em dificuldades, mas não tinham dinheiro suficiente para fazê-lo funcionar.

ESTADO-SATÉLITE
país independente, mas sob o domínio político e ideológico de outra potência

MEMBROS ORIGINAIS DA CEE

- HOLANDA
- BÉLGICA
- LUXEMBURGO
- ALEMANHA OCIDENTAL
- FRANÇA
- ITÁLIA

Na Europa Ocidental, um grupo econômico chamado COMUNIDADE ECONÔMICA EUROPEIA (CEE) foi formado em 1957. Também conhecida como MERCADO COMUM (e mais tarde chamada simplesmente de COMUNIDADE EUROPEIA (CE)), a CEE era formada por França, Alemanha Ocidental (a Alemanha foi dividida após a Segunda Guerra Mundial), Bélgica, Holanda, Luxemburgo e Itália.

A CE MAIS TARDE DEU ORIGEM À UNIÃO EUROPEIA (UE) E FOI INCORPORADA A ELA EM 2009.

A CEE incentivou a cooperação econômica entre as nações integrantes. Reino Unido, Dinamarca e Irlanda entraram na CEE na década de 1970. Grécia, Espanha e Portugal fizeram o mesmo na década de 1980.

As NAÇÕES UNIDAS

A Liga das Nações não atingiu seus objetivos, mas foi a precursora da ORGANIZAÇÃO DAS NAÇÕES UNIDAS (ONU), criada oficialmente em outubro de 1945 para defender a paz e a dignidade humana. A ata de fundação da ONU foi assinada por 51 países e hoje ela conta com quase 200 países-membros.

A CRIAÇÃO de ISRAEL

Depois do Holocausto, muitos judeus buscavam um país onde morar. E, em 1947, as Nações Unidas recomendaram que parte da Palestina controlada pelos ingleses fosse separada para formar um Estado judeu. Em 1948, o Estado de ISRAEL foi criado oficialmente por um **DECRETO** da ONU.

DECRETO
ordem emitida por uma autoridade

A região conhecida como Palestina (ou Judeia) era ocupada principalmente por árabes muçulmanos, que não gostaram da ideia de ceder parte de seu território aos judeus.

Em 1948, os países árabes vizinhos atacaram Israel, mas este resistiu e contra-atacou com força. Milhares de árabes palestinos deixaram a região e buscaram refúgio na Cisjordânia e na Faixa de Gaza, dois territórios controlados pelos árabes.

Em 1967, forças árabes atacaram de novo. Dessa vez Israel assumiu o controle da Cisjordânia e da Faixa de Gaza, além de parte da Síria e do Egito.

O conflito entre palestinos e israelenses continua até hoje. Apesar dos esforços de muitos pacifistas, ainda não foi encontrada uma solução que seja satisfatória para os dois lados.

PLANO DA ONU PARA DIVIDIR A PALESTINA (1947)

VERIFIQUE SEUS CONHECIMENTOS

1. _____ foi uma aliança militar formada pela União Soviética e a maior parte dos países da Europa Oriental em 1955.
A. O Pacto de Truman.
B. Organização do Tratado do Atlântico Norte (OTAN).
C. Tratado Norte-Americano de Livre Comércio (Nafta).
D. O Pacto de Varsóvia.

2. Qual o nome do pacto militar do Ocidente e qual é a sua abreviação?

3. _____ ajudou a reconstruir a Grécia e a Turquia em 1947.
A. A Doutrina Truman.
B. O Plano Marshall.
C. A Comunidade Econômica Europeia.
D. O Pacto de Varsóvia.

4. Quais países faziam parte da Comunidade Econômica Europeia?

5. Qual foi a importância desse grupo econômico?

6. O que motivou a criação do Estado de Israel?

7. De que modo os países árabes responderam à criação de Israel?

RESPOSTAS 515

CONFIRA AS RESPOSTAS

1. D. O Pacto de Varsóvia.
2. O pacto militar do Ocidente se chama Organização do Tratado do Atlântico Norte (OTAN).
3. A. A Doutrina Truman.
4. França, Alemanha Ocidental, Bélgica, Holanda, Luxemburgo, Itália, Reino Unido, Dinamarca, Irlanda, Grécia, Espanha e Portugal.
5. A CEE incentivou a cooperação econômica entre as nações-membros. Mais tarde, foi chamada de Comunidade Europeia. Também deu origem à União Europeia.
6. Depois da devastação do Holocausto e da Segunda Guerra Mundial, o Estado de Israel foi criado para que os judeus pudessem ter um país.
7. Israel foi criado em uma região que estava ocupada principalmente por árabes muçulmanos. Os países árabes vizinhos reagiram atacando Israel (sem sucesso) em 1948 e 1967.

Capítulo 45
A GUERRA FRIA

Como falamos, a Guerra Fria foi uma guerra política e ideológica que promoveu uma polarização do mundo em dois blocos: um sob a influência dos americanos e outro, dos soviéticos. Em 1946, os países comunistas da Europa Oriental se isolaram do Ocidente por trás do que Winston Churchill chamou de CORTINA DE FERRO. A Guerra Fria recebeu esse nome porque não houve um confronto direto entre Estados Unidos e URSS, mas a rivalidade entre essas duas potências resultou em conflitos armados ao redor do mundo, como veremos a seguir.

A DIVISÃO da ALEMANHA

Após a Segunda Guerra Mundial, os Aliados dividiram a Alemanha em quatro zonas, ocupadas pelas grandes potências (Inglaterra, França, Estados Unidos e União Soviética). Inglaterra, França e Estados Unidos decidiram unir suas zonas para formar um país alemão chamado Alemanha Ocidental. Como forma de protesto,

ZONAS DE OCUPAÇÃO DA ALEMANHA

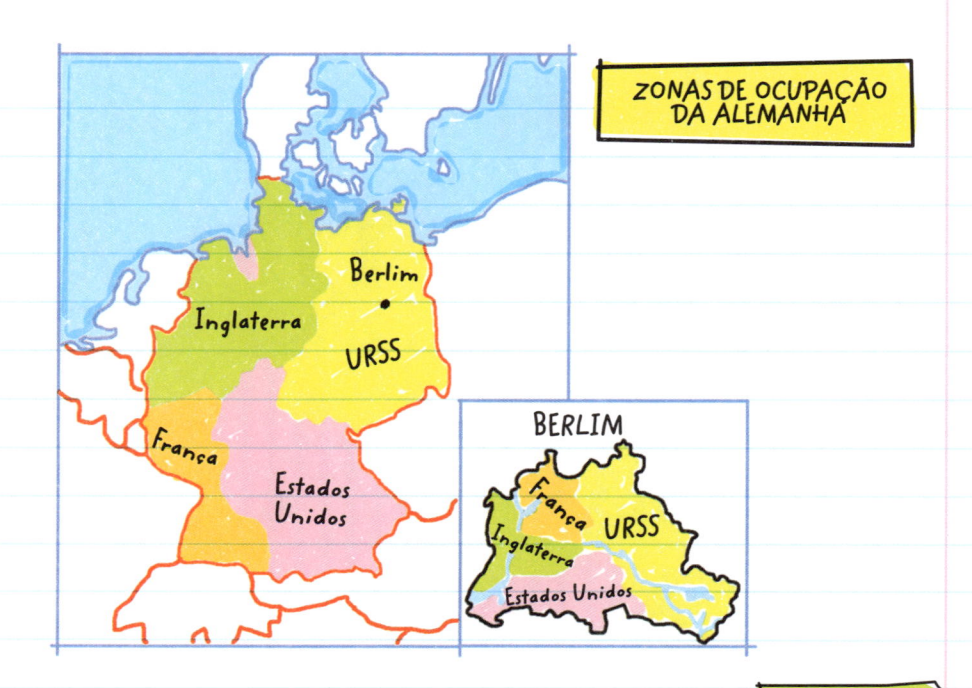

Os soviéticos instituíram, em junho de 1948, o **BLOQUEIO DE BERLIM** (que ficava no meio da zona soviética), impedindo que caminhões, trens e navios (e, portanto, alimentos e suprimentos) chegassem às três zonas ocidentais de Berlim. Os Aliados usaram a PONTE AÉREA DE BERLIM para transportar os suprimentos de avião até Berlim Ocidental. Dez meses depois, os soviéticos suspenderam o bloqueio.

BLOQUEIO cerco de um território

Em 1949, os Aliados criaram formalmente a Alemanha Ocidental, que recebeu o nome oficial de REPÚBLICA FEDERAL DA ALEMANHA (RFA). Menos de um mês depois, os soviéticos criaram a Alemanha Oriental, que recebeu o nome oficial de REPÚBLICA DEMOCRÁTICA DA ALEMANHA (RDA). A capital, Berlim, foi dividida em Berlim Oriental (controlada pelos soviéticos) e Berlim Ocidental (controlada pelo governo da Alemanha Ocidental).

Durante a Guerra Fria, Berlim se tornou uma região de conflito. Berlim Oriental era muito mais pobre que Berlim Ocidental e muitos moradores da primeira fugiram para a segunda. Em 1961, para conter a evasão, o líder soviético NIKITA KHRUSHCHEV mandou construir um muro entre os dois lados. O MURO DE BERLIM passou a simbolizar a discórdia entre as superpotências comunista e democrática.

Em outubro de 1989, manifestações populares obrigaram o governo comunista a abrir a fronteira. Em 9 de novembro de 1989, o Muro de Berlim foi derrubado, sinalizando o fim do comunismo no estilo soviético. A unificação da Alemanha aconteceu um ano depois.

O COMUNISMO na CHINA

Na China, o comunismo prosperou. Em 1945, havia dois governos chineses: o nacionalista (no sul da China) e o comunista (no norte da China). A guerra civil entre os dois lados acabou com a vitória dos comunistas, liderados por MAO TSE-TUNG. A República

CHINA

Beijing

MAO TSE-TUNG

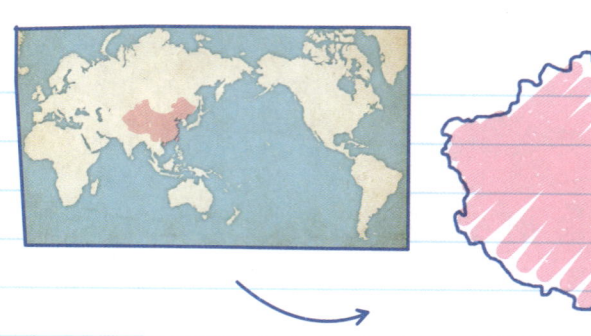

Popular da China foi criada em 1949 e Mao Tse-tung se tornou o primeiro presidente.

Em 1958, o presidente Mao lançou um novo programa de governo, chamado GRANDE SALTO PARA A FRENTE, que combinava pequenas fazendas em grandes **COMUNAS** com mais de 30 mil pessoas vivendo e trabalhando juntas. Mao prometeu uma distribuição de arroz mais igualitária. Como nas comunas as crianças eram criadas em creches comunitárias, as mulheres podiam trabalhar no campo ao lado dos maridos. O presidente Mao acreditava que a vida nas comunas iria permitir à China ter uma sociedade sem classes, mas o Grande Salto para a Frente foi um grande fracasso e causou uma das piores fomes do mundo. Em 1960, o governo abandonou o programa.

COMUNA
uma comunidade de pessoas que vivem juntas e partilham trabalho e finanças

No final da década de 1970, o líder do Partido Comunista da China DENG XIAOPING tentou direcionar a China para uma economia de mercado (sob o sistema comunista) por meio de um conjunto de reformas chamadas de QUATRO MODERNIZAÇÕES: agricultura, indústria, defesa nacional e ciência e tecnologia. Essas quatro modernizações tinham como objetivo tornar a China uma importante potência econômica. A economia chinesa melhorou na década de 1980, quando o país finalmente abriu as portas para os investimentos de países como os Estados Unidos. Quando os chineses puderam ir para o exterior e aprenderam mais sobre o Ocidente, parte deles começou a criticar o Partido Comunista e pedir uma democracia. Na maioria das vezes, essas pessoas foram presas por se manifestarem.

Em maio de 1989, estudantes se reuniram em uma manifestação exigindo o fim da corrupção. Eles queriam que os líderes do Partido Comunista renunciassem. Em junho, mais manifestantes acamparam na PRAÇA DA PAZ CELESTIAL, em Beijing. Deng Xiaoping enviou tanques e soldados: entre 500 e 2 mil pessoas foram mortas. Embora a China tenha vivenciado um conflito político, o país se tornou uma das economias mais fortes do mundo nas últimas décadas.

COREIA e VIETNÃ

Na Coreia e no Vietnã aconteceram divisões entre governos comunistas e não comunistas que acabaram em confrontos militares.

Antes da Segunda Guerra Mundial, a Coreia foi uma colônia japonesa. Os Estados Unidos propuseram dividi-la no PARALELO 38. Os soviéticos ajudaram os comunistas a assumir o poder na

COREIA DO NORTE e os Estados Unidos
apoiaram o governo democrático da
COREIA DO SUL. Em junho de 1950, as
forças comunistas da Coreia do Norte
atacaram a Coreia do Sul. Respondendo
a esse ataque, as Nações Unidas criaram
uma força militar comandada pelo general
americano DOUGLAS MACARTHUR (que
havia ajudado a tomar o Japão
na Segunda Guerra Mundial
e depois supervisionara a
ocupação do país) para
ajudar a Coreia do Sul. Quando
MacArthur tentou expulsar os
invasores da Coreia do Sul, a China
enviou soldados para ajudar os aliados
da Coreia do Norte. Finalmente, os dois
lados chegaram a um acordo e, em
julho de 1953, assinaram um armistício
concordando em interromper os combates e
manter o país dividido.

A França já havia colonizado o Vietnã como parte
da INDOCHINA (atuais Camboja, Laos e Vietnã). O envolvimento
francês na Indochina continuou após a Segunda Guerra Mundial
até 1954, quando um movimento de independência vietnamita
liderado por HO CHI MINH derrotou os franceses na BATALHA DE
DIEN BIEN PHU. Como a Coreia, o Vietnã foi dividido em um Norte

comunista e um Sul não comunista. Rebeldes comunistas do Vietnã do Sul, chamados VIETCONGUES, tentaram unir o país inteiro sob um governo comunista. Novamente os Estados Unidos se envolveram, enviando ajuda econômica e depois soldados. Eles temiam um EFEITO DOMINÓ: acreditavam que, se os comunistas conquistassem o Vietnã do Sul, outros países asiáticos também se tornariam comunistas.

A Guerra do Vietnã durou duas décadas e custou as vidas de mais de 50 mil americanos e mais de um milhão de vietnamitas. Os Estados Unidos iniciaram uma campanha agressiva de bombardeio ao Vietnã do Norte chamada OPERAÇÃO ROLLING THUNDER, além de lançarem o herbicida AGENTE LARANJA para desmatar as florestas (que davam cobertura aos soldados inimigos) e destruir as plantações do Vietnã do Norte. Apesar de todo o seu poderio militar, os Estados Unidos não conseguiram derrotar os norte-vietnamitas. Ho Chi Minh e seus soldados usaram táticas de guerrilha: atacavam e depois recuavam e se escondiam na floresta ou em túneis subterrâneos.

Movimentos pacifistas nos Estados Unidos pediram o fim da guerra, especialmente depois que, em 1968, soldados americanos mataram civis vietnamitas no MASSACRE DE MY LAI e também invadiram e bombardearam outro país, o Camboja, em 1970, para combater os norte-vietnamitas que haviam se instalado no país vizinho. Em 1973, os Estados Unidos retiraram seus soldados do Vietnã do Sul. A luta continuou entre o Norte e o Sul até que as tropas comunistas capturaram Saigon, a capital do Vietnã do Sul, e mudaram seu nome para CIDADE DE HO CHI MINH. Em 1976, o Vietnã foi unificado sob um regime comunista.

A CORRIDA ARMAMENTISTA e a CRISE dos MÍSSEIS CUBANOS

Na mesma época, os Estados Unidos e a União Soviética aumentaram seus exércitos e acumularam armas em preparação para uma possível guerra. Essa política foi chamada de CORRIDA ARMAMENTISTA. Nenhuma batalha aconteceu entre os dois países durante a Guerra Fria, mas a corrida armamentista levou a avanços tecnológicos na produção de aviões, mísseis, tanques e outros sistemas de armas. As ARMAS NUCLEARES se tornaram cada vez mais potentes e numerosas. Chegou-se ao ponto de cada uma das nações ter um número suficiente de bombas nucleares para destruir a outra várias vezes.

ESTADOS UNIDOS
Miami, Flórida
370 QUILÔMETROS
CUBA

HAVANA
CUBA
OCEANO ATLÂNTICO
Baía dos Porcos
MAR DO CARIBE

Em Cuba, o comunista Fidel Castro liderou uma bem-sucedida revolução de operários e camponeses contra a ditadura de direita de FULGÊNCIO BATISTA. Castro queria dar educação, saúde e terras à classe pobre que Batista havia marginalizado. Porém, muitas plantações de cana-de-açúcar pertenciam a estrangeiros. Como os Estados Unidos não viam com bons olhos ter um país comunista tão perto do seu território, em abril de 1961 o presidente JOHN F. KENNEDY apoiou uma invasão de Cuba por cubanos exilados para derrubar Castro. A invasão da BAÍA DOS PORCOS foi um fracasso e terminou na rendição dos adversários de Castro. Ele continuou no poder, implantando um regime comunista no país e recorrendo aos soviéticos em busca de apoio. Um ano depois da invasão da baía dos Porcos, os Estados Unidos descobriram mísseis soviéticos em Cuba, que poderiam dar início a uma guerra nuclear. Felizmente, os soviéticos concordaram em retirá-los depois que os Estados Unidos bloquearam sua frota na CRISE DOS MÍSSEIS CUBANOS de outubro de 1962. Por mais de 50 anos, os Estados Unidos impuseram a Cuba um bloqueio econômico e político. É considerado o mais longo da História contemporânea.

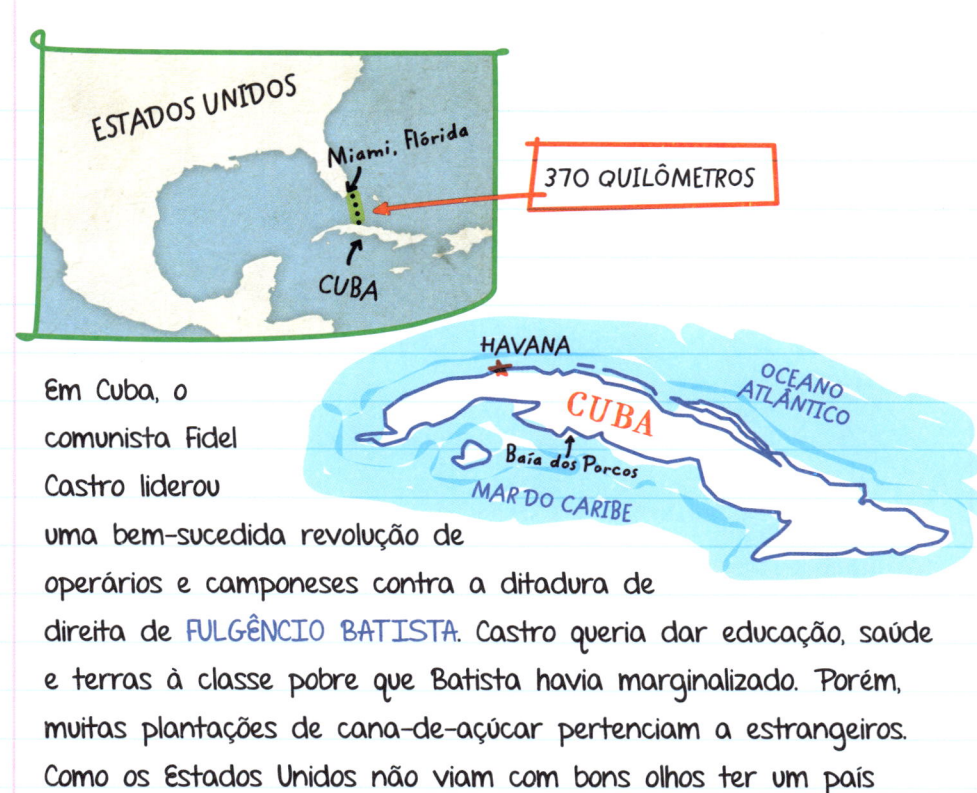

PAÍSES HOJE INDEPENDENTES QUE PERTENCIAM À ANTIGA UNIÃO SOVIÉTICA

RÚSSIA

A. ESTÔNIA
B. LETÔNIA
C. LITUÂNIA
D. BIELORRÚSSIA
E. UCRÂNIA
F. MOLDÁVIA
G. GEÓRGIA
H. ARMÊNIA
I. AZERBAIJÃO
J. CAZAQUISTÃO
K. QUIRGUISTÃO
L. UZBEQUISTÃO
M. TADJIQUISTÃO
N. TURCOMENISTÃO

O FIM da GUERRA FRIA

A Guerra Fria acabou no início da década de 1990, graças em parte às reformas introduzidas por MIKHAIL GORBATCHOV, que se tornou o líder do Partido Comunista da União Soviética em 1985. Gorbatchov foi responsável por uma reestruturação radical dos sistemas econômico e político soviéticos, a chamada PERESTROIKA. Ele também apoiou a GLASNOST, uma política de liberdade de expressão que incentivava os cidadãos soviéticos a falar abertamente sobre os pontos fortes e fracos da União Soviética... o que levou as repúblicas soviéticas a exigir a independência e o fim da influência do Partido Comunista.

Em 1987, soviéticos e americanos concordaram em eliminar armas nucleares de alcance intermediário. Por fim, a União Soviética acabou em 1991. A corrida armamentista entre a URSS e os Estados Unidos e a Guerra Fria tinham finalmente terminado.

VERIFIQUE SEUS CONHECIMENTOS

1. A Alemanha foi dividida em quatro zonas após a Segunda Guerra Mundial. Quem controlava essas zonas?

2. O que foi a Guerra Fria? Por que recebeu esse nome?

3. O que foi a Corrida Armamentista? Quem foram os participantes?

4. O que foi a Cortina de Ferro?

5. Quem mandou construir o Muro de Berlim?

6. ___ ___-____ foi responsável pelo malsucedido Grande Salto Para a Frente da China.

7. O que aconteceu na Praça da Paz Celestial?

8. Por que os Estados Unidos se envolveram nos conflitos entre a Coreia do Norte e a Coreia do Sul e entre o Vietnã do Norte e o Vietnã do Sul?

9. Qual foi o resultado da invasão da baía dos Porcos em 1961?

10. Em que ano acabou a União Soviética?

RESPOSTAS 527

CONFIRA AS RESPOSTAS

1. Inglaterra, França, Estados Unidos e União Soviética.

2. A Guerra Fria foi uma guerra política e ideológica que promoveu uma polarização do mundo em dois blocos: um sob a influência dos americanos e outro, dos soviéticos. Ela recebeu esse nome porque não houve um confronto direto entre Estados Unidos e URSS.

3. A Corrida Armamentista foi um período no qual os Estados Unidos e a União Soviética aumentaram seus exércitos e acumularam armas em preparação para uma possível guerra.

4. A Cortina de Ferro foi um termo inventado por Winston Churchill para descrever o modo como os países comunistas da Europa Oriental se haviam isolado do Ocidente.

5. O líder soviético Nikita Khrushchev.

6. Mao Tse-tung

7. O maior protesto contra a corrupção no Partido Comunista.

8. Os Estados Unidos se envolveram nos dois conflitos porque acreditavam que, se os comunistas assumissem o poder em países não comunistas, outros países asiáticos também se tornariam comunistas.

9. Os invasores se renderam às forças comunistas.

10. Em 1991.

Capítulo 46

MOVIMENTOS NACIONALISTAS E DE INDEPENDÊNCIA APÓS A SEGUNDA GUERRA MUNDIAL

Muitos países conquistaram a independência depois da Segunda Guerra Mundial.

O NACIONALISMO na ÍNDIA

Na Índia, um jovem indiano chamado MOHANDAS GANDHI iniciou um movimento de resistência não violenta e de **DESOBEDIÊNCIA CIVIL** para melhorar as vidas dos pobres na Índia e libertar o país dos colonizadores britânicos. Em 1930, ele comandou a chamada MARCHA DO SAL, um protesto com milhares de seguidores contra o monopólio britânico e os impostos sobre um produto essencial: o sal. Os seguidores de Gandhi o chamavam de MAHATMA, que quer dizer "alma grande". Ele não

> **DESOBEDIÊNCIA CIVIL**
> recusa a cumprir uma lei, geralmente como forma de protesto não violento

pregava a luta armada e a guerra: sua doutrina pacífica acabou levando à independência da Índia em agosto de 1947. A Índia foi dividida em dois países, um hindu (Índia) e outro muçulmano (Paquistão). Como aconteceu com a África colonial, essa divisão separou famílias e deixou alguns hindus no Paquistão e alguns muçulmanos na Índia.

> Os protestos pacíficos, as marchas e as greves de fome influenciaram e inspiraram outros ativistas, como **MARTIN LUTHER KING JR.**, nos Estados Unidos.

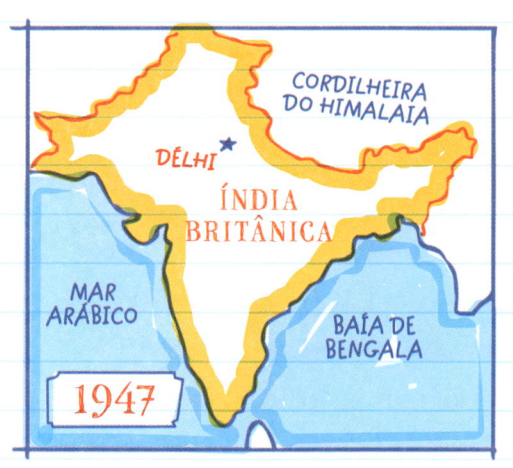

1947 — ÍNDIA BRITÂNICA — DÉLHI, CORDILHEIRA DO HIMALAIA, MAR ARÁBICO, BAÍA DE BENGALA

2007 — PAQUISTÃO, CAXEMIRA, ÍNDIA, BANGLADESH, DÉLHI, CORDILHEIRA DO HIMALAIA, MAR ARÁBICO, BAÍA DE BENGALA

O JAPÃO após a SEGUNDA GUERRA MUNDIAL

A Segunda Guerra Mundial deixou o Japão arrasado: grande parte da cidade de Tóquio foi destruída e a produção agrícola caiu. Em agosto de 1945, depois da rendição incondicional do Japão, as Forças Aliadas

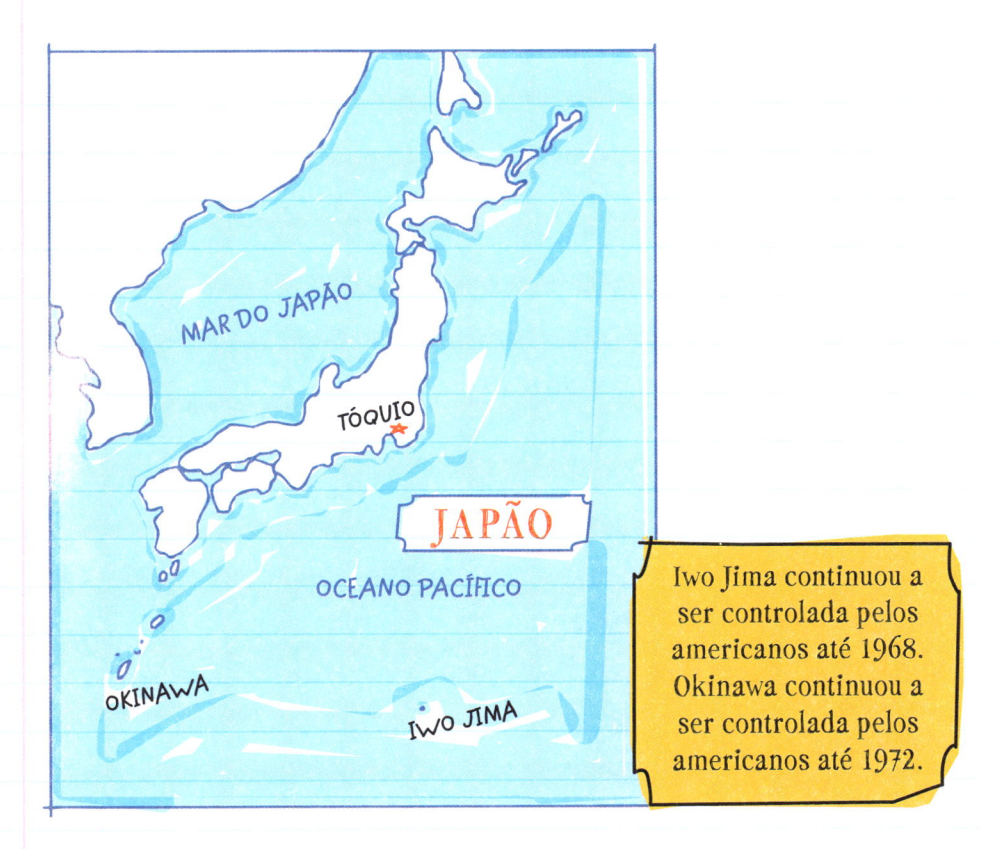

Mapa do Japão com indicações: MAR DO JAPÃO, TÓQUIO, JAPÃO, OCEANO PACÍFICO, OKINAWA, IWO JIMA.

> Iwo Jima continuou a ser controlada pelos americanos até 1968. Okinawa continuou a ser controlada pelos americanos até 1972.

(lideradas pelos Estados Unidos) ocuparam o país para distribuir alimentos, impedir que ele reorganizasse suas forças armadas e tornar o Japão um país mais ocidentalizado. Na primavera de 1952, a ocupação terminou oficialmente e o Japão voltou a ser independente. A partir de 1949, tomando emprestadas ideias e tecnologias ocidentais, o Japão se recuperou, se reconstruiu e ficou ainda mais forte que antes. A economia do Japão começou a crescer de forma acelerada no período pós-guerra. O progresso nas áreas de comércio e indústria foi tão grande que, na década de 1970, a indústria eletrônica japonesa suplantou a americana. Tóquio se tornou uma cidade populosa, vibrante, estimulante e extremamente moderna.

A INDEPENDÊNCIA dos PAÍSES AFRICANOS

No continente africano, os anos que se seguiram à Segunda Guerra Mundial foram uma época de libertação do domínio colonial. Em 1951, a LÍBIA se tornou a primeira nação independente após a Segunda Guerra Mundial e muitos países logo a seguiram nesse caminho.

> 49 OUTROS PAÍSES! ENTRE ELES, GANA, QUÊNIA E ZIMBÁBUE, PARA CITAR APENAS ALGUNS.

Alguns líderes africanos acreditavam no capitalismo ocidental, outros no comunismo soviético. Outros ainda queriam um socialismo "africano" com base nas tradições da comunidade, segundo as quais as riquezas seriam colocadas nas mãos do povo. O imperialismo europeu tinha dividido o continente de forma arbitrária, criando fronteiras que muitas vezes causaram grandes problemas quando as nações se tornaram independentes.

PAN-AFRICANISMO é o conceito de unir todos os africanos, independentemente das fronteiras nacionais. Ele levou à criação, em 1963, da ORGANIZAÇÃO DA UNIDADE AFRICANA (OUA), que apoiou grupos africanos na luta contra o colonialismo. Essa organização se tornou em 2002 a UNIÃO AFRICANA (UA), que promove a democracia e o crescimento econômico na África.

A maioria dos novos líderes africanos veio da classe média urbana e havia estudado no Ocidente. Eles acreditavam que a democracia ocidental era um modelo útil de governo. Alguns países novos, porém, caíram nas mãos de ditaduras militares (ou pior).

ÁFRICA

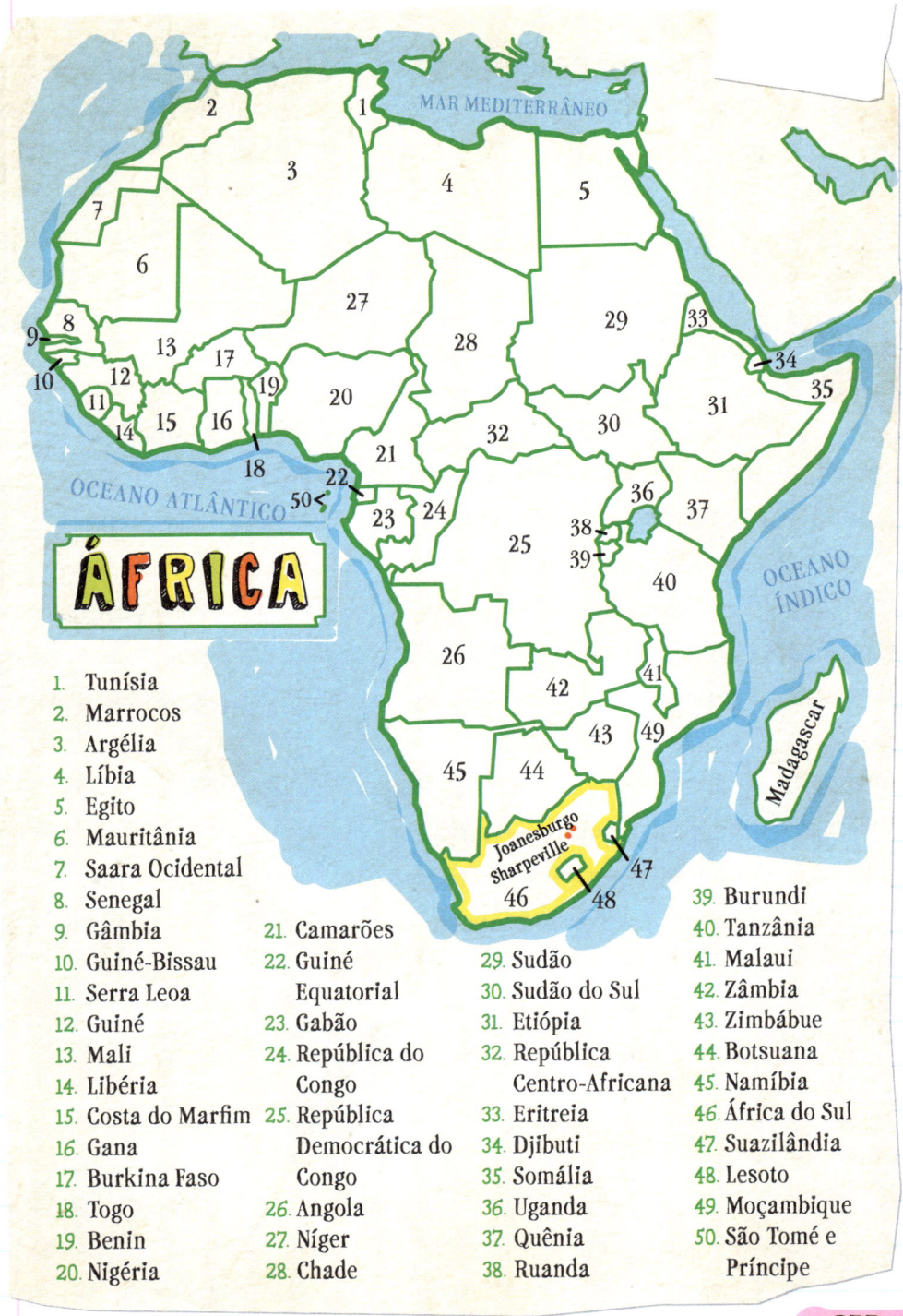

MAR MEDITERRÂNEO
OCEANO ATLÂNTICO
OCEANO ÍNDICO
Madagascar
Joanesburgo
Sharpeville

1. Tunísia
2. Marrocos
3. Argélia
4. Líbia
5. Egito
6. Mauritânia
7. Saara Ocidental
8. Senegal
9. Gâmbia
10. Guiné-Bissau
11. Serra Leoa
12. Guiné
13. Mali
14. Libéria
15. Costa do Marfim
16. Gana
17. Burkina Faso
18. Togo
19. Benin
20. Nigéria
21. Camarões
22. Guiné Equatorial
23. Gabão
24. República do Congo
25. República Democrática do Congo
26. Angola
27. Níger
28. Chade
29. Sudão
30. Sudão do Sul
31. Etiópia
32. República Centro-Africana
33. Eritreia
34. Djibuti
35. Somália
36. Uganda
37. Quênia
38. Ruanda
39. Burundi
40. Tanzânia
41. Malaui
42. Zâmbia
43. Zimbábue
44. Botsuana
45. Namíbia
46. África do Sul
47. Suazilândia
48. Lesoto
49. Moçambique
50. São Tomé e Príncipe

Na África do Sul, o **APARTHEID** separou principalmente brancos e negros. Além disso, somente os brancos podiam votar. Os negros, maioria da população, começaram a protestar contra essas leis nas décadas de 1950 e 1960. Em 1960, 69 pessoas que estavam realizando uma manifestação pacífica foram mortas pela polícia no MASSACRE DE SHARPEVILLE. Uma investigação mostrou que a maioria tinha sido baleada pelas costas, portanto não estavam se aproximando da polícia ou agindo de forma agressiva. Em 1962, o governo prendeu NELSON MANDELA, o líder do CONGRESSO NACIONAL AFRICANO (CNA). Ele foi condenado à prisão perpétua em 1963. Mandela foi mantido em uma prisão de segurança máxima até ser libertado, em 1990. OU SEJA, 27 ANOS DEPOIS!

> **APARTHEID**
> sistema de segregação racial em que sul-africanos eram divididos em quatro grupos (negros, brancos, mestiços e asiáticos); os brancos tinham mais direitos que o restante

Em 1994, quando o governo concordou em realizar eleições democráticas pela primeira vez na História, Nelson Mandela se tornou o primeiro presidente da África do Sul a ser eleito pela maioria do povo (negros e brancos). A presidência de Mandela e o trabalho do ARCEBISPO DESMOND TUTU, ativista de direitos humanos, ajudaram a pôr fim ao apartheid.

"TUDO PARECE IMPOSSÍVEL ATÉ QUE SEJA FEITO."
— NELSON MANDELA

VERIFIQUE SEUS CONHECIMENTOS

1. Mohandas Gandhi deu início a que tipo de movimento e em que país?

2. Em que ano a Índia conquistou a independência?
   A. 1945.
   B. 1947.
   C. 1949.
   D. 1952.

3. Quando a Índia se tornou independente da Inglaterra, foram criados dois países. Como se chamavam? E qual era a religião da maioria da população de cada um?

4. Em que ano a Líbia se tornou o primeiro país africano independente?
   A. 1945.
   B. 1947.
   C. 1951.
   D. 1959.

5. O que é pan-africanismo?

6. O que foi o apartheid?

7. Verdadeiro ou falso: o arcebispo Desmond Tutu foi mantido em uma prisão de segurança máxima por quase 27 anos.

8. O primeiro presidente eleito pela maioria da população da África do Sul, independentemente da cor da pele, foi _____ _____.

RESPOSTAS

CONFIRA AS RESPOSTAS

1. Mohandas Gandhi deu início a um movimento de resistência não violenta e desobediência civil na Índia.
2. B. 1947.
3. Quando se tornou independente da Inglaterra, a Índia foi dividida em dois países: Índia (de maioria hindu) e Paquistão (de maioria muçulmana).
4. C. 1951.
5. Pan-africanismo é o conceito de unir todos os africanos, independentemente das fronteiras nacionais.
6. O apartheid foi uma política da África do Sul de segregar negros, mestiços e asiáticos e garantir o direito de votar apenas aos brancos.
7. Falso. O líder sul-africano que ficou preso 27 anos em uma prisão de segurança máxima foi Nelson Mandela.
8. Nelson Mandela

Capítulo 47
A EXPERIÊNCIA DEMOCRÁTICA NO BRASIL

1945–1964

No Brasil, os jornais do ano de 1945 registraram não só o fim da Segunda Guerra Mundial na Europa, mas o fim da ditadura varguista no Brasil e o início do período democrático.

GOVERNO DUTRA

EURICO GASPAR DUTRA começou seu governo em 1946. E uma nova Constituição entrou em vigor nesse mesmo ano, restabelecendo a democracia. O documento assegurou o direito ao voto feminino e à greve (ainda que com diversas restrições), e devolveu a autonomia dos estados e municípios. A centralização da Era Vargas chegava ao fim.

Na economia, o governo Dutra abriu o país para capitais estrangeiros. Em contrapartida, o poder de compra dos trabalhadores diminuiu, pois não houve aumento do salário mínimo, enquanto o desemprego e a inflação cresciam.

Dutra se alinhou bem mais com os Estados Unidos e cortou relações diplomáticas com a União Soviética. Junto a isso, declarou o PCB ilegal e perseguiu diversos deputados e senadores do partido.

O RETORNO de GETÚLIO VARGAS

Em 1950, Getúlio Vargas, de novo candidato à presidência pelo PTB, ganhou as eleições. A população comemorou cantando uma marchinha de carnaval chamada "RETRATO DO VELHO", criada por Haroldo Lobo e Marino Pinto, que dizia:

Bota o retrato do velho outra vez
Bota no mesmo lugar
Bota o retrato do velho outra vez,
Bota no mesmo lugar.
O sorriso do velhinho faz a gente trabalhar.

Eu já botei o meu...
E tu, não vais botar?
Já enfeitei o meu...
E tu, vais enfeitar?
O sorriso do velhinho faz a gente se animar.

Entre 1951 e 1954, Vargas limitou a entrada de capitais estrangeiros, desfazendo algumas medidas de Dutra. Também retomou a intervenção do Estado na economia e reinvestiu na indústria de base. Criou o BANCO NACIONAL DE DESENVOLVIMENTO ECONÔMICO (BNDE), a Petrobrás (para explorar e refinar petróleo) e a Eletrobrás (para gerar e distribuir energia elétrica para o país) — as duas, na época, ainda com acento.

INVESTIDA UDENISTA

Vários integrantes da União Democrática Nacional, que eram ligados aos interesses estrangeiros, se revoltaram com as medidas econômicas de Vargas.

Em 1954, o deputado udenista CARLOS LACERDA iniciou uma feroz campanha contra Getúlio, usando seu jornal *Tribuna da Imprensa* para acusar o governo de corrupção. Empresários, setores das Forças Armadas e grandes proprietários o apoiaram.

No dia 5 de agosto desse ano, Carlos Lacerda sofreu um atentado. Ele escapou com vida, mas seu segurança foi morto. As investigações indicaram GREGÓRIO FORTUNATO, guarda-costas de Vargas, como mandante do crime. Depois disso, a campanha udenista contra Vargas se intensificou, gerando uma enorme crise política.

"Saio da vida para entrar na História"

A situação ficou tão tensa que, no dia 24 de agosto de 1954, no Rio de Janeiro, Getúlio Vargas cometeu suicídio. Estes são trechos de sua carta-testamento:

> Mais uma vez as forças e os interesses contra o povo [...] se desencadeiam sobre mim. Não me acusam, insultam; não me combatem, caluniam, e não me dão o direito de defesa. Precisam sufocar a minha voz e impedir a minha ação, para que eu não continue a defender, como sempre defendi, o povo e principalmente os humildes. [...]
>
> E aos que pensam que me derrotaram respondo com a minha vitória. Era escravo do povo e hoje me liberto para a vida eterna. Mas esse povo de quem fui escravo não mais será escravo de ninguém. Meu sacrifício ficará para sempre em sua alma e meu sangue será o preço do seu resgate. Lutei contra a espoliação do Brasil. Lutei contra a espoliação do povo. Tenho lutado de peito aberto. O ódio, as infâmias, a calúnia não abateram meu ânimo. Eu vos dei a minha vida. Agora vos ofereço a minha morte. Nada receio. Serenamente dou o primeiro passo no caminho da eternidade e saio da vida para entrar na História.

Com a morte de Vargas, os udenistas e os militares aliados à UDN tramaram um golpe. Mas o ministro da Guerra, o general HENRIQUE TEIXEIRA LOTT, querendo manter a legalidade do Estado, impediu que o plano fosse à frente.

NEREU RAMOS, presidente do Senado, governou como presidente até 1956, quando entregou o cargo para o presidente eleito da coligação PTB-PSD, o ex-governador de Minas Gerais JUSCELINO KUBITSCHEK.

GOVERNO JK e o DESENVOLVIMENTISMO

Juscelino Kubitschek, conhecido como JK, lançou seu PLANO DE METAS, baseado no slogan "50 anos em 5". O propósito era desenvolver o país em 5 anos o que levaria 50 anos sem o plano.

E como JK fez isso? Ele investiu pesado na indústria de base, na educação e no setor de transportes. Fábricas se multiplicaram e passaram a fazer carros e caminhões. No entanto, os benefícios materiais dessa produção se concentravam nos centros urbanos. O mundo rural ficou de fora do plano de desenvolvimentismo de JK, revelando a tremenda desigualdade preservada desde tempos remotos.

Pode-se dizer que os investimentos ficaram localizados no Sudeste, que se desenvolveu rápido. Isso acarretou uma onda migratória de habitantes de outras regiões do Brasil, principalmente de nordestinos, para lá.

O Brasil vivia o que chamamos de "anos dourados". Nessa época, surgiu a BOSSA NOVA, estilo musical que parecia misturar jazz e samba, e os meios de comunicação de massa se desenvolveram muito, especialmente o rádio e o cinema brasileiro. Além disso, em 1958, o país ganhou o primeiro título da Copa do Mundo.

Uma NOVA CAPITAL

Uma nova capital foi pensada para ser construída do zero, bem no centro do Brasil, ou seja, longe dos centros supermovimentados como Rio de Janeiro e São Paulo. Projetada pelo arquiteto OSCAR NIEMEYER e pelo urbanista LÚCIO COSTA, Brasília foi inaugurada em 1960. Sua construção custou muito caro. Naquele tempo, a dívida externa do Brasil foi às alturas e as contas públicas ficaram desfalcadas.

CONSTRUÍ RAPIDINHO, NÉ?

Em 1961, JÂNIO QUADROS, um ex-governador de São Paulo e candidato da UDN, venceu as eleições presidenciais. Como na época os vice-presidentes eram escolhidos separadamente, quem ocupou esse cargo foi o antigo ministro do Trabalho de Vargas, o candidato da coligação PTB-PSD JOÃO GOULART.

GOVERNO JÂNIO QUADROS

O governo de Jânio durou apenas sete meses; ele renunciou ao cargo devido à forte insatisfação popular. Jânio não aumentou o salário mínimo e fez cortes em investimentos, enquanto o custo de vida se elevava.

PARA ONDE ESTOU INDO?

Além disso, os udenistas estranharam quando Jânio reatou relações diplomáticas com países socialistas e condecorou CHE GUEVARA, ministro da Indústria e Comércio de Cuba, com a ORDEM DO CRUZEIRO DO SUL.

Sua saída do cargo da presidência também foi estranha. Na verdade, foi uma tentativa de manobra que fracassou. Com sua renúncia, Jânio esperava que parlamentares e militares o apoiassem, pedindo seu retorno para evitar o governo do vice-presidente, João Goulart. Se tudo desse certo, ele voltaria com mais poder e com um governo mais centralizado em si. Mas não foi o que aconteceu.

Quando anunciou sua renúncia, não houve movimentação a seu favor e João Goulart assumiu a presidência ainda em 1961.

JANGO

João Goulart, conhecido como Jango, não era bem-visto pelos udenistas e por boa parte dos militares, pois o consideravam muito próximo a Getúlio Vargas e aos movimentos de esquerda. Rapidamente, tentaram impedir que Jango se tornasse presidente, tramando um golpe. No entanto, o governador do Rio Grande do Sul, LEONEL BRIZOLA, ficou a favor de Jango, ameaçando resistir militarmente, e frustrou o plano do golpe.

PELAS REFORMAS DE BASE!

Jango tomou posse, mas apenas sob o acordo de que o regime fosse **PARLAMENTARISTA**, e não presidencialista. Esse regime durou até o início de 1963, quando, em

PARLAMENTARISMO
sistema de governo no qual quem governa é um primeiro-ministro eleito por deputados e senadores, enquanto o presidente da República é considerado chefe de Estado, tendo a função de representar o país, e não de governá-lo

um plebiscito, a maioria da população optou pelo retorno do presidencialismo. Enquanto isso, a economia ia de mal a pior. Esse contexto levou Jango a defender REFORMAS DE BASE, um pacote com amplas reformas em diversos setores, especialmente as **REFORMAS AGRÁRIA E TRIBUTÁRIA**. Em pouco tempo, ele obteve apoio dos políticos e militantes trabalhistas, sindicalistas, do povo do campo e dos estudantes. Em contrapartida, grupos poderosos se opuseram, como empresários e altos oficiais das Forças Armadas, defendendo a ideia de que as reformas de Jango implantariam o comunismo no Brasil.

> **REFORMA AGRÁRIA**
> política que visa redistribuir terras para evitar que poucas pessoas tenham muitas terras e outras não tenham nenhuma
>
> **REFORMA TRIBUTÁRIA**
> Política que visa rever as regras para cobrança de impostos. Geralmente visa um sistema mais justo e que cobre mais dos mais ricos.

CAMINHO para o GOLPE

Seus opositores organizaram uma grande manifestação contrária no Rio de Janeiro, chamada de MARCHA DA FAMÍLIA COM DEUS PELA LIBERDADE. Composta por religiosos, empresários e pessoas da classe média, pedia a saída de João Goulart, acusando-o de ser comunista. Em 1º de abril de 1964, também fortalecidos pela adesão de vários udenistas, como Carlos Lacerda, latifundiários e parte da mídia, os militares deram um GOLPE DE ESTADO, liderados pelo general Castello Branco, destituindo João Goulart da presidência. Era o fim da experiência democrática no Brasil e o início de uma ditadura civil-militar, que duraria até 1985.

VERIFIQUE SEUS CONHECIMENTOS

1. Qual foi o alinhamento diplomático do governo Dutra?

2. Quem foi o presidente eleito após a morte de Vargas?

3. Qual era o propósito do Plano de Metas?

4. Em 1960, foi inaugurada uma nova capital para o país, construída do zero. Seu nome é _____.

5. Assim que o presidente João Goulart tomou posse, os militares e udenistas tramaram um golpe. Que movimento contrário frustrou esse golpe?

6. A manifestação organizada pelos opositores de João Goulart foi a _____ __ _____ ___ ____ ____ _____.

7. Em que data ocorreu o golpe civil-militar contra Jango? Quais grupos apoiaram o golpe?

RESPOSTAS

CONFIRA AS RESPOSTAS

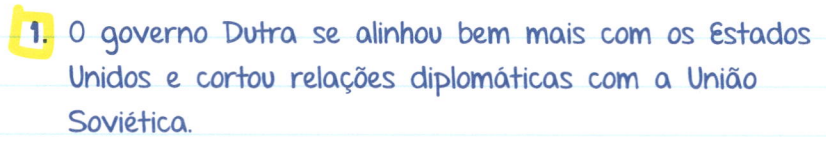

1. O governo Dutra se alinhou bem mais com os Estados Unidos e cortou relações diplomáticas com a União Soviética.
2. Juscelino Kubitschek.
3. O propósito do Plano de Metas era desenvolver o país em 5 anos o que levaria 50 anos sem o plano.
4. Brasília
5. O governador do Rio Grande do Sul, Leonel Brizola, ficou a favor de Jango, ameaçando resistir militarmente.
6. Marcha da Família com Deus pela Liberdade.
7. Em 1º de abril de 1964. Vários udenistas, militares, empresários, latifundiários, religiosos, parte da mídia e membros da classe média apoiaram o golpe.

Capítulo 48
A DITADURA MILITAR
1964–1985

Como já conversamos, o mundo ficou dividido entre zonas de influência dos Estados Unidos e da União Soviética após o fim da Segunda Guerra Mundial. E a América Latina não ficou de fora desse contexto.

A região era mantida sob forte influência dos Estados Unidos desde o século XIX e isso se intensificou com a Guerra Fria. Grupos políticos que se aproximavam dos ideais soviéticos passaram a ser vistos com grande temor e desconfiança. Com a justificativa de ter que evitar a ameaça comunista, diversos países da região mergulharam em FORTES DITADURAS. Assim, entre as décadas de 1950 e 1980, os militares controlaram a política em países como Paraguai, Chile, Peru, Uruguai, Argentina e... Brasil.

O ENDURECIMENTO do REGIME

Uma vez no poder no Brasil, os militares tentaram manter um ar de legalidade. Havia eleições previstas para outubro de 1965 e a junta militar que assumiu decidiu que um presidente deveria ser eleito indiretamente naquele momento. Assim começou o governo do primeiro presidente da ditadura, o marechal HUMBERTO DE ALENCAR CASTELLO BRANCO. Apesar dessa etapa de "legalidade" inicial, o que se seguiu foi um processo de centralização do poder e de crescimento da censura. Diversos políticos começaram a ser **CASSADOS** e os militares tomaram para si o poder de legislar sem discussão pública. Isso era feito através dos ATOS INSTITUCIONAIS.

CASSAÇÃO
perda do direito de ser eleito e ocupar cargos públicos

Ao todo foram 17 Atos Institucionais. Em outubro de 1965, foi baixado o Ato Institucional 2 (AI-2), que determinava que todos os partidos acabassem. Somente dois partidos poderiam existir: a ALIANÇA RENOVADORA NACIONAL (ARENA), base do governo militar, e o MOVIMENTO DEMOCRÁTICO BRASILEIRO (MDB), que fazia oposição dentro do que era permitido na época.

A oposição percebeu que o sistema de dois partidos era apenas para dar um ar democrático a um regime que já começava a ficar conhecido pela censura, pela perseguição política e pela violência. Nessa época, foram feitas diversas manifestações populares e greves. No ano de 1968, as manifestações contra o regime ganharam força. Elas foram duramente reprimidas, ocasionando mortes e prisões. Com o aumento da repressão, aumentou também a mobilização dos manifestantes, liderada pelo movimento estudantil. No dia 26 de junho de 1968, mais de 100 mil pessoas saíram às ruas do Rio de Janeiro para protestar contra a repressão policial e em memória do estudante Édson

Luís, assassinado pela polícia meses antes. O evento entrou para a História como a "Passeata dos Cem Mil".

O governo respondeu ao fortalecimento da oposição endurecendo o regime. O ATO INSTITUCIONAL 5 (AI-5) foi um marco. Promulgado em dezembro de 1968, ele significou a vitória da chamada linha-dura do Exército e o início do período mais violento, conhecido como ANOS DE CHUMBO. O AI-5 determinava que o presidente poderia agir com total liberdade. Ele teria o poder de fechar o Congresso (como de fato fez), cassar mandatos, nomear interventores e prender qualquer cidadão sem que este tivesse direito de defesa.

Aos poucos se tornou comum que ativistas fossem perseguidos e presos pelo regime. Diversos intelectuais tiveram que sair do país. Muitos ativistas simplesmente "sumiram". Outros eram interrogados sob tortura para entregar informações sobre os movimentos políticos de que faziam parte.

Em 1970 foi instituída a CENSURA. Qualquer produção cultural ou intelectual (como jornais, livros, músicas e peças de teatro) deveria passar pelos órgãos de censura. Eram proibidas produções que criticassem o regime. Ao mesmo tempo, o governo militar investia em propaganda, transmitindo a ideia de que o país estava progredindo muito. Slogans como "Brasil, ame-o ou deixe-o" transmitiam uma mensagem clara: as pessoas deveriam estar de acordo com o regime ou seguir para o exílio.

RESISTÊNCIA

A arte foi uma das formas encontradas para protestar contra o governo. Diversos artistas produziam e apresentavam às escondidas filmes, peças e músicas. Alguns filmes críticos ao regime foram censurados no país, mas receberam prêmios internacionais, e as peças eram encenadas em festivais independentes.

Enquanto isso, os compositores tentavam driblar a censura com letras de protesto codificadas. Um bom exemplo é a música "Cálice", de Chico Buarque e Gilberto Gil. A palavra era escrita como "cálice", mas, quando cantada, queria dizer "cale-se", atacando a repressão.

O movimento estudantil, por meio da UNIÃO NACIONAL DOS ESTUDANTES (UNE), também fez forte oposição à ditadura. No entanto, após o Ato Institucional 5, de 1968, ele se desmobilizou por conta da perseguição a seus líderes.

Com o endurecimento do regime, muitos ativistas adotaram a guerrilha como forma de ação política. Esses grupos enfrentavam o governo com armas. Ficaram conhecidos o grupo AÇÃO LIBERTADORA NACIONAL (ALN), liderado por Carlos Marighella, e o MOVIMENTO REVOLUCIONÁRIO 8 DE OUTUBRO (MR-8), que sequestrou o embaixador dos Estados Unidos em 1969 e só o libertou em troca de presos políticos.

Entretanto, o movimento armado a ir mais longe foi a GUERRILHA DO ARAGUAIA, que se formou e agiu no norte de Tocantins entre o fim da década de 1960 e 1974. Chegaram a contar com cerca de 70 guerrilheiros, que pretendiam conclamar a população local a pegar em armas contra o regime.
O governo mobilizou aproximadamente 10 mil soldados e executou a maioria dos guerrilheiros.

O "MILAGRE ECONÔMICO"

No campo econômico, o governo militar deu continuidade ao projeto de industrialização que existia desde Vargas. Para fazer isso, era necessário conseguir recursos. Foram feitos empréstimos no exterior e emitidos TÍTULOS PÚBLICOS, ou seja, documentos que as pessoas compram do Estado para serem reembolsadas com um valor maior no futuro. Além disso, o governo incentivou as grandes empresas, muitas delas estrangeiras, e manteve os salários baixos.

Com todos esses recursos, os militares fizeram grandes investimentos em setores básicos, como energia e telecomunicações. Criaram empresas estatais e realizaram muitas (e enormes) obras, como a HIDRELÉTRICA DE ITAIPU, a RODOVIA TRANSAMAZÔNICA e a PONTE RIO-NITERÓI.

Com tanto investimento, o Brasil acelerou seu crescimento. Entre os anos de 1968 e 1973, a média de crescimento anual foi de aproximadamente 11%. O governo aproveitou os números para fazer propaganda do regime e o termo "MILAGRE ECONÔMICO" passou a ser utilizado. A ideia era disseminar um clima de otimismo e desviar a atenção da repressão e da falta de liberdade política.

Apesar do crescimento, a longo prazo a política econômica dos militares se mostrou insustentável. A dívida externa havia crescido muito e, a partir de 1973, estourou uma crise internacional: o preço do petróleo disparou e o Brasil importava bastante o combustível. Para piorar a situação, ninguém queria mais dar dinheiro para um país tão endividado. Enquanto isso, os juros dos empréstimos já feitos só aumentavam. Para tentar resolver o problema, o governo buscou aumentar as exportações desvalorizando a moeda do país. O resultado foi uma grave **INFLAÇÃO** que se arrastaria pelas décadas seguintes.

> **INFLAÇÃO**
> aumento generalizado dos preços, que ocorre quando há muito dinheiro circulando na economia, fazendo a moeda perder valor

A ABERTURA POLÍTICA

A partir do governo do general ERNESTO GEISEL (1974-1979), alguns setores do governo começaram a considerar uma abertura política. A ala moderada defendia essa ideia. Geisel retrucava que, se fosse para fazer isso, a abertura deveria ser "lenta, gradual e segura". Isso significou a continuidade da repressão, de forma que o fim do regime fosse conduzido exclusivamente pelos militares. Geisel revogou os Atos Institucionais e, em agosto de 1979, foi promulgada a LEI DA ANISTIA.

Essa lei perdoava aqueles que haviam sido considerados subversivos e criminosos políticos e os agentes da repressão que haviam praticado tortura e assassinatos.

Também em 1979, o sistema de dois partidos acabou, voltando ao regime de PLURIPARTIDARISMO. O MDB passou a se chamar PMDB. Além disso, foram criados o Partido Democrático Trabalhista (PDT), de Leonel Brizola, e o Partido dos Trabalhadores (PT), ligado ao movimento operário.

Em 1982 aconteceram as eleições diretas para governadores e, em 1985, a eleição indireta para presidente. Venceu TANCREDO NEVES, o primeiro civil eleito após 21 anos de domínio dos militares. Chegava ao fim a ditadura militar. A década de 1980 foi marcada ainda pelas campanhas das DIRETAS JÁ, reivindicando voto direto para a presidência, e pelos debates que resultaram na CONSTITUIÇÃO DE 1988, a chamada Constituição Cidadã.

A Comissão Nacional da Verdade

Em 2011 foi criada pelo governo federal a COMISSÃO NACIONAL DA VERDADE (CNV), um órgão temporário formado por historiadores e especialistas em Direito para investigar violações dos direitos humanos no período da ditadura. Em 2014, a CNV entregou o seu relatório final.

Com base em documentos e depoimentos de vítimas, testemunhas e agentes do governo militar, a CNV concluiu que mais de 190 pessoas foram mortas e mais de 200 desapareceram no período ditatorial. A comissão também apontou 377 culpados por esses crimes. No entanto, eles não foram punidos, pois o órgão não tinha poder jurídico e ainda vigora a Lei de Anistia. Os depoimentos colhidos pela CNV podem ser acessados pela internet.

VERIFIQUE SEUS CONHECIMENTOS

1. Que outros países latino-americanos além do Brasil tiveram ditaduras entre as décadas de 1950 e 1980?

2. O que foi o Ato Institucional 5?

3. Cite duas formas de resistência que a oposição adotou no período militar.

4. Por que o período que se seguiu ao AI-5 ficou conhecido como "anos de chumbo"?

5. Por que as pessoas acusadas de terem cometido crimes políticos durante o período militar não foram presas após o fim do regime?

6. O que foi o "milagre econômico"?

RESPOSTAS 555

CONFIRA AS RESPOSTAS

1. Paraguai, Chile, Peru, Uruguai e Argentina.

2. O Ato Institucional 5, de 1968, dava amplos poderes ao Executivo. Era possível fechar o Congresso, cassar mandatos, nomear interventores e prender qualquer pessoa sem julgamento e direito de defesa.

3. O movimento artístico foi uma importante forma de resistência pacífica e atuava na tentativa de driblar a censura e apresentar obras críticas ao regime. Por outro lado, as guerrilhas foram uma forma mais violenta e radical de resistência, pois apostavam no confronto armado contra o regime.

4. O AI-5 inaugurou os chamados "anos de chumbo" porque significou a vitória da "linha-dura". Foi um período de perseguições, assassinatos e torturas.

5. No processo de negociar a abertura do regime, foi aprovada a Lei da Anistia, que perdoava esses crimes cometidos.

6. Um período durante a ditadura de grande crescimento na economia brasileira. Ele foi resultado de empréstimos internacionais e grande investimento industrial. Essa estratégia, no entanto, se mostrou insustentável e ocasionou uma grave inflação com o tempo.

Capítulo 49
A NOVA REPÚBLICA BRASILEIRA

1985–HOJE

Em 1985, data que marca o fim da ditadura militar, Tancredo Neves foi escolhido presidente. Por ter adoecido, ele não pôde governar, dando lugar ao vice-presidente, JOSÉ SARNEY, um político ligado aos militares.

O início do período da REDEMOCRATIZAÇÃO foi marcado por uma grave crise econômica e pelo surgimento de diversos partidos políticos, representando diferentes grupos e anseios populares antes silenciados pela ditadura.

CONSTITUIÇÃO de 1988

A nova Constituição brasileira foi resultado da pressão popular e do trabalho conjunto de diferentes grupos sociais. Iniciadas em 1986, as discussões sobre o novo documento contaram com a presença de artistas, religiosos, empresários e sindicatos. A participação de todos gerou a chamada CONSTITUIÇÃO CIDADÃ, em outubro de 1988.

Ela assegurava direitos sociais e individuais. Nela estavam dispostas, por exemplo:

- A obrigatoriedade do voto para eleitores entre 18 e 70 anos.
- Voto facultativo para analfabetos.
- Garantia de um limite de 44 horas da jornada de trabalho.
- Salário mínimo e seguro-desemprego.
- Direito a greve.
- Fim da censura.
- Obrigação do Estado de garantir o direito a educação e saúde para todos.
- Liberdade de expressão.
- Igualdade perante a lei.
- Reconhecimento dos direitos das crianças, dos deficientes e dos indígenas.

A partir dela, foram criados o CÓDIGO DE DEFESA DO CONSUMIDOR e o ESTATUTO DA CRIANÇA E DO ADOLESCENTE, em 1990, que representaram um grande avanço na luta pela garantia dos direitos dos cidadãos brasileiros.

ELEIÇÕES de 1989 e GOVERNO COLLOR

Nas eleições à presidência de 1989 concorreram 22 candidatos. O segundo turno foi disputado por FERNANDO COLLOR DE MELLO, do Partido da Reconstrução Nacional (PRN), e pelo ex-metalúrgico LUIZ INÁCIO LULA DA SILVA, do PT. Com grande apoio da mídia, Collor levou a melhor e se tornou presidente. Para lidar com a crise econômica, o governo Collor bloqueou o dinheiro depositado em contas-correntes e cadernetas de poupança dos brasileiros, ou seja, promoveu confisco do dinheiro. Essa medida pegou a população de surpresa. Protestos começaram a surgir contra Collor. Tudo piorou para o presidente quando seu tesoureiro da campanha presidencial, PAULO CÉSAR FARIAS, o PC Farias, foi apontado como envolvido em um grave caso de corrupção.

As manifestações ganharam volume. Em 1992, os CARAS-PINTADAS, como ficaram conhecidos os estudantes que saíram às ruas com os rostos pintados em protesto, marcaram presença junto com entidades como a ORDEM DOS ADVOGADOS DO BRASIL (OAB) e a CENTRAL ÚNICA DOS TRABALHADORES (CUT). Todos exigiam o **IMPEACHMENT** de Collor. Assim, o presidente foi afastado em dezembro de 1992.

IMPEACHMENT
processo legal com a finalidade de apurar crime de responsabilidade de presidentes, governadores ou prefeitos denunciados pelo Poder Legislativo

GOVERNO FHC

O vice-presidente ITAMAR FRANCO ficou no lugar de Collor. O ministro da Fazenda do governo Itamar foi FERNANDO HENRIQUE CARDOSO (FHC), um dos responsáveis pelo PLANO REAL, que estabelecia uma nova moeda (o real, nossa moeda atual) para equilibrar as contas do governo e combater a inflação. A moeda anterior estava se desvalorizando rapidamente, então foi lançada a nova em um momento em que o dólar estava estável, para que ficasse um tempo sem se desvalorizar e desse tempo de a economia se estabilizar. O Plano Real deu certo. FHC obteve sucesso e, candidatando-se à presidência em 1994, venceu as eleições no primeiro turno. Depois, ele se reelegeu em 1998. Os governos de FHC foram marcados pela continuidade do Plano Real e pela ideia de "enxugar" o Estado. A ideia era vender empresas estatais para o setor privado. Esse movimento, chamado de PRIVATIZAÇÃO, vinha crescendo desde o governo Collor, mas no período FHC foram privatizadas muitas empresas federais e estaduais dos ramos petroquímico, elétrico, siderúrgico, de saneamento, ferroviário etc. Opositores criticaram as privatizações, afirmando que os recursos públicos estavam sendo usados para favorecer empresas e particulares. Por outro lado, o governo afirmava que a prática visava a maior eficiência econômica.

O PT CHEGA ao PODER

Depois de algumas tentativas, o PARTIDO DOS TRABALHADORES chegou ao poder em 2003, quando teve início o governo de Luiz Inácio Lula da Silva, o primeiro presidente proveniente das classes populares brasileiras. LULA foi reeleito para um segundo mandato, que durou até 2010. O governo Lula viveu um impulso econômico propiciado pela enorme exportação de **COMMODITIES**, principalmente para a China, principal compradora de produtos brasileiros na época. Também ficou conhecido por seus programas sociais, que pretendiam movimentar a economia interna e diminuir

COMMODITIES
produtos que são matéria-prima, como café, soja, carne bovina e petróleo

as desigualdades sociais. Um deles foi o BOLSA FAMÍLIA, que destinava uma pequena quantia mensal, em dinheiro, para famílias pobres. Para que as famílias recebessem o Bolsa Família, as crianças deveriam estar devidamente matriculadas nas escolas e com todas as vacinas em dia. O programa foi comemorado pelos petistas como um grande avanço social, mas foi criticado pelos opositores como um instrumento de propaganda política.

Apesar de graves denúncias de corrupção terem abalado a reputação do Partido dos Trabalhadores, o bom momento econômico havia permitido uma melhoria no poder de compra e um aumento real do salário mínimo. Esses fatores fizeram Lula conseguir eleger sua sucessora: DILMA ROUSSEFF, primeira presidente mulher do Brasil, foi eleita em 2010 e reeleita em 2014. Dilma teve que lidar com os efeitos de uma crise econômica que estourou nos Estados Unidos em 2008 e que atingiu compradores de produtos brasileiros nos anos seguintes. Enquanto as exportações diminuíam, os gastos do governo aumentavam.

JORNADAS de JUNHO

Em junho de 2013, explodiu uma onda de manifestações em todo o Brasil que ficou conhecida como JORNADAS DE JUNHO. O estopim foi o aumento do preço da passagem dos transportes públicos, mas os movimentos expressavam indignações diversas. A maioria deles se considerava apartidária. Logo se juntaram aos protestos as críticas ao governo pelos gastos para a realização da Copa do Mundo de futebol no Brasil em 2014. Reivindicações pela melhoria da educação, da saúde e da segurança dividiam espaço com críticas à corrupção na política. A pressão dos brasileiros foi tanta que o governo, para amenizar os ânimos, transformou a corrupção em CRIME HEDIONDO.

OPERAÇÃO LAVA JATO

A OPERAÇÃO LAVA JATO nasce nesse contexto. É uma investigação da Polícia Federal e do Ministério Público Federal iniciada em 2014 para apurar um esquema de lavagem de dinheiro desviado da PETROBRAS. As investigações se ampliaram e descobriu-se que diversas empresas e partidos participavam de um grande esquema de corrupção, que envolvia doações ilegais para campanhas e favorecimentos em contratos para obras públicas. Esse escândalo pesou mais sobre o PT, partido de Dilma, por estar ocupando o Poder Executivo pela quarta vez. As investigações, acompanhadas com ansiedade pela mídia e pela população, resultaram em uma crise política, pois as instituições públicas passaram a gerar desconfiança. A Operação Lava Jato foi festejada por muitos, que julgavam ser a primeira vez que os corruptos estavam sendo punidos, mas também foi criticada. Muitos grupos a acusaram de não ser imparcial. Outro motivo de crítica foi o vazamento à imprensa de informações que, por lei, deveriam ser sigilosas.

APÓS o PT

A economia estava cada vez pior e os escândalos de corrupção aumentavam. Foi então que abriram no Congresso Nacional um processo de impeachment contra Dilma, acusando-a de CRIME DE RESPONSABILIDADE FISCAL. Grupos a favor do governo afirmaram que era tudo parte de um golpe arquitetado pelos opositores de Dilma. Sem maioria no Legislativo, que votaria a favor ou contra o impeachment, Dilma foi afastada do cargo em meados de 2016. Em seu lugar assumiu o vice-presidente MICHEL TEMER, que governou até 2018.

VERIFIQUE SEUS CONHECIMENTOS

1. Cite três exemplos de direitos e garantias que constam na Constituição Cidadã de 1988.

2. Por que o povo brasileiro exigiu o impeachment de Fernando Collor?

3. FHC é abreviação do nome do presidente _____ _____ _____.

4. Que moeda foi criada para estabilizar a economia e controlar a inflação?

5. O governo Lula viveu um crescimento econômico. Por quê?

6. Cite três motivos ou reivindicações das Jornadas de Junho, em 2013.

RESPOSTAS

CONFIRA AS RESPOSTAS

1. Três das seguintes respostas são aceitáveis: obrigatoriedade do voto para eleitores entre 18 e 70 anos; voto facultativo para analfabetos; garantia de um limite de 44 horas da jornada de trabalho, salário mínimo e seguro-desemprego; direito a greve; fim da censura; obrigação do Estado de garantir o direito a educação e a saúde para todos; liberdade de expressão e igualdade perante a lei; reconhecimento dos direitos das crianças, dos deficientes e dos indígenas.

2. Porque o governo Collor bloqueou o dinheiro depositado em contas-correntes e cadernetas de poupança. Além disso, o tesoureiro da campanha presidencial, PC Farias, se envolveu em um escândalo de corrupção.

3. Fernando Henrique Cardoso

4. O real.

5. O governo Lula viveu um crescimento econômico devido à enorme exportação de commodities, principalmente para a China, principal compradora de produtos brasileiros na época.

6. O aumento do preço da passagem dos transportes públicos, a crítica aos gastos para sediar a Copa do Mundo em 2014 e protestos contra a corrupção.

Capítulo 50
TRANSFORMAÇÕES GLOBAIS NO MUNDO MODERNO

TECNOLOGIA

Os primeiros computadores modernos pesavam umas 30 toneladas! Ocupavam um espaço enorme e eram um privilégio das grandes empresas. Mesmo assim, na década de 1950, eles mudaram o mundo dos negócios: levavam apenas alguns segundos para fazer o que levaria dias para fazer à mão. Países do mundo inteiro tiveram que se adaptar à nova tecnologia para acompanhar a velocidade da economia global.

Mesmo nas residências, os computadores se tornaram incrivelmente importantes. Na década de 1980, pessoas comuns começaram a se conectar por meio deles. Na década de 1990, os computadores domésticos se tornaram mais populares com a REVOLUÇÃO DA INTERNET. A internet mudou o modo como as pessoas se comunicavam, já que agora podiam se comunicar em qualquer lugar, a qualquer hora, em questão de segundos.

ANTES:
cartas
gritos!
telefone fixo — ALÔ?
RRRRR
Fax

DEPOIS:
SMS
VOCÊ NÃO VIU A MINHA MENSAGEM?!?
CAPS LOCK!
Caixa de Entrada
e-mail
redes sociais

Outra invenção importante do século XX foi a TELEVISÃO, que se tornou popular depois da Segunda Guerra. As redes de TV começaram a transmitir noticiários em horário nobre e ela logo substituiu o rádio como principal fonte de notícias. A internet hoje em dia concorre com a televisão e alguns sites são administrados por canais de TV.

CORRIDA ESPACIAL

Os Estados Unidos e a União Soviética se envolveram em uma CORRIDA ESPACIAL, que começou quando a URSS lançou o primeiro satélite artificial, o SPUTNIK, em 1957.

OTLICHNO!!! (FANTÁSTICO!!!)

No ano seguinte, os Estados Unidos lançaram um satélite e fundaram a ADMINISTRAÇÃO NACIONAL DE AERONÁUTICA E ESPAÇO (NASA, do inglês NATIONAL AERONAUTICS AND SPACE ADMINISTRATION). Em 12 de abril de 1961, YURI GAGARIN, da URSS, se tornou o primeiro homem a orbitar a Terra. Em 20 de julho de 1969, os americanos NEIL ARMSTRONG e EDWIN "BUZZ" ALDRIN foram os primeiros a pisar na Lua, como parte do PROJETO APOLO. Desde então, o homem enviou máquinas ao espaço para explorar Marte e outros planetas. Sondas espaciais foram lançadas em direção ao Sol, a cometas, aos asteroides e para além dos limites do Sistema Solar.

O MEIO AMBIENTE

O homem avançou muito em termos tecnológicos no século XX, mas também cometeu alguns erros graves. As cidades cresceram muito depressa e ficaram muito populosas. O consumismo desenfreado nos fez deixar de lado algo muito importante: a MÃE NATUREZA. Esgotamos a Terra e o solo, provocando **DESERTIFICAÇÃO**. Usamos a derrubada de florestas (DESMATAMENTO) para

DESERTIFICAÇÃO
Redução de plantas e do solo fértil nas terras semiáridas, tranformando-as em desertos. É frequentemente causada pelo crescimento populacional.

criar gado e construir casas. As fábricas despejam compostos químicos perigosos na atmosfera, produzindo **CHUVA ÁCIDA** e MUDANÇAS CLIMÁTICAS. O desmatamento atingiu as FLORESTAS TROPICAIS ÚMIDAS, onde vivem 50% das espécies de plantas e animais. Às vezes chamadas de "pulmões do planeta", elas são fundamentais para nossa sobrevivência porque retiram o dióxido de carbono do ar e nos fornecem o oxigênio que respiramos.

> **CHUVA ÁCIDA**
> Chuva com excesso de acidez. Resulta do contato das nuvens com substâncias ácidas que ficam na atmosfera após serem liberadas por fábricas, usinas e veículos de transporte.

O EFEITO ESTUFA é o aquecimento da Terra devido ao acúmulo de dióxido de carbono na atmosfera. Ele contribui para o **AQUECIMENTO GLOBAL**, mas isso não significa que a Terra inteira esteja se aquecendo de modo uniforme. Ele pode causar a elevação do nível dos mares, o derretimento das calotas polares e o aumento das secas e tempestades. As mudanças climáticas podem provocar fome generalizada por causa de quebras de safra e tornar certas regiões inabitáveis, até mesmo inundando totalmente algumas ilhas habitadas.

> **AQUECIMENTO GLOBAL**
> aumento da temperatura média da atmosfera da Terra devido ao efeito estufa

Algumas pessoas consideram as mudanças climáticas a questão mais grave que enfrentamos no momento, mais importante até que as guerras e as disputas políticas, porque envolve a sobrevivência da humanidade.

> **O DESENVOLVIMENTO SUSTENTÁVEL**
> é aquele que satisfaz as nossas necessidades enquanto nos permite conservar recursos naturais por meio de reciclagem, conservação da água e outros programas para reduzir o lixo e o despejo de materiais tóxicos.

Em 2005, entrou em vigor o PROTOCOLO DE QUIOTO, acordo internacional que definiu metas de redução das emissões de carbono. Quase 200 países o assinaram, mas nem todos o ratificaram depois. Os Estados Unidos, o segundo maior emissor de carbono (o primeiro é a China), não apoiaram esse importante tratado.

Em 2015, foi realizada em Paris a CONVENÇÃO DA ONU SOBRE MUDANÇAS CLIMÁTICAS (também chamada de COP21 e CMP11). Os 195 países participantes concordaram em reduzir a emissão de gases causadores do efeito estufa, aprovando o Acordo de Paris. A meta é manter o aquecimento global em menos de 2 graus Celsius.

A INTERDEPENDÊNCIA GLOBAL nos DIAS de HOJE

Com os avanços tecnológicos atuais no setor de comunicações, países e comunidades estão mais conectados do que nunca. Isso levou as pessoas e países a se tornarem mais interdependentes. Em uma economia global, empresas multinacionais fazem negócios em todo o planeta. A GLOBALIZAÇÃO é o processo de aproximação entre as sociedades e nações do mundo inteiro. Uma cadeia de restaurantes com filiais nos Estados Unidos, França, Rússia e outros países é um sinal da globalização.

Mas vai muito além disso, e existem vantagens em estarmos tão conectados. Organizações de países diferentes podem trabalhar juntas para resolver problemas importantes, como a pobreza, as mudanças climáticas, o terrorismo e a **PROLIFERAÇÃO** nuclear. Por outro lado, sabemos que a grande conectividade tem aumentado o consumo, acelerado a disseminação das "fake news" e deixado de fora aqueles que ainda não estão conectados, o que só faz crescer as desigualdades sociais.

PROLIFERAÇÃO: rápida difusão ou crescimento

Nesta era de interdependência global, outras organizações foram criadas além da ONU, como a ORGANIZAÇÃO MUNDIAL DO COMÉRCIO (OMC). Ela surgiu em 1995 para fomentar o comércio, definindo regras para o comércio internacional, e para tratar de outros assuntos que afetam a economia mundial.

Quando a UNIÃO EUROPEIA (UE) foi criada, em 1993, os países-membros adotaram uma moeda comum, o EURO. Conhecida anteriormente como COMUNIDADE EUROPEIA (CE), essa união econômica foi criada para fortalecer a economia dos países-membros e estimular o comércio e as viagens. Não é necessário um passaporte para viajar entre países-membros e um espanhol que se muda para a França pode trabalhar ou estudar no outro país sem necessidade de uma autorização especial.

VERIFIQUE SEUS CONHECIMENTOS

1. Como eram os primeiros computadores?

2. De que modo a internet revolucionou o mundo moderno?

3. Cite alguns efeitos negativos dos avanços tecnológicos.

4. O que é o efeito estufa?

5. Quais são as consequências das mudanças climáticas?

6. Que documento entrou em vigor em 2005 definindo metas de redução das emissões de carbono?

7. O que é a globalização?

8. A União Europeia era conhecida anteriormente como:
   A. Comunidade Europeia (CE).
   B. Organização Mundial do Comércio (OMC).
   C. Tratado Norte-Americano de Livre Comércio (Nafta).
   D. Organização das Nações Unidas (ONU).

CONFIRA AS RESPOSTAS

1. Os primeiros computadores eram muito grandes e pesados.

2. A internet mudou o modo como as pessoas se comunicam, já que agora podem se comunicar com qualquer um, em qualquer lugar, a qualquer hora, em questão de segundos.

3. Alguns dos efeitos negativos dos avanços tecnológicos são o crescimento excessivo das cidades, a desertificação, o desmatamento, a chuva ácida e o aquecimento global.

4. O efeito estufa é o aquecimento da Terra devido ao acúmulo de dióxido de carbono na atmosfera. Ele contribui para o aquecimento global.

5. As mudanças climáticas têm muitas consequências, entre as quais a elevação do nível dos mares, o derretimento das calotas polares e o aumento das secas e tempestades.

6. O Protocolo de Quioto.

7. Globalização é o processo de aproximação entre as sociedades e nações do mundo inteiro.

8. A. Comunidade Europeia (CE).

As questões 3 e 5 têm mais de uma resposta.

Capítulo 51
A SEGURANÇA GLOBAL E O MUNDO DE HOJE

No início deste milênio, o **TERRORISMO** passou a ocupar um lugar de destaque na lista de preocupações globais. Os moradores de Nova York sentiram seus efeitos em 11 de setembro de 2001, quando dois aviões sequestrados foram lançados contra o World Trade Center, matando milhares de pessoas e assustando o mundo inteiro. Um terceiro avião sequestrado atingiu o Pentágono e um quarto caiu na Pensilvânia, quando os passageiros o derrubaram ao tentarem recuperar o controle.

> **TERRORISMO**
> uso sistemático da violência para intimidar, por razões ideológicas ou políticas

Ataques igualmente violentos aconteceram na Inglaterra, Espanha, Egito, Indonésia e outros países. Eles foram realizados pela AL-QAEDA, um grupo terrorista muçulmano radical, composta por **EXTREMISTAS**. A maioria dos muçulmanos não aprova esses ataques.

> **EXTREMISTA**
> pessoa ou movimento com posições religiosas ou políticas extremas, especialmente que defende atos violentos ou ilegais

A GUERRA contra o TERROR

A Al-Qaeda e seu líder OSAMA BIN LADEN estavam sendo protegidos pelo TALIBÃ, o partido **FUNDAMENTALISTA** que governava o Afeganistão. Em 7 de outubro de 2001, os Estados Unidos e seus aliados atacaram, dando início à GUERRA DO AFEGANISTÃO. Com isso, o Talibã foi afastado do poder.

> **FUNDAMENTALISTA**
> pessoa ou movimento que acredita em seguir estrita e literalmente um conjunto de regras ou princípios

> Forças americanas mataram Osama bin Laden em 2 de maio de 2011, no Paquistão.

Outras ameaças à segurança global aconteceram nos últimos anos, como ditaduras militares agressivas e a disseminação de armas nucleares. Após o 11 de Setembro, GEORGE W. BUSH, presidente dos Estados Unidos, afirmou que o presidente do Iraque SADDAM HUSSEIN tinha ARMAS DE DESTRUIÇÃO EM MASSA à sua disposição. Também declarou que o Iraque tinha ligações com a Al-Qaeda, embora muitos acreditassem que ele estava errado.

Apesar de muitos países aliados pedirem aos Estados Unidos que dessem mais tempo aos inspetores de armas da ONU para procurar armas de destruição em massa no Iraque, os Estados Unidos (com a ajuda da Inglaterra) começaram a GUERRA NO IRAQUE em março de 2003. Bagdá foi ocupada e Saddam foi deposto. Os soldados americanos só se retiraram totalmente do Iraque após quase 9 anos de ocupação.

ELE FOI MAIS TARDE JULGADO E EXECUTADO.

Em 2008, quando BARACK OBAMA foi eleito o 44º presidente dos Estados Unidos (e o primeiro afrodescendente) prometeu retirar os soldados americanos do Iraque. Em 2010, Obama também combinou com a Rússia a redução de armas nucleares de longo alcance nos arsenais americanos e russos.

Mas a ameaça continuou. A Coreia do Norte, por exemplo, anunciou em 2005 que tinha armas nucleares e realizava testes com elas. Em 2015, China, França, Rússia, Inglaterra e Estados Unidos fecharam um acordo histórico com o Irã para limitar o programa nuclear do país em troca da redução de **SANÇÕES**, mas o mundo permanecia preocupado com a fabricação de bombas nucleares na Índia, no Paquistão, no Oriente Médio e em outros lugares.

> **SANÇÕES**
> medidas (geralmente restrições comerciais) tomadas por um ou mais países para forçar outro país a mudar a sua política

O que MAIS?

O século XXI apresenta questões que dividem, enriquecem e redefinem o mundo em que vivemos. Enquanto muitos países e grupos internacionais conquistaram grandes avanços, como sequenciar o genoma humano, muitos desafios ainda estão por vir. Eis alguns dos eventos importantes dos últimos anos que marcaram a História:

Em 20 de abril de 2010, uma plataforma de petróleo britânica explodiu no Golfo do México e provocou o pior derramamento de óleo na História dos Estados Unidos.

A partir dos protestos na Tunísia, que começaram em 18 de dezembro de 2010, o mundo árabe passou por uma série de tumultos e revoluções conhecida como **PRIMAVERA ÁRABE**. Protestos contra o governo, levantes e rebeliões aconteceram no Egito, Iêmen, Síria e Líbia.

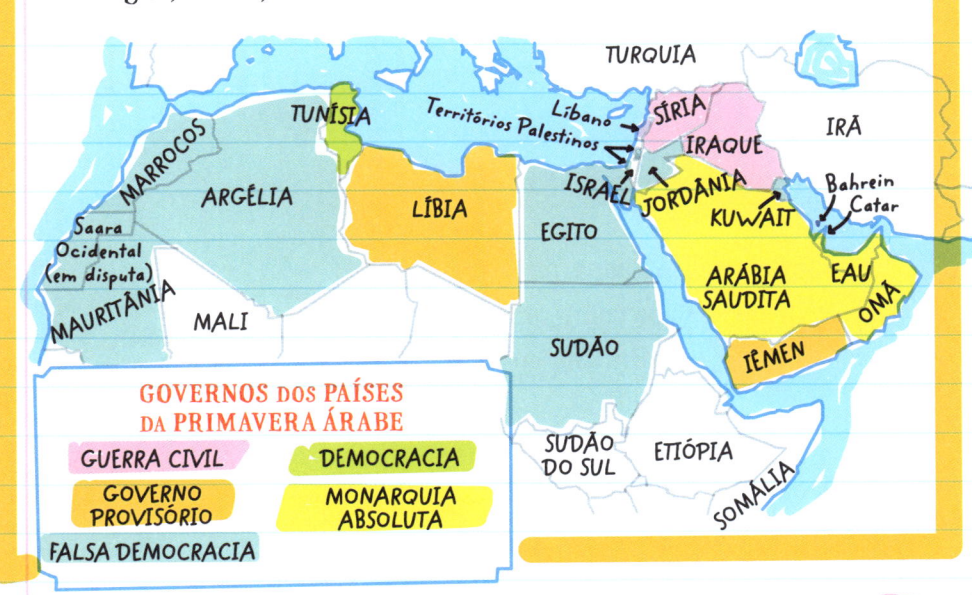

GOVERNOS DOS PAÍSES DA PRIMAVERA ÁRABE
- GUERRA CIVIL
- DEMOCRACIA
- GOVERNO PROVISÓRIO
- MONARQUIA ABSOLUTA
- FALSA DEMOCRACIA

577

O terremoto mais poderoso de todos os tempos no Japão aconteceu em 11 de março de 2011, seguido por um enorme tsunami que danificou a usina nuclear de Fukushima e pôs em perigo muitas vidas.

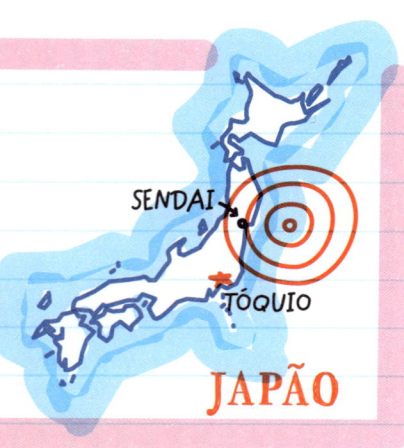

SENDAI
TÓQUIO
JAPÃO

O surto de ebola com maior número de vítimas aconteceu em 2014 na África Ocidental e se espalhou rapidamente, criando uma epidemia global.

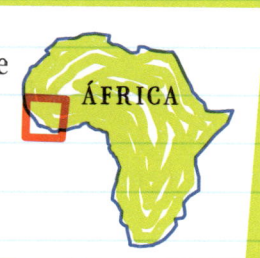

ÁFRICA

Após mais de 50 anos, os Estados Unidos e Cuba começaram a restaurar relações diplomáticas em 2015.

VERIFIQUE SEUS CONHECIMENTOS

1. Que perigo passou a ocupar um lugar de destaque no início deste milênio?

2. O que aconteceu em 11 de setembro de 2001?

3. Que grupo foi responsável pelos eventos do 11 de Setembro?

4. O que é um extremista? Dê um exemplo de um grupo extremista.

5. Que tipo de arma George W. Bush afirmou que Saddam Hussein tinha à disposição no Iraque?

6. O que a Coreia do Norte afirmou ter em 2005?

7. O que marcou o início da Primavera Árabe?

CONFIRA AS RESPOSTAS

1. O terrorismo.
2. Em 11 de setembro de 2001, aconteceu um ataque terrorista nos Estados Unidos: dois aviões foram lançados contra o World Trade Center, em Nova York, e um terceiro foi lançado contra o Pentágono, em Washington. Os terroristas de um quarto avião fracassaram quando os passageiros derrubaram o avião em um campo da Pensilvânia.
3. A Al-Qaeda, um grupo terrorista muçulmano radical.
4. Extremista é uma pessoa ou movimento que assume posições religiosas ou políticas extremas e defende atos violentos ou ilegais. A Al-Qaeda é um grupo extremista.
5. O presidente Bush afirmou que Saddam Hussein tinha à disposição armas de destruição em massa.
6. Armas nucleares.
7. Protestos na Tunísia.

CONHEÇA OUTROS LIVROS DA COLEÇÃO

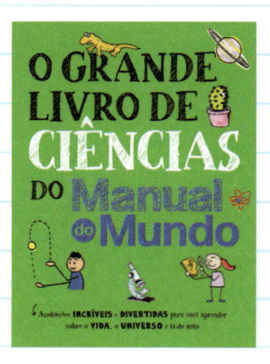

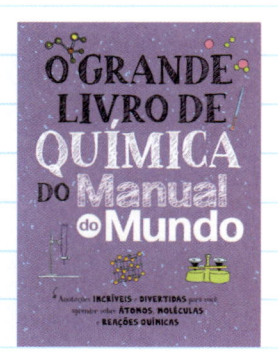